Quand l'Algérie devenait française

COLLECTION DIRIGÉE PAR

PIERRE MIQUEL

DÉJÀ PARUS DANS LA MÊME COLLECTION

Quand la Normandie était aux Vikings, de Rollon à Guillaume le Conquérant, par Michel Planchon.

Quand les rois de france étaient en Val de Loire, La Vallée des reines, par Claude Launay.

Quand le Bel Canto régnait sur le boulevard, par Olivier Merlin.

Quand les Anglais vendangeaient l'Aquitaine, d'Aliénor à Jeanne d'Arc, par Jean-Marc Soyez.

Quand chevauchaient les comtes de Toulouse, par Jean-Luc Déjean.

Quand les Bretons peuplaient les mers, par Irène Frain Le Pohon.

Quand le bon roi René était en Provence, 1447-1480, par Maryvonne Miquel.

Quand Turgot régnait en Limousin, un tremplin vers le pouvoir, par Michel C. Kiener et j.-Cl. Peyronnet.

Quand les Auvergnats partaient conquérir Paris, par Roger Girard.

Quand la Cour de France vivait à Lyon (1494-1551), par Louis Bourgeois.

Quand Paris allait à « l'Expo », par Jean-Jacques Bloch et Marianne Delort.

Quand Guillaume II gouvernait « de la Somme aux Vosges », par Marc Blancpain.

Quand Stanislas régnait en Lorraine, par Guy Cabourdin.

Quand les ducs de Bourbon étaient connétables de France, par Jean-Charles Varennes.

Quand le Nord devenait français (1635-1713), par Jean-Michel Lambin.

Quand les Français cherchaient fortune aux Caraïbes, par Louis Doucet.

Quand les grands ducs valsaient à Nice, par Paul Augier.

À PARAÎTRE

Quand l'Amérique s'appelait Nouvelle-France, par Jean-Marc Soyez.

Quand les papes régnaient en Avignon, par Roland Darbois.

JACQUELINE BAYLÉ

Quand l'Algérie devenait française

Fayard

A ma grand'mère
Antoinette Jacquot
qui dort là-bas
à Bourbaki

Jacqueline Baylé

Racines

Je suis née à Burdeau, dans le Sersou, de parents alsaciens, mahonnais, bourguignons et franc-comtois. Aujourd'hui toulousaine, journaliste, mère de famille comblée, j'ai voulu en écrivant ce livre me mettre en quête. Rappeler à tous ceux qui ont vécu là-bas, ce que leurs pères, et les pères de leurs pères, leur racontaient et qu'ils ont peut-être oublié. Abd el-Kader et Bugeaud, le premier pas en Afrique, et le premier coup de pioche. L'arrière-grand-mère assassinée, les galettes mangées sous la guitoune, le village qu'on dessine sur un cahier d'écolier, le couvre-feu au-delà des remparts, les combats des Hadjoutes, les you-you des Mauresques en transe, le matelas sur la terrasse dans les nuits trop chaudes, la terre que l'on aime d'amour, les voyages interminables et le bâteau de France.

Ces pages sont portées par un nuage de sensations rattrapées au vol, de souvenirs saisis avant qu'ils ne s'échappent, de journaux jaunis, de mémoires publiés à compte d'auteur à Alger ou Sidi-Bel-Abbès, de thèses sévères produites par les Facultés de Paris et d'Alger, de gros livres d'histoire et de géographie enfouis dans quelque malle. Ils témoignent que des Français, pour l'éternité, ont leurs racines en Algérie. Leur histoire, aussi fugitive soit-elle, est partie intégrante de l'Histoire de France. Colorée, émouvante, dure, passionnée, capricieuse, inattendue, l'histoire des Français en Algérie vaut bien, tout compte fait, d'autres épisodes de l'Histoire de France.

J'ai voulu comprendre. Et ne comprenant pas bien, je suis allée chercher plus loin. J'ai appris que l'Algérie française, ses contradictions et ses mystères, trouvaient leur explication au commencement des temps, vers 1850. La conquête d'abord, qui va se terminer. Deux civilisations apprennent à se juxtaposer au prix de quelques coups de reins. Les institutions se mettent en place, se déterminant en fonction d'une époque et d'un environnement. Les Français qui vivent en Algérie sont alors des militaires, puis de fonctionnaires et des commerçants, des gargotiers, des pêcheurs, des maraîchers, des maçons. Enfin des cultivateurs.

Un équilibre s'instaure, qui a pour lui d'être l'équilibre et d'en avoir quelque mérite.

Des villages se créent. En 1870 ou 1880, ils ont leur histoire, que les instituteurs racontent aux enfants, leurs légendes, dont les plus vieilles ont quarante ou cinquante ans. C'est suffisant. Tout y est, l'homme avec son passé, son présent, ses principes conscients d'avenir. Le Français d'Algérie est né, et les dés sont jetés. *Mektoub*.*

* On trouvera p. 357 un glossaire des termes arabes, berbères et turcs utilisés.

1/ Les conquérants

Les funérailles du maréchal Bugeaud

La mort du maréchal est très vite connue de tout Paris. Il aurait bu, le 7 juin de cette année 1849 où le choléra fait rage, un verre de limonade froide par une température caniculaire de 30°. Il sortait justement de la première séance de l'Assemblée législative, produit assez pâlot de l'inexpérimentée IIe République et du président qu'en toute naïveté elle s'est donnée. Louis-Napoléon, comme on sait, n'en fera qu'une bouchée. Le prince appréciait le vieux soldat d'Afrique — il n'avait d'ailleurs que cinquante-cinq ans — dont la renommée pouvait servir sa cause. Et puis, n'avait-il pas rejoint Napoléon Ier durant les Cent Jours, ce qui lui avait valu son licenciement momentané de l'armée par Louis XVIII ? Le prince pensait à lui — c'est le bruit qui court — pour former le ministère. Il lui a longuement rendu visite quelques jours avant sa mort.

La maison du quai Voltaire où son ami le comte Vigier a accueilli le maréchal Bugeaud, a été envahie tout le temps de sa courte maladie par les plus hautes personnalités. Beaucoup de petites gens aussi, comme ceux qui, aujourd'hui, sont massés autour des Invalides. Il est vrai qu'une imagerie d'Epinal a servi sa gloire. L'incident fâcheux du massacre de la rue Transnonain par ses hommes en 1834, quand il était chargé par Thiers, ministre de l'Intérieur, d'écraser l'insurrection, paraît bien oublié. On en a d'ailleurs exagéré, dans les hautes sphères politiques, les conséquences pour sa popularité. Et la presse, bonne fille contre laquelle il a alimenté tout au long de sa vie une véritable guérilla personnelle dans la rogne la plus franche, a retrouvé pour la circonstance les mots qui font pleurer les chaumières. Tous les généraux de l'armée d'Afrique qui l'ont pu, sont présents ce 19 juin, pour assister en grande pompe à ses funérailles aux Invalides. Ils conduisent le vainqueur d'Isly auprès du vainqueur de Sidi-Ferruch, l'amiral Duperré. Rudes tempéraments, ils vont devoir vivre côte à côte pour l'éternité.

Bugeaud, c'est le patron, même pour ceux — et ils sont nombreux — qui n'ont pas pu s'entendre avec lui. Une forte personnalité, énergique, tenace, méthodique, volontaire, entier, violent, d'une puissance physique prodigieuse, et pour tout dire pas facile à vivre.

Changarnier, qu'il a considéré comme le premier de ses lieutenants, tient un cordon du poêle. Commandant la 1re division militaire, celle de Paris, il a fait retarder la cérémonie. Le temps de stopper l'insurrection fomentée par Ledru-Rollin — Ledru-Rollin qu'Alger a élu à la députation l'année précédente, sans qu'il n'y ait jamais mis les pieds — aujourd'hui en fuite vers l'Angleterre. Etre soldat à Paris, en ces temps tourmentés, c'est se faire gendarme. Bien sûr, la haine de Changarnier pour son chef est morte avec lui. Haine ? Crispation passionnelle, plutôt. Il y a eu incompatibilité entre eux, lui mince, distingué, spirituel, d'une vivacité étonnante dans l'action; le maréchal maniant sans gêne la démesure et le franc-parler. Il a préféré s'éloigner volontairement de l'Algérie dès 1843, deux ans après l'arrivée de Bugeaud, pour n'en revenir qu'en 1847, après son départ. C'est de cet éloignement surtout qu'il lui gardait rancune, beaucoup plus que de sa boutade devenue célèbre « du mulet du maréchal de Saxe qui avait fait vingt ans la guerre sans rien apprendre », parce que Changarnier lui rétorquait qu'il faisait la guerre en Algérie depuis de nombreuses années. Boutade qui n'a trompé personne. Changarnier a sa légende. Il est célèbre dans l'armée depuis la retraite de Constantine par son « Regardez-les, ils sont six mille et vous êtes trois cents; vous voyez que la partie est égale ». Et il l'a prouvé. On raconte que son cheval a inspiré à ses hommes du 2e légers, popularisé par Horace Vernet, pas moins de soixante-quinze couplets qu'ils chantaient durant leurs longues marches. Ils le surnommaient le Général Bergamote à cause du souci extrême qu'il prenait à sa toilette, « allant au combat comme on va au bal ». Et pourtant son endurance est exceptionnelle, il est l'homme universel, le tacticien de toutes les situations militaires difficiles.

Pendant que l'archevêque de Paris bénit le tombeau, les pensées de Changarnier vagabondent vers cette Algérie qui a été le grand élan de sa jeunesse. Un autre monde aussi. Il se souvient des combats tout en surprises — ses hommes disaient qu'il avait la baraka — et puis les campagnes que l'on razziait après la victoire. Une directive de Bugeaud. Il admet qu'il était devenu expert en la matière et sans de gros problèmes de conscience. Faire comme l'ennemi, et le priver de ses bases, tout en résolvant le ravitaillement des troupes et le transport des réserves. Pour être mobile, il faut être léger. « Ce sont les jambes de nos soldats qui nous donneront le pays », aimait à dire le patron. Il avait certes raison, nos succès l'ont démontré. On en a appris, des choses, de ces guerriers innés que sont les Arabes. Oh ! tous les souvenirs ne sont pas glorieux. Pourquoi se rappeler aujourd'hui ces gaillards disparus, tués davantage par la maladie qu'au combat ? Sacré pays, sacré climat. Jamais il n'oublierait le spectacle qui l'attendait un certain jour d'octobre 1840. Il avait été envoyé par le général Valée pour relever la garnison de Miliana, une petite bourgade du Tell, au sud-ouest d'Alger, reprise à Abd el-Kader. On y avait installé un avant-poste de onze cents hommes. Ils étaient en quelques semaines presque tous morts, tués par les fièvres, la dysenterie, le désespoir. Et les cent cinquante à peu près indemnes qui restaient, avaient à peine le courage de soigner ceux de leurs compagnons en train de mourir, d'enterrer les autres. Mort sans gloire. Bugeaud a changé tout cela. Il n'a pas vaincu la fièvre, mais il a fait de ses hommes des gagneurs. « On ne fait pas de demi-guerre », avait-il averti avant son départ de Paris. Finis les petits postes toujours vulnérables, et où les hommes meurent de solitude autant que de fièvre. En zone mal contrôlée, il leur a substitué les colonnes expéditionnaires, mobiles, rayonnant sur tout le pays. Plus de lourds convois, toujours attaqués et harcelés. Des troupes alertes, légères, pouvant lutter de vitesse avec leurs adversaires, menant aussi lestement que les indigènes eux-mêmes les razzias, justement, et les coups de main. Bugeaud est bien le père, le créateur de l'armée d'Afrique. Même si les zouaves sont l'invention du maréchal Clauzel, et la Légion étrangère l'œuvre du colonel Bernelle, bien plus tôt. Au même titre que le bataillon d'infanterie légère d'Afrique, les chasseurs d'Afrique, les spahis. L'outil était là, Bugeaud l'a adapté au terrain et à l'ennemi. La conquête est devenue presque facile.

Bugeaud que l'on enterre, bêtement emporté par le choléra. Cela le consolerait-il de savoir que Mme Récamier, il est vrai sur le déclin, est morte la veille de la même maladie ? Ils sont six à sept cents, victimes ainsi, chaque jour, de la terrible épidémie. Tiens, le prince Jérôme brille par son absence. C'est le comble du mauvais goût, et une grande occasion ratée de témoigner qu'il est gouverneur des Invalides... Après Molé le politique, Bedeau le soldat prend la parole. C'est bien. Bedeau, peut-être le meilleur d'entre eux.

Quand le maréchal citait ses lieutenants, Bedeau venait en second, après Changarnier, avant Lamoricière. Sorte de Saint-Just de la pittoresque armée d'Afrique, « puritain, fanatique de l'idée de devoir », modeste, ennemi du luxe, aussi solide et courageux qu'intelligent et sage, un chef complet, et un bon camarade. C'est lui qui est resté le moins longtemps en Algérie — dix ans. Après ses succès militaires, son fief d'administrateur est la province de Constantine. Comme Lamoricière pour l'Oranie. Comme lui, et à peu près en même temps, il a rédigé un Projet de Colonisation, réaliste et précis. Un de plus, il est vrai. 1848 lui a joué le même tour qu'aux autres, la politique l'a happé. Mais en cet instant, il est redevenu le lieutenant de Bugeaud. La voix nette, ne s'embarrassant pas d'effets oratoires, il dit l'adieu de l'armée à son chef.

Cavaignac, au cœur tendre et à la larme facile, ne parvient pas à se contenir. Il est comme choqué par la mort du maréchal.

Accouru dès qu'il a appris la nouvelle,il s'est jeté en sanglotant à genoux près du lit. Le plus républicain de tous, son père est un conventionnel célèbre, et son frère, le président de la Société des Droits de l'Homme sous la monarchie de Juillet. Il a renoncé l'année dernière au poste de gouverneur de l'Algérie que lui confiait la République, quand il a été élu député de la Seine. Signe distinctif, une carrière politique aussi brillante qu'imprévisible, bien que très courte. Devenu ministre de la Guerre, il a été conduit à imposer au pays une véritable dictature au mois de juin, devenant président du Conseil avec pouvoir exécutif. Tout cela s'est terminé par l'élection présidentielle en décembre. Candidat malheureux, il a dû s'effacer devant le tout aussi imprévisible triomphe du prince Louis-Napoléon. L'année 1848 aura été une sacrée année pour Cavaignac. On ne lui fait généralement qu'un reproche — outre son surnom tout de même exagéré du « boucher de Juin » —, c'est d'être un candidat triste. Bien fait pour la cérémonie à laquelle nous assistons, il vous accueille le regard sombre, la mine sévère, comme si la loyauté et le devoir, qu'on ne lui dispute pas, ne s'habillent que de noir. Tlemcen et Cherchell peuvent se souvenir de lui, il s'y est conduit admirablement, et y a laissé la santé. C'est peut-être pour cela.

Lamoricière enfin, et nous aurons fait le tour des quatre mousquetaires du père Bugeaud. Le plus africain de tous par la culture et l'imagination. Il a été lié à tout ce qui s'est accompli en Algérie depuis le premier jour, celui du débarquement à Sidi-Ferruch le 14 juin 1830, jusqu'à son départ en 1848. La République en a fait alors, de lui aussi, une personnalité politique. Lamoricière est le Bigeard de l'époque. Aux zouaves de l'un correspondent les paras de l'autre. Avec la même cour de fanas. « Il n'y a qu'un dieu, qu'un soleil, et qu'un seul régiment de zouaves », tonnait la troupe. Lamoricière en a été le premier capitaine. Imités dans le monde aussi bien par les zouaves du Vatican que les zouaves fédérés qui brilleront durant la guerre de Sécession. Il a même laissé son nom à une particularité du costume des zouaves, et d'ailleurs des tirailleurs, le trou de Lamoricière, pratiqué au bas du large pantalon pour faciliter l'écoulement de l'eau quand ils traversaient une rivière. Car il est très inventif. Il est bien plus que cela encore. Sorti de Polytechnique dans les premiers — au fait, Cavaignac aussi est polytechnicien —, il connaissait parfaitement, au bout de quelques années, la langue et les mœurs des Arabes.

L'épisode de la prise de Constantine lui a donné la gloire, et de mauvaises brûlures. Le général Damrémont, lui, y a trouvé la mort. C'est à Lamoricière qu'Abd el-Kader a demandé l'*aman*, juste avant le départ. Une sorte d'apothéose.

Implacable, exclusif, l'Algérie, pour lui, c'était certes d'abord l'occasion de mener une brillante carrière. Mais c'était plus que cela. Il s'est présenté aux élections de la Sarthe, en 1846, avant tout pour défendre les idées qu'il servait en Algérie, et qui passent si mal la Méditerranée. Conquérir, certes, mais aussi coloniser et associer les indigènes au développement du pays. D'abord en apprenant à les connaître, pour agir avec eux de manière appropriée. Aussi est-il l'organisateur et l'animateur du premier Bureau arabe, dès 1833. Son nom est resté lié à une conception saint-simonienne de la colonisation, généreuse, même si ses tentatives en Oranie, à Saint-Denis-du-Sig, à Sainte-Barbe-du-Tlélat, se sont à peu près soldées par un échec. Ce qui faisait grogner Bugeaud rentré en France, mais qui suit de loin les événements, contre « ces théories phalanstériennes ou paraphalanstériennes au moyen desquelles on entretient des espérances irréalisables ». Le maréchal n'a jamais pu renoncer entièrement à ses colonies militaires qui faisaient bondir Lamoricière.

En fait, Bugeaud ne s'entendait pas mieux avec lui qu'avec Changarnier, qu'il avait tendance à traiter comme des écoliers. Lamoricière est pourtant celui de ses lieutenants qui a le mieux partagé l'ensemble de ses préoccupations. De taille moyenne, plutôt petit même, trapu, il a un charme fou avec ses yeux pétillants et une superbe moustache, épaisse et noire. En Algérie, il aimait s'habiller avec une tunique toute simple, sans insigne, resserrée par une large ceinture rouge, coiffé de la chéchia. L'homme à la canne, comme l'appelaient les indigènes, ou à la trique, c'est le même mot en arabe. Il permet toutes les interprétations. On ne lui connaissait qu'un seul luxe, de superbes chevaux qu'il montait le plus souvent en selle arabe.

Bugeaud le trouvait ergoteur et trop indépendant. Ses bonnes relations avec les journalistes l'agaçaient prodigieusement. Et, pas toujours à tort, le maréchal le rendait volontiers responsable des attaques dont lui-même était fréquemment la victime à Paris. Attaques qui l'ont décidé à s'en aller, irrité, peiné, las de l'incompréhension de son gouvernement — nourrie par certains de ses officiers.

Les hasards de l'histoire ont ramené en Algérie, pour quelques mois, Changarnier dans les bagages du duc d'Aumale appelé à succéder au maréchal. Il prenait le commandement de la province d'Alger. Bedeau commandait la province de Constantine, Lamoricière gardait son fief oranais, et Cavaignac conservait la subdivision de Tlemcen. Réunis dans le haut commandement de cette armée d'Afrique que chacun, à sa façon, a marquée, ils ne savaient pas que s'achevait, avec cette année 1847, leur époque. Leur carrière brisée en 1852, jamais plus ils ne fouleraient la terre d'Afrique.

Pour un Empire

Louis-Napoléon, président de la République française, n'a jamais eu le regard aussi passionnément, aussi obstinément tourné vers l'Algérie qu'en cette année 1851. Il cherche le général, glorieux si possible, qui veuille se charger du coup d'Etat qui fera de lui le président à vie, et quelques mois plus tard, l'empereur des Français.

Peut-être a-t-il d'abord joué loyalement le jeu de la République. Mais il semble que le temps de la démocratie ne soit pas encore venu pour l'Europe. Le printemps des peuples, comme on l'a appelé, s'achève, sans avoir pu gommer la carte de 1815 établie au Congrès de Vienne. Le roi de Sardaigne a raté une réunification souhaitée et votée par Milan, Parme, Modène, Venise. En ce temps-là, une bataille perdue compte plus qu'une élection gagnée. La République romaine de Mazzini a été écrasée. Les mouvements nationaux hongrois et tchèques sont réduits. En France, le peuple est représenté par une Assemblée législative divisée, impuissante et peu clairvoyante. Un vent de complot souffle sur un pouvoir dont légitimistes, orléanistes sentent qu'il est à prendre. Le prince-président n'en est pas à sa première conspiration. Et il est le mieux placé. Si tentative il y a, elle se fera à son profit.

Il expédie en Algérie son factotum, le commandant Fleury, un officier de cavalerie qui a participé aux campagnes d'Algérie et qu'il s'est attaché. Fleury commence par sonder le général Pélissier, à Alger, qui, goguenard, lui répond : « Pas une heure, pas un sou. » La phrase prononcée par Changarnier à l'Assemblée quand le prince a demandé la prorogation à vie de ses pouvoirs et l'augmentation de sa liste civile. Il sera encore moins heureux avec le général Bosquet, sous les ordres du général Saint-Arnaud, à Constantine qui le reçoit fort mal. Saint-Arnaud, lui, demande à réfléchir. A tout hasard, le prince Napoléon averti donne la plus grand publicité à la campagne que le général entreprend en Kabylie, et prépare ainsi l'opinion à la destinée qu'il arrange pour lui. Saint-Arnaud s'est d'ailleurs déjà taillé une belle réputation dans l'armée d'Afrique et ses ennuis permanents d'argent ne l'ont pas ternie. On dit que Bugeaud l'aimait comme un fils. Le maréchal a accéléré une carrière qui s'enlisait un peu, puisqu'il n'était que lieutenant à trente-six ans. Aussi séduisant et cultivé qu'audacieux, il s'est distingué à de nombreuses occasions. Il a pacifié le Dahra, créé Orléansville, reçu la reddition de Bou-Maza en 1845.

Bou-Maza, l'homme à la chèvre et toute une histoire. De son vrai nom, Mouley el-Salah, il avait vingt ans et faisait des miracles avec sa chèvre. Notamment celui de tenir en haleine durant plusieurs années l'armée française, du Dahra jusqu'au cœur de l'Ouarsenis soulevant tous les Arabes sur son passage. Expédié en France après sa défaite, il a excité la curiosité pour ne pas dire l'enthousiasme du Tout-Paris. Il a été installé dans un riche appartement des Champs-Elysées avec une pension de 15 000 francs du gouvernement. On se disputait l'honneur de le recevoir. Las de sa prison dorée, il a tenté de s'enfuir durant la révolution de 48 et s'est retrouvé au fort de Ham, jusqu'en 1854 où, libéré, il a définitivement quitté la France. Il est entré dans l'armée ottomane avec la recommandation de l'empereur et le grade de colonel.

Il a fallu à Saint-Arnaud la campagne de Kabylie et l'attention bienveillante du prince-président pour se faire, après son vaincu, un nom à Paris. La pacification totale de la Kabylie entrait dans les projets de Bugeaud qui avait enragé de n'avoir pas les coudées franches. Le maréchal avait d'ailleurs pris l'initiative d'une opération réussie, en mai 1847, quelques jours avant d'annoncer son départ. Saint-Arnaud reprend les plans de Bugeaud. Pas plus qu'en 1847, Paris n'est enthousiaste. On craint de voir l'armée s'engluer dans le guêpier kabyle. Mais la région connaît un nouvel agitateur, Bou Baghla, l'homme à la mule, qui réunit déjà quelques milliers d'hommes. Le général d'Hautpoul, devenu gouverneur général de l'Algérie, donne donc le feu vert, le ministre de la Guerre, le général Randon, imposant de se limiter à la Petite-Kabylie.

L'affaire est menée tambour battant. Saint-Arnaud part de Mila, en direction de Djidjelli. Le général Camou, lui, passe entre Sétif et Bougie, et chasse Bou-Baghla du Sahel. Tandis que le général Pélissier pacifie la région des Flissas. Les terribles Zouaoua révoltés sont encerclés, demandent l'aman qu'on leur accorde. Une opération de grand style dont toute la gloire revient à Saint-Arnaud. Le monde est à lui. Il retrouve Fleury qui l'attend impatiemment à Bougie. Il oublie qu'il lui a dit qu'il appartient à l'Afrique, qu'il hait la guerre civile. Il a un tempérament de joueur : « Mon cher ami, assurez le prince dès aujourd'hui qu'il peut compter sur moi. Qu'il me fasse général de division le plus vite possible et je réponds du reste ». Ce qui est aussitôt fait.

Saint-Arnaud vient prendre à Paris le commandement d'une division, qui lui sert d'échelon pour arriver au ministère de la Guerre. Le 2 décembre 1851, sur son ordre, sans hésitation, à 6 heures du matin, les opposants sont arrêtés simultanément. Parmi eux, ses amis d'Afrique, Changarnier, Cavaignac, Bedeau et Lamoricière, Thiers aussi. Cavaignac doit se marier le surlendemain avec la fille du banquier James Odier. Toute résistance est matée, non sans quelques bavures. La brigade Canrobert fait trois cents victimes dans la foule, et les mauvaises langues racontent que la femme du sous-préfet de Poligny, Mme Jarry, a été violée dix-sept fois, de même que la jolie châtelaine près de La Palice et ses trois filles. On comptera vingt-six mille arrestations. Dix mille seront déportés en Algérie. Beaucoup resteront là-bas. Ils n'oublieront pas. Victor Hugo non plus qui écrira *Histoire d'un crime.*

La fin d'Abd el-Kader

Jusqu'en 1858, Napoléon III ne s'intéresse plus guère à l'Algérie. Il n'a pour elle que peu de sympathie, et il faut dire que l'Algérie le lui rend bien. C'est la seule province à avoir voté un oui qui frise l'affront par sa mollesse, au plébiscite qui a suivi le coup d'Etat. Il écrit — et cela s'est dit — que « l'Algérie est un boulet attaché aux pieds de la France ».

Il nomme un nouveau gouverneur, le général Randon, et laisse le soin de s'occuper des Affaires algériennes au ministre de la Guerre, le maréchal Vaillant. Celui-ci délègue bien volontiers son autorité à son directeur au ministère, le général Daumas. Un bon choix, d'ailleurs, Daumas était en Algérie dès 1835, représentant la France auprès d'Abd el-Kader, puis directeur des Affaires arabes sous Bugeaud. Un organisateur remarquable, et un spécialiste dans la lignée de Lamoricière.

Napoléon III a bien autre chose en tête. Il établit l'Empire, accorde une Constitution à la France. Constitution où, d'ailleurs, l'Algérie se voit retirer toute représentation à l'Assemblée législative. Elle est placée sous le régime des sénatus-consultes.

Dans son fameux discours de Bordeaux en 1852, une phrase chatouille toutefois agréablement les Français qui vivent en Algérie : « Nous avons en face de Marseille un vaste royaume à assimiler à la France. » Il a d'ailleurs failli prendre le titre de « Napoléon III, empereur des Français, roi d'Alger ». Son entourage lui a fait comprendre que cela ne faisait pas sérieux et aurait le plus mauvais effet. Mais enfin, n'est-ce pas la promesse d'une colonisation à grande échelle ? On apprécie moins son initiative, entre Bordeaux et Paris, de libérer Abd el-Kader. Abd el-Kader avait dû se réfugier au Maroc — ce n'était pas la moindre victoire de Bugeaud. Il entre en conflit avec le sultan, se bat contre ses fils, et finit par se rendre aux Français, à Sidi-Brahim, le 23 décembre 1847. Lamoricière promet de le faire transporter en Orient où l'émir déclare vouloir vivre en paix. Mais Louis-Philippe en décide autrement. Le roi n'a d'ailleurs pas le temps de décider longtemps. La Révolution le chasse en Angleterre. Et la République ne tient pas les engagements des généraux. On se méfie encore d'Abd el-Kader. Il a été amené à Toulon avec quatre-vingt-dix personnes de son entourage, dont sa mère et sa femme. On l'interne d'abord à Pau, puis à Amboise. C'est là que Napoléon III le libère, en glorifiant son « courage », son « caractère », sa « résignation ». Il s'établira à Damas avec une aide substantielle de l'empereur, et sauvera, lors des massacres de 1860, près de quatre cents chrétiens en les abritant chez lui. Il est mort à soixante-quinze ans en 1883, vénéré de tous. Allah est grand !

Pendant que Napoléon III est fort occupé à se marier, et à l'expliquer à Miss Howard, sa tendre maîtresse, il y a beaucoup de gens pour émettre, en France comme en Algérie, toutes sortes de théories contradictoires sur l'administration du pays, sa colonisation. Il faut bien se rendre compte que la conquête a commencé il y a vingt ans à peine. L'expérience est extraordinaire, très neuve. Les prises de position souvent généreuses, d'ordre philosophique, moral, patriotique, économique, politique ou social, n'ont qu'un défaut : être celles que peuvent avoir des Occidentaux normalement constitués, en 1850. On peut dire qu'elles alimentent, dans ces années-là, les polémiques d'hommes très distingués, doctrinaires, écrivains, journalistes, élus et chargés de mission, militaires, administrateurs, voyageurs et savants de tous genres. Une masse prodigieuse de mémoires, correspondances, blocs-notes et rapports sera publiée. Elle alimenta non moins les discussions de bistrot dans toute la colonie.

Mais, quoi qu'on dise, l'Algérie est un bien français; la France la paie comptant, en hommes et en argent. L'Algérie doit répondre aux intérêts et aux aspirations de la France. La décision appartient toujours à Paris.

Les Français peuvent conquérir le monde

Conquérir, puis administrer et coloniser, voilà, en trois mots, toute l'affaire d'Algérie. L'étape la plus simple est sans aucun doute la conquête. On peut considérer qu'elle est terminée en 1857, avec la campagne décisive de Randon en Kabylie. L'étape la plus simple, certainement. Dans la mesure où l'héroïsme est simple à vivre et à mourir. Pas seulement l'héroïsme à panache dont tout le monde connaît les récits. Mais l'héroïsme du quotidien dans un environnement inconfortable et hostile, où la question est de survivre et rien d'autre. Pour ces hommes enrôlés dans l'armée d'Afrique ou venus coloniser de toutes les provinces de France, l'Algérie est l'inconnue, le rêve. Rêves de gloire, d'aventure ou de fortune, nourris par des bribes de connaissances et de légendes. Les histoires de corsaires se mêlent aux images romaines de greniers à blé, d'arcs de triomphe, et aux performances chantées par Salluste et Pline.

Ils sont souvent jeunes, ces guerriers d'Afrique. Le sort les a désignés pour sept ans quand ils n'étaient pas assez riches pour s'offrir un remplaçant. Les autres, rengagés, sont devenus des professionnels. Il s'en trouvera beaucoup qui choisiront l'Algérie pour finir leurs jours comme colons, instituteurs, gendarmes, agents des Ponts-et-Chaussées...

Le climat est mal connu. La saison sèche qui ride la terre comme une vieille pomme pendant trois à cinq mois, le sirocco qui souffle du sud plusieurs jours par an, les contrastes. L'Est d'Alger, doux et pluvieux, est plus arrosé que Paris. Tandis que l'intérieur du pays a des étés secs et brûlants, des hivers rudes où la neige tombe à partir de 500 mètres d'altitude.

Les troupes peu à peu ont transformé leur habillement avec l'ingéniosité des débrouillards, pour s'adapter. Et Bugeaud, qui veillait avec un soin de vieille mère au bien-être des hommes, y a beaucoup contribué. En campagne, il ont abandonné les uniformes sanglés, remplacé le shako par la casquette, et la lourde giberne par la cartouchière de toile. Mal approvisionnés dans les postes, ils apportent à leur tenue une fantaisie de carnaval imposée par la nécessité, pour ne pas dire la misère. Les zouaves rapiècent leur capote avec des morceaux pris dans leur large culotte, les officiers portent burnous. Au moyen des toiles de sac et des côtes de bœuf, on fabrique des guêtres de rechange, ou on confectionne des espadrilles avec des peaux de bœuf et de mouton.

La nourriture pose un problème plus grand encore. Et les soldats se font chasseurs et cultivateurs. Ils fauchent les prairies naturelles de la Mitidja, élèvent des bêtes, produisent leurs patates. Mais les troupeaux emmenés avec la colonne retardent la marche, la frayeur les fait se disperser quand rôdent les fauves. Alors, s'il n'y a rien à razzier, on mange ce que l'on a. Du biscuit que l'on fait gonfler dans la soupe — on appelle cela du turlutin —, du sang de bœuf refroidi sur ce même biscuit, relevé avec du gros sel. L'eau est la grande préoccupation. On raconte que des hommes du colonel Roche se sont suicidés en 1846, apprenant que les barils fuyaient.

La marche en colonne, est le lot quotidien de la troupe en campagne depuis Bugeaud. Elle a raison même d'officiers comme les généraux Coman et Géry morts d'épuisement. Marches forcées, interminables où l'on improvise des couplets interminables. En montagne, les sapeurs passent les premiers pour ouvrir la route. Sentiers étroits où l'on avance lentement, non sans chutes, avec l'artillerie, les mulets, les blessés. Un simple orage met les oueds en crue. Il faut alors les franchir avec des cordes. L'hiver, dans le brouillard, le clairon sonne et tous les clairons, les tambours doivent répondre par le refrain du régiment. On peut mettre ainsi quinze jours pour parcourir vingt lieues.

Et puis il y a la maladie — paludisme, dysenterie, choléra, typhus, et autres broutilles. Eaux polluées et liqueurs fortes en sont également la cause. En août 1832, un tiers de la garnison d'Alger est à l'hôpital. A Bône en 1833, avant l'arrivée du docteur Maillot, sur 2 430 hommes, le 55e de ligne n'en a que 600 en état de se battre, le 6e bataillon de la Légion étrangère compte 1 600 malades, 300 militaires meurent en deux mois. Dans l'année 1843, par exemple, 4 692 hommes connaissent la mort dans un hôpital tandis que l'ennemi en tue 84. Le véritable champ de bataille c'est l'hôpital.

On comprend quel doit être le premier talent d'un officier de cette armée-là : l'art de galvaniser le moral des troupes. D'où les harangues enflammées, les actes d'audace qui font d'eux des généraux parfois à titre posthume. Car le moral est plutôt bon. La vie de camp a ses attraits. La discipline est souple pour le guerrier en repos. Clauzel a autorisé, dans chaque régiment, la présence d'une escouade de blanchisseuses et de cuisinières. Certes; tous les camps n'offrent pas le pittoresque du camp de Sidi-Ferruch en 1830. Un restaurant sous la tente proposait aux officiers des mets recherchés à prix d'or. Toutes sortes de civils y traînaient, à la découverte de quelque affaire ou d'émotions fortes, écrivains, peintres. Sans compter des officiers russes, toscans, espagnols, anglais, envoyés en observateurs. Il s'y trouvait même une imprimerie où s'est tiré — deux numéros — un bulletin, *L'Estafette d'Alger*.

Quand un camp s'installe, les premiers arrivés sont les cabaretiers civils. Le soldat boit beaucoup, du rhum, de l'absinthe. Les marchands s'agglutinent, en plein vent. Ils ont constitué le point de départ de quelques villages de colonisation. Le camp d'Erlon, par exemple, à l'emplacement de Boufarik. On imite la troupe qui cultive son bout de terre, on trafique avec elle. Maçons, artisans arrivent à leur tour.On vit d'abord dans des gourbis, protégés par l'armée. Et puis, un jour, on baptise cela, en grande pompe, « Médina Clauzel », dont l'ambitieux tracé fera Boufarik.

Saint-Arnaud, à Miliana, a transformé son camp en une garnison modèle. Il l'a doté de nombreuses installations, cercle d'officiers, bibliothèque, et même d'une piscine. On y donne des représentations toutes les semaines, concerts ou pièces de théâtre. Les sous-officiers et les cantinières forment d'excellentes troupes d'amateurs. Le général Trumelet a eu moins d'ambition pour les siens : « Avec du café, — on en boit beaucoup, mauvais, servi dans les marmites à tout faire —, des ceintures de flanelle, des tentes-abris et de la poudre, les Français peuvent conquérir le monde. » Il est vrai que la Coloniale fait figure de parente pauvre dans l'armée classique.

Dans les premières années de la conquête, l'armée a été surtout constituée par des régiments de France. Ils passaient généralement, avant leur embarquement pour l'Algérie, entre les mains du général de Castellane chargé de les « recycler » dans la fameuse division d'observation des Pyrénées-Orientales.

Dès 1831, on a l'idée d'utiliser des engagés volontaires étrangers. Ils forment, par une ordonnance royale du 10 mars, le premier bataillon de Légion. Les engagements de trois à cinq ans, sont souscrits par des hommes de dix-huit à quarante ans. Ils n'ont pas à fournir de certificat de bonne conduite, et ils ne peuvent pas être utilisés en métropole. Les premiers engagés viennent de l'ancienne Légion Hohenlohe, constituée sous la Restauration avec les débris des régiments étrangers de Napoléon et de la garde royale des Suisses. Le recrutement sera toujours assuré. Allemands, Suisses, Italiens, Espagnols, Belges, Hollandais préfèrent la vie militaire à leur misère. Beaucoup de déserteurs, aussi, et de fuyards. De 1835 à 1839, ils ont été « prêtés » à la régente Marie-Christine d'Espagne en lutte contre les carlistes. Ils feront merveille en Crimée, et au Mexique où se situe leur fameux Camerone fêté comme un symbole vénéré, chaque année le 30 avril. Traités durement, comme des assassins et des voleurs qu'ils sont parfois, beaucoup désertent. Peu de chefs comprennent à cette époque — Bedeau a été de ceux-là — qu'il est plus efficace de faire appel à leur sens de l'honneur — l'honneur de la Légion — que de les brutaliser.

Avec la Légion étrangère, les premiers corps spéciaux de la Coloniale sont les disciplinaires. On comprend que l'armée d'Afrique n'ait pas toujours eu bonne presse. Les condamnés à trois ans de prison au moins, par les conseils de guerre, constituent à partir de 1832 les premiers bataillons d'infanterie légère d'Afrique. Comme ils sont de fieffés voleurs et qu'on ne manque pas d'humour, on les appelle les zéphirs. Ils sont capables tout aussi bien de se conduire comme des dieux dans une action, que de semer la plus franche pagaille dans une armée.

La conquête de l'Algérie à peine commencée, le haut commandement a eu l'idée, à la manière des Romains, d'associer les indigènes soumis aux effectifs de l'armée, comme il l'a tenté parallèlement dans l'administration. Les débuts n'ont pas toujours été concluants. On a eu la maladresse de renvoyer hors du pays les quelque trois mille cinq cents janissaires turcs cependant favorables, l'argent du roi de France valant bien pour eux celui du dey. On a tenté de recruter ce qui en restait vers 1837, pour les verser dans les corps auxiliaires à Oran, Bône, et surtout Constantine. Mais, maltraités et mal payés, humiliés de se voir assimilés aux Arabes, ils ont déserté en masse.

On a voulu opposer aux fiers cavaliers arabes, d'autres cavaliers arabes, en créant les spahis. Mais la noblesse indigène n'a jamais voulu se mêler aux engagés volontaires de toutes origines. Les grands chefs n'y sont pas favorables, ni même les officiers des Bureaux arabes qui préfèrent recruter pour eux-mêmes. Les officiers au-delà du grade de lieutenant sont obligatoirement français. Un passage dans la coloniale leur vaut généralement un avancement accéléré. Le procédé assure de disposer d'officiers ambitieux, mais pas toujours compétents. C'est, encore davantage, le cas des chasseurs d'afrique créés en 1831, des cavaliers aussi. Formés d'indigènes et d'Européens mêlés, ils passent pour de fortes têtes.

On connaissait la réputation des Zouaoua, Kabyles du Djudjura dont les Turcs avait fait leurs auxiliaires. Elle est à l'origine de l'appellation des premiers bataillons de zouaves créés le 1er octobre 1830. A partir de la retraite de Médéa l'année suivante, le prestige des zouaves n'a cessé de croître. Mais ils ne comprennent encore sous Clauzel que 614 indigènes, renforcés par les Parisiens éloignés de la capitale après les journées de Juillet. Comme l'a écrit Castellane, « sous prétexte d'avoir des Arabes, on a costumé en Turcs des Français payés plus cher que le reste de l'armée ».

Bugeaud a eu de meilleurs résultats. Ses troupes ont été renforcées de 10 000 indigènes environ, enrôlés dans les différents corps créés avant lui. Chiffre qu'on n'atteindra plus de longtemps. On reconnaît à Randon le mérite, à partir de 1852, de la réorganisation de l'armée d'Afrique. Il a multiplié les régiments et les bataillons des corps spéciaux. Mais les troupes indigènes qui, en 1850, comptent seulement 6 000 hommes, contre 70 000 soldats français, ne s'accroissent que de deux bataillons.

Méfiance, sans doute, que l'histoire s'est chargée de contredire. La conscription des musulmans sera rendue obligatoire en 1912. Vingt-cinq mille d'entre eux se feront tués sur les champs de bataille de la Grande Guerre.

Même les fiers Kabyles

La nomination du général Randon au gouvernement général de l'Algérie est reçue avec dédain par nos conquérants d'Afrique. Il n'a pas le panache de certains d'entre eux. Peu fait pour un coup d'État, il a laissé le ministère de la Guerre qu'il occupait à Saint-Arnaud. Il restera à Alger près de sept ans. Seul Bugeaud était demeuré à ce poste aussi longtemps. Neveu de deux hommes célèbres, Barnave et le général Marchand, il va tout simplement suivre la voie tracée par le maréchal. Il connaît d'ailleurs bien l'Algérie, il y a combattu dix ans, jusqu'en 1848, et il a longtemps administré la subdivision de Bône. Méthodique et sage sinon imaginatif, il tire les leçons du passé, et va donner une suite positive à tout ce qui a été entrepris avant lui.

Où en est-on de la conquête en 1852 ? La grande question a été longtemps de savoir si l'on optait pour l'occupation restreinte ou pour l'occupation totale. Une certitude toutefois, aussi vieille que le débarquement de 1830, la France n'abandonnerait pas facilement son entreprise. Molé et Talleyrand l'ont proclamé dès septembre 1830 : Alger demeurera française. L'année suivante, Casimir Périer l'a confirmé de façon incisive. Tant pis pour l'opposition, active en métropole, avivée par le rapport de la commission parlementaire Bonet en 1834 qui parle de « l'aveugle engouement de la France pour sa conquête ». Opposition combattue, il est vrai, par des hommes comme Montalembert et Lamartine. Les positions sont moins nettes quand il s'agit de définir nos zones d'influence et les méthodes pour s'y maintenir. On n'en finit pas de tâtonner. Petites explorations avec Bourmont en 1830, qui se soucie surtout de libérer les Maures des Turcs. Elles sont marquées par la prise des principaux ports : Alger, Oran, Bône. Clauzel, qui lui succède, s'efforce de « donner de l'air à Alger ». Il s'enfonce dans la Mitidja jusqu'à Blida, et veut s'entendre, pour le reste, avec les chefs de tribus. Savary, qui dispose comme ses prédécesseurs de moins de 10 000 hommes, ne fait pas mieux, tout en jouant au tyranneau. Voirol en 1834 porte au palmarès de la France la conquête de Bougie, Arzew, Mostaganem, c'est-à-dire le contrôle du littoral. On en est au même point que les Espagnols de Ferdinand d'Aragon en 1510. Apparaît alors Abd el-Kader. Après quelques escarmouches, on préfère finalement s'entendre avec lui en abandonnant la moitié du pays, à l'exception de quelques territoires côtiers. Tandis qu'à l'est, dans la province de Constantine, Yusuf et Clauzel, essuient un grave échec devant le bey Ahmed qui refuse de plier. On devra rompre le traité de la Tafna avec Abd el-Kader qui a tendance à prendre plus qu'il ne doit. Ce qui conduit la France, un peu malgré elle, à la conquête totale, Abd el-Kader et le bey Ahmed à la soumission. La France, à ce moment-là, c'est Bugeaud. Il est vrai qu'on lui a donné les moyens. Il dispose en 1846 de 106 000 hommes.

La Révolution de 1848 a entraîné quelques troubles en Algérie, assez vite réprimés. L'instabilité des gouverneurs — il y en eut sept en trois ans —, des ministres de la Guerre et même des chefs d'État, n'est pas du meilleur effet sur les indigènes. Il en est même parmi eux pour propager que les roumis sont devenus fous, et beaucoup pour le croire. Avec toutes sortes de bruits annexes comme l'imminente invasion marocaine, le retour d'Abd el-Kader ou la reprise d'Alger par les Anglais.

Dans le Sud-Oranais, deux colonnes parties de Saïda et de Sebdou suffisent à calmer les Ouled Sidi Cheikh en ébullition.

Ils ont toutefois eu le temps d'abattre un caïd francophile. Dans le Sud-Constantinois qu'on n'est pas arrivé à pacifier entièrement, Canrobert et ses zouaves mettent enfin la main sur ce vieux têtu d'Ahmed. Vrai seigneur de la guerre, cruel mais populaire, Ahmed est le dernier grand chef de la résistance à la conquête. Depuis 1830, il s'oppose à la France par tous les moyens. Bey de Constantine, il se prétend le successeur du dey quand Alger est prise. Il négocie, altermoie, jusqu'au moment où Clauzel a la lumineuse idée de le remplacer par Yusuf, ce général étrange dont tout le monde connaît l'histoire. Yusuf est né à l'île d'Elbe. Enlevé par les pirates alors qu'il est tout enfant, il est élevé dans le harem du bey de Tunis, jusqu'au jour où si l'on accepte la légende, une intrigue amoureuse avec la fille du bey l'oblige à fuir. On dit qu'il a pour lui la beauté, l'esprit et la bravoure. Il se retrouve interprète de Bourmont à Alger en juin 1830, et se fait remarquer en prenant la Casbah de Bône avec vingt-cinq marins. Il a vingt-deux ans. Il se battra en Algérie durant vingt-sept ans, et mourra à Cannes à cinquante-huit ans. Sa tentative de pseudo-pacha dans le Constantinois est un échec qui a causé le rappel de Clauzel. Après la prise de Constantine en 1837, on tentera encore de gagner les bonnes grâces d'Ahmed. Vainement. D'intrigues en guérillas, l'ancien bey tiendra jusqu'en 1848. Interné à Alger, il y est mort deux ans plus tard.

Après cette arrestation, il a fallu une intervention de l'armée pour calmer les agitateurs. C'est ici que se situe l'affaire de Zaatcha qui nous a coûté 1 500 hommes dont 30 officiers. Le choléra, introduit par les zouaves de Canrobert venus en renfort, a tué bien davantage que les insurgés. La petite bourgade saharienne ne tomba qu'après cinquante-trois jours de combat acharné. En représailles, dix mille palmiers furent détruits dans l'oasis. Herbillon, qui n'avait pas su réprimer la rébellion dans l'œuf — un refus de payer l'impôt — perdit la division de Constantine. Son successeur : Achille Leroy de Saint-Arnaud.

Il ne reste plus qu'à soumettre la Kabylie, entre Alger et Constantine. Les Kabyles se croient invincibles. Leur histoire en a fait un peuple farouchement indépendant, c'est-à-dire, très précisément, ne reconnaissant aucun seigneur et ne payant tribut à personne. Bien servis, il est vrai, par des montagnes inaccessibles qui forment autant d'obstacles naturels, on ne peut les aborder que par deux cols successifs, Beni-Aïcha, près de Ménerville, et Tizi-Ouzou. Berbères intelligents et fiers, ils sont restés imperméables aux mœurs des envahisseurs arabes bien qu'en ayant adopté la religion. Ils ont leur langue, leur droit — un vieux droit coutumier —, leur style de vie dans les villages qui se succèdent le long de certaines crêtes. Ils ont connu leur moment de gloire, il y a bien longtemps de cela, au XIe siècle. Ils ont constitué alors, autour de l'émir En Nacer, le royaume Canhadja. La capitale, Bougie, haut-lieu du commerce méditerranéen de cette époque, comptait 100 000 habitants. Bougie, de par sa situation, fut convoitée et conquise par les Almohades, puis par les Espagnols et les Turcs. Mais pas les montagnards. Et on se raconte encore dans les villages du Djurdjura, la défaite et la mort du bey turc, Mohammed, assez téméraire pour avoir tenté de les asservir au XVIIIe siècle. Ce sont des gens, rudes guerriers d'ailleurs, qui souhaitent qu'on les laisse en paix, comme ils respectent eux-mêmes l'indépendance des autres. Ils n'ont jamais eu de velléités de conquête.

On doit au général Trézel la prise de Bougie dès 1833. Mais le contrôle des ports ne laisse pas préjuger de l'arrière-pays. Les Français, comme les Espagnols trois ou quatre siècles plus tôt, les conquièrent par mer. Constantine prise, il est important d'établir une liaison terrestre entre Alger et l'ancienne capitale du bey Ahmed. La Kabylie est entre elles. La première expédition par voie de terre date de 1839. C'est le fameux passage des Portes de Fer, dans les Bibans, par le général Valée, durant le séjour du duc d'Orléans en Algérie. Il nous a valu la reprise des hostilités avec Abd el-Kader. L'émir avait en effet étendu son influence dans le Hamza, cette région Sud de la Kabylie, autour de Bouira. Mais l'expédition, exécutée en catimini, n'a rien assuré du tout pour l'avenir. Plus sérieuse a été, en 1844, la campagne de Bugeaud contre les Flissas, entre l'Isser et le Sébaou. Il en est venu à bout par la victoire de Ouarzeddine. Il n'avait eu pourtant que trois colonnes à opposer aux quinze ou vingt mille Kabyles. C'est là qu'on l'a vu, tête nue sur un rocher, arracher le clairon des mains d'un voltigeur et sonner lui-même la charge. Une autre campagne de Bugeaud, juste avant son départ en 1847, nous a amené le ralliement à Bougie d'autres chefs de tribus kabyles. L'expédition de Saint-Arnaud, en 1851, montée en épingle pour des raisons politiques, n'a eu pour objet que de rendre le calme à ces régions troublées par « l'homme à la mule », Bou Baghla. Randon, dès son arrivée, souhaite soumettre complètement cette Kabylie, si proche d'Alger, et qui pourrait devenir un jour ou l'autre le foyer d'une insurrection générale. Mais Paris le limite à de petites expéditions, montées par Mac-Mahon, dans la région de Babors en 1853, entre Dellys et Bougie en 1854.

La guerre de Crimée stoppe l'entreprise. Napoléon III répugne à engager trop de troupes dans cette conquête de l'Algérie. Sa politique européenne l'intéresse davantage, et il souhaite disposer de toutes ses forces. L'issue de la guerre de Crimée contre la Russie (1854-1856) modifie ses vues. L'élite de l'armée d'Afrique — notamment les tirailleurs algériens, les « turcos » — va se battre magnifiquement. Les zouaves du général Bosquet écrasent les lignes russes à l'Alma, Mac-Mahon remporte la victoire décisive de Malakoff. Pélissier, Yusuf, Bourbaki se conduisent avec éclat. Saint-Arnaud, devenu maréchal, y meurt du choléra après avoir remis le commandement de l'armée d'Orient à Canrobert. Le même fléau tue aussi à Gallipoli Carbuccia qui y a entraîné les deux régiments de Légion étrangère. Carbuccia, officier pittoresque qui s'était distingué à Zaatcha, était un Corse aux yeux vifs, aux mâchoires puissantes. Il a été l'un des premiers à introduire les dromadaires dans l'armée française. Avec un succès limité, il faut bien le dire. Au lieu de s'en servir uniquement comme moyen de transport, il a eu l'idée, assez impraticable, de les dresser à des manœuvres d'escadron. Il s'adonnait aussi, comme beaucoup d'autres, officiers, enseignants, fonctionnaires, à l'archéologie. A Batna, il a fait restaurer le tombeau d'un tribun romain, et y a mis cette épithaphe : « Le colonel Carbuccia, à son collègue de la IIIe légion romaine .»

Après le succès de Crimée, l'empereur comprend qu'il a en Algérie un champ d'entraînement de choix pour ses armées. Il accorde sans difficulté à Randon les 27 000 hommes que prévoit son plan de campagne en Kabylie. Les Aït Iraten se soumettent en mai 1857 après une dure résistance. La construction du Fort-Napoléon (par la suite Fort-National) est décidée pour contrôler la région. Puis c'est au tour des Beni Thourags de la fameuse peuplade des Zouaahs, de demander l'aman. Les zouaves de Mac-Mahon font prisonnière une sorte de prophétesse, Lella Fatma. Comme la Kahena au temps de la résistance berbère devant l'invasion arabe, elle prêche la guerre contre l'étranger. Elle est issue d'une famille de marabouts vénérée. On raconte que dans ces hallucinations, elle se met en rapport avec les saints, et pas des moindres. Randon, qui a suivi toute l'expédition, la confie à un grand chef ami. On n'en a plus entendu parler.

Le 12 juillet, toute la Kabylie est domptée. En quarante-cinq jours, les Français ont perdu 1 500 hommes, les Kabyles bien davantage. Le maréchal leur accorde de conserver leurs institutions contre une promesse de paix. Le pacte sera respecté jusqu'en 1871.

Pour être maître de quelque chose, il faut tout posséder

Le Sud du pays reste indépendant. Et on ne songera qu'après 1880 à se lancer à la conquête du Sahara. L'épisode de l'explorateur Henri Duveyrier chez les Touaregs en 1860 est sans lendemain. Les Français ont constitué une ligne de postes de Batna à Sebdou qui protègent le Tell des incursions possibles des nomades sahariens. Comme l'avaient fait les Romains avant eux. Dès son arrivée en Algérie, Randon s'intéresse à ces régions un peu mystérieuses du Sud. Il imagine la France contrôlant d'importants échanges commerciaux, se souvient de l'or soudanais qui a fait la fortune, à la fin du IXe siècle, de Tagdempt, près de Tiaret, quand elle était la capitale prospère du royaume ibadite. Il oublie seulement que le trafic le plus profitable est celui des esclaves. La France ayant détruit l'esclavage et supprimé la traite en 1848, les caravanes du Sud ont dévié d'un côté sur le Maroc, et de l'autre sur Tripoli.

Les agitations d'un chérif originaire de Tlemcen donnent au gouverneur général l'occasion d'intervenir dès 1852 dans le Sud-Algérois. Mohammed Ben Abdallah semble avoir l'appui de la Turquie, les Mozabites le ravitaillent en armes et en munitions. Il se fait proclamer sultan à Ouargla et prêche la guerre sainte. Tout le Sud du pays est en effervescence. L'intervention, parfois meurtrière des colonnes de Pélissier, Yusuf et Mac-Mahon stoppe le mouvement et conduit à l'occupation définitive de Laghouat, de Ghardaïa. Les Mozabites, qui possèdent sept villes au sud de Laghouat, se soumettent à leur tour. Ils devront payer tribut, mais continueront à régler leurs affaires intérieures à leur convenance. Ces Mozabites, musulmans non orthodoxes venus de Tagdempt du temps de sa splendeur, avaient fui leur vainqueur, les Fatimides. Ils se sont réfugiés dans ces oasis du Mzab, ou dans l'île tunisienne de Djerba. Ils y laissent fréquemment femmes et enfants pour aller faire du commerce dans tout le pays.

Quant à Mohammed Ben Abdallah, il s'est retranché au sud de Constantine, dans les oasis de l'oued Rir, entre Biskra et Touggourt. Il donne l'occasion aux Français, après le combat de Meggarin en novembre 1854, de soumettre Touggourt, tout l'oued Rir, et même les oasis du Souf, plus à l'est. Deux années plus tard, par une belle et chaude journée de juin, l'ingénieur Jus fera jaillir l'eau du sol par le premier puits artésien. Ce sera le départ d'une véritable résurrection des oasis qui se mouraient faute d'eau. A mesure qu'un puits se comblait, un centre de population s'éteignait. Les palmeraies dépérissaient, les puits anciennement creusés ne donnant qu'un volume d'eau de plus en plus insuffisant. En quelques années, le débit total des puits passe de 52 000 à 300 000 litres ; le nombre des palmeraies est doublé.

Le Sud-Oranais est tenu dans une paix relative depuis le soulèvement des Ouled Sidi Cheikh arrêté en 1848 par Pélissier et Mac-Mahon. Les Français sont parvenus à gagner la confiance de leur chef Si Hamza, un homme avide (« une tirelire qui reçoit toujours et ne rend jamais »), mais influent. Il n'est pas étranger, en 1853, à la soumission de Ouargla. Ce qui lui vaut pour récompense le titre de khalifa et le commandement de toute la zone qui s'étend entre Géryville et Ouargla.

La situation n'est pas aussi nette plus à l'ouest, à la frontière algéro-marocaine. Les pillages sont fréquents depuis le traité signé en 1845 avec le Sultan, de bandes qui vont ensuite se réfugier au Maroc. L'expédition commandée par Martimprey en 1859, pour frapper l'ennemi là où il est, aurait dû régler la question. Mais une épidémie de choléra éclate, arrête l'avance des troupes qui perdent un cinquième de leur effectif, quelques trois mille hommes. Plus grave encore sera la nouvelle insurrection des Ouled Sidi Cheikh en 1864. Leur chef, Si Hamza, est mort à Alger trois ans plus tôt. On a dit qu'il a été empoisonné par une de ses femmes pour lui faire payer sa collusion avec la France. Son fils Si Slimane, poussé par son oncle Si Lala, se révolte. Le colonel Beauprêtre part de Tiaret avec une petite troupe d'une centaine d'hommes sur ordre de Pelissier. Il est surpris par Si Slimane la nuit, à une cinquantaine de kilomètres de Géryville. La moitié de ses spahis et de ses goums changent de camp durant la bataille, les autres sont égorgés. Lui-même est poignardé par Si Slimane, tué également. La tragédie a un énorme retentissement en Algérie, aussi bien chez les Européens que chez les indigènes. L'insurrection s'étend dans le Djebel Amour, et en Kabylie chez les Flissas. Et on n'a guère de moyens suffisants pour s'y opposer. La France a entrepris son expédition au Mexique. L'armée d'Afrique, notamment la Légion étrangère, s'y couvre de gloire. Le maréchal Pélissier, qui a succédé à Randon en 1858, meurt d'une pneumonie le 22 mai 1864. Martimprey exerce l'intérim en attendant la désignation de Mac-Mahon le 1er septembre. C'est un officier résolu, qui mène durement la répression en Oranie, avec les généraux Yusuf et Lapasset. L'insurrection est à peu près domptée en avril 1865. Mais les rebelles irréductibles de l'Ouest continuent à trouver un refuge au-delà des frontières, d'où ils lancent leurs razzias.

Cette même année, Faidherbe quitte le Sénégal. Il en avait été nommé gouverneur neuf ans plus tôt. Les bases d'un empire africain français sont jetées. En Extrême-Orient, l'Angleterre et la France ont fait ouvrir à leur commerce, par le traité de Pékin de 1860, sept nouveaux ports chinois. Le massacre de missionnaires français en Indochine en 1858 a fourni à Napoléon III l'occasion d'une intervention armée. Elle aboutit en 1867 à la conquête de la Cochinchine, qui devient une station navale pour ses escadrons et une voie d'accès pour le commerce français vers la Chine. Depuis 1863, le roi du Cambodge s'est placé sous notre protectorat. Et c'est en 1869 qu'est inauguré le canal de Suez, œuvre du Français Ferdinand de Lesseps, par l'impératrice Eugénie et l'empereur d'Autriche. Une présence française active s'affirme dans le monde.

L'Algérie fait les maréchaux

Un roi de France décide la conquête de l'Algérie, une république la proclame partie intégrante de la France. Et c'est un empereur qui se retrouve avec ce cadeau-là sur les bras. Le tout, en moins de vingt-cinq ans. Un cadeau que la France, qui s'ennuyait peut-être — laissons à Lamartine la responsabilité du mot — s'est offert. En 1848, en toute bonne foi, elle tente de l'enrubanner à ses trois couleurs : liberté, égalité et fraternité. On sait que ce sont choses plus simples à proclamer qu'à réaliser. Elles sont encore moins évidentes en Algérie où vont coexister deux civilisations. Deux civilisations diamétralement à l'envers l'une et l'autre. Les mots n'ont pas le même sens, ni les actes, ni la hiérarchie des valeurs, des besoins, des aspirations.

Qu'est-ce que l'Algérie en 1850 ? Une contrée de 300 000 kilomètres carrés, environ les trois cinquièmes de la France, la superficie de la Grande-Bretagne. Et une surface utile bien moindre. Située dans l'axe même de la métropole, le méridien de Paris passe à soixante kilomètres à l'ouest d'Alger. Les eaux de la Méditerranée caressent sous le soleil 1 100 kilomètres de côtes fort belles sinon toujours hospitalières. 131 000 Européens y vivent. Cette année-là, le nombre des Français, pour la première fois, dépasse celui des étrangers. Il est de 66 000. C'est une population nouvelle qui se crée, à coups de statistiques. Les naissances ne seront supérieures aux décès qu'à partir de 1856, et les Européens nés en Algérie ne l'emporteront sur les immigrés qu'en 1896. Mais, depuis 1846, le nombre des civils dépasse celui des militaires. La colonisation s'affirme. On dénombre 33 000 colons, 13 000 ruraux et 85 000 citadins. Quant aux indigènes, on pense qu'ils étaient environ 3 millions en 1830, dont 10 000 turcs et 5 000 Kouloughlous, métis de Turcs et de femmes algériennes. Ils sont peut-être deux millions et demi en 1850.

C'est tout ce monde-là qu'il faut administrer, imposer, maintenir dans l'ordre. La méthode pour y parvenir n'a jamais fait l'unanimité. Rattachement à Paris ou décentralisation à Alger ? Assimilation ou association des populations ? Administration par les militaires, ou par les civils ? Autant de théories, et de camps, avec tous les intermédiaires. Elles constituent le véritable objet des prises de position politique Outre-mer.

Le général Randon débarque à Alger le 1er janvier 1852. Ministre de la Guerre, il ne déchoit pas en acceptant sa nomination de gouverneur général de l'Algérie qui dépend du ministère qu'il quitte. C'est un poste envié, le bâton de maréchal pour beaucoup, et non au sens figuré. Sur les dix-neuf militaires qui défileront au gouvernement général créé en 1834, on ne compte pas moins de sept futurs maréchaux : Drouet d'Erlon, Clauzel, Valée, Bugeaud, Pélissier, Randon et Mac-Mahon. Sans oublier le maréchal de Bourmont qui mena le débarquement de Sidi-Ferruch, et un amiral, de Gueydon. L'âge moyen de ces grands personnages est celui de Randon en 1852, cinquante-sept ans, si l'on veut bien excepter le duc d'Aumale. Il faut moins de temps à un fils de roi pour être distingué. Le duc d'Aumale, gouverneur général quelque temps avant qu'éclate la révolution de 1848, avait vingt-cinq ans. Ce n'était d'ailleurs pas un mauvais choix. Il flattait la population civile, honorait les indigènes, était apprécié de l'armée. La désignation d'Albert Grévy en 1879 sonnera la fin des gouverneurs militaires.

La durée de leur mission est très variable. Elle est météorique dans les temps troublés. Pas moins de cinq nominations rien qu'en 1848 (dont trois civils), et six à la chute de l'Empire en 1870, jusqu'à l'arrivée de l'amiral de Gueydon l'année suivante. On peut juger de la valeur des hommes par le nombre des années. Bugeaud, Randon, Mac-Mahon, Chanzy ont pu mener leur action et parfaire leur œuvre durant plus de six ans. Enfin, il faut remarquer que l'Algérie n'a pas été dotée d'un gouvernement général dès les premiers temps de la conquête. Bourmont, Clauzel en 1830, Berthezène, Savary, Voirol ont eu pour titre celui de commandant en chef de l'armée d'Afrique. Il est vrai que grands étaient alors les territoires à conquérir, restreintes les zones occupées, et peu nombreux les civils à administrer. En 1850, les choses sont différentes. Le pays est à peu près conquis. Il reste à faire connaître aux populations les bienfaits de la France.

Comment s'articule la haute administration de l'Algérie à l'arrivée de Randon ? Deux constantes ont présidé aux destinées du pays. Un, le gouverneur général dépend du ministère de la Guerre. Deux, l'Algérie est régie non par des lois édictées par le Parlement, mais par ordonnances, sénatus-consultes, décrets, suivant les régimes. En quelque sorte, une chasse gardée du chef de l'exécutif, c'est-à-dire du roi, du président, de l'empereur.

Napoléon III promulgue en 1852 sa Constitution. Peu de choses concernent l'Algérie, et ce peu-là ne plaît pas dans la colonie. On lui retire en effet toute représentation dans l'Assemblée législative. Est prévu en outre que le Sénat élaborerait une constitution spéciale à l'Algérie. Elle ne verra jamais le jour. La situation demeurera donc à peu près ce qu'elle est depuis 1848, sinon avant.

Le ministre de la Guerre, à Paris, dispose d'un Comité consultatif de personnalités, créé depuis 1850. Remanié en 1851, il compte onze membres, députés, magistrats, techniciens des affaires algériennes et coloniales. La tendance est, à ce moment-là, l'assimilation progressive de l'Algérie, et l'introduction des règles de l'administration métropolitaine. L'Algérie est divisée en trois provinces, d'Alger, d'Oran et de Constantine, ce qui a pratiquement toujours existé depuis la conquête. Chacune des provinces comprend un territoire civil et un territoire militaire, administrés différemment. L'idée étant alors qu'il est du devoir de la France, grande et généreuse, d'assimiler peu à peu tout le pays, et de lui donner l'administration civile qu'elle-même connaît. Les territoires civils sont devenus trois départements avec la Seconde République, partagés en arrondissements et en communes et administrés par des préfets, sous-préfets et maires. En fait, six centres seulement sont érigés en communes : Alger, Blida, Oran, Mostaganem, Bône et Philippeville. Leur maire est nommé par le préfet. Des commissaires civils ont été provisoirement maintenus à la tête des autres centres de colonisation.

Les préfets correspondent directement avec les ministères intéressés ou le service de l'Algérie du ministère de la Guerre. Ils ignorent le gouverneur général. D'où les conflits que l'on imagine.

Les territoires plus ou moins bien conquis, et encore moins colonisés, constituent les territoires militaires. Ils restent de la compétence des généraux de division, de sub-division, des commandants de cercle, et dépendent uniquement du gouvernement général. Celui-ci, assisté d'un Conseil de gouvernement et d'un secrétaire général, ne contrôle donc que les territoires militaires, représentant, il est vrai, la plus grande partie du pays.

En fait, l'influence de Randon a été prépondérante. Il a su se ménager une indépendance presque totale. Sa qualité d'ancien ministre y est pour quelque chose, et plus encore le désintérêt manifesté par Napoléon III jusqu'en 1858. A cette date, la création d'un ministère de l'Algérie et des Colonies autonome, et la nomination à ce portefeuille du prince Jérôme, cousin de l'empereur, vont tout changer. Pour deux ans.

La grande muette

Soumettre le pays conquis, c'est se montrer capable de l'administrer aussitôt. C'est d'abord faire payer l'impôt et maintenir la population dans la paix et la justice. La France a certes quelque prétention à penser que ses lois et ses techniques administratives sont les meilleures du monde. Mais, fille de la Révolution de 1789, elle a garanti aux indigènes, entre autres biens, lors de la reddition d'Alger en juillet 1830, le respect de leur religion. Napoléon Ier déjà, en route vers l'Egypte, avait fait à ses officiers des recommandations allant dans le même sens : « Les peuples avec lesquels nous allons vivre sont mahométans, ne les contredisez pas », avait-il conseillé à bord de *L'Orient* cinglant vers Alexandrie en 1798.

Le plus simple sans doute aurait été d'adopter dans un premier temps le système turc qui avait pour lui d'avoir fait ses preuves durant trois siècles. Quitte à le modifier ou le faire évoluer par la suite. Mais une nation conquérante moderne a toujours le souci de se donner bonne conscience. La bonne conscience de la France en 1830, c'est la libération des Arabes du joug turc. L'adversaire reconnu étant le Turc, le Turc vaincu s'est empressé de fuir. En même temps que lui fonctionnaires indigènes, registres, à quelques documents près se sont volatilisés. Bref, la table rase.

En promettant de respecter la religion des musulmans, on s'est engagé très loin. Jusqu'à la reconnaissance de leurs traditions, de leurs mœurs, de leurs lois inscrites en lettres de feu dans le Coran. Avec une arrière-pensée toutefois, celle de les amener peu à peu à assimiler, d'eux-mêmes, la civilisation de leurs libérateurs. Il a paru impensable que des « barbares » puissent évoluer autrement. L'armée est toute indiquée pour les entraîner à ce jeu subtil. On lui demande d'être à la fois une armée de soldats, d'administrateurs et d'agents politiques. Elle ne pourrait jamais suffire à la tâche si elle ne s'appuyait pas sur les grands chefs indigènes. On exige beaucoup de l'armée. Davantage encore à chaque fois que, mission accomplie, l'administration civile devra prendre sa place. Sacrifiant du même coup la noblesse militaire ou religieuse indigène qui est entrée dans le système, et qui n'aura plus qu'à devenir un corps de fonctionnaires révocables. La grande machine technocratique vient ratisser quand la machine de guerre finit de défricher. Cela se fera dans la passion et les grincements de dents.

L'armée s'est forgée, pour cette mission nouvelle pour elle

par son ampleur, un outil : les Bureaux arabes. Bugeaud, en mettant fin à l'occupation restreinte, a fait revivre cette institution créée avant lui, et lui a donné sa forme définitive en 1844.

Le premier Bureau arabe est lié à Lamoricière, onze ans plus tôt. L'idée venait du général Trézel, alors chef d'État-Major. Le passage de Savary, duc de Rovigo, au commandement supérieur de l'Algérie et son despotisme non éclairé, n'avaient pas laissé un excellent souvenir chez les indigènes. Soumis, il s'agissait donc de retrouver leur confiance. La tâche du Bureau arabe était double : renseigner l'armée pour achever la conquête, et organiser la propagande de la France. Lamoricière a été l'homme de la situation. Il a montré le premier, à cette occasion, que, même dans un climat hostile, on pouvait tenir, à tous les niveaux relationnels, un autre langage que celui des armes à condition d'y mettre du courage et de l'imagination. Son action n'a pas été étrangère à la paix qui a régné cette année-là dans la Mitidja, et qui a permis aux Ponts-et-Chaussées de construire la première liaison routière entre Alger et Blida. Le successeur de Lamoricière, un certain M. Delaporte, au demeurant orientaliste distingué, n'a pas su s'imposer à son tour, malgré l'escouade d'interprètes qu'il dirigeait. Âgé, il ne montait plus à cheval, la raison paraît suffisante. Drouet d'Erlon supprime donc le Bureau arabe. Il décide de rétablir une charge qui n'avait pourtant pas laissé de bons souvenirs, celle d'agha des Arabes. Il la confie au colonel Marey-Monge, avec le même type d'attributions. Celui-ci — arabisant original qui offre la caractéristique de posséder quelques crus fameux de Nuits-Saint-Georges — ne réussit guère mieux. Il est vrai que notre situation militaire est alors peu brillante, et les Arabes, nous sentant sur la défensive, ne se montrent guère enclin à collaborer. Cette charge d'agha des Arabes avait été créée en 1830. Berthezène l'avait confiée, après deux nominations malheureuses de ses prédécesseurs, à un musulman qui nous trahit effrontément. Il joua un moment le double jeu, avant de devenir le premier lieutenant d'Abd el-Kader. Il s'appelait Ben Embarek Ben Attal, et était marabout de Koléa. Il a trouvé la mort en 1842 sous les balles des hommes du général Tempoure.

Valée, en 1837, crée à son tour une direction des Affaires arabes, qu'il confie à Pellissier de Reynaud, l'historien de la Conquête « un serpent », écrira Bugeaud. Il n'a pas été remplacé quand il a démissionné en 1839, à la suite d'un conflit avec le maréchal Valée. Apparemment, la nouvelle expérience n'a pas été probante.

Bugeaud reprend les choses à zéro. Il nomme dès son arrivée, à la tête des Affaires arabes, Daumas, qui restera en poste jusqu'en 1847, un peu après le départ du maréchal. Daumas a bien connu Abd el-Kader à Mascara quand il était consul de France. Il a étudié son organisation. Quand la défaite de l'émir en Oranie et de Si Ahmed dans le Constantinois est à peu près consommée, il amène Bugeaud à s'en inspirer. L'arrêté ministériel du 1er février 1844 en fixe définitivement les formes. La révolution de 1848 les maintient, à l'exception de la direction centrale supprimée. Une direction des Affaires arabes est constituée dans chaque province, sous les ordres directs du général commandant. Des Bureaux sont organisés partout où le besoin en est reconnu.

Partout, dans ces territoires militaires occupés par les tribus et tenus en main par les notables. Ceux-ci ont conservé leurs titres traditionnels, cheikh, caïd, agha et bachaga, sous le contrôle des officiers des Bureaux arabes. Le cheikh est le chef d'une fraction de tribu, elle-même divisée en un certain nombre de douars. La tribu est commandée par le caïd. Parfois, une autorité étendue sur plusieurs tribus est confiée à un agha ou un bachaga. Les douars sont administrés par des assemblées, les djemaas, — une institution d'origine berbère — composées du caïd ou du cheikh et de notables nommés pour trois ans. Elles se réunissent quatre fois par an. Leurs délibérations ne sont exécutoires qu'après l'approbation du général commandant la province ou du gouverneur général, suivant les cas. Les djemaas constituent après 1863 des espèces de conseils municipaux.

L'idée de Napoléon III alors est de voir les douars s'élever progressivement au niveau des communes de plein exercice, et en recevoir les institutions à part entière. L'étape intermédiaire est la commune-mixte, créée aussi en 1863. L'officier commandant le cercle fait fonction de maire, secondé par une commission municipale nommée, composée de Français, et pour un tiers au plus d'indigènes. Les délibérations sont soumises à l'approbation de l'autorité supérieure. En 1858, les Français et naturalisés placés sous l'autorité militaire, c'est-à-dire vivant dans un territoire militaire, sont 19 000, soit 6 pour 100 des 189 000 que compte la population des Français en Algérie. Quant aux indigènes qui vivent en territoire civil, ils dépendent depuis 1847 de l'administration civile dans les villes érigées en communes. Ailleurs, ils sont demeurés sous l'autorité des caïds et des cheikhs, et donc sous celle des Bureaux arabes, jusqu'en 1854. A cette date, on leur substitue des Bureaux arabes civils départementaux, placés sous l'autorité du préfet. Ceux-ci constituent une étape. Le nombre des communes ne cessant d'augmenter et le territoire civil de s'étendre vers le sud, les Bureaux arabes civils sont à leur tour supprimés en 1868. Entre-temps, les indigènes ont été introduits dans les conseils municipaux dans la proportion maximale du tiers. Un décret de 1866 permettra la nomination d'adjoints au maire indigènes, pour s'occuper spécialement de leurs coreligionnaires. Cette mesure sera complétée sous la IIIe République par une nouvelle institution. Dans les territoires civils où la colonisation est faible ou nulle, Chanzy créera en 1875 les communes-mixtes animées par des administrateurs civils.

Comme le disait Bugeaud, une société nouvelle ne s'improvise pas.

Il y a justice et justice

Les officiers des Bureaux arabes tiennent leurs pouvoirs du commandement supérieur. Ils sont la France dans les coins les plus reculés du bled. Leur rôle dans les relations entre l'autorité et les indigènes est essentiel, infini. Hommes de terrain, ils sont le lien, là où tout sépare : la langue, la religion, les coutumes, l'immensité territoriale. Leur mission est passionnante et riche.

Parmi eux, il en est d'exceptionnels, qui trouvent un champ à la mesure de leurs talents et de leur personnalité. Pour la majorité, ils répondent comme ils peuvent à ce qu'on attend d'eux, selon les circonstances. Et il s'en est toujours trouvé quelques-uns pour faire peser sur leurs administrés exactions et abus de pouvoirs. Avec toutes les attitudes intermédiaires, la frontière étant mal définie entre la légalité et ce qui ne l'est pas explicitement. D'autant que réussissent le mieux ceux qui savent allier l'imagination et l'audace, dans des domaines où tout est à inventer. Aussi n'ont-ils pas que des amis, on le verra à l'occasion de l'affaire Doineau et, plus tard, de l'affaire Sériziat.

Les autres officiers les jalousent ou les méprisent généralement. Ils leur reprochent de faire tout sauf la guerre, d'agir sur les indigènes par la ruse et l'intrigue, et non par le prestige que confère à un officier la force des armes. Leur carrière en est freinée parfois. Si bien que le recrutement n'est pas facile, d'autant qu'on exige d'eux une formation particulière. Ils doivent comprendre et parler la langue, connaître le pays, savoir l'histoire des tribus, jauger à leur valeur les chefs, leur influence. Ils effectuent avant de rejoindre leur poste un stage préalable — leurs détracteurs le jugeront insuffisant — dans les différents services d'une direction provinciale. Les pionniers, Margueritte, Lapasset, Richard, Malglaive et d'autres, sont leurs modèles. Ils peuvent être chargés de missions temporaires et spéciales, ou responsables d'annexes dans des cercles très étendus. Les Bureaux arabes sont au nombre de 40 en 1850, 49 en 1870 et comprennent entre 150 et 200 officiers. Normalement, dans un Bureau arabe de subdivision ou de cercle, l'officier chef de Bureau est entouré d'officiers adjoints, d'un interprète, d'un médecin, d'un ou deux secrétaires recrutés dans la troupe, d'un secrétaire indigène, le khodja, et d'un chaouch. Le médecin, assez maigrement appointé, a droit, ainsi d'ailleurs que les officiers et les interprètes, à l'alfa et la diffa quand il est en service dans le cercle. La diffa comprend le gite et la nourriture selon les habitudes du pays. L'alfa, l'attache et le fourrage pour le cheval. Les médecins sont généralement dévoués mais sans moyens. L'Algérie ne bénéficiera d'une véritable politique sanitaire qu'après 1890.

L'officier des Bureaux arabes dispose d'une force armée régulière, plus des auxiliaires recrutés chez les indigènes, des cavaliers, en nombre variable, les mokhazni ou goums. Simple force de sécurité, certes, mais qui leur permet d'intervenir efficacement dans certaines opérations, ou de stopper quelque révolte dans l'œuf. Avec leurs mokhzani, ils parcourent les tribus, s'informent de tout, prêtent l'oreille à ces bruits qui naissent et circulent si vite chez les Arabes. Ils sont invités à de somptueuses diffas, fêtes en l'honneur de l'hôte que l'on veut honorer, à des chasses dans le Sud de plusieurs jours sous la tente. Ils vivent et s'habillent souvent comme les indigènes.

L'un des plus pittoresques d'entre eux, le capitaine Richard, a proposé fort sérieusement, dans un rapport, que l'on engage des « prophètes à gage » pour porter la bonne parole, appuyés par des « colonnes apostoliques ». En tout cas, ils essaient d'avoir les meilleures relations avec les grands chefs, et leur construisent des « maisons de commandement » sur tout le territoire. Ces maisons de commandement, imaginées par Charon, sont de véritables petites forteresses. Elles servent à la fois de maison d'habitation, d'avant-postes et de dépôts de vivres pour les colonnes expéditionnaires. Toutes sortes de liens d'amitié ou d'intérêt se nouent ainsi.

D'un autre côté, les officiers des Bureaux arabes reçoivent les réclamations des indigènes contre ces mêmes chefs. Ils accueillent ceux qui viennent à eux, dans la maison commune, tenue par le dif, l'hôte. Ils doivent écouter, et « faire connaître notre bonté et notre justice, les amener à préférer notre gouvernement à celui d'Abd el-Kader ou des Turcs », comme le recommandait Bugeaud. Ils vont même au-devant d'eux, dans les tribus, les marchés où ils tiennent audience. Ils surveillent que justice leur soit rendue, dans les affaires mineures tranchent eux-mêmes, prononcent des punitions, et dans les cas plus graves instruisent le dossier avant de le transmettre au commandant supérieur. En territoire militaire, celui-ci aboutit devant le conseil de guerre.

En matière de justice, la France a eu à opter entre deux conceptions. L'orientale, aussi rapide que sévère. Le témoin ou le coupable sitôt pris est amené — le bâton aidant — à dénoncer ou avouer. Quelques heures plus tard, une tête roule sur l'esplanade de la porte Bab-Azoun, lieu ordinaire des exécutions dans la province d'Alger. La guillotine, qui a fait l'admiration des Arabes dans les premiers temps, ayant remplacé le yatagan turc. Et il y a la justice occidentale, qui implique de longues enquêtes, des témoins, des garanties. Une justice lente que les indigènes auraient tendance à prendre pour de la faiblesse et de l'impuissance, propres à entraîner variations des témoignages et fausses déclarations.

En 1830, Clauzel a résolu le problème en laissant chacun à sa juridiction. Les musulmans étaient renvoyés aux cadi et aux mufti, les israélites aux rabbins, les étrangers à leurs consuls, les militaires à leurs juges, et les civils français aux tribunaux métropolitains. Les délits et les crimes contre les Français relevaient des conseils de guerre.

La justice en territoire civil s'est organisée à partir de 1834 dans le sens de l'assimilation progressive. Trois tribunaux de première instance sont créés à Alger, Bône et Oran, le premier jouant le rôle de tribunal d'appel. Les tribunaux rabbiniques sont réduits aux affaires religieuses, avant de disparaître en 1842. Pendant quelque temps, on mêlera, dans les tribunaux français, lois françaises et hébraïques. Mais celles-ci disparaîtront vite, par la volonté à s'assimiler qu'ont toujours témoignée les juifs indigènes. Quant aux musulmans, ils peuvent choisir, en matière civile et commerciale, leur juridiction.

En territoire militaire, les choses évoluent moins vite. Bugeaud a précisé les pouvoirs judiciaires des grands chefs et des Bureaux arabes, limitant les amendes et les durées d'emprisonnement. Et il a institué la possibilité de faire appel des jugements civils des cadis, bien qu'elle soit en violation du droit musulman. Il a fallu songer à la formation des cadres musulmans, notaires (adoul), procureurs (oukil), cadi (juges civils), mufti (juges religieux), professeurs d'écoles coraniques. Leur formation manquait d'unité et de consistance. L'instruction traditionnelle des écoles coraniques a souffert des bouleversements de la conquête, de la guerre, des confiscations de biens religieux. On institue à cet effet une médersa dans chacune des provinces, à Alger, Tlemcen — centre culturel historique —, et

Constantine. Les résultats n'en seront d'ailleurs pas appréciables dans les premières années. Restaurées et modernisées plus tard, en 1895, les médersa deviendront un haut lieu de la culture sous la direction d'arabisants distingués. Pour l'heure, l'exercice du pouvoir se concrétise généralement comme le moyen traditionnel le plus pratique et le plus rapide de s'enrichir. Quant à la gamme des punitions, elle est très diverse : amendes individuelles et collectives, emprisonnement, internement, expulsion, séquestre, et, bien sûr, la peine de mort dans les cas extrêmes.

Les réformes de 1854 vont dans le sens de la gratuité et de la rapidité. Mais elles accentuent la séparation des deux justices, en créant des tribunaux d'appel propres aux indigènes, les medjles. Conscient de l'erreur commise, on rétablira cinq ans plus tard, sous le gouvernement Chasseloup-Laubat, le droit d'appel devant les tribunaux français, les medjles reprenant leur rôle traditionnel consultatif jusqu'en 1875 où ils disparaîtront tout à fait. De même que l'on supprimera un Conseil de jurisprudence musulman composé de mufti et de cadi, institué alors à Alger pour maintenir l'unité de doctrine.

1858 apporte son lot de réformes en ce domaine aussi. Le régime d'exception est entamé en territoire militaire par la création de commissions disciplinaires auprès des généraux commandants. Ces commissions se substituent aux officiers des Bureaux arabes. Le commandant supérieur peut toutefois déléguer encore à ces derniers le droit de prononcer des punitions. Mais elles ne peuvent excéder huit jours de prison et 25 francs d'amende. D'autre part, les délits et crimes commis par les Européens sont désormais déférés aux Cours d'Assises et aux tribunaux correctionnels.

Napoléon III, après ses voyages en Algérie, va s'intéresser au régime judiciaire des musulmans. Une commission à laquelle appartiennent un de ses conseillers, le saint-simonien Ismael Urbain, et une majorité d'indigènes prépare la réforme de 1866. Les chambres d'appel deviennent mixtes. Les musulmans en territoire civil continuent de pouvoir opter entre les deux justices. Un Conseil supérieur de droit musulman est créé pour interpréter la loi coranique. Il est, en fait, un véritable tribunal suprême parallèle à la justice française. Il sera supprimé en 1875. Enfin, un pouvoir accru est attribué aux cadi chargés dans tous les cas de faire exécuter la sentence, pouvoir que ne leur reconnaissait pas la loi coranique. Simultanément, on exige d'eux une qualification plus grande, contrôlée par une commission d'examens. Quitte, en 1870, à en diminuer le nombre, remplacés peu à peu par les juges de paix.

On le voit, les tâtonnements sont nombreux. Comme le dit Lapasset, traduisant bien les sentiments de l'époque, « vouloir aller trop vite, ce serait donner de la viande et de la dinde truffée à un enfant encore à la mamelle ». Est-on allé trop vite, trop lentement, dans la bonne direction ? Qui peut le dire ? La justice d'exception pour les musulmans, fixée par le fameux code de l'Indigénat érigé en 1881, ne disparaîtra qu'en 1928.

Des militaires bien sous tous rapports

Les officiers des Bureaux arabes n'ont pas besoin de beaucoup de temps pour s'attacher à ce pays sur lequel leur pouvoir est si grand, et à ces indigènes qui n'ont de sauvage que la méfiance pour le vainqueur, l'étranger, le roumi. Aussi la plupart d'entre eux s'appliqueront-ils à leur apporter un sort meilleur. Ils sont conscients d'avoir détruit un équilibre et ils tentent de le rétablir en y glissant des éléments nouveaux propres à le faire évoluer tout en ménageant ce qu'il en reste.

La politique de colonisation de la France entraîne un resserrement territorial des tribus. Les nomades deviennent des semi-sédentaires dans des espaces qui leur sont assignés. Les Bureaux arabes s'efforcent de constituer un paysannat enraciné de petits propriétaires qui devraient à la France la sécurité de leurs titres. Et d'abord, en leur construisant des maisons et des villages qui se substitueraient aux tentes. C'est ainsi qu'on compte, vers le milieu du siècle, un millier d'habitations privées faites pour eux dans la province d'Alger, huit cents en Oranie, quatre cents dans le Constantinois, notamment dans la région de Sétif. Il semble que ce soit Lapasset qui ait ouvert la voie à Ténès en 1845.

Le capitaine Lapasset est originaire de l'île de Ré où son père était capitaine. Après son passage à Saint-Cyr, il débarque en Algérie en 1840 avec le grade de lieutenant. Il participe à bon nombre de campagnes, tout en apprenant à fond la langue arabe. Si bien que l'on songe à lui pour remplacer le capitaine Beatrix en 1845 à Ténès, comme chef du Bureau arabe. Béatrix a été massacré par les révoltés du Dahra que fanatisait Bou-Maza, l'homme à la chèvre, si bien reçu à Paris après sa capture. Lapasset fera une brillante carrière comme directeur des Affaires arabes à Oran, puis commandant la subdivision de Sidi Bel-Abbès, et celle de Mostaganem. Remarquablement intelligent, il aura l'occasion d'être un conseiller écouté de Napoléon III. Le petit village indigène de Zmala près de Ténès est son œuvre. Il renouvelle l'expérience dans la région d'Orléansville où il succède à Richard en décembre 1850.

Le capitaine Richard lui, est polytechnicien, originaire de Toulon. Marqué, comme Lapasset, par les idées de Saint-Simon et de Fourier, il est en 1840, tout prêt à les mettre en œuvre en Afrique. On lui donne la direction des Affaires arabes dès la création d'Orléansville. Ce beau garçon aux longs cheveux blonds et bouclés, les traits fins, l'œil bleu et rêveur, des manières délicates, la parole facile et entraînante est servi par une imagination fertile. Ravi d'avoir découvert la « tente en pierre », il construit son village indigène sur le modèle du campement arabe. Une grande place centrale, et, tout autour, des constructions n'ayant qu'un rez-de-chaussée, reliées entre elles comme des alvéoles de ruche. De loin, cela ressemble à un décor d'opérette. Quand on y met les pieds, on se rend compte que l'urbaniste a oublié quelques détails pratiques. En bons diplomates qu'ils sont, les aghas et les caïds n'ont soulevé aucune objection. Ils ont même trouvé cela sublime : « Tu es le miroir de la vérité, ta parole est la manne céleste qui nourrit un peuple. » Seulement, pas un de leurs administrés n'a voulu y habiter de son plein gré. Ils en ont été quitte pour payer sous le manteau une « indemnité » aux grands chefs afin d'avoir la paix. Seuls, les indigents ont dû s'exécuter. C'est dire que les tentatives ne sont pas toujours couronnées de succès. Richard terminera modestement sa carrière comme commandant aux îles d'Hyères, victime peut-être de l'animosité de l'armée contre les Bureaux arabes. Dans la province d'Oran, on a fait construire par les Gharaba, à leur intention, des maisons comprenant trois ou quatre pièces, avec une cour, un hangar pour les animaux, un abri pour la paille. Il paraît même que l'agha des Gharaba a eu une maison à un étage avec un salon meublé à l'européenne. Mais des mauvaises langues racontent que les habitants campent souvent à côté et y logent leurs chèvres.

Les officiers des Bureaux arabes se sont faits non seulement bâtisseurs, mais encore ingénieurs des travaux publics. Ils ont multiplié les fontaines, les puits, construit des routes, des barrages. Le capitaine Malglaive, chef du Bureau arabe de Marengo, à l'extrémité ouest de la Mitidja, a entrepris d'assécher le marais pestilentiel d'Alloula. Manquant de crédits, il en est venu à bout avec ses seules ressources. Car ce savant officier du génie est à la fois un grand philosophe et un homme fortuné. Cette région lui doit, outre de vastes et fertiles terrains, de n'être plus dévastée par les fièvres.

L'action de Margueritte à Téniet-el-Haad est non moins exemplaire. Margueritte est venu en Algérie à neuf ans en 1831. Son père s'était engagé dans le corps des gendarmes maures qui sera dissous en 1842, remplacé par les régiments de spahis. A Kouba où ils habitent, il joue toute la journée avec les petits Arabes et parle parfaitement leur langue. Si bien qu'à quinze ans, il s'engage aux gendarmes maures comme interprète. Il est promu sous-lieutenant à dix-neuf ans. Quand le corps est licencié, il décide de recommencer une carrière et entre comme simple soldat aux chasseurs d'Afrique. Il est fait la même année brigadier puis maréchal des logis. Malgré son rang modeste, on lui confie les Affaires arabes de Miliana. Il a vingt ans. Saint-Arnaud vient de prendre le commandement de la place comme lieutenant-colonel. Plus tard, Margueritte participera à l'expédition du Mexique en 1861, reviendra en Afrique combattre l'insurrection des Ouled-Sidi-Cheikh, et sera tué à Sedan en

1870, à quarante-sept ans. Autodidacte à l'intelligence vive, il est le plus jeune général de division de l'armée française. Il avouera que c'est à Téniet-el-Haad qu'il a été le plus heureux : « J'ai horreur de la guerre. Bâtir, planter, faire des travaux d'utilité, voilà ce qui me convient. »

Il a pratiquement créé Téniet-el-Haad. Le poste a été fondé sur l'ordre de Bugeaud. C'est un passage important entre le Tell et les hautes plaines de Sersou. Changarnier y a établi un camp permanent en 1843. Quelques marchands, quelques ouvriers, comme toujours en pareil cas, sont venus s'installer autour des militaires. Quand Margueritte arrive, il ne trouve qu'un modeste baraquement. A l'amiable, il obtient des tribus, des terres pour les premiers colons qu'il souhaite attirer. Il entreprend la fabrication sur place de la chaux, du plâtre, des briques, et transforme Téniet-el-Haad en un vaste chantier dont il est le chef. Des bains sont construits, aussi bien que des maisons de commandement. Les friches perdent du terrain, les marchés s'animent. Il ouvre des routes en direction de Miliana, d'Aïn-Toukria (qui deviendra le centre de colonisation de Bourbaki dans le Sersou), de Boghar. Et il fait construire une trentaine de barrages.

Le plus important est établi sur le Nahr-Ouassel, là où le lit s'est profondément creusé. Les Doua-Hasseni ont observé les bienfaits des barrages déjà réalisés. Ils s'adressent à Margueritte, offrent 15 000 francs et soixante animaux de transport pour effectuer ce travail. L'entreprise est ambitieuse, mais le chef du Bureau arabe sait que les communications avec le Sud deviendront possibles en toutes saisons, notamment pour les troupeaux de moutons du Tell qui vont hiverner dans le Sersou. Tout le monde s'y met. Il faudra couper et transporter à dos de mulet mille six cents arbres, confectionner des clayonnages avec les branchages longs et flexibles des tamaris et des lauriers-roses qui couvrent la vallée, fabriquer cinquante mille saucissons en corde d'alfa étendus le long des clayonnages, verser dessus du sable fin. Les travaux dureront quatre ans, dans un climat étrange. Margueritte installé avec sa tente au milieu de milliers de travailleurs, et chaque chef de tribu arborant drapeaux, musiciens et chanteurs pour les encourager et les exciter. Quinze cents hectares de plaine ont pu être irrigués grâce à ce remblai de 30 000 mètres cubes. Malheureusement, le barrage ne sera pas entretenu par les successeurs de Margueritte.

L'agriculture indigène est une agriculture extensive de faible rendement, à jachère biennale. Les Arabes incendient les broussailles, répandent le grain. Ils raclent le sol avec une charrue primitive, la semence se recouvre d'une terre mêlée de cailloux et de racines. L'année suivante, on fait la même chose un peu plus loin. On comprend que le resserrement territorial auquel on les contraint, leur soit sensible. Les officiers des Bureaux arabes se sont donc efforcés de les aider à améliorer leurs méthodes de cultures et leurs rendements. D'autant que bon nombre de militaires sont prêts à penser, avec l'empereur, que « le vrai paysan de l'Algérie, c'est l'indigène ». Il est certain qu'en ce temps-là, il y a parmi les colons beaucoup d'appelés, et peu d'élus à voir leurs efforts couronnés de succès. Les indigènes produisent, en 1860 encore 80 pour 100 du blé algérien. Ils disposent d'un cheptel ovin de huit millions de bêtes, et de deux bœufs pour cinq cultivateurs. On leur apprend à produire les pommes de terre qu'ils ne connaissent pas, et, à partir de 1850, en même temps qu'aux Européens, le coton et le tabac. On leur enseigne ce qu'ils avaient appris jadis des Romains et qu'ils ont oublié, le greffage des oliviers et des arbres à fruits. Lapasset, à Ténès, travaille à l'amélioration de la race chevaline, notamment pour l'organisation des courses de chevaux dont les Arabes sont friands. On les encourage à utiliser le matériel agricole européen. Suivant les régions et les époques, on leur fait adopter l'une ou l'autre des charrues qui se répandent chez les colons, la Dombale, la François, la Béni-Méred.

Un caïd, à Philippeville, a la curieuse idée de créer, sur les bords du Safsaf, un hameau de six maisons. Non pour ses coreligionnaires, mais dans le but d'y installer des familles allemandes qu'il a attirées. Il leur avance les instruments de culture, les semences et le cheptel. En échange, ce caïd inventif leur demande d'initier ses propres fermiers aux techniques agricoles européennes. C'est effectivement en travaillant avec les Européens qu'ils font les plus grands progrès. Encore faut-il que ceux-ci existent. Ce n'est pas le cas dans les vastes territoires militaires du bled. Seule l'armée est présente. Elle doit se faire professeur avant d'avoir été élève, et y parvient souvent. On a décidément beaucoup demandé à cette armée d'Afrique.

Vous paierez l'impôt chaque année

Randon s'attèle au gouvernement de l'Algérie avec une grande ambition. Il souhaite que la colonie se suffise à elle-même. Il demande à plusieurs reprises que lui soit reconnu un budget spécial. L'Algérie ne doit pas être un boulet pour la France, et surtout pas financier. Il ne l'obtiendra pas. L'Algérie a bien eu un budget autonome durant cinq ans, au temps de Valée et de Bugeaud. Mais il lui faudra attendre 1900 pour retrouver ce privilège.

Clauzel, pour sa part, avait réglé très simplement la question. Il est vrai qu'on était en 1830. Il avait établi une démarcation rigoureuse entre les dépenses militaires et les dépenses civiles. Ces dernières devant être équilibrées par les recettes, les choses s'arrangeaient sur place, plus ou moins confusément il faut le dire.

L'ordonnance de 1839 est le premier texte cohérent en la matière. La France et la colonie se partagent recettes et dépenses. Des recettes, Alger ne garde que l'octroi de mer et les impôts arabes. Ils doivent lui permettre d'équilibrer un certain nombre de dépenses à sa charge. Elles concernent notamment l'administration des villes, des tribus, les travaux publics dans les départements et les communes.

Le budget est arrêté par le gouverneur général et approuvé par le ministre de la Guerre. Il échappe au Parlement. L'ordonnance de 1845 modifie la situation, elle a un caractère centralisateur marqué. Paris reprend les attributions locales peu à peu accordées au gouverneur général. Toutes les recettes de l'Algérie s'inscrivent désormais au budget de la nation qui pourvoit aux dépenses. Le budget local et municipal est rendu au ministre de la Guerre.

Une nouveauté : la personnalité provinciale — on dirait aujourd'hui régionale — commence à se dessiner. A l'intérieur du budget local, les recettes de chaque province restent affectées à ses dépenses jusqu'à concurrence des trois quarts. Le dernier quart va à un fonds commun et à un fonds de réserve. Ce budget provincial devient tout à fait distinct à partir de 1858. Il est discuté par le Conseil général créé à ce moment-là. Un budget spécial est conservé pour les localités non érigées en commune.

Randon ne désespère pas d'obtenir un budget autonome pour l'Algérie. En attendant, il se préoccupe d'en préparer la réalisation. Il recherche l'équilibre des recettes et des dépenses. Des centimes additionnels à l'impôt arabe en pays de tribus alimentent à partir de 1855 un budget spécial de travaux publics en territoire militaire. En territoire civil, il élève de nombreux centres en communes de plein exercice, étant entendu que celles-ci doivent supporter les dépenses purement municipales au moyen de taxes locales. Ces taxes locales, depuis 1847, sont prélevées uniquement chez les contribuables non citoyens, c'est-à-dire les étrangers, et surtout par leur nombre, les indigènes.

L'autre ressource essentielle des communes est constituée par les cinq dixièmes de l'octroi de mer. L'octroi de mer est une taxe sur les denrées arrivant par mer. A partir de 1854, elle est répartie au prorata de la population. Compte tenu que les indigènes — musulmans et israélites — font des produits importés une moindre consommation que les Européens, ils ne sont comptés que pour un dixième de leur effectif réel. A partir de 1868, ils pèsent davantage dans la balance du pouvoir d'achat, ils comptent pour un huitième. Ils pèsent surtout sur les charges que représentent les équipements collectifs. Les communes qui se créent ont tout à faire sur le plan de leurs équipements les plus élémentaires. Elles arrivent difficilement à équilibrer leur budget. Surtout à partir de 1875, elles amélioreront leur ordinaire en louant les terrains communaux après les avoir divisés en lots. Initiative diversement appréciée par les administrés.

On a parlé des impôts arabes. Ils forment la part importante des contributions directes du pays. Les Français d'Algérie ne paient qu'une seule des quatre contributions que tout citoyen métropolitain doit à l'Etat, la patente, et encore à tarif réduit. Une sorte de dégrèvement fiscal pour encourager le peuplement et la colonisation outre-mer. Ce sont les Français toutefois qui paient l'essentiel des droits douaniers et des contributions indirectes, ainsi que diverses taxes assimilées, sur les loyers, les chiens, ou pour les chemins vicinaux, les écoles, etc.

Pour ce qui touche les indigènes, le signe tangible de la soumission, c'est bien l'impôt. Le système des impôts arabes appartient aux règles du Coran, et on a cru comprendre qu'il valait mieux ne pas y toucher. La répartition des impôts arabes comporte de graves inégalités, mais elle a une explication historique. Les populations indigènes supportent le fardeau auquel elles sont accoutumées, et toute modification, même à leur avantage, est accueillie avec défiance. Ce sont ces bonnes raisons qui ont permis de maintenir en Algérie l'inégalité de l'impôt jusqu'en 1919.

En effet, le Coran parle de l'impôt : « Vous le paierez chaque année. Le produit en sera appliqué aux pauvres et aux nécessiteux, à ceux qui sont chargés de défendre votre pays. Il servira au rachat des esclaves, au soutien des voyageurs. »

Nous n'avons donc eu, en la matière, qu'à prendre la suite des Turcs. L'impôt foncier intéresse les tribus. C'est le kharadj sur les terres arch, c'est-à-dire collectives. Il constitue une sorte de loyer que paie la tribu. L'achour est la dîme coranique que tout bon musulman doit verser. Elle s'élève, en théorie, au dixième de la récolte, récolte de céréales essentiellement. La collecte se fait après la moisson. En 1854, les ensemencements effectués par les indigènes couvrent 660 00 hectares. Ils passent à 2 230 000 hectares en 1863. Le rendement moyen augmente d'un cinquième, de sorte que les récoltes ont quadruplé en dix ans. Dans les oasis du Sud, l'achour est remplacé par la lezma, l'impôt sur les palmiers, et le zekkat, l'impôt sur le bétail. Prélevé après les naissances, à la fin de l'hiver, il concerne, en

1865, un million de bovins et huit millions d'ovins. A partir de 1858, la lezma est due par les indigènes qui ne payent ni l'achour ni le zekkat, en Kabylie et dans quelques autres régions.

Depuis 1847, les chefs arabes ont perdu leurs droits aux corvées pour leurs labours, leurs moissons, le transport des récoltes. Les bachaghas et les aghas ont du gouvernement français des traitements fixes. Les caïds, eux, perçoivent, pour leurs rémunérations, le dixième des impôts collectés — et d'ailleurs aussi des amendes infligées. Ces impôts ont été payés en nature jusque vers 1845. Les officiers des Bureaux arabes veillent à la bonne marche des opérations. Ils sont chargés de tenir des archives claires et ordonnées. Chaque année, après un marchandage de toutes les parties suivant un rite immuable, ils évaluent approximativement le montant de l'achour et du zekkat en fonction de l'abondance des récoltes et par comparaison avec les années précédentes.

Le système n'est certes pas parfait, et les projets de réformes n'ont pas manqué. Apparemment, ils tenaient mal devant les réalités du moment. La commission Burdeau, de solide réputation, chargée par le ministère de l'Intérieur d'étudier sur le terrain une plus juste répartition de l'impôt, conclura encore en 1891 : « Votre commission n'a pas d'innovation à vous proposer en ce qui concerne les impôts arabes. »

L'affaire Doineau

Un fait divers va enflammer l'opinion publique en Algérie et dans toute l'armée. Il va infléchir par ses conséquences la politique gouvernementale et les institutions de la colonie.

Le 12 septembre 1856, à trois heures du matin, l'agha des Beni-Snous, Mohamed Ben Abdallah, prend la diligence de Tlemcen pour se rendre à Oran. Un quart d'heure après avoir dépassé les dernières maisons, la voiture est entourée par une douzaine de cavaliers portant la tenue indigène. Les uns suivent la diligence depuis son départ, les autres sont sortis d'un bois d'oliviers qui arrive jusqu'à la route. Coups de feu, diligence stoppée, l'agha et son interprète Hamadi sont tués à bout portant. Un colon de Tlemcen, Valette, est aussi atteint mortellement par une balle égarée. L'émotion est grande à Tlemcen. La veuve de Ben-Abdallah accuse un autre agha de la région, Bel-Hadj. Tout le monde connaît la vieille hostilité qui sépare les deux chefs. L'enquête aboutit à un certain nombre d'arrestations, notamment celles d'un assassin professionnel nommé Maamar, et du khodja (secrétaire indigène) du chef du Bureau arabe de Tlemcen, Doineau. Questionnés, ils déclarent qu'ils ont été poussés par le capitaine. Il en est même quelques-uns pour affirmer qu'il a participé au guet-apens, déguisé en Arabe. Doineau est arrêté à son tour.

Le capitaine Doineau passe pour un officier de Bureau arabe remarquable, bien noté de ses chefs successifs. Le commandant du cercle de Tlemcen est alors le général Beaufort d'Hautpoul, qui a succédé au général de Montauban, lui-même appelé à Oran pour remplacer Pélissier. Beaufort d'Hautpoul ne jure que par lui. Il est vrai que Doineau est sympathique et attachant, grand gaillard au nez en l'air, ouvert, généreux. Les femmes ne seront pas les moins passionnées à s'intéresser au sort du héros du jour et on dit que les jalousies et les aigreurs des femmes des deux généraux, qui se détestent cordialement, n'ont pas arrangé ses affaires lors de l'instruction. C'est aussi un homme intelligent, rompu aux finesses de la diplomatie arabe et au courant de toutes les intrigues des chefs.

La presse s'en mêle. La presse d'opposition notamment, la plus lue en Algérie. *L'Africain,* qui est le porte-parole du gouvernement, périclite. Il disparaîtra en 1864. Seul l'*Akhbar,* fondé en 1839, d'inspiration gouvernementale et militariste, durera tout le siècle, mais il perdra progressivement de son influence. Concurrencé, de 1849 jusqu'au coup d'Etat où elle est interdite, par la « feuille rouge » qui monopolise les lecteurs dans l'Algérois, *L'Atlas*. Concurrencé aussi par *L'Echo d'Oran* créé en 1844, par *Le Progrès de Constantine* qui a succédé au *Journal de Constantine* depuis 1851. Ils défendent le parti Rouge, l'Ecarlate, qui est en fait le parti de l'administration civile et des colons. Les colons en 1857 sont généralement de pauvres diables. Ils ont d'autres chats à fouetter que de s'occuper de politique qui n'intéresse qu'une poignée de gens. On a dit que les transportés de juin 1848 et de décembre 1851 constituent en Algérie un véritable levain des idées républicaines. C'est vrai. Mais la sensibilité républicaine des Français d'Algérie s'est révélée tout naturellement, avant même leur arrivée. Pour eux, la République doit entraîner la fin du régime d'exception symbolisé par l'administration militaire. Aussi ont-ils accueilli avec enthousiasme la nouvelle de son instauration. Y compris des monarchistes comme le baron de Vialar. Mais leur sens politique est surtout utilitaire, tant ils ont de problèmes vitaux à résoudre. Il leur en restera d'ailleurs toujours quelque chose. C'est là une mentalité qui ne tient pas dans le cadre des notions traditionnelles de droite et de gauche. Les socialistes sont peu nombreux, plus tard le syndicalisme n'aura guère de prise. Et c'est chez les saint-simoniens et les fouriéristes aux idées sociales généreuses qu'on compte le plus de « colonialistes » inspirés.

Cela dit, on a vécu avec passion 1848 dans les principales villes d'Algérie. Brochures, pétitions, meetings, banquets, cortèges, drapeaux rouges, arbres de la liberté se sont multipliés dans un franc désordre, devant un Cavaignac médusé, alors gouverneur général, qui « ne comprenait pas ainsi la République ». Puis sagement, l'Algérie est revenue aux choses sérieuses, c'est-à-dire au quotidien. Ses députés se sont retrouvés, pour trois d'entre eux, dans les rangs du parti de l'Ordre. Seul Henri Didier, substitut du procureur général, s'est rallié aux démocrates.

Le procès Doineau est le détonateur qui matérialise les rancœurs des Français d'Algérie. Les journaux s'arrachent, on apprend que Jules Favre, en personne, vient de Paris plaider devant la Cour d'Assises d'Oran. Il est le défenseur de l'agha Bel-Hadj. Jules Favre n'est pas n'importe qui, on imagine des dessous insoupçonnés. Le célèbre avocat a été de ceux qui ont voté la déchéance du prince-président en 1851, ne désarmant pas au côté de Victor Hugo. C'est lui, qui, plus tard, en 1858, sera le défenseur d'Orsini, l'auteur de l'attentat à la bombe contre l'empereur devant l'Opéra. Bref, l'un des fameux quatre Jules à la tête des républicains modérés du Second Empire avec Ferry, Grévy et Simon, et le futur ministre des Affaires étrangères qui aura à négocier avec Bismark la reddition de la France après la défaite de 70. Partout, les conversations vont bon train. Elles passent bien au-dessus de la tête de Doineau. On ne fait rien de moins que le procès de toute l'administration militaire et des Bureaux arabes.

L'administration militaire est stérile, critique-t-on de tous côtés. C'est l'inertie la plus complète. Avec elle, on ne fera jamais rien de grand. Un homme reste un homme. Voyez quel pouvoir ont les officiers. Ça joue au tyranneau, à l'arbitraire, au régime du bon plaisir. Et autant aux dépens des Européens qui tiennent tout d'eux, que des indigènes. Ils réglementent jusqu'à l'infime détail, sans doute pour passer le temps. Ils s'imaginent qu'ils ont la science infuse, qu'ils peuvent organiser, administrer, coloniser et qu'ils sont seuls compétents pour ces tâches. Comment avoir, dans ces conditions, cette créativité propre au développement d'une colonie ? Ils ne connaissent que la force et la hiérarchie, et fuient devant la véritable responsabilité. Et la paperasserie ! Ils croient qu'on n'a que cela à faire, des papiers ? Pour régler une affaire à Constantine, il a fallu trois ans et quarante-sept étapes avant de voir revenir le dossier à l'intéressé. Sans compter les dépenses inutiles. Et puis, vous pensez peut-être qu'ils veulent la paix ? La paix, c'est leur mort, leur disparition, leur inutilité. Il leur faut des campagnes pour obtenir citations et promotions. Tant pis pour les petits soldats qui remplissent les hôpitaux, les Arabes qui nous haïssent. L'Algérie est un champ de manœuvre, une école pratique de guerre pour jeunes généraux. On fait la guerre pour la guerre. La colonisation est accessoire, un semblant de justification. Au contact des plus véreux des indigènes, baptisés grands chefs, ils ont développé en eux-mêmes un esprit de concussion et de rapine. Il doit s'en bâtir, des fortunes, sous une façade de justiciers humanitaires. D'ailleurs, ils n'ont pas le temps d'apprendre leur métier, ni d'ouvrir un livre. Ils le passent à faire des rapports, se rendre dans les réceptions, faire de la paperasse administrative, de la correspondance. En créant des corps indigènes, ils ont perpétré l'esprit belligérant chez les arabes, le goût des armes, des chevaux de guerre, des honneurs militaires. Parce qu'ils aiment cela eux-mêmes. Vous ne savez pas qu'ils acceptent que leurs alliés indigènes leur envoient les oreilles droites de leurs ennemis vaincus ?

Et les traitements inhumains qu'ils infligent à la troupe, le silo, la barre, la flagellation, la crapaudine, le clou ? Toute une gamme, quoi. Le silo est une fosse étroite où on entasse les condamnés sans qu'ils puissent s'asseoir ou se coucher, car ils sont trop nombreux. Ils croupissent, parfois nus, plusieurs jours dans la boue et les immondices, avec du pain et de l'eau pour toute nourriture. On les attache aussi par les pieds à une barre horizontale fixée à trente centimètres du sol. Ils demeurent couchés sur le dos ou le ventre, les pieds plus hauts que la tête, exposés au soleil le jour, à l'humidité et au froid la nuit. Et comme MM. les officiers ont de l'imagination dans leur cruauté, il y a encore la crapaudine. Le bras gauche et la jambe droite sont liés derrière le dos, et s'entrecroisent avec le bras droit et la jambe gauche. Variante horrible, on les accroche dans cette position à un clou ou une barre. Ils ne peuvent plus respirer, le sang injecte leurs yeux : c'est le clou au rouge. Les plus sadiques ne s'arrêtent pas là et vont jusqu'au clou au bleu, c'est-à-dire la congestion qui bleuit le visage. C'est là le dernier degré de la pénalité disciplinaire et le fin du fin.

En ce qui concerne plus précisément les Bureaux arabes, le mal vient de ce que les hommes passent, et les institutions restent. Elles se fixent, elles forment un être collectif qui prend des habitudes, qui a ses traditions, accroît son influence, garde son personnel subalterne à demeure. Les Bureaux arabes sont devenus une puissance, et les indigènes ne s'y trompent pas. On a vu s'effectuer un déplacement d'autorité, mieux, une véritable émancipation. Un Bureau arabe ne devrait être qu'un bureau de renseignements au service du commandant supérieur. Rien d'autre. Alors qu'en fait, le commandant supérieur n'est là que pour les salamalecs quand il rencontre les chefs arabes, les choses sérieuses se réglant ensuite avec l'officier arabe. Et puis, faites-leur confiance ! Quand ils ont devant eux les journalistes, les députés, les romanciers, les artistes venus les voir, ils leur organisent fantasias et réceptions, ils les éblouissent par l'attitude respectueuse d'Arabes portant fièrement leur burnous rouge, blanc ou noir. A côté, le petit-bourgeois de fonctionnaire a bonne mine ! C'est simple, l'administration civile est brimée dans ce pays.

Il en est pour prendre la défense des officiers. Les arabophiles, comme on les appelle, et tous ceux qui, plus modérés, ont conscience de l'œuvre immense accomplie par l'armée. Ils admettent le cas de quelques-uns, mais défendent l'institution. Ils pensent qu'il faut une force militaire vigoureuse et dominante pour maintenir la paix et la sécurité. Le prestige des militaires en impose aux Arabes, ils représentent un pouvoir estimé et craint à la fois. Non seulement ils font beaucoup pour l'Algérie — grands bâtisseurs et faiseurs de routes — mais ils honorent la France. Dans tous les moments graves, ils ont les premiers rôles. Quant à ceux qui comparent un officier à un fonctionnaire, qu'ils sachent que la France envoie en Algérie ses meilleurs officiers, mais non ses meilleurs fonctionnaires. D'ailleurs, quand les tribus passent en territoire civil, les impôts ne rentrent plus régulièrement, et les crimes et délits se multiplient. D'autre part, les Bureaux arabes sont les défenseurs naturels des Arabes en proie à la rapacité des colons, un rempart nécessaire.

Pendant ce temps, le procès a lieu. Le président de la Cour d'Assises fait preuve d'une partialité évidente. Il est difficile de se reconnaître au milieu des contradictions des témoignages indigènes. Ils ont tout vu et son contraire. A les entendre, les accusés indigènes, le khodja en tête, ne sont que de pauvres choses devant leur sultan. « Je faisais tout ce qu'il me disait. Il aurait pu me faire disparaître comme une mouche. Le capitaine faisait tout ce qu'il voulait. » La plaidoirie de Jules Favre est éloquente et enflammée. Il glisse adroitement du cas particulier au cas général : « Si c'est cela, il faut se hâter de supprimer les Bureaux arabes, ou bien les réformer profondément. » Doineau nie tout. Peut-être n'est-il coupable que d'avoir proféré imprudemment, en homme devant qui tout plie, des menaces ou des paroles hostiles devant ses serviteurs. D'autant qu'il existe une haine farouche entre Ben-Abdallah et lui, et que cela se sait.

Ceux qui ont agi espéraient l'immunité. Doineau n'aurait sans doute pas été condamné si l'on n'avait trouvé chez lui une grosse somme de 22 000 francs or dont il ne sait pas expliquer l'origine. Bien qu'on ne puisse prouver que cet argent soit lié à l'affaire, l'officier est condamné à mort. Sa peine est commuée en détention perpétuelle qu'il ira subir à Douéra. Gracié deux ans plus tard, il prendra du service chez les Espagnols en guerre contre le Maroc. Il réapparaîtra en 1874 dans l'affaire de l'évasion du maréchal Bazaine de l'île Sainte-Marguerite, au large de Cannes, qui y payait sa capitulation à Metz. Bazaine, son ancien chef dans les Bureaux arabes, qui lui vaudra encore deux années de prison. Il mourra de sa belle mort à Lille en 1914, à l'âge de quatre-vingt-dix ans.

Une expérience

L'empereur est encombré, au même moment, d'une colonie qui ne veut plus de gouverneur militaire, et d'un cousin — qui n'est justement pas un militaire — il l'a prouvé en Crimée — fatigué d'être laissé pour compte. Ce cousin est le fils de Jérome, frère de Napoléon Ier, ex-roi de Wesphalie, comme l'empereur est le fils de Louis, frère de Napoléon Ier, ex-roi de Hollande. Le prince Jérôme ne manque pas de se dire parfois : « Pourquoi lui ? » Il n'a pas, comme son impérial cousin, le goût des complots et des coups d'État. Mais enfin, cette pensée-là le rend souvent de méchante humeur. Napoléon III le sait bien. Cependant, il a l'esprit de famille, pardonne toujours, et lui passe ses fantaisies. On met Randon, qui prépare tranquillement un certain nombre de projets de réformes, devant le fait accompli. C'est dans la manière de l'empereur, vieux conspirateur, de préparer ses coups dans le secret de son cabinet avec les seules lumières de ses conseillers fidèles. Sa décision est prise. Un ministère de l'Algérie va être créé, et son titulaire sera le prince Jérôme. Pour rendre la charge plus importante, on barbote les affaires des colonies au ministre de la Marine.

Trois jours avant la création du nouveau ministère, une dépêche appelle le gouverneur général à Paris pour « traiter de la situation nouvelle où va se trouver l'administration supérieure de l'Algérie ». Il trouve les « hautes sphères » de la capitale très montées contre le régime militaire. L'affaire Doineau a décidément résonné loin et fort. Tout ce qui se dit en Algérie est répété ici. Avec, pour conclusion, que la place prépondérante de l'armée en Algérie, c'est fini. Il faudra qu'elle se contente du rôle qui lui est assigné dans un État bien ordonné. Vainement Randon tente d'exprimer que la majorité de la population d'Algérie apprécie son armée, qu'il suffit de regarder ses manifestations spontanées au retour de chaque expédition. Il demande qu'il y ait au moins une enquête. Mais les jeux sont faits, et Randon préfère remettre sa démission à l'empereur le 9 août 1858. Il conservera sa confiance puisqu'il sera nommé à nouveau ministre de la Guerre de 1859 à 1867. L'Algérie ne lui échappe pas tout à fait. Le poste de gouverneur général est supprimé.

Au décret du 2 juin 1858 qui a créé le nouveau ministère, vient s'ajouter le décret du 29 juillet. Les services de la justice, des cultes, de l'instruction publique et des finances, qui avaient été détachés du ministère de la Guerre en 1848, sont réunis au ministère de l'Algérie et des colonies. L'empereur aurait souhaité que le prince s'en aille résider à Alger, mais le nouveau ministre n'est pas de cet avis. Il restera donc à Paris. Mac-Mahon est nommé à Alger commandant supérieur des forces de terre et de mer.

Le prince Napoléon, Plon-Plon pour les intimes, a pour lui une prodigieuse ressemblance avec « le plus illustre des Français », son oncle. Il a aussi une intelligence vive et curieuse, le don de la parole. Prince jusqu'au bout des ongles, il éblouit par sa culture, sa conversation, sa puissance de raisonnement, son don de l'organisation et du commandement. Ce qui ne l'empêche pas d'être démocrate et libre penseur, anticlérical, antimilitariste. Il a été élu député d'extrême-gauche sous la IIe République. A la fois brutal et sensible, brouillon et systématique, attirant et solitaire, généreux et sectaire, sa nomination est considérée comme une catastrophe par l'armée. Par contre, la population civile d'Algérie s'en montre très satisfaite. L'empereur paraît enfin vouloir s'occuper d'elle sérieusement.

Le prince a le sens des analyses concises. Il écrit dans son premier rapport : « La conquête et la sécurité sont entières, les crimes sont rares, les routes et les propriétés sont sûres, les impôts rentrent bien. Et cependant la colonisation est presque nulle. Deux cent mille Européens à peine, dont la moitié de Français, moins de cent mille agriculteurs, les capitaux rares et chers, l'esprit d'initiative et d'entreprise étouffé, la propriété à constituer dans la plus grande partie du territoire, le découragement jeté parmi les colons et les capitalistes qui se présentent pour défricher le sol de l'Algérie. » Il faut faire vite, la situation est mûre pour l'assimilation des institutions algériennes à celles de la métropole. Le prince est sûr de lui, il a étudié tous les moyens de colonisation employés dans les deux Amériques. Il est décidé à des réformes hardies.

En théorie du moins, les mesures qu'il va imposer constituent un grand pas dans le sens de l'évolution logique de l'Algérie telle qu'on pouvait la concevoir alors. Aussi, la plupart de ses réformes seront-elles maintenues après lui. A la place du Comité consultatif dissous, il place près de lui un Conseil supérieur de l'Algérie où il fait entrer ses amis. Le territoire civil est doublé, et des commissariats civils sont créés en territoire militaire. Les Conseils généraux, que la IIe République a promis sans qu'ils aient vu le jour, sont institués en même temps que les budgets provinciaux. Ils comprennent des indigènes. Une tribune pour les colons, gronderont les uns. Le signe d'une ère de liberté, commenteront les autres. Les Bureaux arabes civils sont créés en territoire civil, en attendant qu'augmente le nombre des communes de plein exercice. C'est aussi le moment où des garanties sont offertes en matière de justice dans les territoires militaires : commissions disciplinaires pour les Arabes, juridictions civiles pour les Européens. Pour donner un coup de fouet à l'économie, toutes les transactions en matière immobilière sont déclarées libres en territoire civil. Les opérations du Comptoir d'escompte créé en 1849 sont encouragées. Les activités de la Banque d'Algérie, qui existe depuis 1851, s'accroissent, le réseau des Caisses d'épargne se complète.

Pourtant, l'expérience sera un échec. Les militaires acceptent mal l'affaiblissement de leurs prérogatives. Ils ne jugent pas acceptables, ni raisonnables pour le moment, les objectifs du prince. Ce dernier ne cache pas qu'il veut assimiler le peuple arabe par la fusion, sabrer l'aristocratie indigène et affaiblir l'autorité des caïds, désagréger la tribu en développant la propriété individuelle au dépens de la propriété collective. Les heurts, voire les affronts, sont fréquents à tous les échelons entre hauts fonctionnaires et officiers supérieurs.

L'armée, qui pour l'heure détient les points charnière du système, fait ce qu'elle peut pour que le train de réformes aille à la culbute. Un déluge de circulaires se trouve bloqué, aboutissant à un gâchis administratif complet. Les indigènes ne comprennent pas bien. Ils sont mécontents et inquiets. Si on n'ose imputer à la nouvelle politique l'insurrection de l'Aurès en 1859, on met en avant, à coup sûr, celle du Hodna l'année suivante. La presse n'a pas désarmé depuis le procès Doineau, bien au contraire. Elle considère l'expérience du prince torpillée par l'armée, et se fait de plus en plus virulente à l'égard de celle-ci. Certains officiers s'en trouvent découragés. D'autres réagissent et considèrent leur honneur insulté. Les duels sont fréquents dans l'armée d'Afrique. Mais il en est deux qui ont alors un grand retentissement. Yusuf se bat dans sa chambre avec le directeur de *L'Algérie nouvelle,* Fonvieille, qu'il blesse. Ce journal a été créé récemment, en novembre 1858, avec l'autorisation du prince. Le capitaine d'état-major Fourchault provoque Clément Duvernois, le futur ministre encore dans l'opposition à cette époque, qu'il blesse grièvement. Duvernois a écrit dans ce même journal un article où il prend à partie le maréchal Bugeaud.

Le malaise est profond, et le prince Napoléon trop intelligent pour ne pas s'en rendre compte. Il sait bien qu'il devrait aller sur place, et y demeurer pour défendre ses réformes. Cela ne l'enchante guère, et puis les événements d'Italie ont porté son intérêt ailleurs. Napoléon III, qui s'est fait le champion du principe des nationalités, a conclu un traité d'alliance avec Victor-Emmanuel en 1858. Il intervient donc en sa faveur quand la guerre éclate en avril 1859 entre l'Autriche et le

Piémont. Une série de succès livre la Lombardie à Mac-Mahon. Après la victoire de Solférino, Napoléon III, ne poursuivant pas son avantage, négocie avec l'Autriche l'armistice de Villafranca suivi du traité de Zurich en novembre. Un plébiscite en 1860 donne la Toscane et l'Emilie au Piémont, et Nice et la Savoie à la France. On envisage de consolider la position française par le mariage du prince Jérôme avec la princesse Clothilde de Savoie, plutôt effacée et pas très jolie. Fiancé en janvier 1859, le prince a démissionné du ministère de l'Algérie en mars. Il fera un piètre époux, mais un gendre apprécié de Victor-Emmanuel. Et surtout, l'agent de liaison entre Turin puis Florence, et Paris.

Le comte de Chasseloup-Laubat, ancien ministre de la Marine et des Colonies, est le nouveau titulaire d'un ministère qui va survivre quelque temps encore. Il tentera de faire passer en douceur les réformes du prince et y parviendra davantage. Il satisfait l'armée par quelques concessions, notamment l'abrogation du décret sur la liberté des transactions immobilières instaurée par son prédécesseur, et en rétablissant le régime des amendes collectives jugées nécessaires en territoire tribal. Et il continue les grands travaux entrepris par Randon, comme l'aménagement des ports et la construction du chemin de fer d'Alger à Blida. Bref, il fait un excellent personnage de transition.

Napoléon III, affermi par ses succès militaires en Crimée et en Italie, et la prospérité économique que connait la France, peut se tourner vers l'Algérie. La démonstration de son cousin l'a intéressé. L'Algérie à partir de 1860 devient son affaire personnelle.

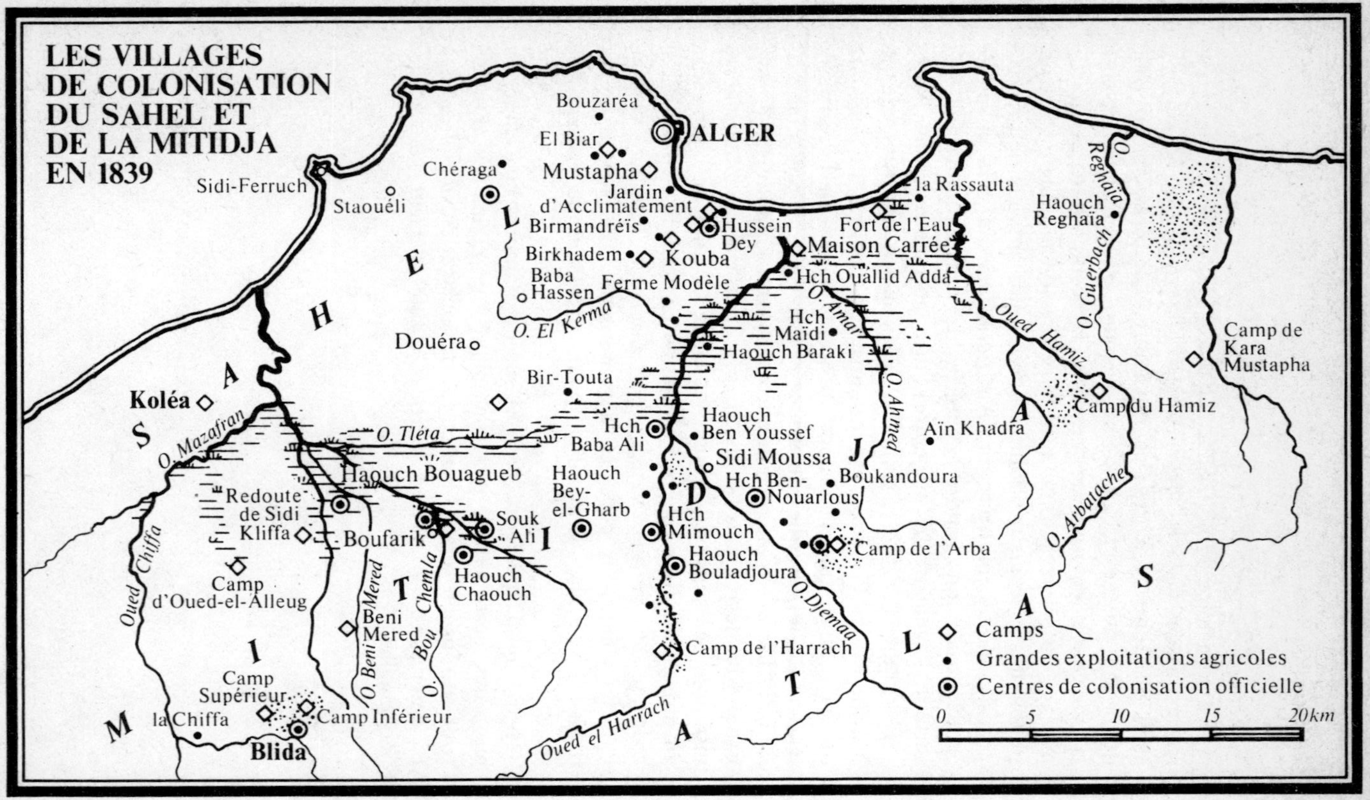
LES VILLAGES DE COLONISATION DU SAHEL ET DE LA MITIDJA EN 1839
Bouzaréa
ALGER
El Biar
Chéraga
Mustapha
Sidi-Ferruch
Staouéli
Jardin d'Acclimatement
Birmandréïs
Hussein Dey
Birkhadem
Kouba
Baba Hassen
Ferme Modèle
la Rassauta
Fort de l'Eau
Maison Carrée
Hch Ouallid Adda
Hch Maïdi
Haouch Baraki
Haouch Reghaïa
O. Reghaïa
O. Guerbach
Oued Hamiz
Camp de Kara Mustapha
Camp du Hamiz
Douéra
O. El Kerma
O. Amar
O. Ahmed
Bir-Touta
Koléa
O. Mazafran
O. Tléta
Haouch Ben Youssef
Hch Baba Ali
Sidi Moussa
Aïn Khadra
Haouch Bouagueb
Haouch Bey-el-Gharb
Hch Ben-Nouarlous
Boukandoura
Redoute de Sidi Kliffa
Boufarik
Souk Ali
Hch Mimouch
Camp de l'Arba
O. Arbatache
Haouch Chaouch
Haouch Bouladjoura
O. Djemaa
Camp d'Oued-el-Alleug
Oued Chiffa
Beni Mered
O. Beni Mered
O. Bou Chemla
Camp de l'Harrach
Oued el Harrach
Camp Supérieur
Camp Inférieur
la Chiffa
Blida
SAHEL
MITIDJA
ATLAS
Camps
Grandes exploitations agricoles
Centres de colonisation officielle
0 5 10 15 20km

2/ Un Far-West pour l'Europe

Vive l'empereur

Qui dit que les Français d'Algérie sont dans l'opposition ? Ils accourent de toute la province accueillir Napoléon III et l'impératrice Eugénie. Alger est bondé en cette nuit du 16 au 17 septembre 1860. Et ceux qui n'ont pas trouvé où se loger, qui veulent s'assurer une place au premier rang sur le parcours du cortège, ont investi le terrain dans la nuit. Il vient sur place. Il va voir. Il comprendra donc. Une grande espérance renaît dans cette Algérie qui s'enlise de crise en crise depuis 1846. Tout ce qui est extérieur au processus de conquête est sans direction, sans moyens ni vue d'ensemble à long terme. Napoléon III est le premier chef d'État à venir jusqu'à elle. L'Algérie est prise au sérieux. L'Algérie est sauvée. Les indigènes vont voir en lui la puissance militaire qu'il personnifie, l'héritier de la gloire du général Bonaparte, chef de l'expédition d'Égypte et protecteur des musulmans, le grand empereur qui a fait trembler le monde. Les Français, eux, peut-être, ne vont plus être considérés comme des citoyens de deuxième zone. Depuis le mois d'août dernier, les bannis condamnés pour motif politique sont autorisés à rentrer en France. L'empereur est généreux. Il est au-dessus de toute basse rancune.

Escorté de six cuirassiers, *l'Aigle*, yacht impérial, apparaît à la foule massée sur le port par un beau matin de soleil, que des torrents de pluie ont rafraîchi la veille. Les salves d'artillerie de la place, des forts, de tous les navires en rade se mettent à tonner, crépiter, mugir. On n'a jamais entendu pareille canonnade. L'empereur et l'impératrice, sur le pont, regardent à la lunette la ville s'approcher. C'est encore l'Alger des Turcs, avec le môle Kheyr El Din et la darse de l'Amirauté, élégante, construite sur quatre îlots, et qui protège l'ancien port des corsaires. Une lumière étonnante pour cette heure encore matinale, accentuée par l'éclat incomparable du ciel, fait briller la cascade des terrasses blanches de la Casbah, agglutinées sur un pan du massif de la Bouzaréah venu mourir là en pointillé.

On rechercherait vainement la forteresse espagnole du Peñon, détruite par l'un des frères Barberousse, Kheyr El Din, en 1529. Il n'en reste que les vestiges du bordj el Fanar où s'élève, à la pointe, le phare. On a dit que trente mille esclaves chrétiens ont construit, en deux ans, à bon compte, le môle et la jetée. Alger est passée longtemps pour invincible. Le souvenir de la flotte de Charles Quint anéantie en 1541 dans le port n'est pas étrangère à cette solide réputation. Aussi est-ce par-derrière que les Français ont conquis Alger en 1830. Par Fort-l'Empereur qui se détache nettement à l'intérieur des terres, à l'ouest de la Casbah. Construction médiocre, d'ailleurs, qui avait été édifiée au XVIe siècle, là où Charles Quint avait planté sa tente. On y accède de la ville par les tournants de Rovigo. On en aperçoit les courbes dans un étalement d'ouvrages militaires, bastions, poudrière, batterie. Car Alger est d'abord une ville forte, et les maîtres urbanistes en ont été les militaires. Ils ne font pas l'unanimité de l'administration civile et même du gouverneur général, encore moins celle de la municipalité d'Alger. Le maire préside bien depuis 1847 la commission d'urbanisme créée quatre ans plus tôt, mais, faute de moyens financiers, il se contente généralement d'observations et de vœux pieux, patients ou vindicatifs suivant le cas.

Un avenir civil de l'Algérie française peu à peu s'impose à tous. Aux tâtonnements à courte vue des premières années commencent à succéder les projets somptuaires, même si le manque d'argent en retarde généralement l'exécution. En 1860, Alger, qui compte 48 000 habitants, n'a pas encore les bâtiments et les établissements d'utilité publique dont sont dotées les villes de troisième et de quatrième ordre de la métropole. Il faudra attendre les années 1880 pour voir la cité éclater en dehors de ses remparts, vers le sud, englobant toute la zone de Mustapha après 1900.

Aujourd'hui, de *l'Aigle*, on les distingue bien, ces remparts reconstruits en 1840. Ils encerclent toute la vieille ville, parfois dans une tache de verdure. Ils limitent au sud l'extension d'Alger au niveau du vieux Fort turc de Bab Azoun, blanche sentinelle marine sur son rocher noir. La côte a gardé son tracé naturel. Les hommes l'ont peu touchée, si ce n'est dans la région voisine du vieux port barbaresque, le seul dont dispose encore Alger pour accueillir le yacht impérial au milieu des tartanes, bricks, corvettes, frégates et navires à vapeur qui se sont mis en fête. Les nouveaux quais sont toutefois déjà amorcés. La place du Gouvernement se précise et s'agrandit. Elle domine la mer, plantée sur ses voûtes non encore terminées. C'est une réalisation des Français, au prix de démolitions qui ont enlevé à ce quartier beaucoup de son cachet. Suivant scrupuleusement le cours des événements, elle a été Royale sous Louis-Philippe, Nationale au temps de la République. Elle a repris son nom de place du Gouvernement à l'espèce de carrefour devant le palais du Gouverneur et la cathédrale, qui se l'était approprié, et qui s'appelle aujourd'hui place Malakoff. Sur sa droite, la jolie mosquée nouvelle de la Pêcherie, sauvée de justesse, et la Grande Mosquée toute proche constituent deux des six plus belles que possède Alger, et d'ailleurs à peu près les seuls monuments dignes de ce nom. La cathédrale qui jouxte le palais du Gouverneur est l'ancienne mosquée Ketchoua occupée dès 1832, remaniée, démolie, rebâtie. Les travaux viennent juste d'être terminés.

Le bateau a accosté. Le couple impérial et sa suite en descendent. Ils sont accueillis par les personnalités militaires, civiles et religieuses, et accompagnés des applaudissements et des cris chaleureux de la foule, des airs martiaux de la musique militaire. Tous les corps stationnés en Algérie ont envoyé un détachement pour représenter l'armée d'Afrique. Chaque régiment de cavalerie a expédié un escadron au grand complet, avec son colonel et son étendard. Ils sont sur le parcours du couple impérial jusqu'à la cathédrale.

On trouve l'empereur plus petit qu'on s'y attendait, mais on admire sa prestance. Les yeux se portent sur la jolie impératrice Eugénie qui amène avec elle l'air et la mode de Paris. Sa discrétion élégante est trahie par la grâce des vastes jupons à crinoline qui soulignent la fragilité du buste sévèrement corseté. Un manteau léger ne parvient pas à le cacher. L'empereur se dit que tout ce monde réuni, cela fait beaucoup d'uniformes. « C'est un véritable bataillon », murmure-t-il en répondant aux salutations et autres marques de respect. Il est vrai qu'à cette époque, les fonctionnaires algériens, sans doute pour en imposer aux indigènes, sont dotés d'uniformes chamarrés. Ils ont tenu à les porter pour la circonstance, décorés de toutes leurs barrettes, étoiles, galons, médailles qui brillent de mille éclats.

De grandioses réjouissances sont prévues en l'honneur de Napoléon III. Le bey de Tunis, S.A. Sadok, accompagné du consul de France, Léon Roches, et un frère du sultan du Maroc, ont tenu à se déplacer pour lui souhaiter la bienvenue en terre d'Afrique. Ils assistent au milieu des officiers de son état-major à la grande revue au Champ de Manœuvre. Il est bien émouvant ce moment où toute l'armée d'Afrique défile au pied des hauteurs de Mustapha. On aperçoit, au loin, les premières maisons de campagne, sur les pentes déchirées par des ravins profonds plantées d'oliviers et de trembles séculaires. En face, la mer bleue couverte de navires pavoisés. Yusuf, le grand metteur en scène de ces journées mémorables, reçoit des mains impériales le grand cordon, le général Desvaux la plaque de grand officier, le colonel du Barail la cravate de commandeur.

Une ville qui monte, c'est toujours beau

Le lendemain de leur arrivée, Napoléon III et Eugénie traversent la ville pour se rendre au « divertissement arabe » prévu à Maison-Carrée. Portés par une calèche attelée à quatre chevaux, ils vont avoir tout le loisir, durant les quatre lieues, d'observer et d'interroger. Ils sortent du palais d'Hassan Pacha, escortés, jusqu'à la sortie du faubourg Bab-Azoun, par les cent-gardes, et ensuite par les chasseurs d'Afrique. Loué puis acquis par l'État, le palais, dont la façade a été refaite par le génie en 1839, est devenu la demeure des gouverneurs.

Ils retrouvent la place du Gouvernement sur laquelle veille depuis 1845, l'épée affable, la statue équestre du duc d'Orléans. Ils ont le temps d'apercevoir l'hôtel de la Régence, anciennement hôtel de La Tour du Pin quand il a été construit en 1837, et le siège des Sociétés distinguées de la ville, puis le café Apollon.

On ne vient pas à Alger sans écrire, sans parler du café Apollon. Dans les années 40, il a été le rendez-vous préféré, pour ne pas dire le tripot, des spéculateurs. Alger a connu alors un véritable rush immobilier, la fièvre de la construction, justifiée par l'installation des troupes, des officiers, des états-majors, et la nécessité de répondre à leurs besoins immédiats. La population indigène n'a guère été ménagée dans la tornade. Effrayée, elle s'est parfois éloignée. Celle qui s'est maintenue n'apprécie pas outre mesure la cohabitation. Notamment les regards indiscrets et plongeants des étrangers sur leurs terrasses et leurs cours, c'est-à-dire sur leurs femmes. Elle a tiré d'elle-même ses conclusions, par simple déduction géométrique, et s'est concentrée dans les parties les plus hautes de la Casbah. Tandis que la ville basse a été déformée, percée, triturée par les rues, les places, les maisons qu'ont voulu édifier, à leur façon, les Européens. Les jolies maisons mauresques ont été mutilées, les patios ont perdu leurs sculptures, leurs faïences, leurs boiseries, leurs colonnes de marbre. Les galeries ont été bouchées, transformées en appartements cloisonnés.

Les entrepreneurs, pas toujours scrupuleux, ont été encouragés par la facilité, à ce moment-là, à se constituer des titres de propriété, notamment de maisons, de terrains, abandonnés ou acquis après des tractations fumeuses. Encouragés aussi par la rareté et le prix élevé des loyers, et le bon marché des matériaux de construction. Bref, par la perspective de faire de bonnes affaires. Sociétés ou particuliers ont donc construit à outrance.

Ainsi, on compte plus de quatre cents immeubles nouveaux entre 1840 et 1844. De qualité et de solidité douteuses. On creusait sur les fondations anciennes et on utilisait au maximum des matériaux de récupération médiocres, sans craindre d'élever les constructions à des hauteurs démesurées. A peine terminées, il fallait les consolider ou les réparer, si ce n'est les refaire entièrement parce qu'elles menaçaient de s'effondrer. Afin de gagner de la place, on supprimait les cours, la cage d'escalier étant là pour y suppléer par son faible éclairage. On supprimait aussi parfois les cuisines. On en est quitte pour installer son réchaud sur le palier, humer les odeurs des voisins, et converser d'étage à étage en remuant sa sauce. Il faut dire que les voyageurs venus prendre dans ces quartiers leur bol d'exotisme, jurent qu'on ne les y reprendra plus. Ils goûtent peu, se mêlant aux anciennes constructions mauresques, les maisons à la française, les larges fenêtres aux contrevents verts, les toits de tuiles. Ni même les belles arcades construites avec plus de soin le long des rues principales de Bab-el-Oued et de Bab-Azoun, où pourtant les promeneurs peuvent admirer vitrines et étals, protégés du soleil.

Le quartier européen de Bab-el-Oued a une histoire un peu différente. Un Allemand, Lichtenstein, en est à l'origine. Il a fait accepter en 1845 du ministre Soult un projet d'urbanisation courageux, sur vingt-quatre hectares qu'il possédait là, et autour duquel d'autres propriétés se sont greffées. C'est la fameuse cité Bugeaud. Elle a remplacé avantageusement les pauvres masures qui abritaient une population flottante d'ouvriers, des étrangers surtout, qui travaillaient aux fortifications. On y a attiré les soixante-quinze industriels — le mot est d'époque, il est prétentieux — occupant les baraques adossées à la Djenina qui avait brûlé l'année précédente.

Ville militaire vivant de l'armée, Alger est fatalement condamnée à la crise le jour où les effectifs se réduisent par suite des progrès de la conquête. Les chantiers sont arrêtés sans s'achever, les fournisseurs ne sont pas payés, les ateliers se ferment, les faillites sont nombreuses. Les spéculateurs, qui se croyaient riches, se retrouvent ruinés. Les procès se multiplient. Après le temps des notaires, voici celui des huissiers et des avocats. Alger perd en quelques mois, entre 1846 et 1847, près de dix mille habitants, ouvriers, petits commerçants. Des aventuriers aussi, qui quittent le pays en y jetant le discrédit. Les capitaux français choisissent alors des placements plus sûrs, notamment dans les chemins de fer du sud de la France en plein développement. La Révolution de 1848 ne fait qu'aggraver la situation. Depuis, l'expansion d'Alger s'est régularisée dans une progression lente. Elle retrouvera une nouvelle accélération après 1872, et plus encore après 1880. Passant, suivant le vœu émis en 1837 par le baron Baude, conseiller d'État, « de la prospérité apparente fondée sur la consommation, à une prospérité vraie fondée sur le travail ».

Quant au café Apollon, il s'est heureusement converti. Il est devenu un établissement fort bien fréquenté, et le théâtre de discussions passionnées sur la colonisation et l'avenir de la conquête. Car cette place est, et restera longtemps encore après 1900, au cœur de la vie algéroise. Le haut lieu de toutes les cérémonies, les réceptions solennelles et les revues d'honneur, les processions, les fêtes commémoratives. En 1848, on y a dressé le fameux banquet républicain de deux mille couverts. C'est place du Gouvernement qu'a lieu tous les soirs un concert de musique militaire. Les zouaves, les artilleurs, les lignards se succèdent, et leurs auditeurs, installés sur des chaises, ne ménagent pas leurs applaudissements. Orchestre d'un autre genre, celui des Negro Batata, comme l'appellent les enfants. Ce sont des musiciens noirs ambulants qui font entendre tam-tam, flûtes aiguës, krebkrebs — des sortes de cliquettes ou immenses castagnettes en métal. Les Noirs étaient nombreux à Alger au moment de la conquête. Ils avaient leur fête, l'Aïd-el-foul, la fête des fèves. Ils ont à peu près disparu avec la suppression de la traite ordonnée sous la IIe République.

La calèche impériale, laissant au nord le quartier de Bab-el-Oued, s'est engagée dans la rue Bab-Azoun. Elle traverse ce qui n'était en 1830 qu'un faubourg, la ville se cantonnant alors dans le quartier de la Marine et la Casbah. Les Français en ont d'abord fait une zone militaire où s'éparpillaient fondouks et baraquements. La rue Bab-Azoun était un chemin de terre défoncé de trois mètres de large. Elle a été portée à six, puis huit mètres. C'est en 1846 qu'elle a pris son aspect actuel, pavée, élargie à dix-huit mètres, et bordée de ses galeries en arcade. Cela ne s'est pas fait sans mal. Beaucoup de gens se montraient opposés à l'élargissement des rues. Il y a même eu une pétition des habitants en 1839. Selon eux, les maisons allaient devenir en été comme des fournaises et elles seraient immanquablement détruites en cas de tremblement de terre, « perdant l'appui qu'elles se prêtent en l'état actuel ». Par ailleurs, les rues comportaient, faute de renivellement dans ce site accidenté, de nombreux escaliers. Autant de raisons pour n'être pas carrossables. Quand on songeait à leur ôter toutes les immondices que les habitants déposaient ou jetaient par les fenêtres, dans bien des cas ce ne pouvait être avec l'aide des voitures de nettoiement. D'où les petits ânes porteurs de couffins. A partir de 1846, on commence à le regretter amèrement, et on se lance alors dans des travaux considérables de nivellement et de comblement, en même temps que d'élargissement et d'alignement. On ne peut pas toujours supprimer les marches. Les rues secondaires que l'on donne à la rue d'Isly constituent « un véritable défi jeté à la nature, et un pittoresque contresens d'urbanisme ». La rue de Joinville, notamment, compte cent cinquante marches et cinq paliers.

Alger qui aime la fête

Alger, qui aime la fête, n'a pas manqué cette belle occasion de se mettre en frais. Une foule bigarrée de curieux se presse sur les trottoirs. Chacun arbore son plus beau costume. On aperçoit quelques redingotes et gibus, qu'on sort d'habitude pour les mariages et les enterrements. Il y a davantage de complets clairs de tussor et d'alpaga, commodes et lâches. On reconnaît les colons par leur feutre à large bord, les pêcheurs par leur bonnet phrygien. Les Espagnols portent de petites culottes étroites, qui coincent une chemise bien blanche. Par-dessus, des gilets de toutes les couleurs et la grande ceinture de laine. A leur bras, les femmes aux larges jupons ont la mantille. Quelques crinolines et corsets parmi les Françaises, mais beaucoup en sont à leur robe de soie de 1848 ramenée de France et défraîchie malgré les plus grands soins. De rares touristes se reconnaissent de loin, avec leur burnous neuf, leur gandourah et leurs babouches de pacotille. Se mêlent d'autres burnous, authentiques ceux-là, blancs ou bruns, d'Arabes venus du bled saluer l'empereur de France. Glissent par petits groupes, quelques discrètes silhouettes de mauresques, enveloppées dans leur vaste haïk, ce voile en laine fine ou en coton qui retombe sur le front jusqu'aux sourcils. Les femmes juives ont belle allure quand elles portent leurs longues robes de soie ou de brocart des grands jours, sans manches, une étole de soie sur les épaules. Elles dressent fièrement leur tête coiffée du hennin à la manière des dames de France du temps jadis, l'extrémité garnie de rubans, ou plus simplement d'un foulard noué autour de la tête. Elles ont sorti leurs plus beaux bijoux, dont elles raffolent. Elles en portent partout, en sautoir, aux doigts, aux bras, aux pieds. Les hommes ont revêtu leurs habits de soie brodée, ou, à défaut, de laine, et le turban de cachemire roulé autour de la chéchia. Certains portent la casquette à visière courte qui leur donne l'air de vieux loups de mer. La barbe et la moustache sont imposantes, non moins que la large ceinture de flanelle qui s'enroule plusieurs fois autour des reins. La culotte descend jusqu'au-dessous des genoux. Les plus jeunes ont les pieds nus dans des chaussures plates, les autres portent bas blancs et escarpins. Ils tiennent par la main une ribambelle d'enfants qui arborent leurs petits costumes de velours brodé, ou des robes de couleurs vives.

Aujourd'hui, le cortège capte toute l'âme de la rue. Colorée certes, mais diminuée du pittoresque de la vie quotidienne dans ses mouvements de foule endimanchée. Seul le langage garde sa verdeur. Au français habillé des accents de toutes les provinces de France, se mêle une gamme infinie de charabias. Le sabir, quand on s'adresse aux Arabes. On pense en être mieux compris si l'on emploie les verbes à l'infinitif. Les juifs ont été les premiers à l'utiliser, avant même la conquête, dans leurs relations commerciales. C'est un français fortement teinté de mots italiens, espagnols, provençaux et arabes. Il a eu l'honneur, dans les années 1830, d'être l'objet d'un *Dictionnaire de la langue franque ou petit maure*, publié par une maison d'édition marseillaise. Mais les juifs indigènes, qui ne sont pas à un effort près quand il s'agit de leurs bonnes relations avec l'humanité, parlent fort bien le français, qu'ils ont très vite appris. Ils n'utilisent l'arabe mêlé de mots hébreux — leur langage courant avant la conquête — que lorsqu'ils s'adressent à leurs anciens. Le pataouète est, à l'origine, le valencien plus ou moins déformé qu'employaient les Espagnols. Contrairement aux Italiens et aux Maltais, ils ont eu du mal à parler français. Sans doute parce qu'ils vivent beaucoup entre eux. Mais, dès 1860, le pataouète est devenu un parler imagé, aux locutions pittoresques. On l'emploie pour le plaisir, dans une joie de vivre moqueuse. Cagayous, une création d'Auguste Robinet, l'illustrera et le fixera, à la fin du siècle.

Les bousculades inévitables entraînent des bagarres. Le costume du dimanche limite les altercations aux menaces — retenez-moi ou je le tue — et aux insultes. Insultes où l'honneur des mères et des sœurs en prend toujours un coup. Les bagarres dans les rues d'Alger sont fréquentes. On dit que les Italiens sont les plus violents. Comme l'écrira fort bien le poète Jean Pomier, « Alger ajoutant le tiers colonial, non seulement au traitement de ses fonctionnaires, mais à celui de ses amitiés et de ses rabias ». Rabias, lisez : rage, colères. Après le « viens si tu es un homme » rituel, c'est le coup de poing que l'on échange. Et, pour celui qui prend le dessous, le couteau que l'on sort. Moment opportun pour l'agent d'intervenir si les dieux sont propices. Il permet une sortie honorable pour tous les combattants.

La vie grouillante des rues impressionne toujours les visiteurs. Elle constitue un spectacle sans cesse renouvelé. Les vieux assis devant leur porte, des volets de devanture qui tombent avec fracas, la volaille qui piaffe sur un balcon, ou dans la cour entrevue qui s'offre sans pudeur de toute sa couleur vert pomme. Le linge qu'on étend de fenêtre en fenêtre sur les façades, les femmes sur le trottoir qui discutent avec la voisine du premier penchée sur son balcon tout en peignant ses longs cheveux.

Les bistrots, en Algérie plus qu'ailleurs, sont une véritable institution. Civils et militaires sont d'accord au moins sur ce point, boire un verre, puis offrir sa tournée. On comprend, la chaleur et le nombre d'amateurs aidant, les possibilités arithmétiques et quotidiennes du processus. Des zouaves aux postillons, on se soûle facilement. A la bière, aux liqueurs fortes comme le trois-six, et surtout à l'absinthe. On a le chiffre exact des débits de boisson en 1837. Ils sont 286 pour une population de 10 000 habitants, 127 en banlieue et 159 en ville. Tenus par 193 Français, 88 étrangers, 4 israélites et un musulman. Sans compter les cafés-maures, où l'on joue aux osselets et aux dominos tout en buvant, à petites gorgées, le café et le thé sirupeux. Ni les très respectables cercles que toute bonne ville civilisée se doit d'avoir. A la Société agricole, au Cercle du Commerce, au Cercle des Échecs, se communiquent les nouvelles et les potins du jour. On peut y lire les journaux de France.

Certains établissements proposent de la musique ou des numéros. Les cafés-concerts sont très en vogue. Des petites villes, comme Médéa par exemple, qui est un lieu de passage et une garnison importante, en comptent plusieurs. Il y a les cafés chantants. Quelques-uns, comme La Perle, ont d'assez bons numéros. D'autres font plutôt la transition avec les bordels. Car, on s'en doute, la prostitution se porte bien en Algérie. Comme dans tous les pays neufs, les hommes sont fortement majoritaires. Certains d'entre eux, militaires, civils aussi, ont « une double vie », c'est-à-dire deux ménages, dans leur pays d'origine et ici. Les autres se contentent des établissements propres à satisfaire leurs élans. La rue Kataroudjil, dans la Casbah, est spécialisée dans ce genre de bonnes actions. Les Européennes sont les plus prisées, comme ces jeunes Andalouses venues s'y gagner une dot pour se marier. Près de la tirelire, il y a toujours l'image pieuse ou le crucifix. Et des Marseillaises, des Mahonnaises. Beaucoup de juives aussi, des négresses, et surtout des mauresques. Les femmes des Ouled Naïls, tribu du Sud, jeunes et belles, sacrifient à la même coutume que les Andalouses. Mais ce sont des « produits d'appel », dont on parle et qui ne constituent pas l'essentiel du rébus de la rue Kataroudjil.

Sur les places et à proximité des cafés circulent les petits juifs, cireurs ou marchands de journaux, proposant leurs services d'une voix aiguë. Ils ne seront supplantés par les yaouleds qu'au moment de la crise antisémite après 1880. Les joueurs de tchic-tchic, accroupis autour du plateau et des dès, tout en faisant le guet parce que c'est défendu. Les acrobates qui font leurs tours après avoir frappé du tambour pour réclamer le silence, en sachant bien qu'ils n'y parviendront pas. Les marchands de beignets aux fourneaux installés en plein vent. Il y a les beignets arabes inondés de miel, et les beignets italiens avec un trou au milieu. Et puis, le marchand de frites et ses relents d'huile d'olive. La marchande de calentita, à la farine de pois chiches, vendue en morceaux sur un grand plateau. Et les poissons, les saucisses, les brochettes de mouton que l'on grille devant le flâneur en brassant l'air de grands coups de journal pour attiser les braises.

Les boutiques se touchent, dans les rues commerçantes de la Marine, de Bab-el-Oued, de Bab-Azoun. Souvent exiguës, leur bric-à-brac s'étale autant dehors qu'à l'intérieur. Le marchand, généralement juif ou mozabite, attend le client assis dehors sur une petite chaise au milieu des ballots d'étoffes multicolores, des rouleaux de tapis, des foulards imprimés, des mortiers de laiton à piler le café, des chapelets d'ambre, des haïks, des cuivres, de la verroterie. Partout, cette même odeur poivrée de noix muscade, d'encens et d'épices. Les tailleurs comme les épiciers racolent sur le passage. Placides, ils observent un moment la gitane qui vend ses dentelles à la sauvette ou le poissonnier qui passe aux cris de « tchelba, tchelba », la corbeille en équilibre sur la tête. Les bouchers disposent leurs viandes sur des étagères de marbre malpropres, caressées bruyamment par un nuage de mouches. Les bazars font les délices des touristes. Ce sont des maisons de deux ou trois étages qui reçoivent les commerçants étrangers venus avec d'énormes quantités de marchandises très diverses. Le bazar d'Orléans, le plus connu, compte une quarantaine de chambres servant à la fois de boutiques et de logements. Particulièrement pittoresques, la plupart d'entre eux disparaîtront, notamment les bazars d'Orléans, de Salomon et du Divan. Ils seront détruits vers 1864, au moment du percement de la rue de la Lyre qui double dans la haute ville la rue Bab-Azoun, de la Cathédrale aux Tournants de Rovigo. Réalisation qui exigera d'importants travaux, on mettra vingt ans pour en venir à bout.

L'atmosphère de la rue évolue au fil des heures. Les plus matinaux sont les célèbres chevriers maltais. Bien typés avec leurs anneaux aux oreilles et leur bonnet brun, une chemise bleue dans un pantalon qui colle aux hanches et s'élargit aux jambes, ils conduisent leurs chèvres en passant dans les principales rues. Les femmes descendent au bruit des clochettes, et ramènent chez elles le lait chaud tiré sous leur nez. Pratique qu'on interdira bientôt. On dit que leur lait communique la fièvre de Malte. Plus sûrement, leurs chèvres sont à l'origine de beaucoup de déprédations dans les jardins de banlieue. Les ouvriers qui passent d'un pas rapide vers le chantier, ne leur prêtent plus attention. On reconnaît les Espagnols à leur alhammar, c'est une couverture à carreaux, ou rouge uni, qu'ils se jettent sur les épaules et qu'ils retrouvent en se couchant sur leur paillasse. Et par ce même petit bonnet noir à bords retroussés. Chacun porte fidèlement le costume de son milieu comme un emblème. Les casseurs de pierre, en espadrilles et pantalons collants, les terrassiers piémontais en bottes et culottes amples. Les mahonnais ont de curieux chapeaux pointus ornés de rubans de velours et d'anguillette ou de pompons noirs.

A partir de huit heures, les chaussées ne sont pas moins encombrées que les trottoirs. Omnibus, fourgons du train, escadrons de chasseurs d'Afrique et de spahis, carrioles bourrées de l'intendance, ânes conduits à la queue leu leu par de jeunes Biskris, carricolos loués à la course et menés à toute allure, sans jamais verser, par des Provençaux, des Espagnols, des Arabes, des Maltais. Les Maltais ont la passion des chevaux. ils en achètent à la remonte, les attèlent au char à banc qu'ils se sont rafistolé pour leurs livraisons, et mènent leur équipage, à grand renfort de harnais étincelants, dans un vacarme de grelots et de coups de fouet. Et ils profitent du retour pour rapporter à côté des bidons et des caisses vides, des épluchures pour le troupeau. Il arrive qu'un lourd chariot bloque la circulation. Etourdis par un tintamarre de cris, d'insultes, d'interpellations, de fouets qui sifflent et de hennissements, les mulets chargés tentent une manœuvre de débordement par le trottoir, une petite charrette italienne à bache multicolore frôle l'écrasement. Et puis tout repart, comme par miracle. Il en est pour remercier la Vierge au milieu d'un flot de jurons.

Des colons aux gants jaunes

Le service d'ordre permet au cortège une promenade sans fausse note. Napoléon III se fait préciser certains détails du plan d'urbanisme arrêté au printemps. Il paraît bien connaître le dossier. Il souhaite qu'un effort particulier soit porté sur les principales villes d'Algérie, et d'abord sur sa capitale. Il est persuadé que la colonisation européenne sera avant tout de type commercial et industriel. Le développement des villes favorisera son expansion. Mais il doit se faire dans le respect des quartiers arabes déjà resserrés par les constructions européennes. Par ailleurs, il est frappé par l'absence de jardins et de promenades dans la ville. Elle compte 4 mètres carrés d'espaces verts par habitant, quand Paris en a 34, et Londres 100. Alger n'offre qu'un seul jardin public, le jardin Marengo. A l'occasion de son second voyage en 1865, Napoléon III dessinera lui-même un plan de transformation de l'Esplanade de Bab-el-Oued où se situe l'arsenal d'artillerie. L'empereur veut en faire une promenade ombragée.

La calèche des souverains débouche sur la place Bresson. A peu près nettoyée pour la circonstance, elle est en hiver un véritable cloaque sans éclairage. Il y a quatre ans encore, elle était déparée par d'ignobles masures, et un lavoir en contre-bas installé depuis la conquête, aujourd'hui rasés. On y a pourtant construit en 1853 un fort beau théâtre sur les plans de l'architecte Frédéric Chasseriau, sans beaucoup en améliorer l'environnement.

Alger n'en est pas à son premier théâtre. La colonie est friande de spectacles et de musique. Toutes les villes ont leur théâtre, Oran, Constantine, Bône, Phillippeville, Sétif. Dans les bourgs moins importants, on constitue des troupes d'amateurs avec l'aide de la garnison. Mais, dès 1845, des troupes itinérantes de professionnels assurent un meilleur spectacle. Oran en accueille même d'Espagne ou d'Angleterre. Aujourd'hui, Alger, Oran et Constantine ont leur troupe à demeure. Elles assurent des représentations dans les petites villes de leur province. Le Théâtre Mayoux fit à Alger les beaux jours des premières années de la conquête. Il a brûlé en 1845. Comme brûlera l'œuvre de Frédéric Chasseriau en 1882, après avoir reçu Napoléon III en 1865 pour une représentation de *Rigoletto*, et malgré les efforts de toute la ville pour le sauver des flammes.

On entre dans le quartier d'Isly par la rue Rovigo, future rue Dumont-d'Urville, puis par la rue d'Isly. Des bâtiments militaires rappellent la proximité de la ville, mais l'urbanisation s'arrête là. La place Bugeaud, d'abord appelée place du Marché, puis place d'Isly, a conservé son important et ancien marché arabe de charbon de bois, de pailles, et de produits indigènes. Il subsistera jusqu'après 1880. Lui succèdent plusieurs fondouks, le plus important étant le marché aux grains et aux huiles, à l'angle de la future rue de Varennes. C'est le royaume des Laghouati encore nombreux. Les céréales viennent des hauts plateaux, notamment de Laghouat, amenées par des caravanes de chameaux. Chaque animal peut porter jusqu'à deux cent cinquante kilos de grains. Ils se hasardent quelquefois jusqu'au cœur de la ville. Grâce aux aatatiches, espèces de cages fixées sur leur dos, ils transportent aussi les femmes — jusqu'à quatre — et leurs jeunes enfants, sans compter quelques ustensiles de ménage. Durant le trajet, ces dames peuvent même continuer à tamiser le blé, rouler la semoule, ou s'occuper des bébés.

A partir de là, la route cahote avec des airs de campagne, au travers du quartier de l'Agha. Elle est la propriété d'une société anonyme par actions, dont le général n'est pas le moindre des actionnaires. Située à l'embouchure de l'Harrach, elle comprend un millier d'hectares. L'armée y ramasse son foin. La société est tenue de céder la moitié du domaine aux colons qui viendront s'y installer. Cette ferme doit être pour la colonisation un encouragement et un exemple. Ses marécages seront surtout synonyme de maladie et de mort. Jusqu'à ce qu'on s'aperçoive que le domaine appartient à des kouloughli venus le réclamer. Il le leur restitue.

Celui-ci concentre ses activités sur le roulage et du fait du voisinage des troupes casernées au Champ de Manœuvre. Encombré et bruyant, une multitude de cabaretiers, gargotiers, tenanciers de guinguettes s'y succèdent sur le parcours des convois, jusqu'au fort Bab-Azoun.

On a maintenant atteint le faubourg de Mustapha. A quelques années près, on pourrait dire la commune de Mustapha, puisqu'elle l'a été de 1835 à 1848. Ce n'est pas encore le quartier élégant des touristes, notamment anglais. Mais c'est déjà celui des jardins et des villas nichées dans la verdure odorante des coteaux. On contourne la « Campagne du Gouverneur » par un chemin poudreux qui deviendra plus tard l'aristocratique rue Michelet. Le joli pavillon mauresque du domaine de Mustapha Pacha sera bientôt, avec Pélissier et Mac-Mahon, le Palais d'été des gouverneurs. Valée s'y est intéressé dès 1837, puis Bugeaud. Ils y ont entrepris d'importants travaux. Le duc d'Aumale en a fait sa résidence préférée.

On a laissé sur la gauche, en direction du Champ de Manœuvre, le nouvel hôpital à peine terminé. Il était situé jusqu'ici rue Bab-Azoun, dans une ancienne caserne de janissaires. Au moment des épidémies, il constituait un danger public.

On abandonne la route de Laghouat pour bifurquer et descendre vers la mer, en direction du Ruisseau, au débouché de l'oued Kniss. C'est un petit hameau construit autour de deux briquetteries et d'une importante tannerie. Un îlot industriel au milieu des maraîchages mahonnais. Le Jardin d'Essai, plus au nord, a été dépassé. Créé au cœur de cette « aile verte d'Alger » comme la désignaient déjà les Maures, on y expérimente des cultures exotiques susceptibles de s'adapter au pays. Il sera concédé de 1867 à 1913 à la Société Générale Algérienne moyennant une location de mille francs par an. Il retournera ensuite à l'administration qui l'aggrandira en 1920.

On approche du lieu des festivités, dans l'ancien domaine de La Ressauta. C'est une vaste plaine, autrefois marécageuse, au pied du bordj turc d'El Kantara. Ce bordj constitue toujours le point stratégique pour la surveillance de la Mitidja. Le domaine de La Ressauta appartenait au prince de Mir, personnage curieux comme en proposent les temps héroïques de la colonisation. La Révolution polonaise l'avait fait fuir loin de son pays. Il était sans ressources, mais fort grand seigneur par les manières et le langage. Sa façon d'exposer magistralement de grands desseins, et d'avancer des promesses comme allant de soi, avait ébloui l'administration... et les fournisseurs. Il avait obtenu en 1835 de Drouet d'Erlon une concession de quatre mille hectares. Il dirigeait le domaine en grand uniforme de général, le faisant travailler par la tribu pacifique des Arebs. Il s'était mis en tête de les convertir au christianisme. Une grande croix se dressait au-dessus du bâtiment principal, et la cloche appelait matin et soir les travailleurs à la prière. Les Arebs ne se convertirent pas, mais ils respectaient les signes d'une croyance autre que la leur. Un hôpital avait été créé sur la propriété. Européens et indigènes y étaient soignés gratuitement. Les cinq fermes de La Ressauta n'ont pas enrichi le prodigue prince de Mir. Assailli par les créanciers, son domaine est retourné à l'État en 1839.

Le baron de Vialar a repris une partie des fermes, celles qui sont situées sur la future commune de Fort-de-l'Eau. Il a attiré les jardiniers mahonnais de la banlieue algéroise qui s'y sont établis, transformant des terres malsaines en riches maraîchages. Le baron de Vialar est l'archétype de ces « colons aux gants jaunes », comme on les a appelés. Ils ont ce signe distinctif d'être venus en Algérie avec des capitaux, et de s'y être parfois ruinés. En particulier ceux qui se sont enfoncés dans la Mitidja. Ils s'étaient portés acquéreurs des riches « haouch » des Turcs. Ceux-ci liquidaient leurs biens par l'intermédiaire d'hommes d'affaires, généralement juifs, pour retourner en Orient. La rupture du traité de la Tafna avec Abd el-Kader en 1839 trouva les colons sans protection. Ordre était donné d'évacuer toute la Mitidja, à l'exception des territoires urbains de Blida et de Boufarik. Certains tentèrent, malgré les ordres, d'organiser une résistance. Ils n'imaginaient pas pouvoir abandonner ce qui leur avait coûté tant de peine à réaliser. La plupart ont fini par céder. L'un d'eux, Mercier, contraint de donner ses soixante-dix fusils à une compagnie envoyée par le gouverneur général Valée, fit faire un constat par un notaire. La première colonisation était ainsi emportée, il a fallu attendre des jours meilleurs pour que d'autres recommencent.

Le baron de Vialar en a moins souffert que certains dans ses intérêts. Il avait bien acquis, en association avec le docteur Baudens et un autre aristocrate, Max de Tonnac, deux domaines dans la Mitidja. Mais il était aussi possesseur de vastes terres à Tixeraïn et Kouba, à moins de dix kilomètres d'Alger. Cette zone resta toujours à peu près protégée. Magistrat légitimiste, il était venu de France après avoir démissionné de sa charge au moment de la Révolution de 1830. Il entreprenait un long voyage vers le Levant. Alger était sa première étape. Enthousiasmé par ce qu'il entrevoyait de possibilités dans ce pays, il s'y est fixé sans aller plus loin. Il a fait venir des Languedociens comme ouvriers agricoles. Ce qu'il ne pouvait exploiter lui-même, il l'a donné en fermage ou métayage à des immigrés français, espagnols, qui attendaient vainement une concession en vivant misérablement à Alger de toutes sortes de métiers, ou à des indigènes. Bouleversé par l'état sanitaire des premiers colons à Alger et dans les environs, il fait appel à sa sœur Emilie de Vialar, mère fondatrice des sœurs de Saint-Joseph de l'Apparition. Celle-ci, accourue, crée une infirmerie à Blida avec trois autres religieuses. Durant l'épidémie de choléra de 1835, le frère et la sœur prennent la direction de l'hôpital de la Bouzaréah. Ils y reçoivent surtout des juifs, qui vivent entassés misérablement dans les quartiers malpropres autour de la synanogue de La Hara au voisinage de la porte Bab-el-Oued, et à proximité de la rue Bousa.

Touaregs sur mesure pour l'empereur

Le cortège avance dans une belle allée de platanes. Il passe l'Harrach sur le vieux pont turc pour déboucher dans la plaine. Le public est en place depuis de longues heures. Une foule joyeuse a sillonné les routes depuis le lever du jour dans des véhicules d'une diversité inimaginable. Le grandiose divertissement se prépare.

Après le traditionnel défilé, le général Yusuf a organisé à grand renfort de chameaux, sloughis, gazelles et faucons, une attaque de caravane en marche. Les assaillants sont les Touaregs. Cette tribu de fiers guerriers des confins sahariens fait l'actualité du moment. L'explorateur Henri Duveyrier, qui n'a alors que vingt ans, est parvenu auprès d'eux, et les meilleures nouvelles circulent à Alger sur son voyage. Il était tout de même prématuré de leur demander de venir jouer avec nous en l'honneur de Napoléon III. Et peut-être risqué. On se contente donc de Biskris déguisés. Voisins des Touaregs, en somme, puisqu'ils sont originaires des oasis des Zibans. A Alger où ils sont nombreux à demeurer, ils sont plutôt porteurs d'eau, portefaix, ramoneurs.

Après l'attaque de la caravane, voici le repos du guerrier, et la chasse, qui est son plaisir principal. Chasse au lièvre, à la gazelle, à l'autruche. A domicile et dans un temps record pour l'empereur et sa suite, assis confortablement sous une tente d'apparat. Il le regrette sans doute, Napoléon III est un vigoureux cavalier, et ses chasses autour de Paris sont fameuses. Le clou du spectacle est la plus étincelante des fantasias. Pour la décrire, empruntons à Fromentin sa palette éclatante. Pas moins de dix mille cavaliers vont déferler dans une course folle, l'arme en l'air, chevaux contre chevaux. Habituellement, tous les hommes valides participent à la fantasia. D'abord les manants de la tribu, montés sur de petits chevaux sans tournure. Des cavaliers sans luxe arborant de mauvais fusils rouillés. Un bout de ficelle peut tenir lieu de bride. Aussi tentent-ils d'attirer l'attention par ce qu'ils peuvent, la vitesse. Ils vont avec une rapidité folle, ne gouvernent plus les chevaux, les maîtrisent à peine. Ils les laissent voler de toute la légèreté d'un galop qui, s'il était solitaire, ne ferait pas beaucoup plus de bruit que des ailes d'oiseau. La première bête venue leur est bonne, dressée ou non, à l'âge de servir ou pas, pourvu qu'ils aient de la poudre à faire exploser. Quand ils n'ont ni bottes ni éperons, ils se servent de la houssine et du tranchant de l'étrier. A défaut de cravache, ils ont ce cri irrésistible qui leur remonte du fond de la gorge, et qui excite les chevaux. Dans une fantasia, il ne s'agit pas de parader, mais de courir ventre à terre, de décharger son arme en atteignant le but. Et recueillir en passant devant la tente des femmes, les you-you qui répondent aux salves dont la mousqueterie les salue.

Pour l'heure, le but, c'est la tente des souverains perchés sur un mamelon. Effrayé autant par le bruit de la poudre que du galop qui paraît se déchaîner sur eux, l'empereur a de la tête un mouvement de recul. « Mais il faut y prendre garde », s'écrie-t-il. Puis rassuré : « Ce n'est pas un peuple, c'est une armée. » L'assaut est extraordinaire. Les cavaliers sont ici des hommes d'élite, menés par des chefs de grande tente. Ils sont en tenue de fête, c'est-à-dire de combat. Culottes flottantes, haïks roulés en écharpe, ceinturons garnis de cartouches et bouclés très haut sur des gilets sans manches de couleurs éclatantes. Ils arrivent de front dans un nuage de poussière, drapeaux déployés, serrés botte à botte, étriers contre étriers, droits sur la selle, les bras tendus, la brise au vent. Ils poussent de grands cris, font de grands gestes. Mais dans un aplomb si parfait que la plupart portent leur fusil en équilibre sur leur turban. Leurs mains libres manœuvrent pistolets et sabres. A cent mètres des souverains, toutes les armes voltigent au-dessus des têtes. Une seconde après, chaque homme est immobile, tenant les personnalités en joue. On comprend la frayeur des spectateurs novices. Dans leur émotion, ceux-ci n'ont peut-être pas vu alors la beauté du soleil qui étincelle sur les armes, les baudriers, les orfèvreries. Qui miroite sur les étoffes des selles brodées, des étriers et des brides d'or. Et c'est alors qu'est tirée la décharge générale. Tout est couvert de poudre, enveloppé de fumée blanche. Par vague d'une centaine d'hommes, les cavaliers sont ainsi venus, à leur façon, saluer l'empereur des Français et faire acte de soumission. Etourdi, assourdi, Napoléon III s'est finalement pris au jeu. Un jeu dont la grandeur le fascine. Avant que le couple impérial se retire, on lui présente une diffa, composée d'un nombre gargantuesque de plats de couscous, de moutons rôtis. Ils sont abandonnés à la voracité des assistants et engloutis en un clin d'œil. Le retour a lieu à la nuit tombante.

Un autre banquet est donné à l'empereur le lendemain. Il est offert par la municipalité d'Alger dans la cour du lycée, installé depuis 1846 dans une caserne de janissaires de la rue Bab-Azoun. Une des sept casernes dont disposait en ville la garde turque. Au menu, des galantines de gazelle, des pièces froides d'autruche et de chameau, des émincés de lézard gris. Et surtout l'unique discours public de l'empereur. Il promet « aux hardis colons venus implanter en Algérie le drapeau de la France, que la protection de la métropole ne leur manquera jamais ». Et il espère que « de nouvelles populations viendront se fixer sur ce sol à jamais français ». Les manifestations auxquelles il a assisté, l'ont impressionné. Il a été charmé par l'habileté des cavaliers, l'allure de seigneur de leurs chefs. Il se découvre une grande mission pour « ce peuple chevaleresque, vaillant, patient », qui existe et qu'on doit protéger, instruire, dont on doit améliorer l'existence sans nuire à sa civilisation. Et il le dit : « Notre premier devoir est de nous occuper des trois millions d'Arabes que le sort des armes a fait passer sous notre domination. »

Le boulevard de la jolie impératrice

Le bal donné en l'honneur de Napoléon III est terni par l'absence de l'impératrice. Les nouvelles de sa sœur la duchesse d'Albe, gravement atteinte, sont mauvaises. L'empereur se montrera durant la soirée parfait homme du monde et fort courtois avec ceux qui l'approchent. Ses propos sont brefs, habillés d'un léger accent indéfinissable qui surprend. Il danse avec grâce. Sa cavalière est Mme Sarlande, la femme du maire. vers laquelle il a une inclinaison qu'on trouve charmante. Celle-ci assez intimidée, n'ose guère soutenir le regard flou de ses yeux gris qui ont l'air de flâner au-dessus, on ne sait où. Les burnous blancs, nègres ou rouges des caïds, des cheikhs, des aghas, des chérifs, des mokkadems invités à participer aux réceptions, se mêlent par grappes aux uniformes. Les femmes, uniquement des Européennes, sont moins nombreuses, bien que l'on se montre peu exigeant sur leur origine et leur situation sociale. Aussi sont-elles toutes reines dans les bals qu'offrent chaque année dans les principales villes, les gouverneurs, les généraux, les préfets. Situation que n'apprécient pas les bourgeois. Les femmes de fonctionnaires ont quelque réticence à suivre leur mari en Algérie. Le bruit court en métropole que la société est peu distinguée, et les mœurs douteuses. Les faux ménages ne sont pas l'exception et on ne peut vraiment savoir à qui on a affaire. Des tas d'histoires croustillantes sont ainsi colportées, avec des détails pimentés qui font frémir. Celles qui s'y risquent s'ennuient souvent.

Et puis, la vie y est chère, presque tous les produits manufacturés viennent de France. Les produits locaux, assez bon marché, n'amusent qu'un temps. Ils ont d'ailleurs tendance à disparaître, au profit d'objets de pacotille pour touristes. L'artisanat indigène est tué par la concurrence des articles européens et par son impuissance à répondre aux besoins et aux goûts de la nouvelle population. Les potiers, les chaudronniers, les fondeurs, les batteurs de cuivre et les étameurs commencent à céder la place à la quincaillerie manufacturée dans la banlieue. Cependant, on trouve encore des menuisiers indigènes pour confectionner des coffres peints, des étagères, d'un travail d'ailleurs assez grossier. Des tourneurs, des ferronniers pour monter et décorer les lits de parade. Il faut aller rue de Thèbes, de Sid Ramdane, de la Bombe, du Cygne, des Chartres, de la Lyre pour découvrir encore, au fond de leur petit atelier, quelques tisserands de soie, quelques passementiers. Les Abbasiya, originaires de Kalaa des Beni-Abbas, dans la Petite-Kabylie, sont spécialisés dans la petite passementerie sur bournous. Ils sont regroupés rue Randon. Autour de la place de Chartres, on rencontre encore des brodeurs d'or sur soie et sur velours, maures ou israélites. On ne trouve plus les admirables selles brodées, sinon dans les boutiques des antiquaires et à prix d'or. Mais des artisans continuent à travailler le cuir pour de petits objets dont les boutiques des mozabites regorgent, babouches, portefeuilles, porte-monnaie, sacoches, sacs à main, ceintures, coussins. Indigènes et Méditerranéens se rejoignent pour rechercher les bijoux. Les israélites ont la quasi-exclusivité du commerce de la bijouterie et de la joaillerie. Les Syriens se réservent le damasquinage place Malakoff et rue Bruce. Il est amusant de voir travailler les tourneurs de bracelets sur corne, souvent des Noirs venus du Sud. Du Sud encore, les tapis, quand ils ne sont pas, plus simplement, fabriqués dans les ateliers algérois. Ce sont alors des copies d'Orient, de Perse, de Turquie, plus abordables que les produits d'origine.

Il est de bon ton, quand on est femme de haut fonctionnaire ou de général, de s'occuper d'œuvres charitables, orphelinats, infirmeries, distributions de vivres, de vêtements. Les relations alors avec le clergé sont toutes en nuances, la position officielle en matière de religion étant celle de la non-ingérence dans les croyances locales. On crée, pour y attirer les petites musulmanes, des ouvroirs, comme celui qu'à ouvert à Alger Mme Luce en 1845. C'est un atelier de broderie — sur toile, mais aussi sur les plus fins linons, les étamines légères. Il est devenu, sous le patronage de Mmes Randon et Mac-Mahon, une véritable école professionnelle. Reprise par Mme Ben Aben, on lui doit d'avoir conservé la tradition du fameux point d'Alger.

L'arrivée des bateaux, ou, dans l'intérieur, de la diligence, est la grande distraction de la colonie. Surtout du bâteau de France. Une flottille de barques menées par des Maltais se rend au-devant des arrivants. Le jour du départ, personne ne reçoit, tout le monde est occupé au courrier. Les adieux du chapeau et du mouchoir durent aussi longtemps que le navire est en vue.

Comme à l'arrivée, beaucoup lui font escorte dans les barques surchargées.

A la mi-saison, peu de femmes participent aux grandes chasses organisées par les officiers, dans un beau déploiement de rabatteurs et de cavaliers. Par contre, elles sont parfois invitées à des promenades à cheval. La mode est aux repas champêtres, à la visite des environs, une ruine romaine, un beau paysage, une mine désaffectée où les plus aventureux s'engagent.

La pose de la première pierre du boulevard de l'Impératrice marque la fin du voyage de Napoléon III. L'impératrice Eugénie vient d'apprendre la mort de sa sœur, la décision est prise d'écourter leur séjour. On connaît le goût de l'empereur pour le faste et le décorum. Aussi a-t-on cru bon de dresser un dispositif d'opérette sur les lieux. Des toiles tendues simulent les futures arcades et voûtes qui soutiendront le boulevard. Il faut dire que les travaux entrepris sont colossaux. Le ciment et la pierre vont faire disparaître, pittoresques mais anachroniques pour une capitale moderne, les berges de roseaux, les touffes de ricin, les cabanes, les balcons garnis de plantes grimpantes qui s'agrippent jusqu'au port. Et avec eux, les baigneurs qui devront aller à Saint-Eugène ou à Pointe-Pescade pour retrouver, de mai à octobre, l'eau limpide qui fait leurs délices.

Ce boulevard de l'Impératrice, qu'on a appelé boulevard du Rempart, puis en 1870 boulevard de la République et boulevard Carnot, va s'établir sur le front de mer. Il part du mur de Bab-el-Oued en contre-bas de la place du Gouvernement jusqu'au fort Bab-Azoun. Il doit reposer sur des voûtes qui serviront d'entrepôts. L'escarpement est tel que le coût de l'opération a longtemps effrayé. L'empereur est favorable « aux grandes associations de capitaux européens pour la mise en valeur de l'Algérie ». Il a accepté l'offre d'une importante entreprise anglaise qui a à son actif de grands travaux de construction de chemin de fer en Europe et en Amérique. Une convention va la lier à la Ville d'Alger, un peu marrie d'être « sacrifiée » à la compagnie anglaise, faute d'avoir obtenu des crédits suffisants. Réalisation qui constituera une très bonne affaire pour ses promoteurs. Les voûtes seront louées le double des prix prévus, et les terrains vendus le triple. En échange des six millions de travaux à effectuer, ils sont en effet concessionnaires des entrepôts pour 99 ans, bénéficient d'une subvention de 800 000 francs et de l'abandon de 14 000 mètres carrés de terrains. L'ouvrage sera achevé en 1874. Il aura apporté animation et emplois durant près de quinze ans. Et une jolie promenade sur laquelle, génération après génération, on viendra admirer les bateaux de toutes nationalités ancrés au port. Le charme de « ses arcades élégantes », peu évocateur pour Feydeau, sera chanté par Guy de Maupassant.

Napoléon III s'est peu confié durant son séjour. Il se demande s'il n'a pas trouvé dans ce peuple arabe, noble et guerrier, une solution de rechange aux difficultés qui ne vont pas manquer de surgir en Orient. Il a expédié des troupes en juin dernier vers la Syrie pour protéger les chrétiens maronites des Druzes révoltés, respecter des engagements qui datent de 1536. Surtout il espère soustraire le Liban voisin, à l'autorité des pachas. La France n'aurait-elle pas avantage à constituer une nationalité arabe propre à se substituer aux Turcs, et qui lui devrait tout ?

A mille lieues de si grands desseins, les querelles des Français réunis dans une conférence tenue au Palais l'ont agacé. Et leurs récriminations les uns envers les autres, généraux et hauts fonctionnaires, militaires et colons. Elles lui indiquent surtout qu'il manque sur place un pouvoir fort. Un gouvernement qui tranche devant des intérêts divergents et les astreint à un équilibre convenable.

A la consternation des colons, un décret supprime brutalement le 26 novembre 1860 le ministère de l'Algérie. Chasseloup-Laubat, qui doit interrompre un voyage d'inspection, se retrouve ministre de la Marine. Le gouvernement général est rétabli et le maréchal Pélissier nommé. Ses pouvoirs, centralisés à Alger, sont renforcés. Sous le contrôle du ministre de la Guerre, il relève de l'empereur. Le régime civil de l'assimilation a vécu.

Cette mer qui est à tous

La rue des Consuls, dans le quartier de la Marine, est en effervescence ce samedi soir d'août 1861. On vient d'apprendre que la pétition des quatre patrons pêcheurs italiens est rejetée. C'est l'heure où les petits restaurants à friture commencent à se remplir. Les cuisines en plein vent qui débitent saucisses et poissons grillés forment autant de grappes humaines discutant et gesticulant. Parler, mœurs, odeurs des bassi, fondaci et vicoli de Naples ont été intégralement transportés dans la Marine d'Alger. Un quartier assez misérable. Mais les joies et les peines s'y vivent intensément, en commun. Italiens, hommes de la mer et du port pour la plupart, ils sont pêcheurs, marins, charpentiers de marine, magaziniers, marchands de poisson, journaliers, professionnels des petits métiers.

Les vieux sont installés sur une chaise devant leur porte. Les jeunes, à peine rentrés de la pêche, gardent le pantalon retroussé et le tricot bleu ou rayé. Ils ne les abandonnent que le dimanche pour le costume sombre et la chemise blanche, indispensable lorsqu'on va à la messe, ou guetter les filles à la sortie.

Aujourd'hui, la « novia », souvent femme de ménage, couturière ou cigaretière, risque d'attendre longtemps chez elle le fiancé, pour la promenade rituelle du samedi soir. Dans le fond des bistrots enfumés et transpirants, on tient des conversations à voix basse. Le napolitain se mêle au français, et les imprécations au débit monocorde. Ce sont les notables, patrons pêcheurs, petits armateurs, et l'on respecte leurs conciliabules. Non sans tenter de deviner ce qui se dit, et le transmettre de table en table jusqu'à l'extérieur. Les nouvelles les plus contradictoires volent dans l'air comme le grain de poussière.

A l'origine de l'affaire, un arrêté du gouvernement général. Il interdit la pêche au bœuf. Le filet bœuf est un engin traînant, remorqué par deux bateaux à voiles, les « pareilles » de 22 à 36 tonnes. C'est par excellence le récolteur de poisson blanc, le ravageur de fonds. La « parera » pour les Espagnols qui l'abandonnent peu à peu. Ils préfèrent le lamparo. Un mot provençal qui vient de lampa, l'éclair. Il s'applique aussi bien à l'embarcation, qu'aux feux, au filet et au mode de pêche. Le lamparo a l'avantage sur le filet bœuf de n'exiger qu'une barque de 8 à 10 mètres. La pêche au lamparo est fondée sur le principe qu'une lumière vive attire les poissons vers la surface.

La mesure d'interdiction tend surtout à ralentir l'activité dévorante des Italiens. Vrais dieux de la mer, leurs équipages vivent en parasites sur les eaux algériennes. Ils prédominent tout au long de la côte, sauf à Arzew où les Espagnols sont plus nombreux, et à Oran où ils étaient encore à égalité en 1838. En Oranie, la situation s'inversera lentement au profit des Espagnols, les Andalous s'installant en nombre avec quelques Portugais. Alger reste la limite et le point de friction des deux groupes.

De leur pays d'origine, les Italiens apportent non seulement leur sel pour le traitement du poisson, mais encore leurs vivres — riz, biscuits — et leur vin, qu'ils entreposent à la douane. Ils amènent avec eux tout leur matériel. De simples barques légères, à rame, quelques voiliers, pour une navigation côtière. Il faudra attendre bien après 1900 pour voir quelques filets, sardinals et trémails, fabriqués à Alger. Et encore avec du coton et du chanvre importés d'Italie. Ils s'installent dans les criques par petits groupes, pour toute la belle saison. Les hommes viennent seuls, les femmes restent au pays. Leur garçon de neuf ou dix ans leur sert de mousse. On dort dans la barque tirée au sec, plus rarement sous la tente. Des guetteurs veillent pour signaler les pillards. En fin de campagne, ils rentrent chez eux avec le produit intégral de leur pêche revendu à Gênes, Livourne ou Marseille. Ils continueront ainsi, pendant un demi-siècle, à venir pêcher en été plus ou moins clandestinement.

Le rapport remis au gouverneur général les accuse d'avoir ruiné l'industrie de la pêche à la ligne « excercée autrefois pas mille pêcheurs maures ». C'est vrai qu'on ne voit plus d'indigènes. Il faudra attendre le siècle suivant pour en rencontrer quelques-uns, qui ont appris le métier des Européens. Ont-ils été aussi nombreux, avant la conquête, que certains l'ont dit, avançant le chiffre de

15 000 ? On peut seulement remarquer que les indigènes d'Algérie ne sont pas de grands mangeurs de poisson.

Aussi les côtes poissonneuses et vierges du pays ont-elles toujours attiré les étrangers. Les espèces les plus variées pullulent et se reproduisent dans d'incalculables proportions. Elles ne suivent pas comme ailleurs les lois des migrations. Le poisson bleu notamment, les sardines, les allèches, les anchois, les thons rouges et blancs, les bonites, les maquereaux se comportent comme des espèces sédentaires dans les eaux algériennes favorisées par la température et la luminosité. On les pêche toute l'année. Les brochets non plus ne se font pas prier, le poisson limon, et aussi les pageots, les sars, les aublades, de gros rougets de roche et quelques saurels, les ombrines, les bogues, les mérots, les daurades, les loups et les bars, les rascasses, les grondins, les mulets, les soles, les limandes, les merlans et les merlus, les congres, les murènes, les anguilles, les raies. Les crustacés pour qui sait les trouver, langoustes et cigales dans les îles Habibas, les crevettes rouges dans le golfe de Bône, les huîtres, les moules, les oursins un peu partout.

Espagnols et plus encore Italiens — Français aussi — ont largement précédé l'occupation militaire de 1830. Des escadrilles marseillaises ou génoises ont entretenu durant des siècles des établissements, des colonies, à Tabarka, Bône, La Calle. Ils y ramassaient corail et éponges. C'est que cette Côte du Corail, comme on l'appelait jadis, était renommée, et l'industrie corallifère très importante du cap Bon aux îles Zaffarines. On pêche le corail au moyen de filets attachés à une croix de bois lestée et traînée sur les fonds. La France avait obtenu un privilège du bey d'Alger en 1552, entre Tabarka et Bône. En fait, au bénéfice de Corses établis à Marseille, les frères Lenche. Ils ont construit une base fortifiée au Bastion de France près de La Calle, et des dépôts à Bône, Collo, La Calle et au Cap-Rosa. La compagnie ayant exporté clandestinement des céréales, les Barbaresques en profitèrent pour leur enlever le Bastion. Ce fut le point de départ de conflits périodiques entre Turcs et compagnies françaises durant tout les XVIIe et XVIIIe siècles, et d'interventions, également, plus ou moins efficaces du roi très chrétien. De son côté, en 1510, Ferdinand 1er avait signé un traité de protectorat avec eux. Il permit aux pêcheurs de venir nombreux, de Procida, Ischia, Portici, Torre del Greco, s'engager au service des amateurs.

Leur sécurité fut loin d'être assurée. Elle ne leur permit jamais de s'installer de façon durable. Ils pêchaient aux abords immédiats de leur base provisoire, séchaient le poisson au soleil, le salaient sur place ou le mettaient à mariner en saumure. Il leur arrivait d'être attaqués. Ils étaient alors obligés, sous la menace des fusils et les insultes grossières, d'abandonner la totalité de leur pêche. Ils perdaient du même coup les larges couffins de jonc tressé à deux anses qui servaient à son transport. Il ne leur restait plus qu'à se remettre à l'ouvrage, la rage au cœur.

La conquête et la pacification par les Français a changé cela. Italiens et Espagnols en sont arrivés à se dire qu'ils trouveraient peut-être sur cette terre d'Algérie une destinée moins dure que chez eux. Où les conditions d'existence sont pénibles, le régime quasi féodal, les impôts lourds, l'ouvrage rare et au bon plaisir de quelques grands propriétaires fonciers. Et ils se sont engagés en grand nombre dans les équipages des balancelles espagnoles, des bateaux sardes, toscans, napolitains, siciliens, romains, maltais aussi, armés vers l'Algérie. Dès le débarquement des Français, ils ont suffi à assurer le ravitaillement des soldats et des premiers civils. Ravitaillement qui s'est fait durant des dizaines d'années, uniquement par mer.

Ils seront de plus en plus nombreux, au fil du temps, à souhaiter une vie sédentaire, plus normale, eux qui ont un sens très vif de la famille et du foyer. A partir de 1840, certains s'installent donc à demeure. Après avoir ramassé quelques économies, ils vont chercher au pays la fiancée. En 1846, Mers-el-Kébir, par exemple, compte 400 sédentaires, mais aussi 300 autres qui vivent sur leurs embarcations. A La Calle, occupée par les Français en 1836, la pêche au corail a connu un véritable boom les premières années. En 1838, 232 balancelles de corailleurs italiens relâchent dans le port. Les sujets du royaume des Deux-Siciles se trouvent si nombreux que la reine Amélie, apitoyée par leur sort, fait construire un hôpital pour eux. Et en 1870, La Calle comptera encore 1 500 immigrants temporaires pour 1 700 Italiens déjà établis, s'occupant sur 5 ou 600 embarcations amarrées dans le port.

Ils participent largement au développement des ports importants. Ils créent aussi, parallèlement à la colonisation officielle, un certain nombre de petits centres portuaires, des marines. C'est le cas de Bou Haroun, non loin d'Alger, en 1875. L'histoire de son origine mérite d'être racontée. Des Espagnols s'étaient installés à cet endroit, dans des grottes naturelles et de modestes gourbis. Une seule femme parmi eux, une vieille qui tenait la cantine. Des Siciliens prennent l'habitude de s'y arrêter. Il s'instaure entre les uns et les autres un échange de bons procédés. Fait assez exceptionnel, les rapports entre Espagnols et Italiens se posant généralement alors dans un contexte de rivalité. La religion, chez tous très vivace, n'est pas le moindre point de discorde. Ils se jettent à la figure saints et saintes nationaux, et leur rancune est largement entretenue par des prêtres à la dévotion supertitieuse venus d'Espagne ou d'Italie sans mission officielle, pour certains dès les premières années de la conquête française. A Bou Haroun, les deux groupes se mêlent et bientôt de nouvelles baraques se dressent sur la plage, celles des mareyeurs qui viennent prendre livraison du poisson pour aller le vendre à Blida à dos de mulet. Les pêcheurs de Bou Haroun sont à l'origine de la création, dix ans plus tard, de Chiffalo, une autre marine. Ils ont essaimé sur un terrain appartenant à la commune de Tefeschoun. Les habitants de Bou Haroun et de Chiffalo sont restés longtemps installés sommairement. Bou Haroun n'a été construit qu'après 1900 avec son église en bois. C'est dire combien, durant des générations, la situation de beaucoup de pêcheurs immigrés a été précaire.

Cette immigration n'a pas été entièrement spontanée. Des hommes comme l'armateur Schiaffino ont organisé le mouvement. Les Schiaffino assuraient déjà au XVIIIe siècle les liaisons entre Alger, Livourne et Gênes. C'est une balancelle de Jacques Schiaffino, hardi marin, qui apporta d'Alger à Gênes le message du consul Duval. Il annonçait à Charles X l'offense faite à la France au cours de la fameuse scène du coup de l'éventail. Ce qui n'empêcha pas Bourmont le 15 juillet 1830, quand il s'est emparé de Bône, de trouver en face de lui l'armateur qui chargeait pour le compte du dey. Une attitude adroite a permis à l'Italien de conserver ses positions après la conquête. Il arme six bateaux pour le ramassage du corail. Il transforme les balancelles en chalands pour faire des opérations d'embarquement et de débarquement à Alger. L'affaire connaîtra une importante ascension après 1880 dans le transport du vin. Elle a parallèlement une activité de pêche, avec des embarcations de plus en plus nombreuses. Longtemps, c'est en Italie que Schiaffino recrutera ses équipages. Un de ses descendants, Charles Schiaffino, sera décoré de la Légion d'honneur après la Seconde Guerre mondiale. Ses bâtiments auront opéré le sauvetage de trente-deux navires alliés.

Les humbles de la colonisation

Le gouvernement français a fait bon accueil aux immigrants, d'où qu'ils viennent. Ce sont eux, les premiers colons, ces pauvres gens d'Espagne, des Baléares, de Malte ou d'Italie. Ces jardiniers, ces moissonneurs s'expatriant la capa de laine sur l'épaule, la poêle à frire ou la guitare à la main. Ces escargots, comme on les appela, moqueur. Tout leur bien tient dans un gros sac qu'ils transportent partout où ils vont. Ils ne sont jamais sûr de l'endroit où ils dormiront le soir. Ces pataouettes, dit-on aussi. La patate est encore ce qui coûte le moins cher pour nourrir un homme. Ils ont pourtant, eux, nourri l'armée et les premiers civils. Ils ont approvisionné ces colons aux gants jaunes de la première heure, les Vialar et les Pré de Saint-Maur. Des uns et des autres, ils sont les ouvriers agricoles, au mieux les fermiers, parfois les commis.

Les Espagnols surtout, sont attirés par la terre. Il leur est pratiquement impossible de devenir propriétaires d'une concession sans un capital. Arrêtés aussi par des interdits ou la complexité des formalités administratives. Mais, à certains d'entre eux, il ne faut que quelques années pour racheter, avec des économies durement réunies, les fermes inachevées et déjà abandonnées par des Français découragés ou décimés par la maladie. Des pionniers, certes, qui seront parfois le point de départ de grandes dynasties, notamment en Oranie. Les Sanchez, à La Sénia, issus d'un petit jardinier arrivé en Algérie en 1850. Antoine Sanchez possédera à sa mort près de mille hectares. Les Garcia près de Misserghin. Des douze hectares de friches achetées à Brédéa après quelques années de labeur, Joseph Garcia fera une vaste propriété de plantations et de maraîchages de plus de quatre cents hectares. Les Rico à Turgot. L'Espagnol Rico parviendra à devenir commis en 1870 chez le maire d'Oran Andrieu, qui exploite un chantier d'alfa, puis à fonder son domaine à lui, Ricoville. Les frères Riéra à Saint-Denis-du-Sig. Leur père a débarqué en Algérie en 1840. Il s'est placé comme ouvrier agricole. En possession d'un petit pécule, il loue de la terre, et puis davantage, jusqu'aux deux mille hectares de friches, à la société Debrousse. Le coton fera sa fortune, car il saura en être le promoteur dans l'Oranie dès le début de la guerre de Sécession. Le domaine de l'Habra sera définitivement acquis par la famille Riéra en 1920, alors qu'elle appartient au Crédit Foncier de France. Et le Maltais Debonno, arrivé en Algérie en 1836. Son fils Charles, devenu un important propriétaire terrien de la région de Boufarik, un colon pilote, une personnalité exemplaire à qui tous les voyageurs de marque rendent visite. Avec ses 2 540 hectares, il a pressenti l'avenir de la viticulture. Il s'y est lancé à corps perdu, et il a entraîné Boufarik derrière lui. Il sera ruiné par la crise qui sévira entre 1885 et 1907. Il a eu pourtant la Légion d'honneur à trente-sept ans pour services exceptionnels rendus à la colonisation et au pays. Et l'Espagnol Pélégri, lui aussi ouvrier agricole en 1846. A sa mort, il est à la tête de 813 hectares de vigne.

Les Italiens préfèrent, quand ils ne sont pas marins ou pêcheurs, s'employer dans le bâtiment et les travaux publics. Ce sont des Italiens qui ont démoli et reconstruit une partie de la haute ville et du vieil Alger. Les noms des Citati, Parodi, Martinetti, Gambini donnés vers 1840 à des passages de la ville, l'ont attesté.

Les Anglo-Maltais, les premiers accourus à Alger en 1830, sont près de deux mille dans les années 1840. On les remarque par leur ardeur au travail, leur esprit d'économie, leurs aptitudes commerciales. Certains d'entre eux établiront solidement leur fortune.

C'est d'ailleurs dans tous les domaines qu'Espagnols, Italiens, Maltais et Belges, Suisses, Anglais immigrés entreprennent et réussissent. Il peut suffire d'économiser et d'acheter un cheval et une voiture pour devenir transporteur. C'est l'origine de la réussite des Baylé à Saïda. Antoine Baylé, venu de la province d'Alicante, fait du transport pour le compte de l'armée entre Oran et Tiaret. D'abord petitement. Il aménage un relais, puis un autre, d'autres encore quand il se met à assurer la ligne Oran-Igli par Mascara, Saïda, Le Kreider, Méchéria, Aïn-Sefra, Colomb-Béchar. Dans ces relais, il construit un baraquement en planches, puis en dur, pour les chevaux et le gîte des gardiens. Il achète de la terre autour et y fait venir ses luzernes, ses fourrages, son avoine. Au début du siècle suivant, son fils François — licencié en droit de la Faculté d'Alger — abandonnera l'entreprise de transport pour développer l'un de ces relais, près de Saïda, à Bou Rached. Il en fera un magnifique domaine de trois mille hectares, dont près de trois cents en vignes, à 1 200 mètres d'altitude. L'une des vignes les plus hautes du monde.

Un autre transporteur espagnol, Joseph Campillo Huertas, est à l'origine du village de Saint-Cloud. Vers 1845, il organise un service de voitures d'Oran à Mostaganem. Un de ses relais porte le nom arabe de Goudiel. Parallèlement à son entreprise de transport, il se lance dans le commerce de l'alimentation. Il établit à Goudiel un magazin pour les militaires. L'artisan espagnol chargé de peindre la façade propose de baptiser la boutique, « A la Ville de Saint-Cloud », souvenir d'un tour de France fait dans sa jeunesse. C'est le nom que l'on donnera — pourquoi pas ? — au centre de colonisation créé en 1848.

Qui ne connaît Juan Bastos, cet Espagnol, qui, dès 1830, à Oran, roulait dans un réduit les cigarettes qu'il vendait à la pièce ? Il coupait lui-même le tabac sur ses genoux avec un couteau de boulanger. Il aura cinquante employés en 1889 et ses fils huit cents en 1912. Ils établiront une nouvelle usine à Alger, où les filles de Bab-el-Oued trouveront du travail.

A partir de 1880, il sera de bon ton, dans la province d'Oran, d'aller chez le tailleur à la mode, Léandre Mas, installé au 18 de la rue du Fondouk. Lui aussi a d'abord travaillé pour l'armée avant d'avoir pignon sur rue. Son fils Antoine continuera de développer l'affaire dans la voie du bon goût et ce flair qui précède la mode la plus parisienne, comme on aimera le dire. La même clientèle s'adressera, à partir de 1876, au carrossier Esclapez pour obtenir la carriole, le fiacre, la calèche aux capotes élégantes, dessinés pour lui. Son fils, André Esclapez, ne ratera pas le virage. Il proposera vers 1910 une série d'automobiles entièrement construites dans ses ateliers. Elles feront fureur, ses conduites intérieures grand sport sur châssis Ballot, ses limousines six places 16 CV Cottin-Desgouttes à l'ébénisterie en sycomore, ses conduites intérieures grand luxe sur six cylindres Delage. Ou encore cet omnibus pour le transport des élèves de la distinguée institution Monterde, sur châssis Ford. Et on ira choisir ses glaces parmi les créations du miroitier suisse Uldoric Gensoli. Venu de son Terrin natal, il ouvrira d'abord, en 1873, un modeste magazin de glaces de devanture. Vingt-cinq ans plus tard, sa boutique du 6 boulevard de Charlemagne, ses entrepôts et son usine de la rue Général-Joubert n'arriveront pas à satisfaire la demande.

Une astuce en fait de bons Français

Trente ans après le débarquement de Sidi-Ferruch, la population européenne en Algérie n'atteint pas 200 000 habitants. Dans cette population, 75 000 étrangers. Cet apport est bien ressenti, par les pouvoirs publics comme par les gens de la colonie. Il faudra attendre les répercussions de la loi de naturalisation automatique de 1889 pour voir apparaître à la fin du siècle un courant d'opinion « anti-néo-français » et le souci du « péril étranger ». Lire le péril séparatiste provenant d'une affluence excessive d'étrangers, naturalisés ou non. La

Grande Guerre se chargera de le faire disparaître. L'impôt du sang sera bien versé à la France.

En 1860, le problème est plutôt d'attirer une population européenne qui fasse l'équilibre avec la population indigène. Équilibre ? Domination, plutôt. Bugeaud le dit clairement en 1847. « Il faut fonder en Algérie une société européenne assez nombreuse, assez fortement constituée pour dominée le peuple arabe, assez productive, assez commerçante pour exonérer la métropole des énormes dépenses qu'elle consacre à la colonisation et à la solde d'une armée permanente. » Et on n'est pas trop regardant quant à l'origine de cette population. On ne saurait l'être à lire un général de Létang. Il écrit en 1840 : « A-t-on vu des colonies naissantes se peupler tout à coup de gens pure et sans taches ? » Il ne fait qu'exprimer une opinion en France très répandue. L'Algérie, c'est d'abord le moyen de se débarrasser des forçats et des condamnés, militaires dans un premier temps, civils, ensuite. Des pauvres et des ouvriers nécessiteux. « Qu'on installe en Algérie des ateliers formés avec des hommes valides de la mendicité de France », propose le général Duvivier en 1843. « On n'aurait plus d'émeutes à craindre », ajoute-t-il. « Et les enfants trouvés des hospices », propose élégamment Edouard de Tocqueville en 1850, « cela ferait bien près de 900 000 individus, un cinquème de la population du pays, dangereux pour nous. Sans compter les recrues que l'on pourrait faire parmi les orphelins. »

Dans ce contexte, on comprend que les Espagnols, les Italiens, les Maltais et les autres soient reçus comme une bénédiction du ciel. On en apprécie les qualités professionnelles. Ils forment une main-d'œuvre de plus en plus indispensable à mesure qu'elle s'accroît, pour la mise en valeur du pays. On essaie donc de les attirer, de les encourager à partager la grande œuvre colonisatrice de la France. Bugeaud en 1841 ne les oublie pas quand il assure « à nos compatriotes, nos voisins, terre et protection ». Ils sont présents dans les conseils municipaux dès 1834. Mais, sans doute pour des raisons sociales et intellectuelles, en 1848, à Oran, on ne trouve que deux Allemands et un Italien parmi les élus. A

Alger, deux Allemands, un Italien et un Espagnol. La IIe République a pourtant prévu des conseils où indigènes et étrangers peuvent atteindre le quota d'un tiers.

D'ailleurs, on va trouver l'astuce pour faire de ces immigrants, de bons Français. En les amenant à se faire naturaliser. Non sans mal, il faut le dire. Napoléon III fera le premier pas dans ce sens par le sénatus-consulte de 1865. Il donne, aux étrangers comme aussi aux indigènes, la possibilités de se faire naturaliser sans formalités compliquées. Il suffit qu'ils aient trois années de résidence en Algérie et qu'ils le demandent. Ils montreront peu d'empressement à profiter de cette mesure généreuse, qui leur apporte, entre autres bienfaits, l'obligation de faire leur service militaire. On compte de 1865 à 1897 seulement 23 000 naturalisations volontaires, soit moins de 719 par an. Les Italiens sont les moins chauds. De 1865 à 1885, ils seront 1 905 à choisir la nationalité française. Et encore une bonne partie de ces naturalisations seront-elles plus sincères par la suite que désintéressées au départ. Elles concernent les vieux pêcheurs. Ils sont nombreux à devenir français à cinquante ans, pour bénéficier de la pension des inscrits maritimes que leur reconnaît la loi. Il leur suffit de prouver trois cents mois de navigation. Et encore s'y résolvent-ils après quelque hésitation.

En fait, leur statut d'étrangers ne présente guère pour eux d'inconvénients, en tout cas d'inconvénients majeurs. Ils ont gardé des liens affectifs, familiaux, avec leur pays d'origine. Et puis, dans un contexte sévère de survie, ce qui n'est pas vital ne mérite pas leur attention, comme un luxe. Les pêcheurs peuvent exercer librement leur métier sur les côtes algériennes, que leurs bâteaux soient français ou non. Il suffit aux balancelles qui viennent chaque année au moment de la sardine et de l'anchois qu'elles se munissent d'un rôle d'équipage français à l'arrivée dans nos eaux. A leur départ, elles récupèrent le rôle italien déposé à leur consulat. Les réglementations sont réduites, et la pêche très libre sinon anarchique. L'arrêté du gouverneur général pris à l'encontre des quatre capitaines italiens ira rejoindre quelques autres, inopérants et aussi éphémères. Dans leur protestation, ces derniers font d'ailleurs remarquer qu'ils exercent leur industrie depuis vingt-huit ans, et qu'ils ont armé jusqu'à onze bateaux. Ils ne comprennent vraiment pas quelle mouche pique soudain les autorités françaises. La tempête calmée, on continuera d'utiliser les filets bœufs. Peut-être que si la profession avait intéressé les Français de souche, ceux-ci auraient imposé leurs règles introduites théoriquement par un décret du 22 septembre 1852. Elle aurait été canalisée plus tôt dans une exploitation rationnelle dont elle aurait été la première à bénéficier, à terme. Mais ce n'est pas le cas. Les Français sont en nombre infime. On a bien tenté à plusieurs reprises une colonisation maritime officielle. Ces tentatives se sont toujours soldées par un échec.

Bugeaud en a eu l'idée le premier. Les pêcheurs nomades italiens faisaient de la contrebande d'armes, ce qui agaçait prodigieusement le maréchal. Pourquoi ne pas prévoir de coloniser les côtes comme le reste du pays, renforcer la colonisation intérieure par des ports et des marines animées, participer aux richesses du littoral, et finalement contribuer à la défense et au recrutement de la flotte nationale ? On s'est d'abord intéressé au littoral algérois. En avril 1845 un ancien capitaine de la marine marchande, Tardis, reçoit deux cents hectares de concessions à Aïn Benian, à quinze kilomètres d'Alger. Il doit y établir vingt familles, et dispose d'une subvention de 800 francs par colon, et de 2 400 francs par habitation à leur construire. On s'adresse aux Bretons, mais aucun marin ne répond à l'appel. Ils sont peu attirés par le maigre salaire dont se contentent les étrangers, pour une vie fatigante et dangereuse. La plage est exposée à tous les vents, encadrée de récifs dangereux. Autour, un désert de broussailles, ni routes, ni débouchés pour le produit de leurs pêches. Voulant toucher sa prime, Tardis se débrouille à installer quelques Provençaux alléchés par ses promesses, poissonniers, mareyeurs, qui connaissent la mer de loin. Primes touchées, tout le monde se retirera. Vêtus et nourris par le gouvernement, ils regagneront Marseille, avec dans la bouche des histoires qui ne sont pas à la gloire de la colonie. Ain Benian ne disparaîtra pas pour autant. Il sera rebaptisé Guyotville, du nom de son fondateur le comte Guyot, directeur de l'Intérieur au gouvernement général. Il sera peuplé d'Italiens et de Mahonnais surtout, qui occuperont les maisons construites pour les pêcheurs, et deviendra un centre de maraîchages prospère.

Apparemment, ce Tardis a des relations. Un autre projet de village maritime prend jour en 1846, sous sa direction. Le choix de Notre-Dame-de-Fouka (Fouka Marine) paraît plus heureux. L'arrière-pays est fertile, à proximité de centres de colonisation en bonne voie, Fouka, Douaouda, Koléa. Le gouvernement prend la précaution d'effectuer quelques travaux d'aménagement, débarcadère, cale de halage. Rien n'y fait. Après un semblant de prospérité, les pêcheurs se volatilisent. Là encore, ils font place nette aux agriculteurs. Fouka-Marine deviendra une coquette agglomération très fréquentée en été par les habitants de Blida et de la Mitidja.

On fait un autre essai deux ans plus tard à Sidi-Ferruch. Le site offre deux larges baies et des plages magnifiques. On y installe des Bretons. Les débouchés sont assurés. Ils pêcheront et traiteront les sardines pour le compte d'un industriel français, Gouin, de Quimper. Gouin est associé à un gros négociant d'Alger. Bresciano. L'entreprise paraît solide. Et la chance lui sourit. On découvre un banc d'huîtres naturel important. On peut en approvisionner à bon prix Alger et Blida qui, auparavant, les faisaient venir de l'océan et des Baléares. Mais le premier moment d'euphorie passé, les choses tournent mal. Les villes sont loin, et la vente du poisson frais difficile. Les pêcheurs sont exploités par les marchands de poisson. Découragés, souffrant du mal du pays, les Bretons réclament leur rapatriement. Leurs maisons symétriques et uniformes seront longtemps utilisées par la brigade des douanes, et détruites en 1920.

On ne parlera plus de colonisation maritime pendant plus de vingt ans. En 1872, l'amiral de Gueydon voudra tirer les leçons du passé, et tenter deux nouvelles expériences. Avec le même insuccès. On s'adressera à nouveau aux pêcheurs bretons, pour les attirer à Sidi-Ferruch, et aussi à Takouch, près de Bône, le futur Herbillon. Malgré les primes et les indemnités mensuelles de logement, les Bretons finiront par réclamer leur Bretagne. Seuls quelques Corses amenés à Herbillon par les frères Torre se transformeront en agriculteurs, et le village deviendra un centre de culture maraîchère florissant. Ses habitants garderont le goût de la mer et la Marine nationale y recrutera régulièrement des jeunes.

Les lois ne protègent-elles pas suffisamment les nouveaux venus des voraces étrangers ? Cela se peut. Sur les côtes du Constantinois, les Italiens persisteront longtemps à venir pêcher en contrebande dans les eaux territoriales, et à faire les salaisons sur les plages désertes. Ils bénéficient de la complicité de leurs anciens compatriotes, qui leur signalent les mouvements de garde-côtes.

En contrebande, car de nouvelles réglementations interviendront à partir de 1880. Le régime métropolitain sera intégralement appliqué en Algérie à cette date. En 1886, le Parlement français refusera de ratifier le traité de commerce franco-italien. On en reviendra à l'Acte de Navigation de 1793. L'équipage des embarcations ne devra pas dépasser un quart d'étrangers. Mesure accentuée en 1888 par la loi du 1er mars qui réserve la pêche côtière à nos nationaux. Les étrangers sont refoulés au-delà des trois milles de la mer territoriale. Et en 1889, les enfants d'étrangers seront automatiquement naturalisés s'ils naissent en Algérie, dans l'année qui suit leur majorité sauf opposition formelle.

Cela n'empêchera pas le gouverneur général Tirman d'essuyer un cuisant échec en 1890. Il voudra renouveler une expérience de colonisation maritime à Philippeville, Stora, Collo et la Côte Bougiotte, avec des avantages pourtant accrus pour les bénéficiaires. Ni Jules Cambon d'avoir des résultats encore plus lamentables entre 1893 et 1897, à Jean Bart, Surcouf et La Pérouse. Expériences qui permettront à certains de toucher leur indemnité mensuelle, fort conséquente, en pêchant dans le bistrot du coin. Ce sont les pêcheurs étrangers ou naturalisés qui rachèteront, pour une bouchée de pain, embarcations et engins offerts par le gouvernement.

La race nouvelle des Français d'Algérie

C'est que la vie du pêcheur est rude. Et elle est peu

rémunératrice. Les soi-disants gens de mer ramassés sur les quais n'y sont pas préparés. Nombreux sont les pêcheurs qui restent toute la semaine absents de chez eux. Ils couchent sur la plage près de leurs filets, ou à bord sur les nattes d'alfa. Ils mangent un peu de poisson, de riz, des tomates, un morceau de poulpe séché et rôti à la braise. Ils ne retrouvent leurs femmes que le samedi après-midi, quand il ne faut pas, alors, s'occuper de décharger et de vendre le poisson, de réparer, laver, teindre et faire sécher les filets. Et on repart le lundi bien avant le lever du soleil.

Heureusement, il y a le dimanche. Le jour du Seigneur, certes, et le temps de la fête. Tout le monde va à la messe. Les femmes et les filles suivent à bonne distance les hommes qui se groupent dans les allées latérales de l'église. Elles vont occuper les bancs de la nef. Le recueillement est impressionnant. Après la messe, les hommes s'arrêtent bavarder sur la petite place du village. Quand ils rentreront à la maison, cela sentira bon la mouna à la fleur d'oranger, les mantecados, la saucisse et la soubressade, la langue fumée toute saupoudrée de poivre rouge. Pour le déjeuner, on ne se contentera pas de l'eau fraîche conservée dans la gargoulette pendue à la fenêtre. On boit à la régalade le vin clair et généreux d'Espagne ou d'Italie. Il arrose la scalède traditionnelle, ce mélange bouilli de poissons et de pommes de terre, assaisonné d'une tomate écrasée avec de l'ail pilé, de l'huile crue et un jus de citron. Et ces confiseries dont les Italiens ont le secret, les raffaiuole à la pâte d'amandes, les souzamiende de pain d'épice... Les hommes sont revenus et la maison est en fête. Comme chaque semaine. Sous l'autorité du père, plusieurs générations vivent là, entassés, partageant ce que chacun ne peut posséder seul, un toit et un bateau.

La plupart des adultes sont illettrés. Mais ils ne s'opposent pas à la scolarisation des enfants, qui leur donne une chance de promotion. Plus tard, ils iront aux cours pour adultes qui se multiplieront à la fin du siècle, dans toutes les écoles de villages.

Mais on se souvient de son pays d'origine. Lorsque l'on se rend, généralement pour des raisons administratives à Alger, à Oran, à Bône, on achète le journal dans sa langue, qui passera des jours durant, entre toutes les mains dans le village. *La Lega franco-italiana* à Constantine, *El Correro español, El Eco español, La Arana, Carcajada* à Oran, *Fraternidad Obrera, El Patuet* à Alger.

L'Algérie en 1860 est un creuset d'hommes, de femmes, de toutes origines, plongés dans un seul bouillon, la volonté de vivre, et de réussir. Ils préservent instinctivement le minimum d'identité, propre à sauvegarder un minimum de dignité. On se soucie peu alors, selon le mot de Paul Leroy-Beaulieu, de voir « la France couver un œuf italien dans le Constantinois, et un œuf espagnol dans l'Oranie ». Et l'on a raison, puisque l'avenir l'a prouvé sur les champs de bataille, sur les stades, à l'université, au travail et dans la rue. La fusion a trouvé son accélération avant même la francisation des mœurs. De 1830 à 1877, on compte 23 000 mariages entre Français, 14 000 mariages entre étrangers, et 7 000 mariages entre Français et étrangers. Ces sept mille-là, sont à n'en pas douter, à l'origine de cette race de Français d'Algérie que, de Gide à Camus, on s'est plus à décrire. On leur reconnaît dynamisme et goût de l'action, de l'ambition, cette curiosité pour le monde qui les a amenés à s'expatrier. On a dit d'eux qu'ils sont des créateurs, passionnés d'avenir, ayant conscience d'être plus libres, plus efficaces que sur le vieux continent. D'où un sentiment de supériorité, non seulement à l'égard de l'indigène, mais du métropolitain, un chauvinisme colonial. Une lutte sévère, dans le « chacun pour soi, Dieu pour tous », en a fait des individualistes qui ont ignoré l'effort collectif. Au demeurant riches d'une gentillesse, d'une amabilité réelles et immédiates. Riant d'eux-mêmes, mais acceptant mal d'être l'objet des plaisanteries des autres. Vivant avec la mort, mais n'en parlant que dans leurs jurons. Car leur grossièreté est sans égale. Ils se souviennent d'être un peuple de pionniers, d'hommes sans femmes. Injures, gestes, artifices sonores leur viennent comme ils respirent, à ces gens sélectionnés physiquement par les épreuves.

Gide n'y va pas par quatre chemins. « Une race nouvelle, proclame-t-il, orgueilleuse, voluptueuse, hardie. » Bien pauvre intellectuellement, lui oppose-t-on dans une grimace. Ils ont, certes, l'amour de la terre, mais intimement lié au goût de l'enrichissement. Ils ne montrent aucune pudeur face à l'argent. L'amour de la nature, oui, possédée et dominée. Ce sont des sauvages, dans la mesure où la civilisation se définit comme le règne de l'inutile. Ils n'apprécient de la culture que ce qui sert. Ce sont des joueurs pour qui la sécurité est illusoire. Tout risque toujours d'être défait. Pourquoi donc ne pas risquer de gagner ? Et ce qu'ils gagnent, ils le dépensent jusqu'à l'ostentation, mais non sans générosité.

Ils seront sans doute tout cela, puisqu'on l'a dit. Sans trop le vouloir. Une conséquence directe et brute des conditions de vie où ils se sont trouvés. Elles n'ont impliqué souvent pour eux ni choix, ni retour en arrière possible.

A qui diable prendre la terre ?

Napoléon III, depuis son voyage en Algérie, tente réellement de comprendre. Malgré les affaires d'Italie et l'expédition du Mexique, il veut résoudre lui-même le problème algérien. La situation de la colonie ne le satisfait pas. Elle coûte de l'argent à la France sans beaucoup de compensations. Chose plus grave, les voies dans lesquelles elle s'engage ne paraissent pas assurées, ni cohérentes. Il est temps de prendre les choses en main. L'empereur se découvre une grande mission, passionnante et neuve. Il est résolu, sans savoir très bien encore à quoi.

Le nouveau gouverneur général, le maréchal Pélissier, n'est plus le fringant capitaine de Bugeaud. Le vainqueur de Sébastopol, à soixante-six ans, s'est alourdi, empâté. Les discours sérieux le rendent somnolent. Ce qui ne l'empêche pas d'être resté brutal, grossier même dans son langage. On dit qu'il bat ses serviteurs et trousse ses servantes. Cela prouve au moins qu'il n'est pas aussi décrépi que les mauvaises langues l'affirment.

Ce gouvernement, il l'a attendu, espéré, il en a rêvé. Il se fait une haute idée du devoir à accomplir pour apporter à l'Algérie la prospérité. Il est persuadé, avec les « colonistes », qu'on y parviendra en accélérant son peuplement européen, et par la colonisation.

Or, pour coloniser et produire, il faut se procurer des terres et les défricher. La terre en Algérie est loin d'être productive. Elle n'est pas, pour autant, sans propriétaires. La société coranique présente toute une gamme de modes de possession du sol. Peu de particuliers, car la propriété est essentiellement collective. La propriété individuelle — melk — existe pourtant. Maisons et immeubles dans les villes, grandes fermes autour d'Alger, les haouch. Elles appartiennent à des Kouloughlis, des janissaires, et autres grands seigneurs du temps des Turcs. Et des lots plus modestes venus récompenser quelques bons serviteurs du régime. Mais, sauf dans quelques régions montagneuses, notamment la Kabylie, l'essentiel des biens est arch, collectif. Ce sont les vastes territoires dont les tribus nomades ont la jouissance pour leurs troupeaux et leurs maigres cultures. Seuls le cheptel, la tente, le cheval et les armes sont bien personnels et transmissibles ou vendables.

Les communautés religieuses et les confréries avec leurs zaouias sont aussi propriétaires. Leurs biens, dits habous, sont également inaliénables. Enfin l'État turc, le beylik, possédait de vastes domaines, les biens azels. Son successeur français n'a pas réfléchi longtemps pour les déclarer biens du Domaine. Il y puisera d'abord quand il voudra distribuer des terres aux candidats colons.

L'initiative privée a précédé les pouvoirs publics. Sitôt la prise d'Alger connue, des civils s'embarquent pour l'Afrique. Tout leur est bon, bâtiments de l'État, raffiots armés pour le commerce. Dès janvier 1831, on trouve à Alger à peu près ce qui est nécessaire aux besoins des Européens de toutes nationalités et des quelques dizaines de femmes qu'ils ont entraînées. L'armée est leur principal « donneur d'ordres ». Toutes les activités convergent pour satisfaire ses besoins. Ils sont nombreux, les civils, à suivre la troupe en campagne à des fins diverses. Parmi eux, ceux qui espèrent une terre avec obstination, et la fortune au bout. Ils se fixent, avec le détachement, autour de Blida, Koléa, Cherchell... Et ils attendent de recevoir le lot qu'on leur a promis dans quelque bureau d'Alger. Seulement le Domaine met des mois pour reconnaître ses biens. On doit les cadastrer avant de les distribuer. Beaucoup de ces colons de la première heure sont obligés d'abandonner sans pouvoir patienter davantage. Ils ont épuisé leurs maigres ressources et vécu d'expédients. Perdant peu, il est vrai, sinon leurs grandes espérances. Ils n'ont cultivé de toute façon que d'étroits jardins. Les Arabes se tiennent en embuscades à deux cents mètres des murailles. Ils sont les victimes du manque de coordination de l'administration, mais ces précautions sont nécessaires. Elles n'ont pas empêché les bavures. Comme cette Ferme Modèle de Clauzel.

Les arrivants, quand ils ont de l'argent, s'efforcent d'acheter. Une espèce de fièvre de la spéculation saisit tous ceux qui débarquent, civils, militaires, fonctionnaires. On achète au premier venu. Certains espèrent bien revendre par la suite au plus haut prix. Des sociétés s'organisent dans le seul but de spéculer. Biens collectifs, habous ou du beylik, on en a cure. Dans une pagaille inextricable, la même propriété indivis est vendue plusieurs fois à des acquéreurs différents par des Arabes qui, au mieux, n'en sont que copropriétaires. Et on raconte l'histoire d'une société qui acquiert sans les voir — et pour cause, on ne pouvait encore s'y risquer — trois cents hectares de plaine, et qui se retrouvera avec trente hectares en montagne. Ou cet autre qui, d'Alger, se rend propriétaire d'une maison à Blida qui n'existe plus depuis le tremblement de terre de 1825. Car les plus malins achètent en précédant l'occupation. Quand les troupes avancent et viennent s'établir, ils revendent dix fois plus cher les maisons et les jardins à l'armée qui n'apprécie pas toujours à leur valeur ces paris sur des victoires à venir.

La grande astuce est la vente par contrat de rente annuelle perpétuelle. Elle permet de respecter, dans la forme, l'inaliénabilité des biens habous. En fait, les acquéreurs cessent en général leurs paiements au bout d'un ou deux ans face à des vendeurs à peu près désarmés. Aussi le gouvernement français aura conscience, en matière de transactions immobilières, de la nécessité de protéger les indigènes à la fois des Européens et d'eux-mêmes. Un besoin pressant, une mauvaise récolte ou tout simplement la satisfaction momentanée de quelque argent à dépenser, peuvent les amener à vendre n'importe quoi n'importe comment. Les Bureaux arabes, pour leur part, considéreront le maintien de la propriété collective comme un excellent moyen de protection. On verra que le législateur ne les suivra pas, tout au désir de donner à l'Algérie le régime cadastral de la métropole, qui implique la constitution de la propriété privée. Et les colons, soucieux de voir leur pays assimilé à la métropole, useront de toute leur influence pour accélérer le processus.

De 1830 à 1844, les transactions immobilières entre indigènes et Européens seront tantôt autorisées, tantôt interdites. Elles seront bannies de la législation algérienne, à partir de cette date, en territoire tribal. Exception faite en 1859 d'une tentative de libéralisation sans lendemain du prince Jérôme. Libéralisation qui interviendra par la suite progressivement, au fur et à mesure que la propriété individuelle sera instaurée au dépens des biens arch.

Le gouvernement ne peut donc disposer que des terres du beylik — les biens azels — pour la colonisation. Très vite, elles ne suffisent pas, et tout le problème foncier en Algérie est inclus dans ce casse-tête chinois : comment se procurer des terres et les donner aux colons, tout en respectant la propriété indigène.

Ou en ne la respectant qu'à moitié. Il s'en trouve pour estimer qu'on fait de l'embarras pour peu de choses. On est vainqueur, oui ou non ? Bien content si on ne leur enlève pas tout. Il en est même pour proclamer au début de la conquête que le plus simple serait de les exterminer. Ce qui choque un fonctionnaire. Il remarque à juste titre : « Et d'ailleurs les Arabes et les Kabyles se laisseraient-ils faire ? » « Alors, qu'on les refoule comme des bêtes féroces », propose un studieux doctrinaire, Armand-Victor Hain. « Il faut qu'ils reculent jusqu'au désert devant la marche progressive de nos établissements, et qu'ils soient rejetés pour toujours dans les sables du Sahara. » Raousset-Boulbon ne dit pas autre chose : « L'expropriation des indigènes est la condition première de l'établissement des Français sur le sol. En se souvenant que le Nouveau Monde a fondé sa puissance sur l'anéantissement des Indiens ou leur refoulement. » Position sans ambiguïté, mais qui a au moins contre elle d'être peu partagée. On parle généralement plus volontiers de fraternité universelle des peuples et de bonheur général des hommes. Dans le giron de la France bien entendu. Il faut donc trouver des terres pour attirer les colons.

On commence par séquestrer les propriétés des exilés qui ne se sont pas donné le temps de liquider leurs biens, puis celles des tribus qui reprennent les armes contre la France, notamment derrière Abd El-Kader en 1839. Et on en arrive aux biens hadous des communautés religieuses. Une initiative de Clauzel. En 1843, ils sont définitivement réunis au Domaine. L'État se charge de pourvoir aux services d'assistance, d'enseignement et de culte qu'elles assuraient, sans bien préciser l'échéance. Promesse qui prendra des formes diverses, et toujours incomplètes. Les pouvoirs publics manqueront longtemps de moyens. Ils seront peu encouragés d'ailleurs par les musulmans réticents et bousculés dans leurs habitudes et leur mentalité.

L'année suivante, 1844, on se met à loucher du côté des terres incultes. Ce peut être d'un seul coup l'abondance de biens. Par exemple en se basant sur des critères calculés largement de population, et de terres de parcours nécessaires par tête de cheptel possédée, ou de champs en jachère par hectare cultivé. Selon un principe qui deviendra le fondement de la colonisation : la terre appartient à celui qui la travaille, ou qui, au moins, la fait travailler. C'est l'objet de la fameuse ordonnance du 1er octobre, et la première véritable réglementation foncière, complétée en 1846. Elle a entraîné quelques abus, volontaires ou non. Pour une application d'ailleurs très limitée. Sur 210 000 hectares vérifiés, 168 000 portent sur les environs d'Alger et la plaine de la Mitidja. 95 000 ha sont revenus à l'État, 55 000 aux Européens et 31 800 aux musulmans. A la suite de réclamations, la Commission des transactions et partages (1852-1867) est revenue sur cette opération draconienne. 22 000 hectares ont été rendus à des indigènes dépossédés.

L'ordonnance a eu le grand avantage de mettre de l'ordre dans l'anarchie qui régnait en ce domaine. Les propriétaires, indigènes ou européens, ont dû signifier leurs titres au directeur des Finances dans les trois mois, sous peine de voir leurs terres déclarées vacantes et attribuées au Domaine. Toutefois, les détenteurs de terres cultivées ont éte dispensés de la présentation de titres. Enfin, l'inaliénabilité des biens habous, contrairement aux règles coraniques, n'était plus opposable aux Européens qui ont pu racheter les ana, c'est-à-dire la rente annuelle, au taux légal de l'intérêt de l'argent. Par contre, cette inaliénabilité était conservée dans les rapports entre indigènes. Certes une cote mal taillée. Mais la mesure libérait des terres pour une colonisation effective. Et elle mettait fin au régime chaotique de la propriété, conséquence des achats inconsidérés des spéculateurs et des aliénations fictives.

La IIe République annexe au Domaine un nouveau type de sol, la forêt, soit plus de deux millions et demi d'hectares. Particuliers et tribus ne peuvent disposer que d'un droit d'usage. Il faut dire qu'on n'a pas en Algérie un grand respect des arbres. Les premiers colons eux-mêmes se montrent souvent indifférents devant des arbres multicentenaires « qui ne servent à rien, sinon à donner du bon bois ». Les incendies de forêts sont fréquents, ils prennent l'allure de catastrophe certaines années, notamment en 1863, en 1865, et plus tard en 1881. Ils se propageront surtout dans les vastes territoires tribaux où le peuplement européen est faible ou nul. On parle de haine atavique de l'indigène pour les arbres. En fait, les incendies se déclarent quand le sirocco souffle avec violence dans les étés chauds et secs. Les fellahs brûlent broussailles et arbustes pour étendre les pâturages ou cultiver le sol déblayé. Les moyens de surveillance sont nettement insuffisants, même lorsque les Domaines les prendront à leur charge. On multipliera pourtant les maisons forestières construites selon les mêmes plans, pour abriter deux familles. Deux logements, une cour au milieu, l'écurie sur le troisième côté, un mur crénelé en façade. Bien loin de toute civilisation, les gardes forestiers ont des rapports mitigés avec les indigènes à l'égard de qui ils doivent sévir à tout propos. Les incendies de 1865 toucheront dans le Constantinois plus de 120 000 hectares de forêts de chênes-lièges. Pour la moitié à la disposition des tribus, 20 000 hectares étant concédés en exploitation à des Européens qui se retrouveront ruinés. Ils réclameront des dédommagements, en proposant qu'ils consistent dans l'octroi de la propriété de toute la concession libre d'impôts. L'État transigera. Par dérogation, les liégistes recevront gratuitement plus des deux tiers des hectares concédés. Seulement un tiers s'ils n'ont pas été incendiés. Et ils devront payer des annuités pour devenir propriétaires du reste. Mais la plus grande partie des forêts de chênes-lièges sera exploitée en régie par l'État qui ne terminera la totalité des démasclages qu'en 1915. Par ailleurs, dès 1866, des mesures de protection sont prises. Les droits d'usage sont rachetés aux indigènes, à l'exception, suivant leurs besoins, de parties de forêts érigées en bois communaux et soumis au régime forestier français. Les pâturages sont interdits pour cinq ans en zones incendiées. Enfin en cas de nouveaux incendies, la responsabilité collective des tribus sera reconnue.

La IIe République a surtout, en matière de foncier, fait voté la loi du 16 juin 1851, inspiré par le député d'Alger Didier. En fait, l'abrogation de l'ordonnance de Bugeaud de 1844. Finie l'expropriation pour cause d'inculture, qui concernait, il est vrai, essentiellement la proximité des villes et des centres de colonisation. La propriété individuelle est proclamée inviolable. On met fin, par la même occasion, aux vérifications de titres. Les droits de propriété sont maintenus en l'état, arch ou melk. Tels qu'ils ont été reconnus, réglés ou constitués par la loi jusqu'ici. C'est consacrer le droit de propriété ou de jouissance aussi bien des particuliers, que des tribus ou fractions de tribus. Enfin, les transactions demeurent interdites en territoire tribal. Mais l'État se donne le droit d'opérer le démembrement de ce dernier par voie d'expropriation ou par transaction à l'amiable. Il suffit qu'il le juge opportun ou utile aux services publics et à la colonisation.

C'est la seule porte de sortie consentie à l'administration pour mener à bien sa politique de colonisation européenne. Le gouverneur général Randon va l'utiliser dans quelques expériences dites de « refoulement des tribus », ou de « cantonnement ».

Il y a place pour tout le monde sous le soleil d'Afrique.

Le cantonnement, encore une initiative de Bugeaud. Un spécialiste des problèmes fonciers, le docteur Worms, lui avait fourni en 1844 les arguments nécessaires. Dans sa circulaire du 10 avril 1847, le maréchal les expose très clairement. Les tribus en territoire arch sont reconnues possesseurs de simple droit d'usage. En quelque sorte, l'usufruit des terres qu'elles occupent traditionnellement. Mais la nue-propriété appartient à l'État. Une partie des terres tribales — de l'ordre du cinquième ou du quart — peut donc être saisie par l'administration des Domaines qui les utilisera pour la colonisation. En compensation, les membres des tribus reçoivent des titres de propriété individuels et définitifs. A n'en pas douter, ils se sentiront plus concernés, et ils travailleront davantage pour améliorer leur bien. D'autre part, les pouvoirs publics s'engagent à le valoriser par des travaux d'adduction d'eau, d'irrigation, et la construction des routes. Une transaction imposée, certes, pour raisons d'utilité publique, et dans le but de préparer l'avenir du pays. Mais transaction équitable tout de même, pensent les défenseurs du système. Les meilleurs artisans de la colonisation, Bugeaud, Charon, Randon, puis Pélissier, ont soutenu la politique du cantonnement, comme dans l'ordre des choses. Pourtant elle soulève des controverses violentes, le mot même est honni — et l'opinion publique en France se montre sévère à son égard. Les Bureaux arabes mettent de la mauvaise volonté à l'appliquer, ils la déclarent volontiers impraticable. En fait, ils se sont d'abord montrés favorables au cantonnement. Ils y voyaient un moyen ingénieux de fortifier l'occupation et de civiliser les indigènes. Faisant leurs les affirmations de Bugeaud : Il ne s'agit pas de les refouler mais d'y mêler des Européens. Ni de les déposséder, mais de les resserrer. Même Lapasset reconnaît que les tribus disposent d'un vaste territoire peu proportionné à leur population. Puis la passion s'en est mêlée, les partis pris maladroits et parfois des résultats ruineux pour les indigènes. Au cœur de la controverse, les colons. On oublie aisément la responsabilité des pouvoirs publics qui sont maîtres du processus même s'ils subissent des pressions d'ailleurs contradictoires. Le cantonnement dans l'esprit et les écrits des arabophiles, comme on les appelle, est irrémédiablement lié à la cupidité, à la rapacité des colons. Ils prennent aux Arabes leurs meilleures terres. On parle de leur comportement inhumain, de leur indifférence à la misère des indigènes. La presse, toujours prompte en Algérie à prendre la mouche au couteau, contribue à l'exaspération des esprits. Le journal *La Seybouse*, en 1861, écrit : « Selon nous, il n'y a en Afrique qu'un seul intérêt respectable, celui du colon, le nôtre. Un seul droit sérieux, le nôtre. Tout ce qui ne vise pas là, manque le but. » Le ton est donné.

Dans ce contexte, le cantonnement s'est fait comme en catimini. Par des demi-mesures qui entraîneront seulement la reconnaissance de titres de propriété collectifs, et non individualisés. Randon, qui publie une circulaire à ce sujet, reçoit un blâme du ministre de la Guerre. Motif, ce dernier n'a pas été consulté. C'est pourtant sous le gouvernement de Randon que sera pratiqué le plus grand nombre d'espériences de cantonnement. Elles sont ordonnées par des instructions très localisées, émanant du gouverneur général. Elles se limiteront au total à seize tribus formant une population de 56 000 personnes, et porteront sur 343 000 hectares. Le Domaine en prélèvera 61 000 hectares, environ le sixième. Non sans quelques maladresses ou quelques excès. On cite les Abib el Ferailia, dans la partie occidentale de la plaine d'Affreville, qui disposait de 8 941 hectares, et qui se retrouve en 1857 avec 3 983 hectares. On ne sait pas bien leurs effectifs, mais on précise que leur cheptel a diminué de moitié en 1860. Telle tribu de la région de Guelma qui perd 85 pour 100 de ses biens, ou telle tribu de 3 000 personnes qui subit quatre déplacements successifs avant que des droits de propriété définitifs lui soient reconnus. Ces faits, mis en évidence dans certains milieux parisiens, participeront à l'échec de la tentative de Pélissier en 1861.

Le maréchal Pélissier, chaud partisan du cantonnement, souhaite en officialiser les principes. Une officialisation qui doit impliquer davantage de moyens dans un contexte de clarté. L'établissement de règles strictes et leur publicité devraient entraîner plus d'équité. L'extension de la propriété individuelle qui est son corollaire, rendra les indigènes indépendants vis-à-vis des chefs de tribus.

Pour le gouverneur général, ces palabres autour du cantonnement sont oiseuses. Les tribus se soucient peu des doctrines qui ont cours et de toutes leurs nuances. Il faut dire : « L'Algérie renferme près de vingt millions d'hectares cultivables, elle n'a que trois millions d'habitants. La propriété y est généralement sans valeur, frappée d'immobilité, de mainmorte. D'immenses parties du territoire sont incultes, couvertes de bois ou de broussailles, composées de terrains vagues qui, à toutes les époques et dans toutes les législations, romaines, arabes ou turques, ont été considérées comme vacantes et sans maîtres. » Il faut dire encore : « Tout nous commande de fixer en Algérie une population européenne nombreuse et forte. D'abord pour transformer le sol, ensuite pour le conserver. Il peut y avoir une place pour tout le monde. Il nous faut donner en père de famille, la terre à celui qui est à même d'en tirer parti, en se défiant toutefois des velléités cupides qui s'agitent autour de l'administration. Enfin, il importe d'atteindre ces résultats par les moyens les plus simples, les plus expéditifs, les plus économiques. Ceux-là seront toujours les plus justes. Nous devrons de plus faire en sorte d'augmenter parallèlement le rendement de la terre. Faire que 10 000 hectares qui ont peine aujourd'hui à nourrir 500 familles, en reçoivent 2 000. »

Ces thèses font scandale à Paris. Le projet vient en discussion devant le Conseil d'État. Il y rencontre une opposition telle que le gouvernement est obligé de le retirer.

La politique du cantonnement a vécu. Deux ans plus tard en 1863 Napoléon III va prendre énergiquement position en la condamnant. Le véritable paysan de l'Algérie, c'est l'indigène. On doit construire l'avenir du pays en association avec lui. Ce pays, proclame l'empereur, n'est pas une colonie, mais un royaume arabe. Le mot va éclater à Alger comme une bombe.

L'union de l'Orient et de l'Occident

Voici le moment de parler des saint-simoniens. Ils ont leur part de responsabilités dans cette effervescence, et leur influence a pesé lourd sur les destinées de l'Algérie durant le Second Empire. Certes, ils n'y ont pas mené la révolution religieuse dont ils rêvaient dans leur couvent de Ménilmontant. Ni cette révolution sexuelle qui impliquait l'émancipation des femmes, c'est-à-dire les passions vives et ardentes pour le plaisir des hommes beaux, exaltés et glorieux. Mais la nouvelle colonie a été pour eux une providence. Ne parlaient-ils pas, justement, de la Méditerranée comme un vaste forum, le lit nuptial où doit se consommer l'union de l'Orient et de l'Occident, symboles du vieux dualisme de la chair et de l'âme ? Avant l'Algérie, ils ont tâté de l'Égypte, en 1833 et 1834. Mais ils y ont connu des déboires. Il en est tout de même resté les plans du percement du canal de Suez. Cette secte-là, aux accoutrements curieux, ne manque ni d'idées, ni de réalisme. Au point que certains historiens ont prétendu que tout ce qui s'est fait en Algérie, voire en France et ailleurs, au milieu de ce XIXe siècle, est l'œuvre des saint-simoniens.

Ils ont sans doute raison. A ceci près qu'à partir de 1848, on a vu les disciples d'Enfantin — le père du mouvement — et leurs amis s'engager dans des voies politiques et économiques les plus diverses. Ce qui pourrait amener à penser qu'on fait à cette époque du saint-simonisme comme M. Jourdain faisait de la prose. Et en ayant, tout simplement, le souci du bonheur de l'humanité. Le bonheur saint-simonien passe par l'enrichissement des hommes. Ils ont des vues précises pour les y conduire, et sans doute efficaces, car ils ont eux-mêmes brasser souvent des millions. On a dit d'eux qu'ils ont été, à un moment donné, entre 1850 et 1860, les maîtres de la vie économique de la France.

Ils prônent un socialisme d'État dont ils sont d'ailleurs les inventeurs, mais se satisfont fort bien de tous les régimes. Ces diables d'hommes ont été ou sont partout. Dans l'armée, sous la férule du général Bigot : Marengo, Lamoricière, Chabaud-Latour, Lefranc. Et aussi Lapasset ou Richard. Dans les grandes entreprises, l'ingénieur Poirel qui a construit le vieux môle d'Alger. Le géologue Henri Fournel, dont les recherches dans le sous-sol algérien font encore autorité. Les mines et les grands travaux avec les frères Talabot, les Finances avec Emile

Robert qui fonde la Banque Agricole de l'Algérie en 1861, les chemins de fer avec Pereire, la pénétration saharienne avec Carette, Prax, Mac Carthy, Duveyrier. Tous des saint-simoniens, fils spirituels d'Enfantin. A l'origine, une petite élite de banquiers, de commerçants comme le soyeux lyonnais Arlès-Dufour, des médecins comme Antonini, Millot, des artistes, et surtout des polytechniciens qui ont défendu la doctrine du « Père », avec une conviction passionnée. Non moins remarquable est leur sens de la communication, de la publicité, et donc du rôle que peut jouer la presse. Ils ont créé ou contrôlé des publications comme *L'Algérie* en 1843, la *Revue de l'Orient et de l'Algérie* en 1845, *Le Crédit* en 1848, *Le Colonisateur, L'Atlas* en 1849. On trouve leurs signatures dans de grands journaux, *Le National, Le Constitutionnel, Le Journal du Commerce, Le Journal des Débats, Le Spectateur républicain.* C'est Enfantin qui a fondé la Société Générale des Annonceurs. Elle lui a permis d'être jusqu'en 1848 le grand manitou de la publicité et d'exercer une influence très forte dans l'ensemble de la presse parisienne. En 1849, pour peu de temps il est vrai, les saint-simoniens pouvaient avoir l'impression d'être les maîtres de l'administration algérienne par la promotion de trois des leurs. Le publiciste Lacroix préfet d'Alger, l'officier Carrette prefet de Constantine, le chirurgien militaire Warnier préfet d'Oran.

Napoléon III a fortement subi leur influence. Il connaît depuis longtemps leur doctrine, par un ancien polytechnicien, Vieillard, qui a été précepteur de son frère. Quand il était prisonnier au fort de Ham, il était abonné à *L'Atelier. L'Atelier* est le journal de Buchez, l'un des plus brillants collaborateurs d'Enfantin, qui s'est fait le chef d'une doctrine dissidente du « Père ». Dans la brochure qu'il écrit à ce moment-là, *L'Extinction du paupérisme*, le futur empereur reprend des idées chères aux saint-simoniens. Notamment un plan de colonies agricoles où il attribue au système associatif le pouvoir de reconstruire la grande propriété et la grande culture détruites par nos lois égalitaires. Dans les années 1860, les saint-simoniens ne manquent pas d'amis dans l'entourage de l'empereur. Et d'abord le général Fleury, son favori, l'émissaire envoyé jadis auprès de Saint-Arnaud. Fleury s'intéresse tout particulièrement aux affaires algériennes. Il espère succéder à Pélissier pour obtenir son bâton de maréchal. Il y a encore le baron Jérôme David, le fils du peintre, et le fruit d'une « faute » du roi Jérôme, dit-on. En tout cas, Napoléon III le traite comme son cousin. Cet ancien officier des Bureaux arabes — il est resté neuf ans en Algérie — vient de publier un *Discours sur la propriété chez les Arabes*. Tout à fait hostile au cantonnement, il termine par la formule lapidaire de « l'Algérie aux Algériens ». Ces deux hommes sont en relation avec le publiciste Frédéric Lacroix, l'âme de la politique arabophile à Paris, un journaliste à la plume facile et élégante qu'il prêtera à l'occasion à l'empereur. C'est à Constantine où il a vécu en 1844 qu'il s'est lié avec l'interprète Urbain.

Thomas Urbain, l'homme qui va recevoir de la presse coloniale toutes les foudres qu'on n'ose lancer à l'empereur, est un curieux personnage. Mulâtre de Cayenne et saint-simonien de la première heure, il a participé à l'aventure égyptienne du « Père ». Il en revient avec les poches vides, le prénom d'Ismael et une nouvelle religion, celle de l'Islam. Le panthéisme saint-simonien ne l'a pas davantage satisfait que le christianisme. Il épouse d'ailleurs une indigène de Constantine, Germoûna, qu'il soignera avec dévouement dans une villa de la banlieue algéroise, quand elle sera atteinte par le mal de Pott. Il ne sera pas le seul à appliquer ainsi, à la lettre, ce principe d'union de l'Orient et de l'Occident. Le général de Neveu, ancien chef du Bureau arabe de Batna, un « kabylophile » avec Carette passionné d'archéologie, le peintre Morelet, l'archéologue Berbrugger épousent aussi des Mauresques.

Ses connaissances de la langue arabe permettent à Urbain en 1837 d'être nommé interprète militaire de troisième classe à Alger aux appointements de 1 800 francs par an, Bugeaud se l'attache, qui s'amuse franchement des bizarreries saint-simoniennes. Puis agacé, il finira par ne plus les trouver drôles, seulement sectaires et subversives. Urbain servira ensuite le général Galbois à Constantine. C'est le moment où l'armée a pour instruction de rendre leur influence aux anciens chefs de tribus, et à l'élément indigène en général. Politique qui enchante Urbain, et à laquelle il restera fidèle. Sa conduite, son zèle, ses services font l'unanimité de ses chefs successifs, le général Bedeau, le duc d'Aumale. En 1845, il quitte l'Algérie et devient à Paris un spécialiste écouté des questions algériennes. Son titre officiel : interprète principal attaché au ministre de la Guerre. Il est très lié avec Gustave d'Eichtal, l'économiste amené au saint-simonisme par Auguste Comte, chez qui se réunit une foule de disciples ou de sympathisants. Sous la IIe République, il a toute la confiance de Germain, le directeur des Affaires arabes au ministère de la Guerre. Du temps de Chasseloup-Laubat, il est membre rapporteur du Conseil consultatif du gouvernement. Il écrit dans les journaux. En 1861, il publie sa première brochure sous le pseudonyme de Georges Voisin, *L'Algérie pour les Algériens*. Un titre révolutionnaire pour des idées qui le sont moins. Il admet même la nécessité du cantonnement. Une deuxième publication, anonyme celle-là, *L'Algérie française, indigènes et immigrants*, connaît un énorme retentissement, notamment dans les milieux officiels. On y trouve pour la première fois la formule devenue célèbre : le vrai paysan de l'Algérie, c'est l'indigène. Napoléon III s'en inspirera largement. Car ce sont là des idées généreuses à l'encontre du peuple arabe, ce peuple de seigneurs que l'empereur a pu apprécier lors de son voyage de 1860. Des hommes beaux, fiers, intelligents, hospitaliers, entrevus dans un décor de diffas et de fantasias.

En novembre 1861, l'empereur invite aux fêtes de Compiègne, qu'il doit présider, six d'entre eux. Six chefs de tribus, pour s'informer en direct, sans intermédiaire. Déjà quelques mois plus tôt, le 27 juillet, à Vichy où il prenait les eaux, l'empereur, avide d'informations et conseillé par Fleury, avait convoqué le colonel Lapasset de passage. L'entrevue avait duré plus d'une heure. L'officier des Bureaux arabes aussi y avait été de sa brochure, bien plus tôt, en 1848 : « Mémoires sur la colonisation indigène et la colonisation européenne ». Pour lui, la colonisation doit passer par les Arabes et leur évolution se fera du même coup. En ce moment, il correspond régulièrement avec Fleury qui montre volontiers ses lettres à l'empereur.

Les chefs arabes drapés dans leurs superbes burnous tiennent la vedette aux fêtes de Compiègne. L'empereur a une longue conférence avec eux. Fleury a pris la précaution de les recevoir auparavant et de leur faire la leçon sur ce qu'ils devront dire. Le prince impérial paraît habillé en arabe et l'empereur interdit qu'ils lui baisent la main. Il ne permet que « l'accolade fraternelle et égalitaire sur les deux joues ». L'impératrice est folle d'eux, elle n'a d'attentions et de coquetteries que pour eux. C'est autre chose que « les banqueroutiers et les repris de justice » qui forment, dit-elle, la population européenne d'Algérie. Si bien que Frédéric Lacroix, qui relate avec satisfaction les événements à Urbain, lui écrit : « C'est pour elle un joujou, mais ce joujou-là peut acquérir les proportions et l'importance d'un très gros moyen politique. »

Et si les Arabes étaient nos meilleurs colons ?

C'est ainsi que l'empereur, peu à peu, forge dans son esprit la politique qu'il veut imposer pour la colonie. Il le fait savoir en 1863. Dans son discours du Trône, le 12 janvier, il condamne formellement la théorie du cantonnement défendue à Alger. Il faut au contraire rassurer le peuple arabe et gagner son affection. Le mois suivant, le 6 février, il fait publier, dans *Le Moniteur*, une longue lettre adressée au maréchal Pélissier. Elle contient d'importantes précisions et sa proclamation spectaculaire sur le royaume arabe. Enfin, le 23 avril, il promulgue le sénatus-consulte qui appliquera ses directives. La loi reconnaît désormais aux tribus, non l'usufruit, mais la pleine propriété des territoires dont elles ont la jouissance permanente et traditionnelle, à quelque titre que ce soit. Il faut donc opérer les délimitations et prévoir progressivement les répartitions entre les différents douars, puis le partage entre les membres des douars. Il est rappelé que seule la propriété individuelle peut faire l'objet de transactions.

En réalité, l'empereur devient sceptique quant aux chances de succès de la colonisation européenne. Il y a d'ailleurs des hommes pour prévoir et donc devancer la déconfiture de celle-ci. « Nous vivons un double anachronisme, politique et économique », a écrit Urbain. « La liquidation de la colonisation se fera d'elle-même. » « Il faut cinquante milliards et des siècles, pour mener la colonisation telle qu'ils la conçoivent », estime le docteur Vital, son correspondant et ami, qui a été un moment vice-président du Conseil général de la province de Constantine. C'est l'impasse. On a des difficultés à faire venir les Européens, et les indigènes sont découragés par les mesures de spoliation toujours suspendues sur leurs têtes. « On a exagéré la fertilité de l'Afrique, grogne l'empereur lassé. Randon ne me parle, quand je m'inquiète de l'Algérie, que de sauterelles et de sécheresse. » Sur les 420 000 hectares concédés aux colons, une grande partie a été soit revendue, soit louée aux Arabes par les concessionnaires.

Et le reste est loin d'être mis en rapport. Dans le Constantinois où les azels sont importants — 900 000 hectares en 1863 — les Européens se montrent peu empressés dans les adjudications. Il n'y a que les Arabes pour louer et acheter. Le docteur Vital relate à Ismaël Urbain une vente aux enchères à Guelma. Il s'agit d'un massif d'oliviers et de 700 hectares de terres arables du Domaine, divisés en lots, tous dotés d'oliviers. Les Arabes ne prennent guère part à la vente, les oliviers ne les intéressent pas. L'hectare est adjugé en moyenne à 39 francs. Le jour même, les terres arables sont revendues aux indigènes à 75 ou 78 francs par les acheteurs européens qui conservent seulement les olivettes acquises en réalité pour rien. Vital ajoute : « La seule condition imposée aux acquéreurs, ne pas défricher. Il ne leur est pas interdit de scier les troncs à trente centimètres du sol, de vendre le bois et d'en faire du charbon. Et ils feront brouter les rejets par les troupeaux. » Voilà des exemples qui portent dans l'entourage de l'empereur. Il faut être lucide, c'est l'échec de la colonisation. Qu'elle soit officielle, privée, puissante par les capitaux investis ou modeste, elle est une utopie. Les Arabes savent seuls cultiver le sol et le mettre en valeur. Malgré leurs techniques élémentaires, les cultures extensives à la merci des variations climatiques, ils nous donnent là une rude leçon. Nous avons donc tout intérêt à nous les concilier.

Comment ? « En maintenant une égalité parfaite entre eux,

répond l'empereur. Il n'y a que cela de juste, d'honorable, de vrai. Je suis aussi bien l'empereur des Arabes que l'empereur des Français. » Et surtout en les reconnaissant comme les véritables cultivateurs de l'Algérie. Il vaut mieux transformer les Arabes en petits propriétaires qu'accueillir des colons ivrognes et paresseux. « Croyez-vous que je n'aime pas mieux laisser l'Algérie à un peuple énergique, sobre, acclimaté, intelligent, estimable, qui produit à bon marché, qui a conquis le sol par un travail séculaire, que de la livrer à des Allemands ou à des Suisses dont nous sommes obligés de payer le voyage et l'installation, et qui finissent par mourir sous l'action du climat, ou par revenir en Europe ruinés et pleins de ressentiments ? »

Napoléon III adopte la solution saint-simonienne du classement suivant les aptitudes. Pas très démocratique, il faut bien le dire. Mais ce n'est pas le problème pour un empereur de l'être.

Chacun ses spécialités. Aux Arabes de s'adonner aux cultures vivrières et à l'élevage. Aux Européens, la colonisation industrielle, à la dimension de leur intelligence et de leur dynamisme. Les forêts, les mines, le commerce. A la rigueur les terres irrigables et les cultures industrielles qui exigent de la technicité. De cette façon, « le vainqueur sera content sans que le vaincu soit exploité et appauvri ». Nul doute que ce dernier s'imprégnera progressivement de notre civilisation, et acquerra l'instinct de la propriété.

L'empereur a une autre idée derrière la tête. Ces Arabes pourraient faire de magnifiques soldats pour la France. C'est ce qu'ils ont de mieux à donner. Il fait venir, cette même année 1863, des détachements de tirailleurs et de cavaliers indigènes, et les installe en garnison à Paris. Cette première fait sensation auprès des badauds et la presse lui accorde une large publicité. « Avant de songer à faire des colonies militaires françaises, faisons des colonies militaires arabes », conseillent à Napoléon III les saint-simoniens. « Formons des smalas de spahis à la fois soldats et cultivateurs. » Une allusion aux expériences malheureuses de colonisation militaire de Bugeaud.

Dès 1840, on avait tenté à Misserghin, près d'Oran, d'installer des spahis mariés encadrés par leurs officiers. Ceux-ci s'étaient empressés, aux premières difficultés, d'affermer à des

Espagnols les hectares de jardins qui avaient été mis à leur disposition. Bugeaud a précisé le système dans sa brochure *De l'établissement de légions de colons militaires dans les possessions françaises du Nord de l'Afrique*. A trois reprises, il a proposé à la Chambre d'ambitieux projets, à chaque fois rejetés comme peu réalistes. Il tentera tout de même quelques essais partiels dans le Sahel et la Mitidja. A Fouka avec des légionnaires libérés, à Béni-Méred et Mahelma avec des hommes ayant encore trois ans de service à faire. Dans un but d'ordre militaire et de surveillance du territoire avant tout. Mais les soldats-colons, malgré les concessions gratuites, la fourniture des vivres et une paie en conséquence pour monter la garde, n'apprécièrent pas la discipline et le travail en association qu'on leur imposait. Bugeaud crut les fixer en organisant des mariages en série avec des orphelines de Toulon qu'une fille de colonel lui recrutait, inspirée des plus louables intentions. On leur attribuait une petite dot de 700 francs. Le tout se termina plutôt mal. Les villages créés se dépeuplèrent aussi vite qu'ils s'étaient formés. Et on dut renvoyer deux ou trois de ces « mariées au tambour », dont la presse métropolitaine plaisantait allégrement, après les avoir arrachées à la garnison de Fouka où elles passaient le plus clair de leur temps. Une façon d'améliorer la solde du ménage.

En 1860, on ressort le dossier en l'adaptant aux indigènes. Pour le ministre de la Guerre Randon, ces smalas seront des centres militaires et agricoles où les soldats-laboureurs arabes devront exercer une action sur les populations éloignées des centres de commandement. Ils vulgariseront dans les tribus l'utilisation des instruments agricoles européens et participeront à l'amélioration du cheptel. Napoléon III voudra surtout leur donner une mission de défense des frontières contre les incursions des pillards venus du Maroc ou de la Tunisie. Sans être propriétaire, chaque famille dispose d'un lot de terre. Elle vit sous la tente, avec femmes et enfants, les troupeaux, le fusil et la charrue. L'expérience n'aura pas le succès escompté. Apparemment, en matière de colonisation, qu'elle soit française ou indigène, il est difficile de mélanger les genres.

Les colons sont consternés par la tournure des événements et la direction que l'on donne à la politique algérienne. La presse se déchaîne — c'est une manie — contre l'autorité militaire. Elle est souvent entre les mains des transportés politiques naguère graciés par le prince Napoléon. Comme Lambert pour *L'Echo d'Oran*, Andrieux pour *Le Courrier de l'Algérie*, Merle pour *L'Indépendant de Constantine*. Des journalistes parisiens leur font échos, Duvernois dans *Le Temps* l'ancien phalanstérien Jules Duval dans *L'Économiste*. A défaut de l'empereur, Ismaël Urbain devient leur bête noire.

Le maréchal Pélissier et son directeur général des Affaires civiles Mercier-Lacombe, un ancien collaborateur de Bugeaud, ne font rien pour calmer les esprits. Le gouverneur général devra d'ailleurs à la parenté de sa femme avec l'impératrice — elles sont cousines — de ne pas être destitué. Avec ce langage châtié qu'on lui connaît, il demande « la peau d'Urbain, ce circoncis, ce renard à queue coupée », Urbain, complètement terrifié, craint une révolution. Le bruit court chez les colons qu'on va les déposséder, les chasser. La place du Gouvernement est en effervescence et connaît sa journée de barricades. A Constantine, on pose des affiches sur les murs et un orateur harangue la foule au marché. Le maire de Saint-Charles, près de Philippeville, envoie le garde-champêtre dans chaque maison. Les habitants doivent signer une réponse à la question : « Voulez-vous être Français ou devenir Arabe ? »

Mais Lacroix rassure Urbain. « Les Algériens en vertu du sirocco, sont sujets à des éruptions. Ce sont des émotions à fleur de peau. » « Voilà une émotion bien factice », juge quant à lui Napoléon III. Il prie toutefois Lacroix d'écrire une brochure anonyme, *L'Algérie et la Lettre de l'empereur*, pour répondre aux attaques. Aux frais de la cassette impériale.

La guerre des arabophages et des sauvageophiles

C'est que la colonie ne désarme pas. Les pétitions se multiplient pour bloquer le texte en préparation. On raconte que Pélissier est sorti du Palais pour aller apposer sa signature sur l'une d'elles dans un café proche. Elles sont adressées au Corps législatif, au Sénat, à l'empereur qui refuse de recevoir les délégations. Il « n'attribue aucune compétence aux colons pour s'immiscer dans la question ». Pourtant les plus éminentes personnalités se déplacent, l'évêque, le premier président du Tribunal d'Alger. Et des hommes comme Borély La Sapie, un gros colon de Souk-Ali près de Boufarik, qui a construit dix kilomètres de fossés pour assainir ses marécages. Il contrôle le journal *Akhbar*. Lucet, un avocat toulousain déporté après le coup d'État. Il a épousé une Lavie, importante famille de Guelma propriétaire d'une minoterie et d'olivettes. Président du Comice agricole de Constantine, écrivant régulièrement dans *L'Indépendant* qu'il rachètera par la suite, adversaire acharné des Bureaux arabes, il est devenu le porte-parole des colons de Constantinois. En juillet 1864, quand paraissent les premiers décrets d'application du sénatus-consulte, il congédie, dans sa propriété de Bou Merzoug, tous ses ouvriers et cultivateurs indigènes, et leur conseille « d'aller demander du pain à l'autorité militaire ». Le docteur Warnier, un saint-simonien en Algérie depuis 1832. Il avait été envoyé à Oran comme aide-chirurgien militaire pour combattre le choléra. Fondateur du journal *L'Atlas* en 1850, il a été directeur des Affaires civiles d'Oran et membre du Conseil du gouvernement. C'est un grand et gros homme à la tignasse hirsute, autoritaire, indiscret mais excellent cœur. Il connaît bien les indigènes. Ses vues ont évolué dans un sens diamétralement opposé à celui de ses anciens amis Lacroix et Urbain. Il est devenu leur adversaire, entraînant avec lui un autre saint-simonien de poids, Charles Duveyrier. Il a sauvé de la mort son fils Henri revenu mal en point à Alger de son exploration chez les Touaregs. Charles Duveyrier qui, dans les années 30, portait sur sa poitrine l'inscription « Charles, poète de Dieu », et l'inventeur des « camps de travailleurs », quand la France de Louis-Philippe connaissait ses années de misère. Il est allié au soyeux lyonnais Arlès-Dufour, l'argentier des saint-simoniens de la première heure. Sa fille épousera l'un des fils de son vieil ami, Armand Arles-Dufour, qui viendra en 1865 s'installer comme colon à Oued-El-Alleug, près de Boufarik, et d'ailleurs s'y ruiner.

A la campagne des pétitions succède la guerre des brochures. Le camp des arabophiles — on dit aussi les sauvageophiles — en a été prolixe, et c'est par elles surtout qu'ils ont atteint l'empereur. Ceux qu'on nomme les arabophobes, ou, comble de l'insulte, les arabophages, s'y mettent à leur tour. Warnier publie la sienne, et Jules Duval, et Lucet. La Société d'Agriculture, fondée à Alger en 1840, fait rédiger anonymement une réfutation du travail d'Urbain : *Immigrants et Indigènes*.

Ces colons, qui les a appelés ? Qu'ont-ils fait pour qu'on leur annonce avec une sorte de joie la liquidation de leur entreprise ? Le peuplement européen est nécessaire à la sécurité du pays, et à sa prospérité. Dès qu'un colon s'installe, il produit six fois plus que l'indigène. Le territoire peut nourrir vingt millions d'habitants. On ne gêne donc personne. Rien que le Tell dispose de douze millions de friches sur quatorze millions d'hectares. Un colon français qui s'implante apporte avec lui la langue, les mœurs, la race, le génie de la France. La jouissance collective du sol ? Une déplorable école de paresse et de misère. On parle de royaume arabe. Mais la société arabe n'a jamais été une nationalité. Seulement une juxtaposition de tribus. Abd el-Kader lui-même, malgré tout son prestige, n'a pas pu les rassembler. Le cantonnement est la seule solution raisonnable. Et l'assimilation de la colonie à la France. Elle implique que l'Algérie élise ses députés, ses sénateurs, qu'elle ait un budget spécial, des conseillers municipaux et généraux élus. La loi doit être la même pour tous. Il faut supprimer la magistrature musulmane, naturaliser les Arabes, dissoudre la tribu, constituer la propriété individuelle. La colonisation européenne a échoué ? Donnez aux colons des terres à bas prix sans longues formalités, dotez le pays d'un réseau de chemins de fer pour qu'ils puissent écouler leurs produits, et les cultivateurs européens sauront montrer ce qu'ils savent faire, et quelle destinée ils peuvent forger à ce pays pour en faire une France africaine.

De son côté, l'administration locale se montre peu favorable à une application rapide du sénatus-consulte, voté après une discussion passionnée, à la quasi-unanimité, par l'Assemblée. Les orateurs qui ont soutenu le projet ont été clairs. La tendance de la politique du gouvernement doit être l'amoindrissement de l'influence des chefs et la désagrégation de la tribu. C'est par la tribu que la barbarie est perpétuée. Mais, sur place, on craint qu'une accélération du processus n'entraîne une crise profonde dans la société indigène. Jusqu'en 1870, on délimitera seulement huit millions d'hectares, concernant 372 tribus et 667 douars. Ils seront répartis en biens communaux (un million d'hectares), biens privés (trois millions d'hectares), terres collectives (un million et demi d'hectares), et biens du Domaine (un million d'hectares). D'ailleurs, la cadastration des terres est une besogne longue et difficile. Il y aura des revendications et des procès sans nombre. Un exemple, en 1864, 186 procès sont engagés rien que chez les Beni Thour près de Dellys, après la délimitation de 331 hectares. D'autre part, la loi a décidé que les terres sont inaliénables jusqu'à la délivrance des titres. Il en résulte, tant que les opérations ne sont pas terminées, une masse de biens-fonds immobilisée. Les transactions foncières sont ralenties, la colonisation est paralysée.

Et voilà qu'éclate, en mars 1864, la rude insurrection des Ouled Sidi Cheikh. Elle naît dans le Sud-Oranais, mais va s'étendre jusqu'au Tell. Est-ce là toute leur reconnaissance ? Les milieux officiels proches de l'empereur s'en trouvent amers et désabusés. Lapasset est le premier déçu et surpris. Le 12 mai, à 7 heures du soir, il note par écrit que les dispositions des Flittas à l'égard de la France sont très favorables. A minuit, il est attaqué, à 5 heures du matin il a 3 000 insurgés sur les bras.

Le maréchal Pélissier meurt le 22 mai d'une pneumonie. Le général de Martimprey, gouverneur par intérim, vient à bout de l'insurrection au prix de luttes très dures. Mac-Mahon est nommé à la tête de l'Algérie le 1er septembre. Paris a réagi. L'administration militaire est renforcée, la direction des Affaires civiles est supprimée. Les préfets sont placés sous les ordres des généraux commandant les divisions.

Le découragement commence à s'emparer de certains de ces arabophiles, qui, à leur façon, ont cru passionnément en l'Algérie. On ne sait plus bien quelle politique adopter. C'est une remise en question sévère après trente-cinq ans de tergiversations. La colonisation doit être civile, militaire, mixte, européenne, française, arabe ? On ne sait plus.

Un voyage à surprises

L'ordre rétabli, Napoléon III décide d'effectuer un grand voyage en Algérie. Il sera absent du 3 mai au 7 juin 1865. L'impératrice restée à Paris assure la régence. On va se rendre compte que « le doux entêté », comme disait Madame Mère, la reine Hortense, reste fidèle à l'idée qu'il s'est faite de l'Algérie. Il demande que l'interprète Urbain lui soit attaché durant tout son séjour. La population, touchée de l'intérêt qu'il témoigne, lui réserve le même accueil enthousiaste que la première fois.

Napoléon III visite toute l'Algérie, de Sidi-Bel-Abbès à Bône, et descend jusqu'aux confins du désert. Outre ses déplacements par mer, il parcourt plus de trois mille kilomètres en voiture, s'arrête dans tous les villages situés sur sa route. Il parle aux notables, représentant les domaines d'activités les plus divers. Et toutes les populations, espagnoles à Oran, italiennes à Philippeville, maltaises à Bône. Il entend d'innombrables discours, vœux, plaidoiries, des Européens et des indigènes. Les uns et les autres, plus ou moins adroitement, se montrent anxieux de le persuader. Il apparaît partout calme, souriant, mesuré, simple, débonnaire. « Quand il n'est pas de mon avis, remarque Mac-Mahon, il se contente de garder le silence. » Il assiste à des revues, des défilés, des fantasias, mange des œufs d'autruche, des rôtis de gazelle et d'antilope, des cuissots de lion. Il visite des églises et des mosquées, des expositions, des musées, des collèges et des lycées, des domaines agricoles, des usines, des chantiers.

A Sidi-Ferruch, Mac-Mahon lui raconte sur place le débarquement de 1830. A Boufarik, il décore Arnaud, le président de la Société d'Agriculture, et à Oued-el-Alleug le baron de Franclieu, un pionnier de la colonisation et un des meilleurs fusils de la Mitidja. Il a été de ceux qui se sont retrouvés ruinés en 1839, par la reprise des hostilités avec Abd el-Kader et l'ordre d'évacuation. En même temps que son ami et voisin, le comte républicain et poète Gaston de Raousset-Boulbon qui, lui, a fini fusillé au Mexique en 1854.

Le temps est au beau fixe. L'empereur pique-nique avec toute sa suite dans les gorges de la Chiffa, entre Blida et Médéa. En Oranie, c'est à Relizane que se situe l'épisode des Flittas. Ayant appris le passage de l'empereur, la tribu a envahi la ville. Avec des intentions pacifistes, celles d'obtenir la grâce de ceux des leurs internés en Corse, depuis l'insurrection stoppée quelques mois plus tôt. Le cortège dès son arrivée se trouve entouré de la foule gesticulante et vociférante, qui, en fait, présente ses suppliques avec force démonstrations de fidélité. Impossible d'avancer. Mac-Mahon, inquiet, envoie un aide de camp dans chaque recette de la ville, avec ordre de ramener immédiatement tout le numéraire disponible. Par poignées, il le fait jeter généreusement de droite et de gauche, et profite de la diversion pour faire une percée. Le cortège passe sans s'arrêter devant la halle préparée pour le banquet, et, par le boulevard de Mascara, gagne à toute allure la route de Mostaganem. Les Flittas toutefois auront gain de cause. Mais le chaouch, qui devait recevoir la Croix des mains de l'empereur, en aura été pour ses frais.

Puis c'est le tour de la Kabylie et du Constantinois. Fort Napoléon, où l'empereur couche une nuit, huit ans jour pour jour après la prise du poste au Beni Raten. Biskra où il se montre fort intéressé par le nouveau puits artésien qui débite 36 760 litres à la minute pour le plus grand bien des palmeraies. Il admire les ruines romaines de Lambèze, et s'arrête devant le tombeau de saint Augustin à Hippone. En chemin, il s'inquiète du climat rude de la colonie. « Les Européens ne s'y feront jamais », confie-t-il au gouverneur général. Mac-Mahon le rassure. Les naissances sont à Alger deux fois plus nombreuses qu'en métropole. Pour le détromper plus complètement, il donne des ordres. A leur arrivée à Alger, la haie traditionnelle du quartier de la Marine au Palais est formée non par des troupes, mais par des enfants européens des écoles, sur trois ou quatre rangs de chaque côté de la rue. « Les voyant avec une si belle mine, raconte Mac-Mahon dans ses Mémoires, l'empereur reconnut qu'il avait été mal informé et reprit confiance dans le développement de notre population. »

Partout, les discours de Napoléon III sont chaleureux, encourageants. « Traitez les Arabes comme des compatriotes... L'Algérie est une terre à jamais française... Hommes courageux venus apporter dans cette nouvelle France progrès et civilisation, toutes mes sympathies vous sont assurées... Nous devons être les maîtres parce que nous sommes les plus forts. » Et aux Arabes : « Nous sommes vos libérateurs du joug des Turcs, et pourtant vous nous avez combattus. Qui sait s'il ne naîtra pas un jour une puissante individualité confondue avec la race française ?... Je tiens le pouvoir de Dieu, respectez ceux qui représentent mon autorité. » « Valeureux soldats », leur reconnaît-il encore. Ce qui ne l'empêche pas de remercier au nom de la France l'armée d'Afrique de l'œuvre glorieuse et utile accomplie en Algérie depuis trente-cinq ans. Bref, chacun y trouve son compte, et entrevoit un avenir à la mesure de ses espoirs.

A peine rentré en France, l'empereur fait connaître ses intentions. Comme du temps de Pélissier, il adresse une lettre au gouverneur général Mac-Mahon. En fait, un véritable petit livre dont on essaie de retarder la publication. On s'attend en effet à des réactions amères et des déceptions. On les aura. Même le duc d'Aumale formule ses critiques dans un écrit anonyme. L'empereur se fait le juge sévère de sa propre administration. C'est tout de même curieux, remarque le prince, de lui voir prendre le rôle de l'opposition. Mac-Mahon fait savoir qu'il n'est pas d'accord. L'empereur lui promet poliment d'étudier ses critiques. Le général Desvaux, sous-gouverneur, démissionne. Les journaux se déchaînent. Urbain en prend un coup. La colonie est en effervescence. Les bruits sont prompts à se répandre. Il suffit que quelques indigènes débarquent d'un bâtiment arrivé d'Orient pour qu'on raconte qu'Abd el-Kader est revenu prendre la tête du Royaume Arabe.

Pourtant l'empereur ne manque pas de louables intentions. Il faut réconcilier les européens et les Arabes, les deux éléments ont besoin de se prêter un concours réciproque. Si nous y parvenons, notre puissance apparaîtra comme une intervention de la

Providence pour relever une race déchue. Elle sera un objet d'envie pour quinze millions d'Arabes entre l'Afrique et l'Asie, et la gloire de la France retentira depuis Tunis jusqu'à l'Euphrate. Les réconcilier en faisant des indigènes des citoyens français, tout en leur conservant le statut musulman. Quant aux Européens, il faut arrêter pour eux les créations artificielles de centres de colonisation, les concessions gratuites si fragiles. Restreignons leur champ d'action au littoral.

Cette dernière idée sera précisée dans une instruction du 11 mai 1866. L'empereur prescrit de tracer à la colonisation, autour des chefs-lieux des trois départements, un périmètre qu'elle ne doit pas dépasser. Au-delà, on indemnisera les colons pour les amener à se retirer. Au besoin, on les rappellera d'office. Cette zone délimitée, de 1 200 000 hectares, est dans son principe en totale opposition avec la doctrine de Bugeaud. Le maréchal affirmait au contraire qu'il fallait mêler partout les Européens aux indigènes. On va même songer un instant à abandonner les hauts-plateaux et le Sud, ce qui reviendrait à l'occupation restreinte des premières années. On y renoncera devant l'opposition du maréchal Randon, ministre de la Guerre.

Les saint-simoniens ne disaient pas autre chose. Enfantin, dès 1843, avait publié un ouvrage, *Colonisation de l'Algérie*, à la suite des travaux de la Commission scientifique en Algérie dont il avait fait partie. Il y conseillait d'assembler les colons dans les villages après les avoir expropriés pour cause d'utilité publique. Toutes les terres seraient mises en adjudication. Le petit colon aurait à choisir entre l'abandon, il toucherait alors le prix offert, et le rachat à lui-même. Dans quel but ? Amener les plus misérables d'entre eux à abandonner leur ferme pour s'embaucher dans les grandes entreprises. Quitte à s'établir plus tard, quand ils auraient réuni un pécule. Une idée certes ingénieuse, mais qui ne tenait guère compte de l'aspect humain du problème.

L'empereur en 1863 avait écrit à Pélissier : « L'Algérie n'est pas une colonie proprement dite, mais un royaume arabe. » Aujourd'hui son enthousiasme s'est tempéré, et sa formule complétée : « L'Algérie est un royaume arabe, une colonie européenne et un camp français. » En souvenir, sans doute, de son long voyage dans la colonie.

Sa lettre-programme trouve un commencement d'application avec le sénatus-consulte du 14 juillet 1865. Les indigènes ont la possibilité de servir dans l'armée, d'accéder aux emplois civils, d'obtenir leur naturalisation. Pas plus que les juifs qui bénéficient alors du même droit — la citoyenneté française — ils en profiteront. Les uns et les autres considéreront comme une apostasie d'abandonner leur statut personnel.

Pendant trois ans encore, les arabophiles, avec Urbain, tenteront de défendre la bonne exécution des sénatus-consultes. Fleury essaie d'avoir le portefeuille de la guerre. Il se fait fort de briser toutes les résistances. Il réussit à installer à Alger, comme sous-gouverneur, le général Durrieu, vieil ami des saint-simoniens. Mais le marasme économique, la terrible famine de 1867, l'enquête du comte Le Hon peu favorable au régime militaire, vont constituer de sévères échecs pour la politique impériale en Algérie. Années terribles qui s'englueront dans la guerre de 1870, la chute de l'Empire, la révolte des Kabyles, l'arrivée des Alsaciens-Lorrains. La colonisation en triomphera. La politique du Royaume Arabe mourra dans les décombres.

3/ Témoignages

Cette petite colonisation qui fait souche

Napoléon III, dans sa lettre à Mac-Mahon, ne fait que confirmer l'interdiction d'un décret de l'année précédente. Les concessions gratuites ne sont plus autorisées. Elles n'auraient dû constituer, dans l'esprit du législateur, qu'une exception déjà depuis 1860. Mais ce décret du 25 juillet 1860 n'a guère été appliqué. Les gouverneurs et les fonctionnaires sur le terrain, se rendent compte que la petite concession constitue le système le plus efficace si l'on veut peupler et coloniser l'Algérie. Elle permet d'attirer en nombre des hommes, des familles, qui n'ont pas grand-chose à perdre et tout à gagner. Pas grand-chose sinon, éventuellement, leur santé et leur vie. Mais le vieux rêve de faire fortune en Amérique, en Afrique ou dans les Indes — et l'Algérie, après tout, n'est que de l'autre côté de la mer — est pour les plus entreprenants ou les plus malheureux, un mirage fascinant.

La suppression des concessions gratuites stoppe la petite colonisation, celle du « petit propriétaire, installé dans les villages ou ailleurs, qui s'établit de sa personne, cultive de ses bras, bâtit de ses deniers et forme souche d'une génération destinée à vivre sur le sol », comme l'écrivait Randon en 1857, alors gouverneur général. Effectivement, aucun village ne sera créé entre 1864 et 1869, alors qu'il y en a eu 126 entre 1840 et

1850, et 85 entre 1850 et 1860. L'Empire finissant, conscient de son échec en ce domaine, reviendra sur les dispositions prises. 11 centres de colonisation nouveaux seront décidés en 1870. La IIIe République, qui lui succédera, se lancera à fond dans la voie de la petite colonisation, jusqu'en 1904 où la concession sera réservée aux territoires encore vierges comme les hauts-plateaux du Sud du pays. En 1930, parce que les terres deviennent de plus en plus rares, la concession disparaîtra.

Les mêmes décrets de 1860 et 1864 définissent les autres processus d'acquisition des terres domaniales. On peut acheter de gré à gré, à prix fixe et bureau ouvert. A condition d'en faire la demande, et de pouvoir déposer aussitôt le tiers du prix de la vente. Et on peut acheter par adjudication publique. Entre 1860 et 1864, 18 000 hectares ont été aliénés par ces deux voies tandis que 30 000 hectares ont encore été attribués par concession. On a vu que les enchères publiques attirent surtout les acheteurs indigènes. Certes, le signe que ceux-ci commencent à s'intégrer dans la vie économique orchestrée par la France. Mais d'un effet nul quant au but recherché, peupler l'Algérie d'Européens. Le durcissement des pouvoirs publics en matière de concessions gratuites, aura pour conséquence jusqu'en 1870 la stagnation, voire la diminution de la population française rurale. C'est bien le résultat escompté par Napoléon III et ses conseillers.

La politique officielle depuis 1830 a été sensiblement différente. Certes, il a toujours existé des « capitalistes », agriculteurs ou non, réalisant tout ou partie de leurs biens en métropole pour venir acquérir des terres, souvent de grands domaines, en Algérie, et les mettre en valeur. Ils provoquent une immigration, puisqu'ils embauchent des ouvriers, des fermiers, des métayers venus de Provence, du Languedoc ou de Gênes, de Mahon et de toute l'Espagne, des Alsaciens, des Vosgiens, des Dauphinois. C'est le cas, dès 1832, d'hommes comme Boutin, le gérant de la Ferme Modèle de Clauzel, et ses associés, de l'avocat Duchassaing, un Parisien devenu propriétaire de cent hectares à Kouba, de Bonnevialle, de Ventre à la tête de deux cents hectares à Hussein-Dey. Et de tous ces colons aux gants jaunes souvent éliminés en 1839, au moment de la rupture avec Abd el-Kader de la paix instaurée par le traité de la Tafna. Parmi eux, de grands propriétaires restés en métropole qui font exploiter leurs terres par des gérants pas toujours compétents. Ceux-ci mènent grande vie à coups de maîtresses, domestiques et chevaux de luxe, repas somptueux et soirées « indiennes », où dit-on, des courtisanes nues versent les infusions de moka et les punchs dans une ambiance paradisiaque. Ils n'ont généralement pas eu besoin d'Abd el-Kader pour se retrouver sur la paille après plusieurs appels de fonds. Mais il y en a eu beaucoup d'autres pour se ruiner en tentant des expériences coûteuses qui ont servi les générations à venir. « Je ne viens pas, disait Du Pré de Saint-Maur à Lamoricière, chercher une fortune, je viens risquer une fraction de la mienne ». Du Pré de Saint-Maur est arrivé dans la province d'Oran en 1844, en même temps que Borély-la-Sapie dans la Mitidja. Ce sont des hommes comme eux qui ont introduit un machinisme de pointe et essayé, non sans pertes, un grand nombre de cultures, les exotiques et les autres. Et notamment la vigne qui bouleversera l'économie algérienne après 1880. La colonisation libre ne tarira jamais, notamment sous Randon où elle sera encouragée par les bonnes récoltes de 1852 et 1853.

Mais elle n'en sera pas moins tout à fait insuffisante pour constituer le moteur d'un peuplement européen de la colonie, propre à assurer la sécurité et la mise en valeur, telles qu'on pouvait les concevoir. Randon, partisan de la petite colonisation, avait eu ses maîtres en la matière. Bugeaud certes, mais avant lui Clauzel et Valée. Le régime des concessions qu'elle implique immanquablement s'est souvent modifié au gré des hommes et des échecs. En règle générale, le colon qui en bénéficie reçoit un titre provisoire. Celui-ci devient définitif quand certaines conditions se trouvent remplies. La concession est l'élément de base de toute la colonisation dite officielle, de la France en Algérie.

Clauzel en 1830 est le premier à vouloir attirer des colons en leur offrant gratuitement des terres. Il a même des agents de recrutement, non seulement en métropole, mais jusque dans la vallée du Rhin, à Trèves et Mayence notamment. Il tâche de détourner vers l'Algérie une partie des 200 000 émigrants qui, de toute l'Europe, se dirigent chaque année vers l'Amérique.

Les deux premiers villages qui voient le jour l'année suivante sous Berthezène et Savary sont le fruit de ses efforts.

Et du hasard. Plus de 400 Allemands et Suisses, enrôlés pour l'Amérique par un agent de recrutement malhonnête ou imprudent, se retrouvent sur les quais du Havre livrés à eux-mêmes dans un complet dénuement. Le fait se reproduira en 1846 pour 800 malheureux Prussiens partis à destination du Brésil et abandonnés à Dunkerque. Ils seront à l'origine de la création des villages oranais de La Stidia, Sainte-Léonie, Sidi Chasson, Bled Tomaria.

Le gouvernement français prend en charge les émigrés du Havre, complète leurs effectifs et les envoie à Alger. Là, rien n'est prêt pour les recevoir et on ne sait qu'en faire. On les loge tant bien que mal autour de la ville sous des tentes, on les nourrit, et on cherche des terres disponibles où les caser. On finit par trouver dans les environs de Kouba, une centaine d'hectares appartenant à une mosquée, et à Dely-Ibrahim une ferme de plus de deux cents hectares, ancienne propriété des janissaires. Les villages sont aménagés à l'aide de crédits du ministre de l'Intérieur. Les rares candidats colons ayant les moyens de construire eux-mêmes leur maison, reçoivent dix hectares, les anciens militaires qu'on a joints au groupe six hectares, et les autre quatre. Les villages survivront, parce qu'il y a toujours des remplaçants prêts à se substituer aux morts. Mais les hommes, peu. Ils n'auront pas défriché grand-chose, et ceux qui demeureront vivront surtout du commerce avec la troupe. Un échec, en somme, pour cette première tentative. Les causes, toujours les mêmes : la maladie, des lots trop petits, l'insécurité.

Il faudra plusieurs dizaines d'années de colonisation pour que les pouvoirs publics augmentent sensiblement l'importance des lots concédés. Pauvres colons taxés de cupidité, qui en effet réclameront inlassablement davantage de terre comme une condition de survie. Ils reçoivent en général deux ou trois hectares, et autant quelques années plus tard... On pense que sans ressources — c'est presque toujours le cas — ils ne peuvent exploiter davantage. Bugeaud estimera qu'il faut 5 à 6 000 francs pour avoir la prétention d'exploiter 12 hectares, 10 000 francs pour 20 hectares, 15 000 francs pour 25 hectares. Encore en 1875, à la création d'un petit village du Dahra, Renault, les lots concédés ne dépasseront pas une vingtaine d'hectares. On ne vit pas en Algérie, avec 20 hectares de céréales. Que dire de deux hectares à défricher ?... Si bien que les familles, au lieu de se fixer, voient leur fils s'embaucher ailleurs. Et le colon sa vie durant n'a qu'une pensée, s'agrandir à tout prix, par ses propres moyens. Il améliore son patrimoine en s'endettant, il n'améliore pas son existence. Les premiers pionniers garderont jusqu'à leur mort le lit de fer du début et l'unique costume élimé des grandes circonstances. L'un d'eux avouera au crépuscule de sa vie dans une correspondance arrivée jusqu'à nous : « Nous sommes des bourrus penchés sur la glèbe. Les jeunes devront prendre le temps de lever la tête. Vers la culture, l'art, la générosité, vers Dieu et les autres. » Et il ajoute : « Seront-ils dignes du lourd héritage ? »

Berthezène, en 1831, ne se pose pas ce genre de question. Il ne croit pas en la colonisation européenne. Les soldats, dégoûtés par les ravages d'un pays meurtrier, ne veulent pas se transformer en colons, ils n'aspirent qu'à rentrer au pays. Il vaut mieux ne pas compter sur les volontaires parisiens, ramassés sur les pavés de la capitale et « livrés à la crapule et à la débauche ». Quant aux autres, ce sont « les rebuts des rives de la Méditerranée, des fainéants qui attendent tout du gouvernement et qui refusent le travail qui leur est offert ».

Clauzel, lors de son second gouvernement, adopte une autre solution que la concession gratuite. Il distribue, dans les environs de Boufarik, des lots de terre de 4 hectares moyennant une redevance annuelle de 2 francs par hectare. Dès 1837, au mois d'octobre, on compte dans le centre, 500 civils. Il y en avait à peine 150 au début de l'année. Ces civils-là ne savent d'ailleurs pas ce qui les attend. Le paludisme et la dysentrie attrapés dans les marais, et le travail éprouvant du défrichement, un fusil en bandoulière. Le cinquième, parfois le tiers des colons meurent chaque année. Un village entier, Clauzelbourg, à l'emplacement de Bab Ali, est effacé par la maladie. Si on peut appeler village la concentration sur un même point de misérables huttes construites et habitées par 87 Allemands qui ont atterri là, concessionnaires de terrains. Ils sont tombés malades les uns après les autres. Jusqu'au jour où il n'en est plus resté debout un seul pour soigner les autres. Le cas finit par être signalé. Mais impossible de les emmener à l'hôpital, il n'y a plus de place, pas même dans les corridors et les cours. On les a finalement transportés à Birkadem et Texerain, où ils ont pu du moins changer d'air... avant de mourir. Ceux qui se sont rétablis ont refusé de retourner dans ces lieux de malheur. Clauzelbourg a été abandonné. Quelques semaines ont suffi pour en effacer la trace.

Des colons qui ne laissent pas rouiller leur fusil

L'œuvre de colonisation est véritablement prise en compte par le gouvernement à partir de 1841, c'est-à-dire avec Bugeaud. Le régime des concessions est précisé. La nouvelle réglementation n'est pas tellement différente des conclusions présentées dès 1833 par la commission d'enquête Bonet. Elle préconisait le recrutement, non seulement des Français, mais des étrangers. Les Allemands, aux qualités solides, les Mahonnais et les Maltais « moins recommandables mais s'adaptant au pays ». Si possible des cultivateurs de métier possédant un pécule de 1 500 à 2 000 francs. La commission accordait sans hésiter ses préférences à la petite colonisation plutôt qu'aux gros capitaux. Et à la concession de terrains par l'État moyennant une redevance annuelle, plutôt qu'à la vente qui favorise la spéculation. Le colon reçoit un titre provisoire de concession. Quand il a rempli certaines conditions indiquées en toutes lettres sur le titre, celui-ci devient définitif. Il doit résider sur son lot, construire des bâtiments d'exploitation, défricher dans un délai donné, planter un certain nombre d'arbres, etc. Il peut obtenir une prolongation du délai. Mais, aussi bien, sur un mauvais rapport, il risque la déchéance. On lui reprend alors sa terre sans dédommagements, même si elle est en partie défrichée. Sa candidature acceptée — il a eu notamment à justifier de 1 200 à 1 800 francs de ressources disponibles —, il est transporté gratuitement en Algérie avec sa famille. On va alors lui attribuer un lot à bâtir et un lot de culture — de 4 à 12 hectares suivant le cas — malheureusement souvent dans des délais très longs qui le ruinent ou le démoralisent avant de commencer. L'État s'est engagé à l'abriter provisoirement, et à lui donner des matériaux pour bâtir sa maison. Et on lui fournit des semences, des bêtes de labour, du petit matériel agricole. Il lui est même consenti des prêts temporaires. Tant que son titre de propriété est provisoire, il ne peut vendre son bien. Il ne peut non plus hypothéquer dessus, ce qui l'entraîne bien souvent au gouffre sans fond de l'usure qui est la chose la mieux organisée dans ce pays. Mais aussi, il ne peut être saisi. Du temps de Bugeaud, la conquête n'est pas une histoire ancienne, elle se vit encore. Le maréchal voit, dans la colonisation, d'abord un moyen d'assurer la subsistance de l'armée, et de consolider l'action militaire, au besoin d'y suppléer. « La colonisation libère l'armée et garde la conquête », proclame-t-il. Et il conseille aux colons, organisés en milices pour assurer leur sécurité, « de ne jamais laisser rouiller leur fusil ».

Mais l'armée est liée à l'œuvre de colonisation de bien d'autres façons. On lui confie la construction des routes, des plantations. Depuis que les condamnés militaires du colonel Marengo ont bâti Saint-Ferdinand, Sainte-Amélie, Douéra, on généralise le procédé. Les militaires installent désormais les villages, délimitent le terrain, établissent les enceintes, aident les colons à construire leur maison. C'est seulement mission accomplie qu'ils remettent le village à la direction du ministère de l'Intérieur. Il y aura quelques réclamations, des gens pour crier à l'abus de pouvoir. Cela ne trouble pas Bugeaud. Le soldat ne doit pas être désœuvré. Ces travaux utiles à la nation, lui font du bien, au moral comme au physique. Ils entretiennent sa santé et sa vigueur, ils le préservent de la nostalgie et de l'ennui. On sait les résultats des essais de colonisation militaire du maréchal. L'armée n'a pas moins tenu le premier rôle dans la colonisation durant quarante ans. C'est l'armée qui a asséché les premiers marais dans la Mitidja. C'est elle, effectivement, qui constitue la première clientèle des cultivateurs et des négociants. Et presque la seule dans le bled, compte tenu des difficultés à se déplacer et transporter quoi que ce soit, et plus encore des marchandises pondéreuses. Elle a parfois abusé de la situation, nous le verrons à propos des directeurs militaires qui ont précédé, dans les centres, l'administration civile. Elle a joué à son avantage avec les lois de l'offre et de la demande, prenant le fourrage arbitrairement au tiers de son poids, ou trouvant toujours un drôle d'air au bétail qu'on lui présente. Victime aussi de ces mêmes lois, en face de ses gros fournisseurs, à Alger ou Oran.

1845 constitue le point culminant, dans toute l'histoire de l'Algérie française, de l'immigration et de l'installation des colons. On enregistre 6 000 permis de passages individuels ou en famille, portant sur 14 000 personnes, tous Français à 2 000 près. Parmi eux 5 000 Alsaciens. 1 882 demandent cette année-là des concessions. Il est vrai que Bugeaud s'efforce depuis son arrivée de faire une large publicité en métropole. Une circulaire adressée à tous les préfets de France fait connaître les conditions à remplir pour obtenir une concession gratuite. Des appels sont aussi lancés aux ouvriers de métier, maçons, charrons, forgerons, charpentiers. Ils bénéficient, comme les futurs concessionnaires, du transport gratuit jusqu'en Algérie et au centre où on les destine.

1845 est aussi l'année où la réglementation en matière de concessions se modifie. Aboutissement d'un règlement de compte entre Paris et Bugeaud, l'octroi des concessions est transféré du gouverneur général au roi. Après le départ du maréchal, il reviendra au gouverneur jusqu'à concurrence de cent hectares. Surtout, les bénéficiaires se voient imposer l'obligation de payer une rente annuelle et perpétuelle. Bénéficiaires qui peuvent être des individus ou des sociétés, mais aussi des communes. Cette redevance sera en 1847 arrêtée à 3 francs par hectare. S'ajoutera aussi l'obligation de verser un cautionnement. Enfin, une ordonnance du 5 novembre fait pour la première fois état de façon précise d'autres modes d'acquisition des biens domaniaux, la vente aux enchères publiques, la vente de gré à gré, les échanges. L'Empire a accéléré le processus de colonisation dite « capitaliste », sans rien inventer. Bugeaud, pas du tout d'accord et passablement amer, finit donc par démissionner. Pendant son gouvernement, de 1841 à 1847, la population européenne est passée de 28 000 à 109 000 habitants, les colons ruraux de 1 500 à 15 000. Et 1 500 kilomètres de routes ont été construits. Après son départ, la colonisation connaît un ralentissement sensible. Conséquence, certes, des nouvelles règlementations, mais aussi des années de crise et du marasme immobilier que connaît Alger. La Révolution de 1848 va souffler comme le cyclone sur une administration qui somnole, et projeter dans la colonie chômeurs et condamnés politiques dont Paris ne veut pas. Au total 20 000 personnes en quelques mois. 3 000 mourront, 7 000 abandonneront. Morts ou vivants, la colonisation leur doit 42 nouveaux villages.

Une quarante-huitarde de vingt ans témoigne

Gabrielle Quillery a tout juste vingt ans et son diplôme neuf d'institutrice gagné à Alger. Elle décide de mettre par écrit ses souvenirs, de faire parler ses parents alors qu'il est encore temps. Elle veut que ses enfants et ses petits-enfants, si Dieu lui en donne, sachent ce qui, déjà en 1862, est insoupçonnable, à peine croyable. Les premières années de la vie d'un colon de 1848. Ce lourd héritage, justement, dont parle le vieil homme, leur frère de misère.

Gabrielle a cinq ans quand son père, bourgeois de la ville de Laon possédant des ateliers de construction, se trouve ruiné, à la fois par la crise et la concurrence belge. Il décide de descendre à Paris, pensant avoir plus de chance d'y trouver du travail. Il emmène avec lui sa femme et ses trois enfants, Jacques onze ans, Hermance neuf ans, et Gabrielle. Les aînés sont de brillants élèves. Jacques, dès la première année, obtient le prix de la République qui lui permet de continuer ses études gratuitement. Hermance reçoit également toutes les récompenses de sa classe. Gabrielle, trop jeune, reste à la maison. Sa maman, qui confectionne de la lingerie pour un grand magasin, lui a appris à fixer des boutons sur des rectangles de carton. Le travail est payé deux sous la douzaine. Car la besogne est rare pour le chef de famille. La France compte, suivant les secteurs, jusqu'à 40 pour cent de chômeurs.

Février 1848, c'est la Révolution, Louis-Philippe renversé. Pierre Quillery parvient à se faire enrôler dans la Garde nationale. Sa famille, comme beaucoup d'autres, tremblante de peur, paralysée par la faim, reste plusieurs jours enfermée dans le petit appartement. Dehors, le bruit des balles, du galop des chevaux. Et les cris des insurgés : « A bas Guizot ! Vive la Réforme ! »

Enfin, la Révolution est terminée, et la grande peur. Tous les Parisiens vont en promenade visiter le palais des Tuileries déserté par la famille royale. La table de la salle à manger présente encore les reliefs du déjeuner interrompu. Le roi a oublié son perroquet. Personne ne manque en passant de lui demander où est son maître. Inlassablement l'oiseau répond de sa voix nasillarde : « Sur son trôône ». Et, inlassablement on rit.

On ne rit pas longtemps. La capitale est paralysée, et les ouvriers connaissent plus que jamais le chômage. La République, « rêve radieux d'une humanité régénérée où le travailleur sera enfin maître de ses destinées », s'engage à garantir du travail à tous les citoyens. Des Ateliers nationaux sont ouverts pour accueillir les 190 000 ouvriers qui, sur 350 000 que compte la capitale, se trouvent sans travail. Pierre Quillery est de ceux-là. Pour quelques sous, il remuera, et remuera encore, la terre du Champ de Mars. Quand les caisses du Trésor sont vides, plus de 100 000 d'entre eux sont congédiés. Le gouvernement se détache de cette tentative socio-économique manquée. Les Ateliers nationaux ne peuvent être autre chose qu'une expérience provisoire. Et ils réunissent une masse de désœuvrés qui constituent un dangereux ferment révolutionnaire. Leur fermeture est le signal des grandes émeutes de juin où Cavaignac se distingue. Pierre Quillery est à nouveau enrôlé dans la Garde nationale. Le bilan de ces journées : 1 800 tués, 2 500 blessés, dont quatre

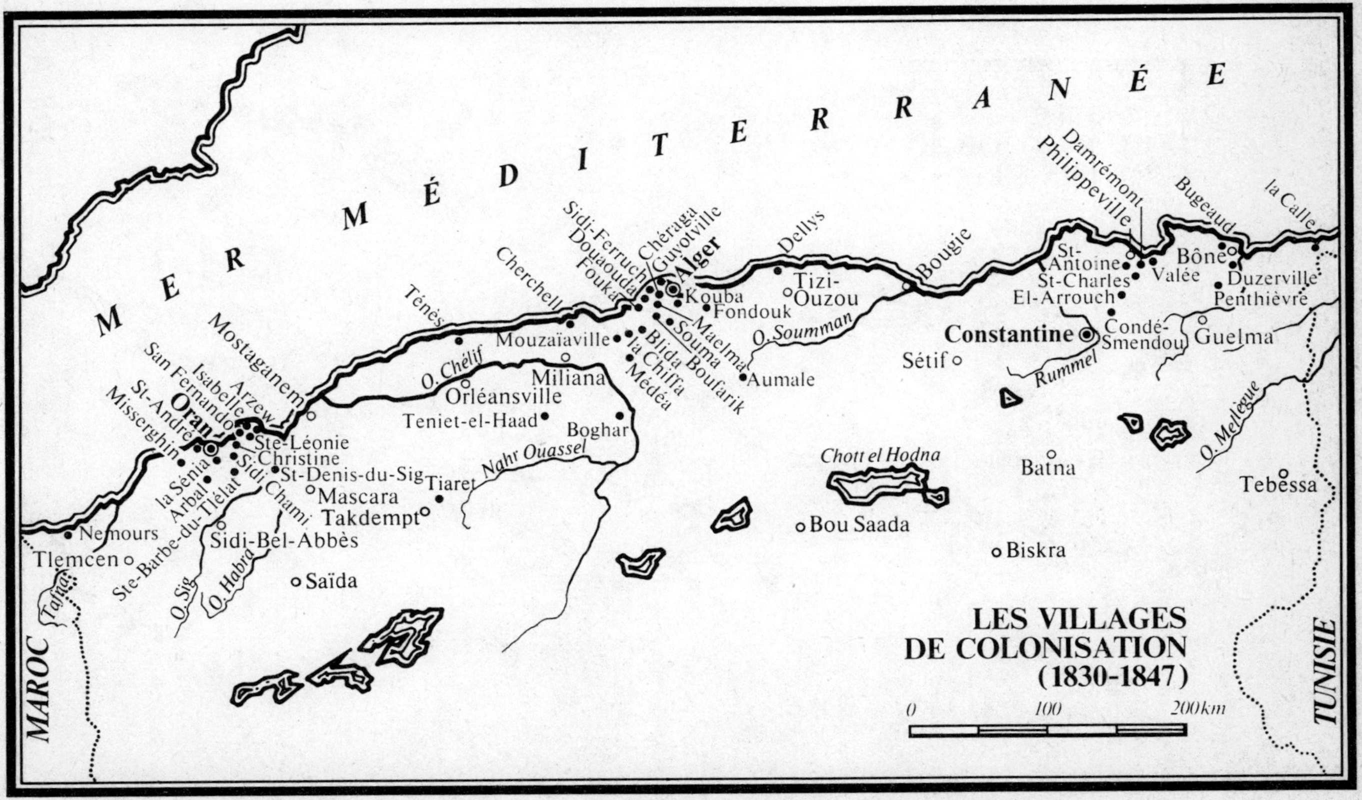
LES VILLAGES
DE COLONISATION
(1830-1847)
0
100
200km
MER MÉDITERRANÉE
MAROC
TUNISIE
Nemours
Tlemcen
Tafna
Ste-Barbe-du-Tlélat
O. Sig
O. Habra
Misserghin
St-André
San Fernando
Isabelle
Oran
Arzew
Mostaganem
la Sénia
Arbal
Sidi Chami
Ste-Léonie
Ste-Christine
St-Denis-du-Sig
Mascara
Takdempt
Tiaret
Sidi-Bel-Abbès
Saïda
Ténès
O. Chélif
Orléansville
Teniet-el-Haad
Nahr Ouassel
Boghar
Miliana
Mouzaïaville
Cherchell
Fouka
Douaouda
Sidi-Ferruch
Chéraga
Guyotville
Alger
Kouba
Fondouk
Maelma
Souma
Boufarik
Blida
la Chiffa
Médéa
Aumale
O. Soumman
Dellys
Tizi-Ouzou
Bougie
Sétif
Chott el Hodna
Bou Saada
Biskra
Batna
Constantine
Rummel
Condé-Smendou
El-Arrouch
St-Charles
St-Antoine
Philippeville
Damrémont
Valée
Bugeaud
Bône
Duzerville
Penthièvre
Guelma
la Calle
O. Mellègue
Tebessa

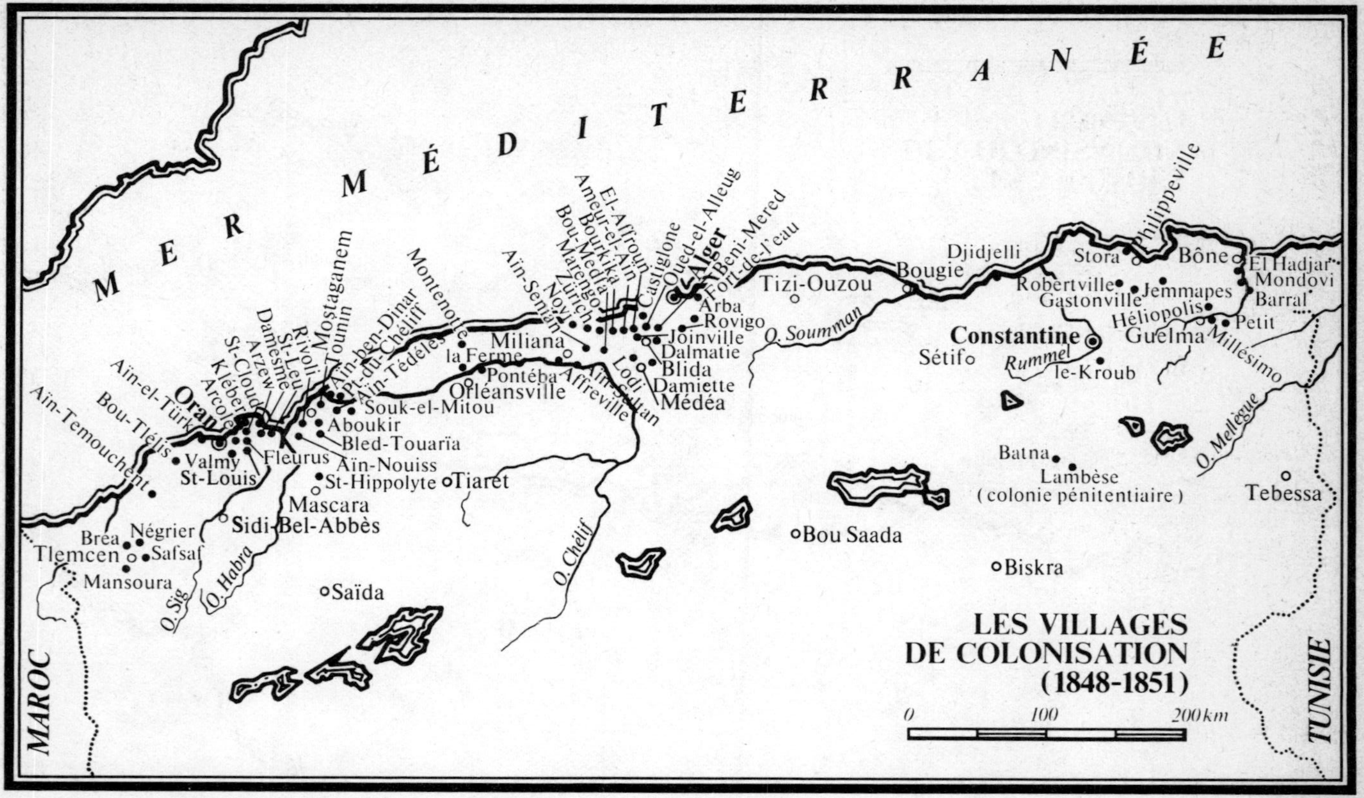

LES VILLAGES
DE COLONISATION
(1848-1851)
0
100
200 km
MER MÉDITERRANÉE
MAROC
TUNISIE
Tlemcen
Brea
Négrier
Safsaf
Mansoura
Aïn-Temouchent
Bou-Tlélis
Aïn-el-Türk
Oran
Arcole
Kléber
St-Cloud
Arzew
Damesme
St-Leu
Rivoli
Mostaganem
Tounin
Aïn-ben-Dinar
Pt-du-Chéliff
Aïn-Tédélès
Valmy
St-Louis
Fleurus
Aboukir
Souk-el-Mitou
Bled-Touarïa
Aïn-Nouiss
St-Hippolyte
Mascara
Sidi-Bel-Abbès
O. Sig
O. Habra
Saïda
Tiaret
Montenotte
la Ferme
Pontéba
Orléansville
Miliana
Aïn-Senian
Novi
Zurich
Marengo
Bou-Medfa
Bourkika
Ameur-el-Aïn
El-Affroun
Castiglone
Oued-el-Alleug
Alger
Beni-Mered
Fort-de-l'eau
Arba
Rovigo
Joinville
Dalmatie
Blida
Damiette
Médéa
Lodi
Aïn-Sultan
Affreville
O. Chélif
Tizi-Ouzou
O. Soumman
Bougie
Djidjelli
Sétif
Bou Saada
Constantine
Rummel
le-Kroub
Robertville
Gastonville
Stora
Philippeville
Jemmapes
Héliopolis
Guelma
Bône
El Hadjar
Mondovi
Barral
Petit
Millésimo
O. Mellègue
Batna
Lambèse
(colonie pénitentiaire)
Biskra
Tebessa

généraux et l'archevêque de Paris. Mgr Affre, 15 000 arrestations, 4 348 personnes déportées sans jugement en Algérie. D'autres seront détenues à Belle-Ile.

Pour Pierre Quillery, c'est à nouveau le chômage et toujours la misère. Le gouvernement fait une grosse publicité, par voie de presse et d'affichage, pour attirer ses chômeurs et ses trublions en Algérie. De leur côté, les ouvriers sont déçus par cette République ingrate qui a tiré sur ses enfants et ne tient pas ses promesses. Les demandes affluent. Certains espèrent expérimenter dans la colonie les théories socialistes qui foisonnent depuis quelques années. Celles des anciens de la Charbonnerie, celles de Fourier et de son école socialitaire, celles des saint-simoniens comme Buchez, Enfantin, celles de Pierre Leroux et son imprimerie égalitaire, celles de Buonarroti et sa « conspiration de l'égalité » héritée de Babeuf, celles de l'utopique Cabet, de Blanqui le premier révolutionnaire professionnel, de Louis Blanc le père des Ateliers nationaux qui ne reconnaît pas ses petits. Lamoricière, plus pratique, alors ministre de la Guerre, se contente de pondre le décret-loi du 19 septembre 1848. Un crédit de 50 millions est voté pour établir des colonies agricoles en Algérie et faire les travaux d'utilité publique.

Pierre Quillery, qui ne manque ni d'ambition ni de courage, est un des premiers à faire sa demande. Il entrevoit déjà de riches moissons semblables à celles dont parle l'Écriture, de beaux troupeaux dans de verts pâturages, une maison blanche au milieu de bosquets fleuris. Il demande un jour à sa petite famille de s'habiller convenablement. Une commission d'examen va les recevoir. Elle est présidée par Lamartine qui a ceint pour la circonstance l'écharpe tricolore. On inscrit leur nom, vérifie leurs papiers, examine leur santé. Et on félicite les futurs colons algériens. Pierre Quillery s'en retourne en serrant fort dans sa large main un petit carton vert. On peut y lire : Numéro d'inscription 567 du chef de famille sur l'état de filiation. — Quillery Pierre. — Nombre de places : 5. N°s 136, 137, 138, 139, 140. — N° du bateau : 8. Ils sont prévus pour le deuxième convoi destiné à la province d'Oran. S'ils avaient appartenu au premier, ils auraient eu droit au discours de Lamoricière et à la bénédiction du nouvel archevêque de Paris.

Le départ a lieu sur bateau plat par la Seine, le canal de Bourgogne et le Rhône. Il leur faudra dix-huit jours pour atteindre Marseille. Des madriers posés en gradins forment de longues files de bancs. Ils doivent y rester assis tout le jour. La nuit, ils couchent sur le pont, enroulés dans des couvertures. Mais l'ambiance est à la joie et l'espérance. Sortis de la grisaille de Paris, les passagers — près de 800 — respirent à pleins poumons l'air pur des prés et des bois traversés. Chacun s'extasie en découvrant la cîme neigeuse du mont Blanc. On achète aux paysans accourus de pleines corbeilles de poires et de pommes, et de grandes tasses de lait crémeux. Il y a de tout, sur ce bateau. Des paletots de monsieur, des bourgerons d'ouvriers, des blouses de cultivateurs. Et ceux qui se vantent, dans leur argot de barrière, « qu'ils se paient une balade aux frais de la princesse, et que, si le climat ne leur convient pas, ils trouveront bien le moyen de revenir au même prix ».

Arrivés à Marseille, déposés sur les quais, ils ne savent que faire. Personne ne les attend. Un Marseillais facétieux les observe un moment et s'approche. Il leur promet de les faire embarquer le soir même. En fait, il promènera les malheureux qui le suivent comme des moutons de Panurge, la moitié de la nuit, et les abandonnera finalement sous une pluie battante au milieu de tranchées récemment ouvertes du côté du port. Après la nuit qu'on peut imaginer, ils embarquent sur *La Cacique*. C'est un navire de l'État, à voiles et à roues, « qui va porter mille cinq cents enfants loin de leur sol natal ». Il s'en trouve un qui est poète. Il déclame sur le pont : « Adieu la France, adieu mère patrie — Reçois les vœux des malheureux colons. » Le moral paraît déjà moins bon.

La traversée est épouvantable, dans une odeur nauséabonde de bétail humain entassé. Mais enfin, après cinq jours de navigation, le bateau accoste dans la baie d'Arzew. Massés sur le pont, les futurs colons observent de tous leurs yeux. D'oranges, de mandarines et de noix de coco, point. Seulement une montagne aride, parsemée de palmiers-nains, d'aloès et de cactus. Et quelques burnous aux regards, leur semble-t-il, agressifs.

Le débarquement a lieu le lendemain de la Toussaint. « Bien

triste présage », murmure maman Quillery en pleurs. Le futur village n'est pas prêt pour les recevoir. On a précipité les départs sans avoir laissé aux officiers du génie le temps de terminer les travaux. Les constructions ont d'ailleurs été mises en adjudication. Les entrepreneurs, sans surveillance sérieuse, multiplient leurs profits en utilisant du mortier de terre et en remplaçant les fondations par un simple lit de pierres. Et les colons devront généralement les terminer eux-mêmes.

Ils sont donc logés sous des tentes militaires dans un terrain vague aux abords d'Arzew. Le soleil brûle, l'eau est tiède, saumâtre et jaune. Il ne leur faut pas plus de quarante-huit heures pour attraper fièvre et dysenterie. Une nuit, un violent orage enlève les tentes, emporte les couchettes et les paquets de linge jusque dans la mer. Leurs propriétaires s'accrochent désespérément aux palmiers.

Au bout de quinze jours, ils sont chargés avec leurs colis sur des prolonges du train des équipages. Il leur a été interdit d'emporter autre chose que du linge. Les Quillery ont réussi cependant à cacher quelques livres. Et c'est ainsi qu'ils arrivent à Damesme, leur futur village.

L'installation à Damesme

Damesme — le nom d'un des généraux tués durant l'émeute de juin — est à douze kilomètres d'Arzew, au pied de la montagne, en pleine brousse. Dix longues files de baraques en bois attendent les colons, séparées par de larges chemins bordés de fossés. Les couples sans enfants ont droit à une baraque pour deux familles, ce qui provoque des disputes, et parfois des coups entre les femmes. Si bien, que, dans ce cas, ils en arriveront tous à partager la masure par un large rideau façonné avec des draps de lit. Les uns s'adjugeront le côté de la porte. Les autres, celui de la fenêtre, sous laquelle on bâtit alors un escalier de pierres sèches pour pouvoir entrer et sortir. Les cloisons séparant chacune des baraques n'atteignent qu'une mi-hauteur. Autant dire que tout le monde vit avec tout le monde, dans une promiscuité qui sert parfois les volages... et les voleurs.

Leur premier repas à Damesme, ils ne sont pas prêts de l'oublier. Les cinq membres de la famille Quillery se sont groupés autour d'une brouette retournée. Pierre préside, assis en tailleur. Maman Quillery, qui est au bout d'une nouvelle grossesse, tâche de trouver, en face de lui, une position convenable sur sa pierre. Jacques est assis par terre, entre les deux brancards. Hermance est juchée sur la roue, Gabrielle s'est agenouillée, pour être à la hauteur du ragoût. Sur la brouette, la marmite contient des pommes de terre bouillies à l'eau, assaisonnées d'un morceau de bœuf récalcitrant posé sur le couvercle renversé. Il sert de plat à viande. L'armée a fourni les gamelles. Pendant trois ans, les colons auront ainsi droit à la distribution des vivres militaires. Leur ordinaire, des haricots, des lentilles, des pois avariés, du lard le plus souvent véreux, des pommes de terre gâtées et des boules de pain noir. Ils disposent d'une cuisine commune en dehors du village, des fourneaux en maçonnerie alignés sous une immense toiture. Plus d'une fois, il faudra remettre du sel dans la soupe pour lui donner un peu de goût. Une ménagère matoise a eu soin de retirer le premier bouillon et de le remplacer par de l'eau.

Quelques jours après leur arrivée, on réunit les chefs de famille pour procéder au tirage au sort des lots. Il se déroule dans la maison commune, une baraque comme les autres, mais plus vaste, plus haute située à l'extrémité de la rue principale. Elle est réservée à toutes sortes d'usages. On y distribue les vivres, on y jouera des pièces de théâtre, on y dira la messe. Les lots, une soixantaine, sont de différentes grandeurs. Chaque famille a droit à une surface totale d'environ deux hectares. Tant pis pour celle qui tombe sur une butte de rocaille. « Pourtant, à cette époque, la bonne terre ne manquait pas, note Gabrielle. Pourquoi cette parcimonie stupide et cruelle ? » Trois ans plus tard, à condition d'avoir défriché les premiers, on leur accordera trois autres hectares.

L'autorité militaire attribue aussi, pour deux colons, à titre de prêt seulement, des pioches, une charrue, un bœuf non dressé et un joug. La distribution est complétée par une truie pleine par ménage, qui doit partager le foyer domestique, rien n'ayant été prévu pour la loger. C'est ainsi que chez les Quillery, huit jours après leur arrivée, naissent à la fois, « un beau petit frère tout rose, et six mignons gorets noirs ». Soit douze habitants sur 20 mètres carrés.

Bêtes et instruments aratoires laissent la plupart des colons perplexes. Bien peu des nouveaux venus de 48 sont des cultivateurs de métier, moins de 10 pour cent. Damesme ne fait pas exception. On a bien conseillé aux ouvriers d'art de participer plutôt aux travaux d'établissement. Mais allez empêcher des Français de prendre ce qu'ils ont droit d'obtenir gratuitement, et plus encore, « un bien au soleil » ? Ils ont tous choisi d'être agriculteurs. Le sculpteur Roux, les clercs de notaires Sura et Hanor, le maçon Hilarion, l'ancien soldat de Napoléon Murbac, le cordonnier Nive et les autres. Défricher, pour ces mains blanches ou inexpérimentées, tient certains jours du cauchemar. Ce cauchemar-là, un prêtre de Novi le décrira. Le labeur pénible quatorze heures durant, avec pour toute nourriture de misérables gourganes, fèves sauvages assaisonnées d'un peu de sel. Gabrielle aussi s'en souvient, de cette nourriture qui ne répare pas les forces, et qui manque parfois plusieurs jours de suite. « Pourtant, remarque-t-elle, les vivres étaient bien payés aux fournisseurs, leur rapide fortune en fut la preuve. Mais les friands déjeuners et les cadeaux qu'ils offraient à nos gouverneurs leur permettaient de nous distribuer impunément du pain noir et gluant, bon à peine pour des pourceaux, de la viande que les chiens refusaient après l'avoir flairée, et une mixture noirâtre baptisée du nom de vin. »

Dix-huit mois après leur arrivée, ils peuvent prendre possession des maisons qu'on a bâtie pour eux. Les soldats, qui campent eux-mêmes à deux cent mètres, les ont achevées. Le déménagement est une fête pour tous. Chacun hume avec bien-être l'odeur, pourtant désagréable, de la chaux s'exhalant des murs encore humides. Tous les villages de cette époque ont des maisons construites sur le même modèle, ni élégantes, ni très solides. Elles se composent de deux chambres couvertes en tuiles, sans plafond, et pour sol la terre battue. Par contre l'armée, qui choisit l'emplacement des villages plus pour des raisons stratégiques que pour la qualité des terres, édifie des remparts soignés.

Il est prévu par la loi que le chef du village, durant les trois premières années, soit un officier. Il y en eut de tous genres. On cite toujours, parmi les meilleurs, le capitaine de Malglaive à Marengo, Lapasset à Montenotte. On cite, dans le pire des cas, la fondation de Philippeville en 1841, racontée par Tocqueville. Les colons ont rencontré de l'armée les plus grandes difficultés. On leur interdisait d'utiliser le puits, on réquisitionnait des bâtiments nouvellement construits à leur intention. « L'idée qu'ils versent leur sang, s'attachent à toutes sortes de travaux, pour faire les affaires de ceux qui viennent ici s'enrichir, transporte certains militaires, dira Tocqueville, d'une jalousie furieuse. » En 1848, beaucoup considèrent les colons comme des rouges qu'il faut mater. Certains leur imposent la discipline militaire dans toute sa rigueur. Groupés au son du tambour, ils sont alors conduits par escouades aux champs, et doivent se livrer à un travail obligatoire, sinon toujours opportun. A Ponteba, le capitaine les oblige à se lever à 5 heures du matin en hiver, 3 heures en été. Les absents sont privés de vivres. Dans tous les cas, les pouvoirs des directeurs militaires sont immenses. Le capitaine Malafaye, qui dirige la colonie de Saint-Cloud, écrit : « Je concède des terrains, je paie les colons, je fais planter des arbres, j'achète des bœufs, je suis en un mot le souverain de la commune. Je mets les gens en prison sans jugement. J'élargis les prisonniers lorsque cela me fait plaisir, je propose l'expulsion des colons paresseux. »

Gabrielle parle longuement des directeurs militaires de Damesme. Le premier, un capitaine âgé, du nom de Bouzon, a été le meilleur de tous. Les colons peuvent compter sur lui, et les enfants l'adorent. Mais il ne reste pas longtemps. Son successeur, jeune et fringant, est particulièrement gentil avec les maris compréhensifs, et fort sévère avec les autres. Il s'appelle Rabadeux, mais on le surnomme rapidement Rabatout. Lui aussi est assez vite remplacé par le capitaine Olivier, à peu près illettré, mais secondé par un secrétaire intelligent et rusé. Les colères de sa moustache noire et rude sont devenues proverbiales au village.

Les choses iront encore plus mal quand, à la dynastie des

directeurs militaires, succédera celle des maires, les trois années écoulées. Nommés par le préfet, ils héritent de la puissance de leurs prédécesseurs. Le premier, « un ancien maçon tranchant de l'architecte, était grand et maigre. Il avait la parole sèche et courte, le regard rusé et venimeux. On l'accusait tout bas d'être un espion. Sa figure était le masque vivant de tous les vices ». Il possède une épicerie-cantine, réceptacle de tous les rebuts qu'il achète au rabais à Oran. On y trouve des comestibles et de la mercerie, de la quincaillerie et des chaussures, des étoffes et de la pharmacie, y compris le « tord-boyaux pour tuer le ver ». Le tout vendu à un prix exorbitant. Le maire n'accorde qu'une semaine de crédit. Le malheureux qui n'a pu solder ses dépenses le dimanche matin, peut, à la sortie de la messe, lire son nom affiché en grosses lettres, sur les portes de l'église nouvellement édifiée. Avec, en regard, la somme qu'il doit. Le maire assiste aux offices religieux en compagnie de ses cinq chiens couverts de soufre. Ils viennent déposer leurs puces et leurs croûtes galeuses sur les jupes des femmes, sans que personne n'ose les chasser. Ce sont les chiens de « Môssieur le Maire ».

La cure de Vichy

Et les administrés, ces colons des temps héroïques, qui sont-ils ? Généralement de pauvres gens. On connaît le montant moyen des ressources des 768 demandeurs de concessions en 1846. Il est évalué à 13 854 francs, qui correspond environ à 300 journées d'ouvrier. Les célibataires ont été majoritaires jusqu'en 1848. Ce sont au contraire de grandes familles qui, souvent, ont émigré à ce moment-là. Par la suite, il arrivera que le mariage soit la condition *sine qua non* pour obtenir une concession. En 1853, on note à Orléansville 79 anciens militaires pour 35 cultivateurs de métier. C'est que, au fur et à mesure des défections des

Parisiens de 1848, on va combler les vides en encourageant l'installation des anciens de l'armée d'Afrique.

Gabrielle brosse quelques portraits des premiers habitants de Damesme. Ils ne savent pas encore qu'ils vont être les victimes d'une sévère sélection. Qu'il y aura, dans quelques mois à peine, le camp des morts et celui des vivants, le camp des rejetés, et celui des gagneurs. Avec tous les purgatoires intermédiaires. Ou peut-être s'en doutent-ils. Gabrielle raconte qu'un vieux célibataire, qui veut jouer au prophète, dresse la liste de ceux qui sont condamnés, d'après ses prévisions, à mourir avant la fin de l'année. Il s'est bien sûr oublié. Mais pas la mort, qui est venue subrepticement lui signer sa feuille de route, « lui permettant, suprême honneur, d'étrenner le champ de repos tracé à la hâte au milieu des palmiers ».

En face de chez les Quillery habite la mère Denis. Elle a trouvé un moyen astucieux de nourrir les trois bosses qui garnissent sa chétive personne. Elle a imaginé d'ouvrir dans sa porte une sorte de trappe verticale. Les cours n'étant pas clôturées, les poules des voisins vont, pendant la journée, picorer à l'aventure. Quand elles passent devant la maison de la mère Denis, elles trouvent toujours une croûte de pain engageante qu'elles avalent aussitôt. Mais dans l'appât tentateur, se dissimule un léger hameçon attaché à une ficelle. Imperceptiblement, la petite vieille tire la ficelle. La poule suit, entre par la brèche ouverte, «et ouste, la trappe se referme ». Les voisins ont mis un certain temps pour s'apercevoir du stratagème qui leur enlève leurs meilleures pondeuses.

Il y a aussi l'inévitable ancien soldat de Napoléon. Le père Murbac et sa haute silhouette, « qui a suivi partout le Petit Caporal ». Il peut montrer deux balafres authentiques. Quand ses vieilles mains n'ont plus été capables de tenir la pioche, il a passé ses journées assis devant la porte, à conter aux moutards désœuvrés l'épopée napoléonienne. Une façon de participer au culte du grand homme.

Le père Nive, de son ancien métier cordonnier, a conservé un inséparable tablier de cuir. Grand, maigre, le front toujours penché, il va, parle peu, pense beaucoup. D'ailleurs tout à fait illettré. Les idées ne lui manquent pas, ni les rieurs pour en témoigner. C'est ainsi qu'il imagine de faire traîner un vieux tonneau plein d'eau par une jument, pour battre les gerbes de blé éparpillées sur l'aire. On les bat en effet à la mode arabe, en les faisant piétiner par les bêtes de somme. Le rouleau improvisé bondit d'abord à merveille sous les caresses brûlantes du soleil. Jusqu'au moment où, éclatant comme une bombe, il laisse toute l'eau s'échapper sur les épis dorés.

Du père Nive, il y a aussi l'histoire du four. Le directeur a fait construire un four communal qui s'est effondré. Les Rabin, astucieux, sont parvenus à en construire un. Mme Rabin, moyennant 25 centimes, surveille la cuisson toute la journée pour les ménagères du village. Lorsqu'on ne fournit pas le bois, elle exige un sou par pain. Le père Nive décide de se débrouiller seul. Il broie son blé et fait, avec la grossière farine obtenue, d'énormes boules de pâte. « Ah ! le beau pain pas cher que je vas leur-z-y montrer dans une heure, marmonne-t-il. C'qui vont rager de mon four économique. » Le four en question, un trou dans le tuf pavé de pierres plates. Quand il revient dans sa cour, glorieux, entouré des voisins, pour défourner, la voûte du four fendillée sous l'action de la chaleur, s'est effondrée sur les belles miches. Il en construira un autre, plus solide. Pour le rentabiliser, il le fera utiliser par sa femme... afin de la guérir de ses rhumatismes. Il a entendu parler des bains de vapeur donnés dans les villes d'eau. Dès qu'il a défourné son pain, il enfourne la mère Nive jusqu'aux épaules. La tête seule émerge de l'orifice, offrant une face aux yeux exorbités, congestionnée et bientôt couverte d'abondantes sueurs. Les voisines tiennent généralement compagnie à la patiente. Elles profitent de ce qu'elles appellent la cure de Vichy pour réviser avec elle tous les cancans du village.

Un jour, le père Nive décide de changer de religion. « La foi catholique coûte trop cher. Il faut donner des sous pour avoir le droit de devenir enfant du Christ, des sous pour mourir en paix avec le Bon Dieu, des sous pour n'pas se fâcher avec lui dans l'aut'monde. J'vas me faire protestant. Au moins, là, rien à payer. » C'est comme cela qu'il est devenu calviniste. Il n'a jamais compris pourquoi, le 15 août et les autres fêtes de la Vierge, l'église réformée d'Oran était fermée.

Damesme a été longtemps privée d'école. Heureusement, les Quillery ont emporté quelques livres de France. Ils sont bien les seuls au village. Autour de la petite lampe d'étain fumeuse, on lit Corneille, La Fontaine, Voltaire, Molière, Chateaubriand, Lamartine, Victor Hugo, mais aussi *L'École des Mœurs*, une obscure Histoire de France et *La Morale en action*. L'hiver, pour économiser l'huile de la lampe à pompe, on veille à la lueur d'un grand feu de lentisques et de palmiers-nains.

Et puis un jour, on nomme un maître à Damesme. L'école, une maison abandonnée après la mort de son propriétaire. La cloison séparant les deux pièces a été abattue pour en faire une salle de classe. Une chaise, une table boiteuse placées sur une haute estrade, de lourds bancs de soldats surmontés dans leur longueur par des madriers qui servent de pupîtres, voilà pour le mobilier scolaire. Quant au maître, l'administration l'a choisi, sans titre universitaire, parmi les colons les plus âgés. Il sait à peine lire. La plus grande partie de la matinée est consacrée à la récitation des prières. Puis on compte sur ses doigts et on épèle inlassablement les lettres d'un alphabet crayonné sur une planche noircie. Avec lui, il faut tout ouvrir, les oreilles, les yeux, la bouche, afin d'avoir le plus de « trous possibles par où puissent pénétrer mes sages conseils », crie-t-il d'une voix souvent pâteuse. Pour se faire obéir, il possède à sa portée, outre une baguette qui atteint les élèves les plus proches, une série de petites boules de différentes grosseurs. Il les confectionne avec le tabac qu'il mâche sans discontinuité. Aussi l'a-t-on surnommé le Père la Chique. L'après-midi est employé à dormir.

Les écoliers se faisant de plus en plus rares, on finit par le remplacer par une institutrice, également sans diplôme. Celle-ci passe son temps à lire des romans. Elle veut revivre les émotions du monde aristocratique auquel elle prétend avoir appartenu. Avec elle, la consigne est de s'amuser sans faire de bruit.

Fichés par l'administration

Le choléra en 1849 frappe en même temps l'Europe et l'Afrique du Nord. Bugeaud meurt cette année-là avec 19 000 Parisiens. Les colons provisoirement entassés dans des campements de fortune, soumis aux pires conditions d'hygiène, sont durement atteints. Certains villages comme Mondovi, Saint-Cloud, ont plus des deux-tiers de leur population décimée. « Dieu même, écrit Gabrielle, semble se désintéresser de notre sort. » L'épidémie frappe vite et fort. Les jambes deviennent bleues, les ongles noirs. On est pris par de terribles diarrhées. L'estomac durcit comme la pierre. Une sueur froide et visqueuse recouvre le visage, l'esprit s'obscurcit, on respire mal, le hoquet commence, et c'est la mort pour le corps vidé et décharné. En quelques heures.

A Damesme, le choléra fait rage durant trois jours. Il emporte 49 adultes. La panique devient générale. Personne ne veut plus aller ramasser les cadavres. Le directeur est obligé de réquisitionner en menaçant les pères de famille les mieux portants. Les morts sont enlevés à la hâte, trois heures à peine après avoir rendu le dernier soupir. Deux anciens « soldats de la conquête » les mettent en bière, et font ensuite office de fossoyeurs, non sans s'être immunisés par de copieuses rasades d'eau-de-vie. « C'est pour faire peur au mal », disent-ils en riant. Si bien qu'on croit à une hallucination d'alcooliques quand on les voit revenir du cimetière, l'œil égaré, les cheveux raidis, en criant au revenant. Il s'agit simplement d'un jeune de vingt ans enterré trop vite et qui fait des efforts pour se dégager de sa tombe depuis un moment. A-t-il été le seul ? Le jeune Henri a dû être inhumé le lendemain, cette fois pour de bon. Peut-être est-il mort de frayeur. M. Roux, le sculpteur du faubourg Saint-Antoine, a perdu sa femme du terrible mal. Avant de quitter le pays, où il ne laisse que de mauvais souvenirs, il a tenu à lui élever en pierre de taille un élégant mausolée. Avec, en médaillon, le portrait ciselé de la jeune morte.

Des 106 familles de la création du village, il n'en est resté qu'une cinquantaine. Les concessions abandonnées ont été attribuées à d'autres qui ont eu à continuer l'œuvre si péniblement commencée par les premiers arrivants. Comme sur le front, il y a toujours un homme debout pour remplacer celui qui tombe. En 1930, les descendants de deux familles de 1848 seulement vivront encore à Damesme.

Chez les Quillery, un cinquième enfant vient de naître. Cinq hectares ne suffisent pas à nourrir sept personnes. Pierre installe une forge. Il y travaille une bonne partie de la nuit. Quand l'aube pointe, il change d'outil, laisse le marteau pour la pioche. Il rentre chaque soir épuisé de fatigue. Hermance est de santé fragile. Mais Jacques et Gabrielle se relaient la nuit pour tirer le soufflet. Le jour, ce sont les fagots à lier, ou les pierres extraites du champ à transporter en lisière. Le gouvernement cesse de donner des vivres, et la vie devient plus difficile encore. Les colons n'ont plus de linge. Ils confectionnent des pantalons et des jupes avec les sacs de campement. Ils achètent au rabais des souliers réformés de soldats. Même les enfants doivent les porter, ils les traînent comme des boulets tant ils sont grands et lourds. Devant leur misère, l'administration invente quelques travaux, qu'elle paie avec exactitude, les empêchant de succomber.

Pierre Quillery a ramené de France un peu d'argent, obtenu grâce à la vente de quelques meubles. Il le gardait comme suprême ressource. Il décide de s'en servir pour acheter un cheval, deux chèvres et divers matériaux. Il veut construire un tombereau. Bien mal lui en prend. Le maire, approuvé par les envieux, décrète qu'il est assez riche pour être déchu de tout droit et aide du gouvernement. La vie des Quillery ne s'en trouve pas améliorée. Les plantes sauvages, asperges, blettes, oseille, pissenlits, champignons, accommodées avec le lait des chèvres, constituent leur unique nourriture. Et, à la place de la viande, les escargots, les hérissons et les tortues ramassés au bord des chemins. La confiture d'arbouses cuite sans sucre fait le dessert du dimanche. Par la suite, on apprendra à chasser le sanglier et utiliser sa chair à la manière du cochon dans les campagnes françaises.

Il n'y a pas d'eau au village. On va la chercher à un kilomètre de là, au Puits Ferré, ainsi nommé parce qu'il donne une eau fortement ferrugineuse. La corvée revient généralement aux enfants. Une lanière de cuir, la « bricole », terminée à chaque extrémité par un crochet, permet pour les transporter de suspendre deux petits barils ou deux seaux. Gabrielle a gardé toute sa vie, à la naissance du cou, la marque de la « bricole » qu'elle posait sur les épaules. Car il faut beaucoup d'eau pour la forge. Le puits, à cause de son faible débit, a d'abord été gardé par un ancien soldat alsacien qui ne parle pas un mot de français. Les enfants l'appellent Gotfordomme. Il contrôle la consommation, qui ne doit pas dépasser dix litres par famille et par jour. Les animaux domestiques vont s'abreuver dans un ravin boueux à deux kilomètres de là. Par la suite, le treuil remplacera la poulie, et Gotfordomme sera supprimé. Plus tard encore, une fontaine sera installée au milieu du village.

Dans les premiers temps de l'Empire, le gouvernement reconnaît — au bout de six ans — que cinq hectares ne suffisent pas pour nourrir une famille. La part de chacun est augmentée de quatre hectares. Pierre Quillery a déjà défriché et ensemencé ce nouveau lot, quand le maire s'avise de trouver que ce terrain est indispensable aux troupeaux qui se rendent à la montagne. Il donne immédiatement l'ordre au berger communal de prendre, comme pâturage, le champ de blé prêt à épier. Le titre de propriété n'est que provisoire. Pierre Quillery doit céder et voir cette chose inouïe, le maire louer pour son propre compte, à la commune, contre une redevance annuelle de 25 francs, le terrain presque entièrement défriché par le concessionnaire, et qu'il ensemence aussitôt. L'histoire a toutefois une morale. Le maire — M. Louis, celui-là même qui possède l'unique épicerie-bazar — mourra atteint d'un cancer de l'estomac. « Il est mort de faim, conclut Gabrielle, devant une meule de 200 quintaux de blé extorqués à ses administrés par son avarice sordide et ses rapines. »

Pierre tentera de récupérer son bien. A la préfecture d'Oran, il sera débouté de ses réclamations et renvoyé très durement. On ne fait jamais droit des plaintes, dans les préfectures, afin de ne pas encourager l'esprit révolutionnaire. Elles sont au contraire communiquées aux maires qui se justifient aisément. Ils savent alors sur qui exercer des représailles. La plus expéditive étant l'expulsion, sous quatre jours, du colon récalcitrant. Le droit leur en est reconnu par la loi, ils en usent sur des familles entières. Pierre, devenu à demi fou, ne s'est jamais remis de cette injustice. Fiché par l'administration comme tous les colons, il est signalé : « Père réfractaire. Famille mal élevé : les enfants errent dans les champs au lieu d'aller en classe. A surveiller. » Jacques deviendra colonel dans l'armée française, Hermance et Gabrielle institutrices. Les trois derniers nés en Algérie sont morts, l'un du choléra, l'autre d'une maladie dont on n'a jamais su le nom. Le dernier n'a pas vécu.

La corde pour se pendre

L'usure a toujours été la plaie de la colonisation. La tentation est forte d'acheter à crédit une terre qui touche la sienne, ou quelques têtes de bétail qu'un colon réalise avant de se retirer. Il s'agit dans presque tous les cas d'une bonne affaire. Car l'argent manque affreusement dans ce pays neuf où l'on pratique le troc à la manière des indigènes, faute de numéraire. Du fourrage contre des pommes de terre, un agneau contre la saillie d'un bourricot. Seulement, qu'arrive-t-il, lorsque la maladie s'abat, ou après plusieurs mauvaises récoltes successives ?

Un colon de Renault, dans la région d'Orléansville, Lescure, raconte comment, dans les années 70, il a acquis une terre de 37 hectares dont 17 plantés en vigne, malgré les conseils de ses amis, les supplications de sa famille en pleurs. Le propriétaire a vu ses enfants fauchés par la mort ou quitter le pays. Il se retrouve tout seul et a décidé d'abandonner. La ferme est à vendre depuis un certain temps déjà, mais sans succès. Pourtant, les conditions sont avantageuses. Le raisin est laissé sur pied. Le paiement peut s'effectuer par tranches, même de 500 francs, avec un très long délai. Le vendeur en demande seulement 16 000 francs. Mais voilà, pour passer l'acte, il faut tout de même disposer de 900 francs. Lescure ne les a pas. Il finit toutefois par les trouver — à quel prix ! — et l'affaire se conclut. Lescure a joué, et il a gagné. Pour combien d'autres qui, devant les exigences de leurs prêteurs, doivent vendre pour rien, et disparaître ou se placer comme journaliers ? Les soucis d'argent sont constants, et davantage pour les plus entreprenants. Ils veulent réussir, et au plus tôt. Le courage ne leur manque pas. Leur mentalité est celle de l'aventurier plus que du paysan. Sur le point de perdre, on préfère doubler la mise. Une partie de poker contre l'adversité, dans un pays où le métier est particulièrement hasardeux. Elle conduit à s'écarter des règles de prudence et des principes d'économie qui caractérisent le petit agriculteur de France. L'agriculture algérienne en a longtemps conservé un côté spéculatif et instable.

Les ressources du colon sont toujours insuffisantes par rapport aux dépenses qu'il a normalement à acquitter. Le crédit est donc indispensable. Or, en 1848, il n'existe aucun organisme de crédit privé ou public en Algérie. Est bien créé en 1850, à Alger, un Comptoir d'Escompte, et l'année suivante, la Banque d'Algérie. Leur succès est rapide, mais leurs moyens insuffisants pour être utiles aux petits agriculteurs de la colonisation officielle. De même, le Crédit Foncier de France voit en 1861 son privilège étendu à l'Algérie. Pas plus qu'en France, il ne rendra de grands services aux paysans. Autre organisme fondé sous le Second Empire, la Société Générale Algérienne, ancêtre de la Compagnie Algérienne. Elle s'occupera davantage, jusqu'à sa disparition en 1877, de travaux publics et de rentabilisation des vastes territoires qui lui seront concédés, que de la petite entreprise. C'est sous la IIIe République qu'on verra le véritable premier essai, en Algérie, de crédit agricole normalisé, par l'apparition des Comptoirs d'Escompte. De forme mutualiste, ils s'organiseront autour de groupements locaux de colons. Ceux-ci se feront les promoteurs de l'affaire, généralement une société anonyme. Leurs actions ont été considérées, jusqu'à la fin du siècle, comme un excellent placement. Mais leur prospérité sera d'assez courte durée, du fait d'une mauvaise gestion et d'une ingérence regrettable de la politique. Le premier Comptoir d'Escompte se forme à Saint-Denis-du-Sig en 1871. Trois autres créations seulement suivent dans la décennie, à Boufarik, Marengo et l'Arba. Puis, ils se multiplieront entre 1881 et 1886, fortement encouragés par la Banque d'Algérie. Ils fournissent d'ailleurs la deuxième signature que celle-ci va exiger des effets présentés à son escompte. La Banque d'Algérie les considère à juste titre comme l'organisation bancaire propre à apporter aux petits colons qu'elle ignore elle-même, le concours efficace qu'ils attendent. La création de caisses locales et régionales de Crédit Agricole n'interviendra qu'après 1900.

Ainsi donc, durant près de cinquante ans, les colons n'auront d'autre ressource que le crédit apporté par les particuliers, c'est-à-dire les usuriers. Des juifs, mais aussi des Français ou des Espagnols qui prêtent à des taux démesurés. Ils ont quelque excuse. Ils s'assurent par là, très largement il faut le dire, contre le risque de perdre une partie de leur capital chez quelques-uns de leurs emprunteurs, non solvables ou disparus du jour au lendemain. Du moins ont-ils le mérite de tenir la place des établissements de crédit qui n'existent pas encore.

De gros négociants israélites viennent chaque année proposer des avances sur la récolte en herbe. Malheur à ceux qui sont obligés d'accepter les offres alléchantes. Ils devront, à une même date fixe, toujours de très bonne heure, apporter à la ville les céréales hâtivement battues, et les vendre à un prix dérisoire combiné d'avance avec les usuriers. Parfois, la récolte y passe tout entière, en échange d'un maigre prêt. Ils se voient alors obligés de racheter plus tard leur semence à un prix exorbitant. Ils l'ont payée, une année, au mois de novembre, jusqu'à 60 francs le quintal, après l'avoir vendue à 10 francs au mois d'août précédent.

On trouve presque toujours quelqu'un qui consent à prêter. Quand les sommes dues atteignent presque le prix de la propriété, le secours est brusquement suspendu. Il n'y a plus qu'à trouver — on y arrive parfois — un autre prêteur aux conditions encore plus dures, en attendant la fin. Tout rétablissement est devenu alors aléatoire, sinon impossible. On a simplement marqué une halte sur le chemin de la disparition.

Le taux exigé est très variable, 24,36 %. Il peut aller jusqu'à 96 % et davantage, par le jeu des renouvellements successifs. On a vu réclamer, en 1896, la somme de 43 000 francs pour un prêt de 1 500 francs consenti en 1840. Après la Révolution de 1848, la loi a bien ordonné que l'intérêt conventionnel ne dépasse pas les 10 % de l'intérêt légal. Mais les spéculateurs ont aussitôt imaginé d'ingénieuses opérations pour permettre de dissimuler l'excédent d'intérêt. Si bien que, l'année suivante, on a préféré rétablir le commerce libre de l'argent. Comme le soulignera en 1897 le rapport Burdeau, tant qu'il y aura — au mieux — des gens imprévoyants et des gens avides, il s'opérera entre eux des transactions. On ne les en empêchera pas.

Fils de déportés

Les premiers déportés politiques envoyés en Algérie sont les insurgés de juin 48 détenus à Belle-Ile. Ils doivent, par la loi du 24 janvier 1850, être « réunis dans un établissement disciplinaire spécial », et être « assujettis au travail ». Leur peine durera dix ans. Toutefois, au bout de cinq ans, s'ils témoignent d'une bonne conduite, ils peuvent obtenir une concession provisoire. On leur accorde le titre de propriété définitif après sept années. Lambèse a été choisi pour construire cet « établissement spécial ». Le lieu, aux environs de Batna, dominé par l'Aurès, présente un avantage, celui de ne pas manquer de matériaux de construction qui ont fait leurs preuves. Rien de moins que les précieux vestiges d'une ville militaire romaine, érigée comme une sentinelle face aux tribus nomades du Sud. De ce sacrilège, on a sauvé, dégagé par la suite, le prétoire, une partie du camp retranché et l'arc célèbre de Septime Sévère. Le légat impérial, chef des forces militaires de toute l'Afrique, y résidait, ainsi que la IIIe Légion Augusta, avec ses casernes, ses salles de réunion, ses chapelles et ses trésors.

Ils sont 450 à débarquer en 1850 à Bône. Le pénitencier n'est pas prêt. On les loge donc tant bien que mal dans la casbah de la ville. Ils ne quittent Bône qu'en mars 1852, pour laisser place à quelques-uns des milliers de condamnés qui affluent après le coup d'État du 2 décembre. Ils ont alors les honneurs d'un discours de Saint-Arnaud qui les traite « d'hommes de rien ». Sa voix est couverte par les cris de « Vive la République démocratique ». Et ils gagnent Lambèse en chantant la Marseillaise. Parmi eux, Patureau Francœur, « le vigneron de l'Indre ». Maire de Châteauroux en 1848, interné, il sera libéré grâce à l'intervention de George Sand. La romancière « ne croit pas à une République qui commence par tuer ses prolétaires ». Patureau Francœur choisira de rester en Algérie et de devenir colon. Il vendra la vigne et la maison paternelle pour s'installer à Jemmapes.

Les cellules du pénitencier n'étant toujours pas terminées, on loge les prisonniers dans les écuries. Ils sont la proie facile des épidémies et du scorbut. Cette situation des premiers mois, plusieurs rébellions avortées, font de Lambèse une sorte d'enfer où « les bourreaux sadiques se divertissent à maltraiter les transportés républicains ». Le génie de Victor Hugo n'est pas étranger à cette réputation. En fait, le climat est plutôt sain, et la discipline établie sur le principe du travail extérieur en commun le jour, et de l'isolement la nuit. Le camp dispose de 3 000 hectares d'excellentes terres, qui permettent d'occuper les détenus. Une section disciplinaire comprend ceux qui étaient primitivement condamnés au bagne en Guyane. Les évasions sont à peu près impossibles. Les Arabes sont nombreux à faire le guet. Ils savent qu'en ramenant au camp un prisonnier en fuite, ils recevront une prime de 25 francs.

Après le coup d'État du 2 décembre 1851, 239 opposants sont jugés et envoyés à Cayenne. Plus de 6 000 sont expédiés en Algérie. Ceux qui sont notés comme les plus dangereux, mélangés à des prisonniers de droit commun, sont enfermés dans les forts et les camps, à Aïn Sultan, Birkadem, Bourkika, Douera, Oued-Boutan, Sidi-Bel-Abbès, Sidi-Brahim. D'autres, les plus nombreux, sont installés dans les villages. Ils travaillent par escouades de vingt, dessèchent les marais, défrichent, font des routes, construisent. Les plus paisibles peuvent être employés dans des exploitations privées, ou astreints à résidence surveillée. Si leur conduite est satisfaisante, ils passent d'un régime à l'autre. On leur donnera même quelquefois des concessions. On pense ainsi régénérer les éléments récupérables en les transformant en colons.

Gabrielle Quillery raconte qu'elle entendra souvent, à son adresse et à celle de ses petits camarades, un « fils de déportés » lancé comme une injure. Les autorités, dans le bled surtout, mettront volontiers dans le même panier tous les arrivants de cette période. Mais l'opinion publique en Algérie se montre généralement favorable aux transportés, y compris le gouvernement général d'Alger qui adoucira les mesures prises par Paris. Amnistiés en 1859, ceux qui ne sont pas morts rentreront en France, deux cents environ demeureront en Algérie. Une poignée donc, mais qui agit, semble-t-il comme un levain. Ce sont d'anciens militants, des intellectuels, qui ont pour eux la connaissance du droit, qui savent parler, ou écrire. Une pépinière de journalistes et d'hommes politiques qui épouseront la cause des colons, défendront l'assimilation, combattront le régime du sabre et le royaume arabe.

L'image de marque de l'Algérie en prend un coup. Louis Veuillot affirmait dans les années 30 : « Ce que nous appelons notre colonie d'Algérie n'est qu'un hôpital dans une prison. » Une prison, par les murs de l'insécurité qui régnait alors. On peut, pour décrire l'idée qu'on se fait maintenant de l'Algérie, inverser les termes, et parler de prison dans un hôpital. Comment aller volontairement dans un pays aussi sinistre ? Où l'on meurt de la fièvre et du choléra. Qui est devenu le pendant de la Guyane sous le Directoire, un bagne où la guillotine sèche élimine les meilleurs (ou les pires, selon qui le dit) des Français. Les transportations s'ajoutant aux nombreux échecs des colons de 48, l'Algérie connaît une véritable impopularité. On avait des difficultés à trouver des terres, on a alors des difficultés à trouver des colons. Pourtant, on s'acharne. On, depuis 1852, c'est Randon.

La France s'essouffle

L'entreprise de colonisation officielle de 1848, par son ampleur et sa concentration dans le temps, est une extraordinaire expérience. On n'a pas manqué jusqu'ici d'ambitieux projets pour peupler la colonie. Mais aucun gouvernement n'a eu le courage ou la volonté de les réaliser. La IIe République l'a fait. L'Assemblée nationale estime qu'il convient d'en tirer les leçons avant d'aller plus loin. Une commission d'enquête est nommée en juin 1849. Présidée par de Rancé, député conservateur d'Algérie, elle choisit comme rapporteur Louis Reybaud. L'écrivain vient de publier une amusante chronique de son temps, qui connaît un grand succès, *Jérôme Paturot à la recherche de la meilleure des Républiques*. Les membres de la commission effectuent en Algérie un voyage de deux mois en plein été. « Jérôme Paturot à la recherche des colonies agricoles », va être le grand sujet de plaisanterie des journalistes du pays durant toutes leurs pérégrinations. Ils visitent effectivement les 42 nouveaux villages. 12 sont situés dans la province d'Alger, 9 dans celle de Constantine. Le plus grand nombre de créations, 21, est en Oranie. Lamoricière, maître d'œuvre du lancement de l'opération, a utilisé les sites du grand plan de colonisation qu'il avait élaboré en 1846 quand il était à Oran. Paris ne lui avait alors donné aucune suite. Bugeaud non plus, d'ailleurs.

Dans les conclusions de la commission, Louis Reybaud regrette que si peu de colons soient des cultivateurs de métier. Il juge que le tiers des recrues constitue de bons éléments, pour un tiers médiocres et un tiers nettement mauvais. Il conseille de recruter à l'avenir de préférence en province, et d'attendre que les villages soient prêts, pour mettre les familles en route. La bonne volonté n'a pas manqué. Mais on doit éviter une organisation trop radicale en matière de travail en commun qui répugne à tout bon terrien français. Par contre, un concours plus efficace des pouvoirs publics aurait certainement amélioré les résultats. Mais enfin, et malgré des éléments défectueux, il faut faire un gros effort pour tirer parti de la situation telle qu'elle est. Et s'abstenir de décourager davantage. Après tout, conclut Reybaud, l'histoire de toutes les colonies dans le monde n'est pas plus brillante. La « civilisation merveilleuse des États-Unis » n'a pas eu meilleur commencement.

Avant même que le rapport paraisse, un arrêté du 19 septembre 1849 prescrit qu'on choisisse dorénavant les émigrants pour un tiers au moins parmi les paysans français, de préférence des Méridionaux. Les deux autres tiers pouvant être formés de soldats libérés et, en dernier ressort seulement, d'ouvriers des villes. L'année suivante, l'Assemblée nationale décide de voter des crédits pour combler les vides dus aux épidémies et aux abandons. On choisira en priorité des soldats ayant servi en Afrique, et des cultivateurs mariés, d'Algérie d'abord, de France ensuite. Une innovation, les colons restent dépendants des directeurs militaires durant trois ans, mais ils sont rattachés au ressort de la justice de paix la plus voisine. Un progrès contre l'arbitraire.

A la fin de cette année 1850, un premier bilan peut être fait. 3 071 concessionnaires de 48 se sont maintenus, ils possèdent 26 000 hectares. Parmi eux, plus de la moitié sont des cultivateurs de métier, 831 d'anciens militaires, 383 proviennent d'horizons professionnels divers. Ils ont défriché 15 000 hectares, ils en ont ensemencés 11 000. Ils possèdent 5 000 têtes de bétail, ils ont planté plus de 300 000 arbres.

Mais tout cela a coûté fort cher. Au moment du vote du budget 1851, le rapporteur est Thémistocle Lestiboudois, gros propriétaire de la basse vallée de la Saf-Saf. Il insiste sur les obstacles rencontrés par la colonisation quand elle se fait aux frais de l'État. Le gouvernement décide de renoncer à un système de colonisation où le Trésor est à peu près le seul payeur. Les crédits sont stoppés. La politique de la France en la matière innove et se fait libérale. L'État concède dorénavant au colon 8 à 10 hectares et une maison bâtie, sans subventions. A lui de disposer de ressources suffisantes pour pourvoir à son installation. Mais il reçoit immédiatement un titre de propriété définitif, sans obligation ni contrôle. Il peut donc aussitôt hypothéquer ou vendre. Ce régime subsiste les dix premières années du Second Empire.

L'Algérie, à l'avènement de Napoléon III, représente une population européenne de 131 000 habitants. Cette population est en régression dans la province d'Alger depuis 1846 (57 000 au lieu de 73 000), mais grandit en Oranie (47 000) et dans le Constantinois (27 000). 85 000 vivent dans les villes, 46 000 en milieu rural, 32 000 sont agriculteurs. Les Français, 66 000, sont devenus plus nombreux que les étrangers, 65 000. En nombre égal dans l'Algérois, les Français sont supérieurs dans le Constantinois, en nombre inférieur dans l'Oranie.

Randon est personnellement partisan de continuer les efforts en faveur de la petite colonisation. Celle que connaît l'Algérie française depuis ses débuts et qui a contribué de façon privilégiée au peuplement européen. Malgré une réglementation plus sélective, le bilan de son gouvernement va être largement positif. Les zones colonisées s'élargissent jusqu'au Haut Chélif et dans la haute plaine d'Aumale, sur les plateaux de Constantine et de Sétif, et, en Oranie, dans la vallée du bas Chélif. De bonnes récoltes en 1852 et 1853 entraînent une progression de l'initiative privée, ce qu'on appelle la colonisation libre. L'autre, l'officielle, se développe aussi. En dix ans, 85 villages sont créés, ou, abandonnés, sont repris. On continue à faire appel aux étrangers, notamment aux Allemands. Ils peuplent Détrie, Dublineau, Aïn Si-Cherif en Oranie, Penthièvre et Guelaat-Bou-Sba dans le Constantinois. Vesoul-Benian est créé par des habitants de la Haute-Saône, Aïn Sultan par des Alsaciens et des Provençaux du Var, Blad Touaria par des Alsaciens et des Lorrains, suivant la théorie chère à Ducuing de « villages départementaux ». La population rurale passe de 46 000 à 86 000, mais la population globale des Européens n'augmente, elle, que de 15 000 âmes. La conséquence sans doute de cette mauvaise réputation dont ont a parlé, mais aussi du parti pris d'utiliser d'abord, pour la colonisation officielle, des individus déjà fixés en Algérie et donc adaptés. Ces dix années, dans bien des cas, recueillent les résultats des efforts faits dans la période précédente, sur la lancée, pourrait-on dire. Lancée qui aura perdu son impulsion quand Napoléon III impose la notion de Royaume Arabe, après que 22 000 concessions ont été accordées depuis 1830, représentant près d'un demi-million d'hectares.

Oued-el-Alleug, un village comme les autres

C'est à la suite d'une visite chez Théogène Lescanne que Léon Bérail, inspecteur de colonisation, demande en 1850 la création de Oued-el-Alleug. La région l'a séduit. Les meules de fourrage des fermes Lescanne font plaisir à voir. Le coin est fertile, il ne demande qu'à être défriché et assaini. Il jette un regard rêveur sur la carte d'état-major étendue sur le mur. Parce qu'il va mettre un gros point rouge, là, un village français de plus va naître en terre d'Algérie. Ce point rouge, il le trace à égale distance de Blida, de Koléa, de Boufarik et de Mouzaïaville. Joli point stratégique, non ? Il fallait y penser. Certes, il n'y a, en cet endroit, aucune ombre de chemins. Mais les routes, on est ici pour les faire.

Léon Bérail est content de lui. La journée a été excellente et l'accueil du gros colon, chaleureux comme toujours. Lescanne est un des tout premiers à s'être aventuré là depuis 1839. A peu près au même moment que de Bréda qui a acquis l'haouch Ben Bernou, du nom de ses anciens propriétaires. Les Ben Bernou étaient une tribu ralliée à la France au lendemain de la prise d'Alger. Elle a payé sa fidélité de son extermination, par les hadjoutes d'Abd el-Kader à la reprise des hostilités.

Théogène Lescanne est venu de France avec des capitaux. Il voulait se livrer à la culture en grand, à l'inverse de Bréda qui a fait de ses terres son territoire particulier de chasse. Il a trouvé les 900 hectares de l'haouch El Saff à sa convenance. Le domaine appartenait à deux colons de Boufarik, Roch et Selz qui le tenaient eux-mêmes d'une famille indigène où il ne restait plus que des enfants mineurs. Le tuteur s'était chargé de la vente. Les nouveaux propriétaires cherchaient maintenant à s'en débarrasser. Lescanne fait affaire en juin 1846, pour 120 000 francs. Grâce au hasard d'un procès habilement conduit, il n'a pas eu à solder entièrement ses vendeurs. Il y a aussitôt installé soixante-dix personnes recrutées en métropole. Avec ce personnel considérable, il a commencé par exploiter les ressources naturelles de ses terres, fourrages et bois. Les bois ne manquent pas, dans ce qu'on appelle ici, en bloc, la forêt de Mazafran. La Mitidja n'a pas usurpé sa réputation déjà proverbiale d'insalubrité. Les travaux y sont pénibles. Le nouveau propriétaire a renoncé à utiliser la main-d'œuvre indigène. Les Arabes n'entendent rien au maniement de la faux, du rateau et de la fourche. Pour attirer coûte que coûte les faucheurs européens, il emploie les grands moyens. Une bordelaise de bel et bon vin — rarissime par son prix — à chaque extrémité de la prairie. Les hommes peuvent en user à discrétion, au dépens, il faut bien le dire, de leur santé. On imagine les conséquences de la boisson dans ce foyer de miasmes brûlé par le soleil. On a raconté plus tard — il n'a pas fallu longtemps pour que les pionniers comme Lescanne aient leur légende — qu'une voiture spécialement aménagée allait matin et soir à Blida, évacuer les malades à l'hôpital militaire, et ramener des hommes valides pour continuer la fenaison. Tout en défrichant, Lescanne engraisse, dès la première année, des moutons et des bœufs, vendus au marché du Sebt, le fameux marché hadjoute que l'administration transportera plus tard à Mouzaïaville. Sebt, le marché du Samedi, comme son nom l'indique. Ou le lundi, au grand marché de Boufarik. C'est un de ses gérants, un Bigorrois illettré nommé Abadie, grand et gros homme à l'appétit proverbial — il mange à lui seul une tête de veau entière — qui, peu à peu, sélectionnera, parmi les chevaux barbes, les meilleurs restes de l'élevage hadjoute. Il en fera des reproducteurs de bêtes presque parfaites et très recherchées, aussi bonnes à la course qu'au travail. On les appellera d'ailleurs des Abadie.

Le domaine Lescanne finira par être repris par le Crédit Foncier, comme tant d'autres. Le premier gérant de cette société, Léon Petitfils, est connu pour avoir inauguré dans le pays l'arrachage de la vigne au moment de la mévente de 1885 et des années qui ont suivi. Il n'a pas eu, heureusement, d'imitateurs dans la commune.

Le projet de création de Oued-el-Alleug, sur la partie sud de l'haouch El Saff, est accepté par Paris le 29 août 1850. Le village a toujours été, avec la concession, le fondement de la politique officielle de la France en matière de colonisation. L'Algérie des Arabes et des Turcs possédait quelques villes, et peu de villages, sauf en Kabylie. Les lieux de rencontre étaient les marchés installés en plein bled. Bugeaud notamment prit fermement parti pour la multiplication des villages, plus faciles à défendre avec leurs enceintes et leur fort. Sans compter qu'ils devaient décongestionner les villes envahies par les oisifs et les spéculateurs.

Le rôle stratégique des villages est indéniable. Les habitants sont organisés en milices. Dès l'âge de seize ans, les hommes valides en font partie. Ils doivent s'exercer au maniement des armes, au tir. A Boufarik, c'est un sous-officier qui, après 1839, surveille constamment la Mitidja à la lunette. En cas de danger, il donne l'alerte aux faucheurs et aux défricheurs en hissant un fanion. Mais ce sont les milices qui, à la même époque, ont tenu les sept portes de la ville.

Il existe alors toute une technique pour travailler la terre et respecter un minimum de règles de sécurité. Les hommes disposent leurs armes en faisceaux dans les champs. Et ils font leur besogne sans jamais leur tourner le dos, en progressant de face. On comptera tout de même, rien que parmi les cultivateurs autour de Boufarik, 36 tués et 38 enlevés en quatre ans.

Après 1900, les villages perdront, dans certaines régions, de leur importance. Ils resteront, certes, le centre d'échange, le lieu de rencontre. Avec leur place, et autour, l'école, l'église, la mairie, la poste, les cafés, les commerces, avec le marché. Mais les agriculteurs auront tendance à se construire des maisons plus ou moins confortables sur leurs terres, et à y demeurer.

On ne demande pas aux premiers colons, venus participer à la fondation de leur village, leur avis sur le nom à lui donner. Suivant qu'il se crée en territoire civil ou militaire, quelque fonctionnaire ou quelque officier en décide généralement. Il en résulte pour l'Algérie une toponymie aussi variée que pittoresque. Les mots arabes, des noms de sites, avoisinent avec les grands noms français de la conquête et de la colonisation. Quand ils ne sont pas empruntés aux célébrités de tous crins de la métropole, ou aux grandes victoires hors de nos frontières. Les habitants du centre de Renault, créé en 1874, ont mis des années avant de savoir que leur village porte le nom d'un soldat qui s'est distingué durant la conquête, et qui est mort sénateur et général à la guerre de 70 des suites d'une blessure.

La plupart de ces villages ont connu bien des vicissitudes. Mais ils ont survécu. Certains, par contre, n'ont eu qu'une existence éphémère, ou ont été repris bien plus tard. Des témoins ont raconté la création en 1849 de Jemmapes aux environs de Philippeville. Ses futurs habitants doivent rejoindre leur village en convois. Sur le trajet, Saint-Antoine fondé l'année précédente. Il n'y a déjà plus âme qui vive. Un spectacle de désolation qui jette un froid. Un peu plus loin, Saint-Charles, fondé en 1846. Tous ceux qui ont conservé un sursaut de santé, de ressources, de volonté, ont abandonné. Ceux qui subsistent — trois foyers — vivent dans la désespérance. On installera en 1850 trente nouvelles familles qui capituleront les unes après les autres. Du Saint-Charles de cette époque, il ne restera qu'un cimetière.

L'histoire du village irlandais, un peu avant 1870, est plus drôle. Quarante familles irlandaises se sont portées volontaires pour créer un village au sud de Bône. La seule condition qu'on leur ait imposée, posséder un capital d'au moins 3 000 francs par chef de famille. Le lotissement du futur village est réalisé, avec un chemin pour y conduire et des baraques pour accueillir les immigrants. Ceux-ci peuvent arriver. Hommes, femmes, enfants débarquent à Bône. Discours du conseiller général et du sous-préfet, goûter des dames patronnesses. On se propose ensuite de les conduire sur leurs futures terres. Mais les Irlandais, avec une touchante unanimité, trouvent assez de mots français pour faire comprendre la situation. D'argent, ils n'en ont point. D'ailleurs, ils refusent d'aller dans le bled. Ni les encouragements ni les menaces ne les font changer d'avis : « Nous savons ce que valent vos villages à créer. On y meurt. Mieux vaut rester à Bône. La ville paraît agréable. Nous nous placerons comme domestiques. » Voilà comment il a existé dans le Constantinois un village qui n'a eu d'irlandais que le nom.

Dès que l'arrêté de création de Oued-el-Alleug est pris, un géomètre du service topographique, Alphonse Péringuay, est chargé de procéder au lotissement du nouveau centre de colonisation. Lescanne n'apprécie pas du tout une initiative qui l'exproprie d'une partie de son domaine. Mais ses protestations et contre-propositions n'aboutissent pas. Le village s'élèvera là où on l'a décidé. L'État rachète une partie de l'haouch El Saff. Et il donne à son propriétaire une extension importante de ses terres sur la forêt de Mazafran, alors très étendue et vierge.

Le décret de création du centre de Oued-el-Alleug porte la date du 15 décembre 1851 et la signature du président de la

République, Louis-Napoléon Bonaparte. 663 hectares 94 ares lui sont réservés, divisés en lots ruraux et urbains. Les colons, dont la candidature a été retenue, entrent en possession par tirage au sort. Le procès-verbal de l'installation des concessionnaires constate une chose rare, chacun se montre satisfait du lot qui lui est échu. L'importance des concessions varie, en accord avec le décret du 26 avril 1851, selon les ressources justifiées des intéressés. 4 chefs de famille reçoivent 30 hectares, 6 en reçoivent 20, et 16, 10 hectares. Un lot urbain revient à chacun, deux lots étant réservés, l'un pour la future mairie, l'autre en prévision d'une « maison d'assistance pour les malades et les malheureux ». On a le chiffre de la population au 31 de ce même mois de décembre 1851. 328 Européens habitent le village, 411 sont éparpillés dans la campagne. On compte d'autre part 1 367 indigènes. Oued-el-Alleug appartient à la commune de Blida. Sur la demande du sous-préfet, le géomètre Péringuay accepte de remplir les fonctions d'adjoint au maire et d'officier de l'état civil.

Histoires de clocher

La première préoccupation des nouveaux villageois est de se loger. Les vues diffèrent sur la question. Certains, comme Guerrier, se contentent provisoirement — un provisoire qui, hélas ! durera — d'un simple gourbi fabriqué en deux ou trois journées. Dupuy, Orseaux, Froissard se logent dans des baraques en planches. Quelques autres, Arène, Albert, Ducomman, le barbier Moreau s'abritent sous les tentes qu'on a mis à leur disposition, et se mettent à construire tout de suite des maisons en dur. C'est le cas aussi du concessionnaire Verdiale, à l'entrée sud du village, sur la route de Blida. Il y ouvre tout naturellement un café, car son lot possède l'unique puits du village. Les habitants iront longtemps chercher chez lui l'eau potable nécessaire. Deux maisonnettes sont édifiées comme prévu. L'une sert à la fois de mairie et de chapelle, l'autre accueille les malades et les indigents.

Dans les premiers temps, l'adjoint au maire est nommé pour deux ans. Le colon Vincent Charnaux succède au géomètre Péringuay. Cet ancien camelot est arrivé en Algérie avec un camarade. Jean-Pierre Mairot. Ils traînent quelque temps à Alger, à Blida. Ils ont bon cœur, et sont débrouillards. Le hasard les conduit à avoir pour voisin un officier influent gravement malade et livré à lui-même. Apitoyés, ils lui font de fréquentes visites, l'amusent de leur gouaillerie. Le militaire estimera qu'il leur doit son rétablissement. Il leur prouvera sa reconnaissance en demandant pour eux, et en obtenant, une vaste concession dans les dépendances de l'haouch Ben Salah. Ils partagent le domaine, se rendent sur la ligne de démarcation. Vincent Charnaux lance son chapeau en l'air. Il prend pour lui le côté où il retombe. Le neveu de Jean-Pierre Mairot, Auguste, « un athlète burgonde au poil de feu », sera maire du village en 1886 quand le maire Combredet démissionnera à la suite de dissensions au conseil municipal, autour de la reconstruction de l'école de garçons.

Vincent Charnaux — une grosse tête sur un corps trapu —, devenu l'administrateur de Oued-el-Alleug, engage pour garde-champêtre le sieur Du Bois d'Auberville. Son nom est élégamment apposé au bas des procès-verbaux de cette époque. Plus tard, la dame de la poste sera aussi de noble lignée. Elle ne s'appellera pas moins que Belen de Lachapelle de Lestonde et sera la grande amie de la femme du maire Chuffart. Mais n'anticipons pas.

Jean-Joseph Arène prend la suite en 1857 et 1858. C'est un homme instruit. Cela se voit à sa calligraphie et son orthographe. Il est vrai qu'il se destinait à la prêtrise. Il lui en est resté les sermons gaillards, et d'ailleurs fort spirituels, qu'il déclame au café les jours de liesse, grimpé sur une table. Il a laissé dans le pays le souvenir d'un brave homme. Et il est le premier à avoir construit une vraie et belle maison qui est demeurée. Bâtie en brique — on ne trouve pas de pierre dans le pays —, elle possède un vide sanitaire sous le plancher surélevé de soixante centimètres, et un plafond en planches à deux mètres cinquante du sol. Bref, ce qui se fait de mieux alors dans le bled. Car la plupart des constructions sont très humides. Les occupants sont obligés de disposer de la chaux vive sous les lits pour éviter les rhumatismes.

C'est au temps de l'ancien instituteur Camille Ducomman, que Oued-el-Alleug va devenir en 1861 commune de plein exercice. Camille Ducomman a eu comme élève le futur maire de Blida, Mauguin, qui sera conseiller général, député puis sénateur. Il est titulaire d'une concession, cultivée par son frère. On ne le connaît pas à Oued-el-Alleug. Son arrivée en 1858 se fait dans un apparat tout à fait exceptionnel. Il est installé par le sous-préfet de Blida en personne, le poète Ausone de Chancel. L'histoire ne dit pas si celui-ci a glissé dans son discours le fameux « On entre, on crie, et c'est la vie. On crie, on sort, et c'est la mort. » Il est d'ailleurs connu pour des ouvrages plus sérieux sur le Sahara, qu'il a écrits en collaboration avec le général Daumas. Le nouvel adjoint est présenté à dix heures du matin aux miliciens assemblés sur la place dans un garde-à-vous approximatif. Camille Ducomman conservera toute sa vie son allure de maître d'école, grand, le visage allongé, les yeux clairs, les cheveux d'un blond très pâle. Sous son administration sont forés deux puits artésiens, l'un dans la partie la plus élevée du village, l'autre sur le terrain communal pour le bétail. Les sources croupies donnaient jusque-là toutes sortes de maladies aux bêtes. Le lavoir et les abreuvoirs publics peuvent être édifiés.

L'eau potable est souvent l'un des problèmes de la colonisation, et d'ailleurs de la conquête. Les indigènes sont très négligents. Ils souillent les sources en laissant les animaux y patauger pour se désaltérer au lieu de constituer un abreuvoir de quelques cailloux. La quête de l'eau est quasi religieuse chez les colons. On a le culte des sourciers avec leur baguette, leurs trépans et leurs sondes. A Oued-el-Alleug, presque tous les habitants creuseront peu à peu leurs puits dans la cour ou le jardin. L'eau y est abondante et peu profonde, mais elle n'a pas la fraîcheur de celle qu'on retire des puits artésiens. Le puits artésien du village, foré sous Ducomman, alimentera jusqu'après 1900 les fontaines de la place, les édifices et jardins publics. Malheureusement, il sera envahi, comme les autres puits, par les sangsues.

L'invasion des sangsues dans toutes les sources du pays a donné l'idée au célèbre chirurgien Baudens d'un élevage original. Il avait acheté avec Vialar en 1836, alors qu'il était professeur à Alger, le domaine de Baraki balayé en 1839 par les cavaliers hadjoutes. Il bénéficie par la suite d'une concession sur le territoire de Oued-el-Alleug. C'est là qu'il construit de vastes bassins pour la culture des sangsues. On sait que ces bestioles qui présentent la caractéristique de boire d'un coup huit fois leur propre poids de sang, sont traditionnellement utilisées en médecine, dans les cas de congestion et d'apoplexie. Leur salive, aux propriétés coagulantes, a aussi une action bienfaisante sur le sujet traité. Mais le docteur Baudens, par ailleurs inventeur d'un ingénieux appareil à fracture qui porte son nom, a abandonné son élevage quand il a été nommé en 1854 chef du service de santé de l'armée française à Constantinople et en Crimée. Sa concession a été rachetée par un nouveau venu, Christian Jaegerschmidt après sa mort survenue à Paris en 1857. Le nouveau propriétaire utilisera les bassins pour irriguer ses orangers, ses maïs et ses tabacs.

Dans les réalisations de l'adjoint Ducomman, il faut noter la construction d'une école mixte que l'administration académique confie à deux religieuses de la Doctrine chrétienne, et l'achat à un entrepreneur, Condamine, d'une maison à étages qui doit servir d'église et de presbytère. Il a donc fallu huit ans pour que le village soit doté d'une école. La question épineuse de sa laïcité sera, sous la IIIe République, le cheval de bataille de la vie politique locale. Une façon de vivre le duel Mac-Mahon-Gambetta que connaît la France. L'ordre moral de l'un, le républicanisme de l'autre appuyé par les loges maçonniques déchaînées. Quand, en 1871, sera construite une école de garçons, l'école mixte tenue par les religieuses sera réservée aux filles. Le camp des anticléricaux, mené par le saint-simonien Arlès-Dufour, le franc-maçon Souanin, le futur maire radical Combredet, se lancera alors dans une campagne passionnée. La femme de l'instituteur Peytral, elle-même institutrice en congé, organisera bénévolement un cours pour les jeunes filles dont la famille n'accepte pas l'enseignement donné à l'école publique des religieuses. Finalement, le conseil municipal votera à l'unanimité en 1885 la laïcisation de l'école de filles. Les catholiques militants, dans un climat de guerre religieuse, créeront alors, pour accueillir les sœurs de la Doctrine chrétienne, l'école Sainte-Laure dans une grosse villa offerte par un dénommé Larroque.

Le chef de file des conservateurs est Henri Chuffart, maire de Oued-el-Alleug de 1876 à 1884. Un pionnier, arrivé en Algérie en 1843. Il émigre de son département du Nord avec ses parents, ses frères et sœurs. Tout leur bien tient dans un chariot léger tiré par des chevaux, avec lequel ils traversent la France pour embarquer. Ils s'installent à Birmandreis, dans les faubourgs d'Alger, et gagnent leur vie avec leur fusil. La virile énergie d'une des filles est devenue proverbiale. Elle chasse le sanglier avec autant d'audace que le plus audacieux de ses frères. Mais Henri, c'est cultivateur qu'il souhaite devenir. Il épouse une Vosgienne et vient s'installer à Oued-el-Alleug à peine créé, comme fermier de Mairot. Avec sa femme, il travaille durement, n'hésite pas à lier les gerbes au clair de lune pour avancer l'ouvrage. Ils dépensent le moins possible, font eux-mêmes leur pain en mêlant le cau à la fleur de froment. Le pain de cau n'est bon et beau que s'il est longuement travaillé et mouillé « de la sueur des bras », disent-ils. Chuffart a alors réuni suffisamment d'économies pour prendre en fermage la vaste zaouya Galbois. L'annuité est de 3 000 francs. Avec obstination, il draine et assainit. Ses récoltes deviendront belles et abondantes. Des céréales mais aussi du tabac, du maïs, du lin. Sa tenue est toujours soignée, il porte élégamment ses longs cheveux ondulés, sa barbe soyeuse, des gants à l'état neuf. Ce qui ne l'empêche pas de mettre la main à la charrue et d'être un agriculteur exemplaire. A une exception, qui tiendra de son tempérament et le distinguera toujours d'un Arlès-Dufour. Il se montrera opiniâtrement hostile aux nouveautés, aux expérimentations. Cela lui permettra d'ailleurs de mourir riche et non ruiné. Son principe favori est de tout faire à l'époque voulue. Ni la sécheresse ni la pluie ne retardent ses ensemencements d'un jour, pourvu que la machine puisse rentrer dans le champ.

Catholique convaincu, le maire Chuffart n'aura de cesse de construire son église. Il dit volontiers — cela ne fait pas plaisir à tout le monde et il en est pour crier au scandale — « qu'en présence de l'Islam, le vrai drapeau français est la croix catholique, et qu'un clocher dominateur doit la dresser bien haut dans le ciel ». Construit en 1885, il dominera effectivement, avec ses trente mètres, le village, et même les cinq rangées de platanes plantés sept ans plus tôt. Jusqu'au jour, revanche suprême des anticléricaux, où les platanes domineront à leur tour le haut clocher. Pas pour longtemps, un arrêté municipal les faisant couronner à cinq mètres. On critiquera aussi beaucoup la décision du maire Chuffart d'installer la nouvelle horloge, acquise par la commune, dans le clocher. « Comme on sonne quotidiennement la cloche », écrira l'instituteur Peytral, « l'ébranlement est tel que l'horloge ne peut donner l'heure qu'avec des variations étonnantes ». Mais l'honnête Peytral ajoute : « La richesse acquise ne gâta pas Henri Chuffart. Quand il mourut, les journaliers du pays se cotisèrent pour placer sur sa tombe une inscription laudative bien méritée. » Il est chevalier du Mérite agricole et chevalier de la Légion d'honneur.

Le premier conseil municipal

Un décret impérial transforme le centre de Oued-el-Alleug en commune le 22 août 1861. Du même coup, son territoire primitif se trouve agrandi des vastes haouchs qui l'entourent. Ceux-ci étaient jusque-là rattachés au cercle de Blida, ainsi qu'un certain nombre d'agglomérations indigènes. Avant 1830 en effet, plusieurs tribus vivaient là. Dans la plaine, les Ben Bernou disposaient de terrains de parcours, de pacages abondants mais singulièrement malsains. La plupart, les Beni Salah, les Beni K'lill, les Beni Tamou, se concentraient dans la région haute où ils pouvaient semer et planter. Les Hadjoutes constituaient une tribu privilégiée, comme les Hachem de

Mascara. Ils avaient pour mission de collecter l'impôt. Leur resserrement les a tous amenés à se regrouper en zaouya. Les Beni Tamou ont 709 hectares pour moins d'un millier de personnes. Un taleb y tient une sorte d'école religieuse. La zaouya de Sidi Medjabar compte un peu moins de 200 habitants pour 30 hectares. Les Ben Salha, 500 personnes, possèdent 183 hectares de terre fertile. Les Sidi Yahia vivent à 20 sur 50 hectares très productifs. Des talebs itinérants assurent aux enfants un rudiment d'instruction islamique. Ce sont les mêmes qui vont enseigner aussi à Oued-el-Alleug et dans les autres villages de la région. Une ou deux fois par mois, le cours se passe dans un café maure qui, ce soir-là, baisse le rideau de bonne heure. On psalmodie la prière, on écoute la prédication.

Certains indigènes vivent dans des gourbis, à l'écart des gros haouchs. Ils ne sont ni propriétaires, ni nécessairement attachés au domaine. Ainsi une trentaine d'entre eux demeurent à l'haouch Kouch, et vont travailler à l'année dans des fermes voisines. De même à l'haouch Maramane. La zaouya Sidi Kadour Cherif, du nom d'une vieille famille musulmane qui en est propriétaire, occupe dix-neuf fermiers arabes.

Les haouchs qu'on rattache à la commune de Oued-el-Alleug, sont parmi les plus fameux de la Mitidja. L'haouch El Bey était la propriété du bey d'Oran, Omar. Le dey obligeait ses vaissaux, les beys d'Oran, du Titteri et de Constantine, à posséder de grandes propriétés près d'Alger. Ces domaines princiers étaient des gages de fidélité. Au moindre soupçon, le chef de l'Odjak commençait par les faire occuper par ses janissaires. L'haouch El Bey, acquise par le général Clauzel dès 1831, appartient maintenant à la famille Fayolle du Moustier.

L'haouch Zaouya est au général Galbois. Elle lui a été attribuée en 1846 contre une rente annuelle de 3 francs par hectare et sous condition d'installer quinze métayers ou khammès. Les khammès sont des fermiers au cinquième. Ils fournissent le travail, et reçoivent, du propriétaire de la terre, les semences qui leur seront retenues, et les bêtes. Le cinquième de la récolte leur revient. L'haouch Ben Bernou de Bréda s'est agrandi de l'haouch Bou Chlell et du Domaine des Sources formant un magnifique ensemble qui a changé plusieurs fois de main. Bréda l'a revendu à Raousset-Boulbon, célèbre dans la région pour ses parties de chasse avec son ami de Franclieu. On aime à raconter comment, avec les généraux Margueritte et Yusuf notamment, ils tuaient au vol, de leur plomb infaillible, canards, oies, pluviers, vanneaux, bécassines et bécasses, cailles et perdrix, ainsi que lièvres et lapins, sangliers et panthères. Des récits qui laissent rêveurs seulement vingt ans plus tard, le gibier se faisant déjà rare dans ces régions.

Gaston de Raousset-Boulbon a revendu ses haouchs à Jean Chalard, le fournisseur des troupes de Crimée. Celui-ci a acquis une fortune immense. Malheureusement, il est illettré. Il refuse d'ailleurs pour cette raison les fonctions d'adjoint au maire dans le premier conseil municipal. Sa complète ignorance — il signe mais ne sait pas lire — permettra à ses comptables d'exploiter à leurs profits ses biens. Lui qu'on surnomme le riche, pour le distinguer de son cousin François, qui « a remué à la pelle les pièces d'or », devra liquider ses boucheries, ses propriétés qu'il vend à Armand Arlès-Dufour et devenir simple fermier. L'adversité n'aigrira pas son caractère. Il restera jusqu'à la fin un beau vieillard droit et robuste, au profil bourbonien et à la bouche fine, toujours souriant et rasé de frais. Il mourra dans un âge avancé à La Chiffa, sans autre bien qu'une forte surdité.

L'haouch dit Zaouya Medjerbar et ses 617 hectares appartiennent à Frédéric Doreau. Lui aussi s'y ruinera, mais non par manque de savoir. Il était un procédurier hors ligne. On considérait comme gagnées toute cause, toute affaire contentieuse dont il se chargeait. Partisan passionné de la culture du coton, il a abandonné la basoche pour faire passer ses certitudes dans les actes. Il n'aura pas le temps d'aller jusqu'au bout de sa démonstration. Manquant d'eau, il soutiendra un long et coûteux procès contre l'État et la ville de Blida. Il s'en trouvera ruiné bien que victorieux. Il reviendra alors à ses premières amours. Il sera maire de Oued-el-Alleug durant quelques mois en 1870.

L'haouch Abziza et l'haouch Ben Daly Bey seront acquis vers 1890 par la Compagnie Marseillaise. Le second est la propriété d'un des vieux pionniers de Oued-el-Alleug, Victor Gasq. Il la tient lui-même d'Orban, le ministre libéral belge. Venu du Var,

Gasq est un gros homme vif et leste qui ne craint pas le coup de poing. Mais il est très bon. Tout ouvrier cherchant du travail peut se restaurer gratis chez lui et prendre des forces pour aller plus loin. Son imagination est sans limites, servie par une mémoire exceptionnelle. Il aime les discussions interminables. Contredit un jour par Henri Chuffart sur une question d'histoire, il va le soir même trouver l'instituteur pour qu'il lui procure « la meilleure histoire de France ». Il a remarqué que les abeilles sauvages pullulent dans la région. On en trouve partout, dans les toitures des fermes, dans les vieilles futaies des caves, dans les troncs creusés des arbres. Les indigènes, grands amateurs de miel, possèdent souvent des ruches aux alentours immédiats de leurs gourbis. Victor Gasq installe chez lui une quarantaine de colonies d'abeilles. Pour extraire le miel, il utilisera ingénieusement un minuscule pressoir à vin. Les ruches demeureront tant qu'il sera en vie, mais il ne sera guère suivi. Et l'instituteur Peytral, qui voudra donner aux enfants le goûts de l'apiculture, n'y gagnera qu'un mauvais procès. Il a installé en effet trois ruches dans la cour d'école réservée aux maîtres. On reprochera à ses abeilles de constituer un danger permanent et grave pour les élèves, et il comparaîtra devant le juge de paix de Blida. Les plaignants seront déboutés, mais l'instituteur écœuré arrêtera ses cours pratiques.

Victor Gasq est surtout le premier à Oued-el-Alleug à avoir planté de la vigne en grand. Il a fait réaliser un foudre de 1 200 hectolitres que tout le monde surnomme avec respect « le Formidable ». Sa femme mourra, jeune encore, d'avoir trop travaillé, debout à trois heures du matin, ne se couchant pas avant dix heures le soir. La mort de leur fils Félix suivra de près la sienne. Victor Gasq ne leur survivra guère. L'autre fils, Eugène, vendra le domaine et se lancera dans le négoce du vin.

Ces fortes personnalités vont transformer la vie du petit village de Oued-el-Alleug et de ses modestes concessionnaires. Ils mettront souvent leurs capacités, leurs relations, au service de la nouvelle commune. Ce sont des créateurs, des organisateurs nés, et l'esprit d'entreprise ne leur manque pas. On connaît les noms des membres, nommés par le préfet d'Alger, de ce premier conseil municipal de 1861 : Camille Ducomman, désigné comme maire, Jean Chalart qui refuse la fonction d'adjoint au maire, il est remplacé par Christian Jaerschmidt. Celui-ci, qui a acquis les terres du docteur Baudens, est un ancien fonctionnaire policé et de belle prestance. En 1872, le gouvernement de Gueydon lui confiera la charge de répartir les indemnités à allouer aux victimes de l'insurrection de Mokrani, en même temps qu'à Lescanne et Borély-La-Sapie.

Frédérique Doreau, Maurice de Franclieu, le décoré de Napoléon III à l'entrée même de sa propriété, Vincent Charnaux, François Moreau sont les conseillers français. Un conseiller étranger, comme le prévoit la loi, Alfrede Tenge, et un conseiller indigène, Ben Aïssa Ben Djelloul. Les étrangers sont déjà nombreux. Ils le deviendront davantage encore avec les ouvriers espagnols quand, après 1880, la plaine de la Mitidja se couvrira de vignes et d'orangers. Alfrede Tenge est sujet prussien, l'un des acquéreurs des haouchs Ben Daly Bey et Abziza quand a disparu la Société Dervieux encore appelée Société Marseillaise. Distingué, instruit, il a laissé un excellent souvenir dans le pays. A la déclaration de guerre en 1870, il rentrera en Allemagne. On a dit qu'il a rendu de grands services aux Français retenus dans les prisons allemandes.

On compte encore, parmi les étrangers du village, Pierre Hubert, le forgeron belge, la probité faite homme. Son fils Félix, qui a une belle situation dans une grande boucherie d'Alger, viendra travailler à l'enclume du père quand il mourra. De chagrin surtout, car il a voulu se lancer parallèlement dans l'agriculture et s'y est ruiné. Félix élèvera, établira ses nombreux frères et sœurs et fera de l'atelier de forge et de charronnage, le premier du pays.

C'est lui qui, alors conseiller municipal dans l'équipe Combredet, aura maille à partir avec le curé Charles Magne. Partisan acharné de l'école laïque, il ira chercher, le jour de l'ouverture de l'école de garçons reconstruite, les enfants qui se cachaient dans le clocher avec l'aide du prêtre. Il les prendra par deux ou trois à bras-le-corps et ira tous les déposer dans leur salle de classe. « C'est ainsi, conclut l'instituteur Peytral, que l'école de garçons ne perdit pas un seul élève. »

Jacques Finateu a par son mariage une place à part chez les

étrangers du pays. Il est français, originaire de Koléa. D'abord agent des Ponts et Chaussées, il s'est fixé à Oued-el-Alleug où il a épousé une débitante espagnole. Il a pris peu à peu une grande influence sur les péninsulaires, planteurs de tabac, de pastèques, de maïs, vivant sur la commune. Il est en train de perdre son allure alerte de Catalan, il devient énorme. Mais le meilleur élève de l'instituteur de Koléa, feu Dupeyron, a gardé l'esprit vif. Il se lance souvent, derrière son comptoir, dans des diatribes enflammées sur La Fontaine et Molière, à l'adresse de ses pratiques embrumées qui l'écoutent avec admiration.

Il y a encore l'Américain. Mais Barthélémy Clos n'a d'américain que son surnom par lequel tout le monde le connaît. On dit qu'il a passé de longues années dans le Far-West où il était cow-boy. Il est revenu d'Amérique avec un pécule qui lui a permis de cultiver en grand les terres de Malglaive comme fermier. Par son travail et sa vie simple de « ranchman », il est devenu un homme fortuné mais généreux. Complètement rasé, le nez droit, fort et long, les yeux expressifs et malicieux sous d'épais sourcils broussailleux, le front large et bien découvert, il est très populaire dans le pays. Il aime à raconter ses aventures en Amérique. Et il conclut invariablement : « L'ignorance a toujours causé mon malheur. Combien de fois mes patrons ne m'ont-ils pas offert l'association dans l'élevage de nos grands troupeaux. Mais j'ai toujours refusé : je ne savais pas lire. Il m'était impossible de profiter des occasions. Si j'avais été instruit, au lieu d'être un âne qui ne sait ni lire ni écrire, je serais millionnaire combien de fois ! » Souffrant du foie, il a été le premier à prendre chaque année le chemin de Vichy. Au retour, il se fait une joie de raconter ses causeries avec l'ex-reine d'Espagne, Isabelle II qui pratique la même source...

C'est à partir de 1867 que les municipalités seront élues au suffrage universel. Mais le maire restera nommé par le préfet, qui n'aura pas, jusqu'en 1884, à choisir parmi les élus pour le désigner. En 1884, le parti Chuffart, comme on dira, sera mis en minorité. Augustin Combredet prendra la mairie.

La vie au village

Ne dites jamais à un habitant de Oued-el-Alleug que son village est bâti sur un cimetière. Il n'aime pas cela. Et s'il est superstitieux, il se signera à la dérobée. C'est pourtant vrai. Que dis-je, un cimetière ! Des cimetières, une multitude de cimetières de tous les temps et de toutes les civilisations. Le site de Oued-el-Alleug doit inciter au repos éternel. Les enfants de Mme Souanin ont découvert une tombe d'un temps immémorial en pierres grossièrement taillées. Elles étaient jointes au moyen de liens passés dans des orifices creusés à cet effet. Les ossements n'étaient plus distincts. Nicolas Porté a longtemps utilisé une tombe romaine, mise au jour dans son champ, comme auge où faire boire ses bêtes. M. Réfrégier, lui, en a découvert plusieurs au-dessus de son orangerie. L'instituteur Peytral qui a consigné ces faits ajoute : « On ne les regarde pas sans une évocation émue du passé, sans un sentiment soucieux de l'avenir. » Effectivement cela pouvait donner à réfléchir.

Tous les ans, en octobre, les indigènes viennent en grand nombre au village. Ils fêtent un saint de l'Islam, un marabout vénéré, Sidi Lhassib. Même si personne ne sait plus très bien quand il a vécu et quelles étaient ses vertus. On est certain seulement que son souvenir mérite de subsister dans le pays qu'il a honoré par sa vie. La fête a lieu sur le boulevard Nord autour d'un bosquet de vieux oliviers que l'urbaniste et les colons ont respecté. Sidi Lhassib est inhumé là, entouré d'un grand nombre d'autres sépultures. A chaque fois qu'on fait des terrassements pour quelque construction nouvelle, on en met plusieurs à nu. Les ossements ne tiennent plus. Les crânes sont remplis de glaise noirâtre, ils s'effritent sous le doigt. L'école a essayé de conserver un crâne de femme, mais il a vite disparu, faute de vitrine où l'enfermer.

Les contemporains ont ajouté les leurs à ces cimetières du

passé. A trois cents mètres du village, à l'est, se trouve le cimetière des Européens. On l'aperçoit de loin par ses cyprès, ses eucalyptus, ses pins plantés peu après la création du village par Henri Chuffart. Il a fait don du terrain. C'est un carré parfait divisé par deux allées de milieu se croisant à angle droit. Au carrefour central, sur un bloc mal équarri, s'élève une croix de misère en fonte. Les tombes font face à l'Orient, comme dans les cimetières musulmans. Ce sont de simples tertres plantés d'arbustes et de fleurs. L'humidité est telle, qu'on dépose des cercueils dans l'eau. Les caveaux et les chapelles funéraires n'apparaîtront que bien plus tard, après 1890, ainsi que le mur d'enceinte et le puits. Les femmes doivent amener l'eau du village. Le gardien est un vieil ouvrier du pays, à demi aveugle, qu'on surnomme le Parisien. La mairie lui attribue un maigre salaire de secours.

Les cimetières musulmans — il y en a plusieurs dans la commune fidèle à sa réputation — se distinguent par leurs oliviers et leurs figuiers de Barbarie. Les tombes, deux dalles longues fichées verticalement dans la terre en direction du Levant. Elles marquent la tête et les pieds, éparpillées parmi les jujubiers et les palmiers-nains.

Il y a aussi les marabouts. De simples arbres, aux branches desquels pendent des chiffons. A leur pied, dans une poterie à feu, les dévots déposent des bougies peintes en vert, et même de la menue monnaie. Les restes d'un saint de l'Islam reposent en ces endroits. On vient lui demander la guérison des fièvres et des maléfices.

On n'a pas toujours respecté les vieux arbres existants, mais on n'en a pas moins beaucoup planté, durant toute la colonisation. On ne conçoit ni villages, ni fermes, ni allées, ni rues, sans arbres. Dans les premiers temps, on a multiplié dans la Mitidja les plantations d'eucalyptus. Armand Arlès-Dufour en a couvert quarante hectares à Oued-el-Alleug. On croyait que c'était une bonne façon de combattre le paludisme. Mais, vers la fin du siècle, on se mettra à penser le contraire, et les plantations d'eucalyptus cesseront. Ailleurs, sur les hautes plaines, seuls les amandiers et les acacias viennent facilement. Dès la création de Oued-el-Alleug, le maire géomètre Péringuay, qui a dessiné le village, a prévu un large boulevard qui le traverse de part en part, agrémenté de nombreux arbres, mûriers, micocouliers, ormes. Ceux-ci seront arrachés quand on voudra les remplacer par cinq rangées de splendides platanes, « l'arbre à la mode », ajoute perfidement l'instituteur Peytral qui n'est pas d'accord.

Les platanes, dont tous les habitants de Oued-el-Alleug sauf un, s'enorgueillissent, jouent un grand rôle dans la vie du village. Le dimanche surtout, où toute la campagne se retrouve. Le coiffeur n'a pas le temps de déjeuner, les cafés sont bondés et les boulangers ne chôment pas depuis la veille. Les joueurs de boules se partagent la place avec les colporteurs juifs dont les nombreuses voitures stationnent là. Ceux-ci, jusqu'à la crise antisémite, viennent régulièrement au village et dans les fermes. Les ménagères sont ainsi servies à domicile, sans même sortir parfois de leur maison. On leur présente les marchandises à leur fenêtre. Pour d'autres, c'est au contraire l'occasion de jacasser avec les voisines et satisfaire leur curiosité en faisant déballer les mille et une merveilles qui se cachent dans les grands tiroirs des roulottes et des chariots aménagés.

Les ouvriers indigènes s'éparpillent ou s'amassent, sillonnent les rues et le boulevard, stationnent devant les cafés-maures en attendant de pouvoir y prendre place. Durant les grands travaux, fenaisons, moissons, vendanges, la partie sud du boulevard, aux abords de la route de Blida, est envahie par des hommes de toutes origines. On installe sous les platanes des gargotes volantes et des échoppes de plein air. On voit s'étaler, autour des marmites et des poêles soutenues par quelques cailloux adroitement disposés, des masses de poivrons, de piments, d'oignons qui attendent leur tour de friture.

L'aire ombragée des platanes offre aux saisonniers non seulement le couvert mais le matelas. Et comme ils évacuent sur place, les gens du village se plaignent « de l'air empuanti quand ils le désiraient pur ». Sans obtenir satisfaction. Il est vrai que la propreté n'est pas non plus le fort des pionniers de la colonisation. A Oued-el-Alleug, les tas de fumier prospèrent à deux pas des boulevards, le long des routes de Blida et de Boufarik. Et les voyageurs pressés, qui sortent des diligences, à la traversée du village, n'ont à leur disposition d'autre isoloir que le tronc épais et complaisant des platanes.

Les saisonniers kabyles, nombreux, préfèrent dormir sur l'étroit trottoir qui longe l'école de garçons. Dès qu'ils ont avalé leur repas, ils se placent en éventail autour des portes, les têtes sur les marches de pierre (des pierres taillées, insiste l'instituteur), les pieds vers la rue. Et ils discutent, interminablement, non sans quelques éclats. L'instituteur a ses fenêtres juste au-dessus. Il se trouve fort incommodé tant par les odeurs que les bruits, et il mène, avec ses voisins d'une saison, une lutte obstinée pour les amener à porter à distance les débris de leurs agapes. Ce qui n'empêche pas ceux-ci de ne demander qu'à fraterniser. Ils sollicitent sans hésitation, le sourire aux lèvres, le prêt d'une casserole, d'une marmite, d'un poêlon que le brave instituteur leur accorde généralement.

On enlève les ordures deux fois par semaine. Mais le village a toujours la trace du passage du bétail dans les rues. Car chaque maisonnée a sa cour — véritable cloaque —, son jardin. Et les porcheries, les écuries, les étables regorgeant d'animaux de trait ou de laiterie, de volailles — oies et canards en quasi-liberté — ne se comptent pas. Oued-el-Alleug n'est pas ce qu'il y a de pire. Bien au contraire, affirme l'instituteur Peytral, il excite régulièrement l'admiration des voyageurs. C'est que la journée du colon est rude, avec de la besogne plus qu'il n'en faut. On se lève tôt, à 4 heures, pour se rendre aux champs. On mange un casse-croûte dans la matinée, sans vraiment s'arrêter. On marque longuement la pose de midi, par le déjeuner et la sieste sur place. On se couche avec le soleil, dès la fin du dîner. Seuls les vieux ont le temps de prendre l'air assis sur une chaise devant leur porte dans les fins d'après-midi d'été. Les jeunes et les femmes, quelques couples plus âgés aussi, habillés proprement, font le dimanche soir la promenade rituelle. Le long boulevard que l'on parcourt plusieurs fois, scrupuleusement d'un bout à l'autre, par petits groupes. Quand on se croise, on échange une plaisanterie, on ébauche une conversation, sans stopper sa marche. La promenade sur le boulevard constitue la principale distraction, et d'ailleurs la plus attendue.

Dans la vie quotidienne où le travail, sa sécurité et les soucis matériels font sévèrement l'essentiel, les événements familiaux prennent une grande importance. On fête solennellement mariages, naissances et enterrements, y compris quand ils concernent les serviteurs européens. La famille et les amis viennent de loin partager un repas à l'indigène, couscous et méchoui. Plus fréquemment un repas à l'européenne, à base de charcuterie et de volailles. On se déplace davantage pour les enterrements. Ils donnent lieu à des réunions animées. Quand il s'agit d'un enfant, on n'oublie pas de dire qu'un ange est au ciel.

Le mariage est une circonstance où l'on veut faire « convenablement » les choses. On ne se marie jamais le mardi, bien entendu. D'ailleurs, on n'entreprend rien ce jour de la semaine. En français ou en espagnol, tout le monde connaît le proverbe : *Martes no te cases*. Et l'on est bien sûr que la mariée ne portera pas de collier de perles. Elle pleurerait au moins autant de fois qu'il y a de perles au collier. Car on est devenu très superstitieux dans la colonie. Tout ce qui porte malheur en France, en Italie, en Espagne, chez les juifs et chez les musulmans, est pris en charge ici.

Pour en revenir aux mariages, faire convenablement les choses, c'est d'abord donner à l'enfant qui se détache du tronc familial, non pas le superflu, mais le nécessaire. Pour parvenir à ce résultat, on y réfléchit longtemps à l'avance afin de ne pas être pris au dépourvu. Le jour venu, les invités sont reçus largement. Beaucoup de mets, beaucoup de vin, beaucoup de rires et de joie. La fête terminée, on reprend l'ouvrage, simplement, face à la terre. Les enfants, qui deviendront vieux à leur tour, sont allés on ne sait où, cacher leur bonheur pour quelques courtes journées. La plus grande partie du village a été invitée. Il y a les personnalités, le maire, le curé, l'instituteur, et le cantonnier, et l'ami-qui-est-arrivé et qui vit à Alger, ou Oran, ou Constantine. Il a fait le voyage exprès, avec sa femme et ses enfants. Il y a aussi le charretier qui a monté les nombreux colis de la noce, l'ancien brigadier de gendarmerie qui a pris sa retraite proportionnelle, pour se retirer sur le bien qu'il a acquis, une maison et un champ. Le repas terminé, généralement dans la grange, tout le monde débarrasse. En un clin d'œil, les hommes ont rangé planches et tréteaux. Au son d'un accordéon, sous la lumière fumeuse des lampes à huile ou à acétylène, toute la noce se met à danser.

Les fêtes religieuses sont aussi l'occasion de réjouissances. Les pieux Alsaciens ont imposé le traditionnel arbre de Noël qu'on va chercher bien loin dans la montagne. C'est rarement un sapin. Le lundi de Pâques a lieu la Mouna. Ce mot espagnol recouvre à la fois la brioche ronde parfumée à la fleur d'oranger, et la sortie autour d'un immense pique-nique, dans un endroit agréable et souvent très proche. La Mouna se fait en famille, ou même avec la participation de tout le village. La journée se termine par des chansons et des jeux, tandis que les anciens somnolent doucement.

Les enfants du bled, comme tous les enfants du monde, ont aussi leurs distractions et leurs jeux. Ils empruntent aux Espagnols, aux Italiens, aux Arabes, aux Provençaux, suivant des modes qui vont et qui viennent selon les endroits et les générations. Comme les Arabes, on joue aux osselets, aux dominos et au carré, on fait la lutte à main plate sous les platanes. Les plus grands jouent à la ronda avec des cartes espagnoles chipées à la maison. Quand le village est adossé à une colline et qu'il offre des rues en pente, il y a forcément, le jeudi et le dimanche, des caricos qui dévalent à fond de train. Ce sont de simples planches où sont fixées des roulettes. Toute la difficulté est de trouver les roulettes. Ceux qui n'ont pu fabriquer leur carico se contentent de se faire traîner dans un vieux couffin à l'aide d'une corde.

Et puis il y a la chasse. Les enfants chassent très jeunes. Le premier fusil comme le premier cheval sont des dates qui marquent la vie d'un adolescent. Les hommes garderont longtemps le fusil à portée de la main en allant au champ. Du haut de la charrette qui avance, on abat les lièvres et les perdrix qui foisonnent dans les broussailles. On opère un véritable massacre sur le gibier à plume, les gamins avec leurs gluaux, les chasseurs avec leurs filets et leurs pièges, les bergers indigènes avec leurs hameçons. Les plus acharnés partent, généralement à deux ou trois, dès le samedi soir, pour être sur place, dans la montagne, le dimanche de grand matin. Ils couchent sur une natte à même le sol et se restaurent d'une galette d'orge arrosée de petit-lait, parfois d'une tadjine épicée ou d'un couscous rustique. Ils chassent le lièvre, la bécassine ou la caille sur l'herbe courte des vastes étendues de palmiers-nains. La chasse au lion, à la panthère, à l'hyène, au sanglier, au chacal, au renard, au cerf, à l'antilope, à la gazelle sont plaisir de seigneur que l'on connaît de moins en moins. Les grands carnassiers reculent vers le sud et les zones montagneuses où l'on n'a pas toujours le loisir de les poursuivre. Si ce n'est les officiers supérieurs, les hauts fonctionnaires, les gros propriétaires, les riches touristes, les cavaliers de grande tente des tribus du Sud. Les bêtes féroces n'ont, toutefois, pas totalement disparu des zones côtières. On raconte qu'un lion a franchi l'enceinte de Mondovi en 1849 et tué un bœuf. Une panthère de l'Algérois a dévoré une fillette à Kouba en 1852. Gabrielle Quillery à Damesme entendait les bandes de sangliers descendre de leur montagne en dévalant les pentes dans un bruit de reniflements sonores et de cailloux qui dégringolent. Ils viennent dévaster les récoltes deux fois par an. Au printemps, lorsque les céleris sauvages sortent de terre parmi les céréales en herbe. L'été, à l'époque des moissons. Les Arabes sont habiles dans l'art de les prendre. Ils passent dans les fermes où ils trouvent toujours preneur.

Il existe aussi les chasseurs de primes, des spécialistes. Bon nombre sont européens. Ils tuent les fauves pour toucher la prime de l'administration et ils vendent les peaux si elles sont intactes. C'est la raison pour laquelle ils visent toujours la bête dans l'œil. En 1872, on leur accorde 40 francs pour un lion ou une panthère, 5 francs pour une hyène, 1 franc 50 pour un chacal. Lorsque l'on a un long déplacement à faire, et qu'on doit coucher la nuit sous la tente, on prend la précaution, dans certaines zones, de se tenir éveillé à tour de rôle pour alimenter les feux. Ils éloignent les fauves attirés par l'odeur des chevaux et du bétail si on en transporte. Tandis que les chacals glapissent et que l'hyène fait entendre son ricanement qui glace de terreur celui qui n'y est pas habitué. Comme si tout un monde maléfique rôdait en bordure des dernières broussailles qui râpent les frêles tentes.

Qu'allaient-ils faire dans cette galère ?

Même en zone pacifiée, les colons sont à la merci de dangers sans nombre qui les maintiennent dans un qui-vive perpétuel. Les voleurs font partie de leur environnement quotidien. Souvent de menus larcins, mais qui, répétés, les rendent nerveux et les dépriment, eux qui acquièrent le moindre de leurs biens avec d'infinis efforts. Et les voleurs se transforment souvent en assassins quand ils sont pris en flagrant délit. Dans les nuits chaudes, où l'on dort toutes fenêtres ouvertes, il n'est pas rare de retrouver vide le matin la chaise où sont posés ses vêtements. Dès qu'il y a des troubles quelque part dans le pays, ou dans les temps de famines qui suivent les mauvaises récoltes, on peut être sûr que le climat va se détériorer, que les actes de banditisme vont augmenter. Il faut alors renforcer sa protection.

Que vole-t-on ? Les fruits et les légumes, et tout un village peut se réveiller le matin avec ses jardins pillés, malgré le brave garde arabe qui, généralement, n'a rien entendu. Les bêtes constituent la cible préférée des voleurs. Ceux-ci ont des techniques éprouvées pour réussir leur affaire. Ainsi, ils s'enduisent de graisse de fauve pour faire taire les chiens, effrayés par l'odeur. Un boucher de Oued-el-Alleug parle de véritables abattoirs clandestins organisés dans la forêt de Mazafran du temps des Hadjoutes.

Le vol d'un cheval, dans un camp ou une ferme, peut atteindre un savoir-faire absolument remarquable. La scène se passe bien sûr la nuit. Le voleur s'approche, détache de son piquet l'animal convoité. Il fixe à son paturon un long cordonnet de laine, et s'éloigne rapidement en emportant avec lui l'autre bout du cordonnet. Une fois à bonne distance pour ne pas être aperçu, il se couche sur le ventre. Et il se met à tirer doucement sur le lien de laine. C'est si doux que le cheval ne s'aperçoit pas d'abord de la sollicitation. Puis il avance d'un pas, de deux. Il en fait trente. Et le moment arrive où il est enfourché et cède à la direction du cavalier voleur.

Et que dire des véritables attaques à main armée ? Plusieurs colonies de 48 les ont subites. Les colons de Mondovi ont échappé au massacre de justesse, grâce à un subterfuge. Ils ont maquillé les tuyaux de poêle en canons. Durant la révolte des Ouled-Sidi-Cheikh en 1864, Relizane attaquée se défend. Les rebelles se disperseront, mais non sans piller toutes les fermes de la plaine, et égorger dix-sept colons.

Aussi prend-on des précautions. Dans les fermes de certains pionniers, des meurtrières ont été aménagées à travers le mur de la chambre, juste à côté de l'oreiller. Le fusil chargé est à portée du dormeur. Le transport du blé, du fromage, encore dans les années 50, se fait en convois, dans les lentes voitures à bœufs. Des voyages d'une journée pour parcourir une quinzaine de kilomètres.

Pourtant, l'ennemi le plus implacable n'est pas l'homme mais la maladie. Les fièvres, ce maudit paludisme qui s'attrape plus ou moins dans tout le pays. Là où prolifèrent les moustiques friands de chaleur et d'humidité, près des rivières et dans les marécages. Mais aussi partout où l'hygiène fait défaut, dans les camps militaires, dans les fermes et les villages où cohabitent les hommes et les animaux. On peut dire que le sulfate de quinine du médecin militaire Maillot a sauvé la colonisation. On a d'abord ignoré l'origine de ces fièvres. En 1834, le docteur Maillot a eu l'idée d'utiliser à Bône la quinine à fortes doses. Une substance isolée depuis 1820 par les savants français Pelletier et Caventou, de l'écorce des quinquinas jaunes d'Amérique. Et il a obtenu de surprenants résultats. Ils prouvaient que ces fièvres étaient bien du type paludéen. Leur parasite, le plasmodium, ne sera découvert par un autre Français, Laveran, qu'en 1880. Les sels de quinine resteront, durant plus d'un siècle, le seul médicament spécifique du paludisme.

Bien entendu, dans la première zone abandonnée à la colonisation systématique, cette plaine de la Mitidja infestée de marécages, tout le monde deviendra paludéen. Dans les cafés, rien qu'à voir le visage livide et terreux du client, le débitant sait s'il doit servir, à la place de l'alcool rituel, une dose de sulfate de quinine dans un verre d'eau qu'on appelle avec pudeur « une consommation ». Cette quinine qui fait souvent défaut, qu'il faut aller chercher parfois très loin, et qui ne sera distribuée gratuitement aux indigents qu'à la fin du siècle. Or, son prix reste très élevé, et nombreux sont les malades sans soin faute d'argent. Faute aussi de places dans les hôpitaux. Les fièvres présentent un caractère semi-saisonnier, et se manifestent surtout en été. Il arrive que l'on ne trouve plus de lits, ni de paille pour le remplacer. Ni même un bout de couloir pour allonger le malade qu'on amène.

Les services de santé de l'armée ont pourtant multiplié les établissements au fur et à mesure des progrès de la conquête. Au point d'en compter près de quarante dès 1845. En 1830, l'Alger des Turcs en était complètement dépourvu. Il a fallu transformer deux casernes et deux mosquées, et organiser un peu partout des infirmeries. Pour la troupe en campagne, on a créé les ambulances. En 1842, une ambulance organisée pour mille hommes en marche est formée de huit paires de cantines, trente cacolets, sorte de bâts composés de deux sièges à dossier pour le transport des blessés, quatre litières, cinq tentes, deux brancards, cent couvertures. Le docteur Pouzin s'en est inspiré à Boufarik en 1835 à l'intention des civils, ce qui a provoqué un tollé général de la part des militaires. Car des rivalités compliquent continuellement les problèmes de santé qui ne sont déjà pas si simples. Les médecins militaires s'opposent à l'Intendance, maître des hôpitaux militaires. Officiellement indépendants en 1848, leurs zizanies dureront bien au-delà. « Les hôpitaux aux médecins », lance encore en 1870 le docteur Vital à Constantine. Ensuite, il y a les conflits entre l'administration et les prêtres. On a mis du temps à tolérer leurs visites dans les hôpitaux. Ils subissent dans bien des cas tracasseries et grossièretés. Ce sont les religieuses pourtant qui se dévouent dans la plupart des établissements, sœurs de la Doctrine chrétienne dans le Constantinois, sœurs de Saint-Vincent de Paul dans l'Algérois, les Trinitaires dans l'Oranie. Enfin, rivalités entre médecins militaires et médecins civils qui se retrouvent toutefois sur le même vaste tableau d'honneur des victimes qui succombent à la tâche. Le premier médecin civil, qu'on appelle médecin de colonisation, a été nommé en 1843. Il avait la charge de tout le Sahel. On en compte dix-huit deux ans plus tard, dans les principales villes, secondés par quatorze médecins ruraux qui leur sont adjoints. Un nombre bien insuffisant. Ils ont plus spécialement la charge des Européens, et les plus déshérités sont soignés gratuitement. Mais ils doivent aux indigènes « une surveillance médicale », objet de quelques-uns de leurs conflits avec leurs confrères de l'armée.

On connaît le nombre des hôpitaux, moins bien ce qu'on y fait ou ce qu'on n'y fait pas. Au Fondouk, où le taux de mortalité a atteint 488 pour 1 000 habitants en 1845, l'hôpital n'avait ni baignoires, ni ustensiles de cuisine en nombre suffisant. La même casserole servait pour les légumes et les cataplasmes, pour la viande et la tisane. Dans ces conditions, on comprend que, de 1830 à 1856, il y ait eu le chiffre, fabuleux proportionnellement à la population européenne, de 87 000 morts. 121 enfants sur 1 000, pour 27 en France. A Boufarik, il meurt 1 homme sur 5, jusqu'en 1843. Les décès tombent alors à 1 sur 17 et on crie victoire. En 1851, ils sont d'1 sur 31.

On a les chiffres, grâce à l'instituteur Peytral, de l'état civil de Oued-el-Alleug de 1852 à 1882. La première année, à la création du village, on compte 3 naissances et 4 décès. De 1853 à 1862, il naît 137 Européens, dont 35 étrangers, et il meurt 192 Français et 155 étrangers. Un équilibre entre les décès (219) et les naissances (228) s'instaure entre 1863 et 1872. A partir de 1873, la partie est gagnée, une nouvelle race est née, qui s'est adaptée au pays. Oued-el-Alleug inscrit alors en dix ans sur ses registres 313 naissances, pour 196 décès.

Il est vrai que Oued-el-Alleug a sa part dans la lutte héroïque des premières années contre les marécages. En 1851, les marais arrivent jusqu'au centre du village. Dès la place tracée, il a fallu faire quelque chose pour empêcher les enlisements. On a couché à plat des poutres, des planches, des branchages. On les a chargés de couches successives de pierres et de terre. Mais, encore à la fin du siècle, quand les pluies persistent, on peut s'enfoncer d'une manière inquiétante. Une directrice de l'école de filles, Mme Frallion, doit un soir d'hiver appeler à l'aide. Elle s'enlise dans le sol mouvant. En 1891, l'année de la neige, on verra toutes les caves s'emplir d'eau, les foudres se déplacer, de grands baquets flotter. Le curé ne pourra pas pénétrer dans son presbytère, ses escaliers étant complètement inondés. Oued-el-Alleug connaît en cinquante ans plusieurs grandes inondations où les rues et les routes se transforment en rivières, et la place en lac.

Assainir, cela signifie transformer les eaux stagnantes en eaux courantes. Le génie militaire d'abord, les Ponts-et-Chaussées ensuite y ont travaillé systématiquement à partir de 1842. C'est une besogne terrible, parfois cauchemaresque. On est obligé de se frayer un chemin au travers d'un inextricable fouillis de joncs et de roseaux. Les terrassiers doivent s'asseoir sur les fondrières au fond desquelles disparaissent plusieurs d'entre eux. Ils sont empoisonnés par les exhalaisons miasmatiques. Les sangsues se collent à leurs jambes, enflées par un séjour continuel dans l'eau et la vase. Et la fièvre les guette, immanquablement. La tâche funèbre a été maintes fois abandonnée et reprise. Les colons doivent souvent participer au travail. De 1830 à 1860, les Français creusent dans la Mitidja 200 kilomètres de canaux asséchant 11 000 hectares. Pourtant, quand les pluies sont fortes et durables, l'écoulement des eaux restera longtemps insuffisant, les basses terres continueront de s'inonder. Sur les lits de déversement des sources, les colons établissent de petits barrages. Ils leur assurent des réserves d'eau pour arroser certaines cultures, les tabacs, les maïs, les melons, les pastèques, les piments.

Planter des arbres est une autre façon d'assécher. Chaque commissaire civil responsable a ses manies. On verra des mûriers avec Bertier de Sauvigny, et des saules avec Toussenel. A la fin de 1845 déjà, l'administration se fait gloire d'avoir planté 3 820 arbres. Elle ne compte pas les plantations dues à l'initiative privée. Ces milliers d'arbres absorbent par leurs racines de l'eau qui n'hébergera plus les larves d'anophèles, ces moustiques porteurs de la malaria.

La leçon d'histoire de l'instituteur Peytral

Joseph-Antoine Peytral est arrivé en Algérie en 1861. C'est

un tout jeune instituteur imprégné des idées saint-simoniennes, venu se dévouer dans la colonie. Il est nommé à La Chiffa, un petit centre non loin de Oued-el-Alleug, avec un maigre salaire, 95 francs par mois. Son désintéressement, sa générosité en même temps que sa culture, sont bientôt connus et appréciés de toute la région. Les parents de ses élèves meubleront peu à peu son logement, car il joint difficilement les deux bouts, avec ses quatre enfants nés à peu d'intervalle. Il sera nommé par la suite, à Oued-el-Alleug, directeur de l'école de garçons quand celle-ci s'augmentera d'une nouvelle classe en 1881. Son fils, instituteur à Birmandreis en deviendra le titulaire avec un traitement de 1 500 francs par an. Sa femme, Nathalie Peytral, qui mourra deux ans plus tard, est monitrice dans la même école. Une affaire de famille donc, mais une famille aux sentiments élevés, qui a certainement marqué des générations de Oued-el-Alleugois. Joseph-Antoine Peytral prendra sa retraite en 1892, après avoir reçu une médaille d'or du conseil municipal. Il s'occupera alors du petit vignoble qu'il a fini par acquérir, bâtira lui-même sa cave et un logement qu'il n'aura pas le temps d'occuper. La mort l'enlèvera en 1898.

Dès son arrivée en Algérie, Joseph-Antoine Peytral s'est mis à consigner les événements importants de la région, à interroger les anciens témoins des toutes premières années de la présence française. Son fils a pris la suite de ce journal. Il l'a complété en travaillant avec minutie sur les archives de la commune, en en sauvant certaines de la destruction. Grâce à ces documents peut être reconstituée la leçon d'histoire. Elle a bien eu lieu comme elle est ici rapportée.

Par une belle journée de printemps, l'instituteur Peytral décide d'abandonner, le temps d'un cours, les programmes scolaires. Le sujet de la leçon d'histoire sera la fameuse épopée des Hadjoutes. De nombreux épisodes se sont déroulés sur le territoire de Oued-el-Alleug. La campagne est aujourd'hui tranquille, et les Hadjoutes sont devenus, depuis 1842, de pacifiques cultivateurs. Eux qui avaient fait leur, autrefois, le proverbe arabe : « Où entre la charrue, entre aussi la honte. »

La leçon se passera sur les lieux mêmes de l'action. Toute la classe se met en route. Chacun porte le repas de midi dans une sacoche ou un panier. On passe sur la ligne des sources. Elle est marquée par les bosquets de saules au feuillage argenté qui se succèdent. Les coléoptères longicornes d'une superbe coloration bleue ou vert doré les recouvrent comme une parure. L'*Aromica moschata*, indique le maître machinalement. Mais les enfants le savent, ils les surnomment les mosc. Ils sont ravis et marchent, pleins d'ardeur. Ils connaissent bien le but de la promenade, le camp des Quatre Hangars, quoi qu'il ne reste plus que les ruines de deux bâtisses. C'était en 1836 un camp puissamment installé et armé, un grand rectangle entouré de fossés profonds et de remparts d'argile compacte. Il était temps de faire la leçon. Les charrues et la pluie sont d'impitoyables niveleuses.

L'instituteur installe ses élèves. Des chiens arabes, à robe blanche tachée de jaune, dérangés, aboient rageusement en reculant. Les enfants s'assoient sur l'espèce de banquette où s'appuyaient les canons braqués sur la plaine. Pendant qu'ils soufflent un peu, l'instituteur explore l'horizon exceptionnellement clair, la lorgnette à l'œil. Les premières chamailleries le font sortir de ses rêveries. C'est le moment de commencer le récit des combats de l'oued El Aalleig. En oubliant les cultures qui s'étendent sagement à l'entour.

Il faut camper le décor. Un fouillis de frênes, d'ormes, de trembles, d'oliviers, la vigne sauvage grimpante, et les jujubiers, les palmiers-nains, les hauts fenouils, les figuiers de Barbarie, dans les marécages empestés où paissent les troupeaux des Bernou. Au loin les cinq cyprès de l'haouch Mebdoua.

On est en 1831. Clauzel est commandant en chef de l'armée d'Afrique. Il commet l'erreur, comme Bourmont, de s'appuyer sur la bourgeoisie du pays, au lieu de s'entendre avec les chefs de tribus. La tribu hadjoute, par exemple, dont on néglige même les offres de service. Poussée par le marabout de Koléa la Sainte, comme disent les indigènes, elle passera dès 1834 au service d'Abd el-Kader. Le marabout se nomme Sidi Embarek Ben Allal dit le Borgne. Il va devenir le meilleur lieutenant de l'émir qui le nomme khalifa de Miliana. 1834, c'est aussi l'année d'un traité de paix avec Abd el-Kader. La France veut gagner son amitié et le ménage. Mais quelques mois plus tard, ce dernier s'indigne de l'accord de Trézel en Oranie avec des tribus qui lui sont hostiles, les Douairs et les Smelas quêtant la protection française. On lui prend ses sujets. Eh bien, on va voir. Il bat dans les marais de La Macta Trézel qui subit des pertes considérables. Cette grande et spectaculaire victoire sur les roumis soulève d'enthousiasme les musulmans. C'est la guerre sainte. Les Hadjoutes de la Mitidja sont prêts. Ils se lancent dans des coups de main, harcelants et dangereux pour les troupes en nombre insuffisant et qui doivent se battre sur plusieurs champs, pour les colons nombreux à s'être installés dans la Mitidja. C'est à ce moment-là qu'est construit le camp des Quatre Hangars.

On a eu tort autrefois de négliger des hommes comme les Hadjoutes. Ce sont de fiers cavaliers, ardents et infatigables. Les centaures, les surnomme-t-on, coupeurs de têtes et voleurs de bestiaux. Leurs chevaux sont les plus rapides du pays. Ils tuent les hommes, enlèvent les femmes, les enfants et les troupeaux. Ils sont le cauchemar de nos postes, et de la population agglutinée autour de Boufarik.

La garnison du camp des Quatre Hangars comprend quatre compagnies du 24ᵉ de ligne et deux pelotons de 1ᵉʳ chasseurs d'Afrique. Le chef de bataillon Raphaël commande le camp. C'est un ancien officier de zouave dont la bravoure et la générosité sont légendaires. Il n'hésite jamais à risquer sa vie pour secourir un de ses hommes, ou pour conserver quelques têtes de bétail à l'un de nos alliés de la tribu de Bernou.

Novembre 1839. Le duc d'Orléans a effectué un voyage officiel à Alger le mois précédent. Avec le maréchal Valée, ils ont fait l'expédition des Portes de Fer. Abd el-Kader estime qu'on a violé son territoire et que la France a pris l'initiative de la rupture du traité de la Tafna signé avec Bugeaud en 1837. Et il l'écrit au gouverneur général le 3. Les hostilités sont ouvertes. C'est la destruction radicale de la colonisation naissante de la Mitidja. « Un désert, pleure le colonel Trumelet, tigré de cadavres, de taches de sang et de décombres fumants. » Certains colons veulent résister, mais tous les postes sont évacués, à l'exception de Boufarik et de Blida. Abd el-Kader se flatte d'entrer bientôt à Alger : « Je ferai boire mon cheval dans la fontaine de Bab-el-Oued ». La panique atteint la capitale. La banlieue se dépeuple. On raconte que 30 à 40 000 Arabes vont déferler sur la ville. Le gouverneur général lui-même s'affole. Il parle d'évacuer le palais de Mustapha après l'avoir démeublé. Il demande des renforts au ministre de la Guerre.

L'épopée sanglante des coupeurs de têtes

Dans la nuit du 9 au 10 novembre 1839, trois ou quatre cents cavaliers hadjoutes menés par Brahim Ben Kouiled s'embusquent dans les hauts taillis de frênes, d'ormes et de trembles du Bou Mendjâa. Au matin, quelques-uns d'entre eux, déguisés en bergers, vont doucement détourner les troupeaux de la tribu de Bernou qui paissent à peu de distance du camp des Quatre Hangars. Les Bernou s'aperçoivent de la manœuvre. Ils jettent leurs cris de guerre et tentent de s'opposer vaillamment à la razzia du bétail qui fait leur richesse. Il est dix heures du matin. Raphaël n'a à sa disposition que trente cavaliers. Dix sont partis à l'aube sur Boufarik, et dix autres sur Blida, pour la correspondance. Il s'élance tout de même à leur secours. Il a fait avertir le capitaine Carbuccia, le « collègue » du soldat de la IIIe Légion romaine, qui mourra en Crimée, et qui, pour l'heure, commande à quatre-vingts fantassins du 24e de ligne. Le commandant, monté sur un superbe cheval noir, oublie que les chasseurs sont moins bien équipés que lui. Il les devance, suivi par le lieutenant Neitersheim, un maréchal des logis, un brigadier et un chasseur qui s'efforcent de ne pas se laisser distancer. A peine a-t-il atteint les premiers taillis de Bou Mendjâa qu'une grande clameur s'élève. Les Hadjoutes fondent sur lui. Il fait feu de ses pistolets, sa latte lance des éclairs. Mais il est criblé de coups et tombe. L'Hadjoute Djilali Ben Drouar lui coupe la tête. Il recevra pour sa prise une prime de quinze douros. Le lieutenant, le maréchal des logis, le brigadier et le chasseurs sont frappés à leur tour. Arrivent les trente chasseurs guidés par le lieutenant de Prontville. Qu'importe leur nombre. Ils chargent furieusement les rangs serrés hadjoutes qui s'ouvrent sous le choc, et se referment sur eux. Ils vont tous périr quand les cris stridents des clairons se font entendre. Les quatre-vingts fantassins du capitaine Carbuccia apparaissent, fondent sur les centaures.

Triste bilan. Le tribu de Bernou est ruinée. L'armée française perd un officier de valeur. Des trente chasseurs, quatre sont morts, dix-neuf sont gravement blessés, hors de combat pour longtemps ou pour toujours. Sept seulement sont indemnes. Le chef de bataillon Gallemant, du 24e de ligne, prend le commandement du camp.

Le 18 novembre, Abd el-Kader écrit à nouveau à Valée. Voici son court message. « Le seigneur El Hadj Abd el-Kader, prince des croyants au maréchal Valée. Salut sur ceux qui suivent le chemin de la vérité. Votre première et votre dernière lettre nous sont parvenues. Nous les avons lues et comprises. Je vous ai écrit que tous les Arabes, depuis Oualessa jusqu'au Kef, sont d'accord pour faire la guerre sainte. J'ai fait ce que j'ai pu pour combattre leur dessein, mais ils ont persisté. Personne ne veut plus la paix, chacun se dispose à la guerre. Il faut que je me range à l'opinion générale pour obéir à notre sainte loi. Je me conduis loyalement avec vous et vous avertis de ce qui se passe. Renvoyez mon consul qui est à Oran, afin qu'il rentre dans sa famille. Tenez-vous prêt. Tous les musulmans déclarent la guerre sainte. Vous ne pourrez, quoi qu'il arrive, m'accuser de trahison. Mon cœur est pur et je ne ferai jamais rien de contraire à la justice. Écrit le lundi soir à Médéa, le II de ramadan 1255. P.S. : Lorsque j'ai écrit au roi, il m'a fait répondre que vous aviez la direction de toutes les affaires, pour la paix comme pour la guerre. Je choisis la guerre, ainsi que tous les musulmans. Tenez-vous pour averti et répondez ce que vous jugerez à propos, puisque c'est à vous de parler et non à un autre. »

20 novembre. Une grosse colonne de cavaliers hadjoutes et de brigands et fanatiques de toutes origines qui se joignent à eux dans leurs expéditions, s'est mise en marche. Elle est commandée par Brahim Ben Kouiled. Entre Mokta Maklouf (ferme Horace Vernet, puis Camoin) et la redoute de Ben Khalifa (ferme Refregier, puis Oustri), elle assaille le convoi de

ravitaillement envoyé du camp d'Erlon de Boufarik pour approvisionner celui de l'oued El Aalleig. Les trente-neuf militaires qui composent le convoi appartiennent au train des équipages et au 23e de ligne, sauf quatre chasseurs d'Afrique et leur brigadier. Ils ont avec eux un cantinier civil et le colon Elvin de Boufarik. Ces braves se défendent héroïquement. Le lieutenant qui les commande dit d'une voix ferme : « Il faut mourir. Mais visons juste. Que les Hadjoutes sachent ce que notre mort leur coûtera. » Les prolonges convoitées par l'ennemi et les chariots des civils deviennent une forteresse autour de laquelle tourbillonnent les cavaliers arabes. Brahim Ben Kouiled monte le bouillant cheval noir du commandant Raphaël. Il excite ses hommes de ses cris et de ses gestes, de toute sa furieuse audace. Nos soldats, impassibles, se défendent sans faiblir. Leurs feux de salve creusent les rangs ennemis qui se reforment aussitôt, toujours exaltés, toujours nombreux. Tandis que les nôtres s'éclaircissent. Quand enfin il n'en reste plus un debout, les Hadjoutes mettent pied à terre pour les décapiter. C'est à qui aura au moins une tête de roumi à l'arçon de sa selle pour revenir au douar, au fond des bois de Kherassa, à l'emplacement du futur village d'Attatba. Il méritera les longues acclamations, les you-you prolongés des femmes. On dit d'ailleurs que l'émir dénoue le sac aux douros pour qui lui apporte une tête.

Chez les Français, un seul conservera la sienne. Un solide grenadier du 23e de ligne. Il a vingt-trois coups de yatagan dans la figure ou sur le crâne. Quand Brahim Ben Kouiled s'approche pour lui enlever sa tête, il la trouve si horriblement taillée et sanglante qu'il ne sait par où la prendre et la laisse. Le fait est véridique. Brahim Ben Kouiled le racontera plus tard maintes et maintes fois dans tous les cafés-maures de Boufarik.

Les détonations des fusils français tirant par salves régulières, la fumée épaisse, attirent l'attention des sentinelles du camp d'Erlon. Le chef d'escadron de Lhorme arrive à bride abattue à la tête de cent-soixante chevaux. Il ne peut que ramasser, sur les prolonges et les chariots, les quarante cadavres décapités, le grenadier avec sa tête, et ramener le tout au camp. Les cavaliers hadjoutes, rangés en bataille, à quinze ou seize cents, observent la funèbre besogne de loin, sans intervenir. De son côté, le commandant de Lhorme, trop faible numériquement, se retire lentement.

Le lendemain, 21 novembre, sera la plus rude de ces journées sanglantes. Un de ces brouillards intenses, comme en connaît quelquefois Oued-el-Alleug, s'abat soudain en s'épaississant sur le camp des Quatre Hangars. Impossible de rien distinguer à quelques pas. Dans ces conditions peu rassurantes, le commandant Gallemant n'ose pas faire partir la correspondance qui doit se diriger sur le Camp Supérieur, plus tard village de Joinville, près de Blida. A 10 heures 45 pourtant, voyant que le brouillard se prolonge, il donne l'ordre du départ. L'escorte comprend quarante hommes au lieu des dix qu'on envoie habituellement. Elle est placée sous le commandement du sous-lieutenant Bardet. La correspondance n'a pas fait un kilomètre qu'elle est assaillie. Elle vient de buter sans s'en rendre compte contre une colonne d'Abd el-Kader forte de trois mille cavaliers environ commandés par Sidi Embarek Ben Allal en personne, et le khalifa de Médéa, El Berkani. Ils ont passé dès le matin l'oued Chiffa, traversé l'haouch Crédia (ferme Souanin), et contourné le camp pour se diriger vers Boufarik. C'est alors qu'ils surprennent la correspondance en marche. L'attaque est vive. Le commandant Gallemant entend la fusillade. Il se met à la tête de 132 fantassins et 32 chasseurs d'Afrique, et se lance au secours de l'escorte. Le lieutenant Bardet, averti par les clairons du commandant, arrête son mouvement de recul. Il donne l'ordre de faire face à l'ennemi. C'est une erreur qui lui coûte la vie dans les secondes qui suivent, ainsi que celle de tous ses hommes. Puis les Arabes se jettent sur la colonne de secours. Le brouillard est en train de se dissiper lentement. Le commandant Gallemant voit qu'il va se trouver aux prises avec des forces trop supérieures aux siennes. Il commande de fermer le carré. Mais une balle le frappe au même moment et son cheval, qu'il ne gouverne plus, le ramène au camp expirant. L'alerte est vive dans les remparts dégarnis. Qui peut affirmer que des Hadjoutes ne sont pas là, dans le lit broussailleux de l'oued El Aalleig, prêts à se ruer sur nos retranchements déserts ? Du moins le capitaine Carbuccia veut aider au mouvement de retraite du carré qui combat avec acharnement. Il fait tirer 60 coups de canon, dont 10 à mitraille. Les survivants de la correspondance et de la colonne de secours — 52 hommes sur 195 — arrivent enfin au camp. L'ennemi les poursuit avec rage. Il ne s'arrête pas sous les feux de salve bien dirigés des 18 hommes de garde et de ceux qui, devant le péril, se sont joints à eux, les fiévreux, les blessés de l'ambulance, les cantiniers et leurs femmes.

Les cavaliers hadjoutes, avant de se retirer, décapitent en hâte, mutilent odieusement les blessés qui jonchent le sol. On les voit des remparts vaquer sans pitié à leur horrible besogne. On entend leurs cris féroces, et les clameurs de souffrance des blessés. Les soldats au camp sont comme fous. Derrière Carbuccia, ils s'élancent sur les Arabes ivres de sang, pour une lutte sans merci. Quarante héros abordent, baïonnette baissée, les coupeurs de têtes. Ils vont un contre trente. On dira plus tard « pour leurs camarades, pour la France et pour l'humanité ». Ils sauvent le capitaine Grandchamp dont le visage ruisselle de sang, le sergent Marchand la gorge ouverte, le fourrier Bonet et dix autres blessés qui, déjà, sont à demi dévêtus. Alors les égorgeurs se ressaisissent, et se regroupent pour tuer les derniers vivants. Mais Carbuccia est prudent. Il ordonne la retraite.

Le soir de cette journée sanglante, l'ennemi disparu, les hommes valides du camp relèvent les morts, 197 cadavres, 9 seulement ont encore leur tête. On les enterre dans une fosse commune, face au Camp Inférieur, plus tard Montpensier. Leurs restes sont sous un champ de blé. Combien, parmi ceux qui le travaillent, le savent encore, se demande l'instituteur Peytral. C'est ainsi que s'est rompu sur les bords de l'oued El Aâlleig, aux alentours du camp dit des Quatre Hangars, le trop fameux traité de la Tafna.

La bataille des Cinq Cyprès

A Blida, la situation est critique. Le Camp Supérieur, cerné par les montagnards des Beni-Salah, n'a plus d'eau. Les conduites ont été détruites. Il faut des secours immédiats. Le caporal Bourdis est volontaire pour porter une dépêche du colonel Gentil au gouverneur. Valée est à Douéra. Il a reçu les renforts nécessaires et se prépare à agir. Sitôt averti, il marche sur Blida. Le 30 décembre, il arrive à Boufarik. Le lendemain, il se dirige sur le Camp Supérieur, en passant par la redoute de Ben Khalifa et le camp de l'oued El-Aâlleig. La colonne comprend 2 500 fantassins du 2e léger, et 400 cavaliers du 1er chasseurs d'Afrique. A 11 heures du matin, il atteint le lieu dit Aïoun Chaar qui deviendra la ferme Baudens, puis Jacgerschmidt, puis Carabia, puis Drominy et Vast, à trois kilomètres du camp. Les soldats font halte et se restaurent, à l'orée des bois qui descendent jusqu'au Mazafran, coupés de prairies et de marécages. Tout près, des oliviers multicentenaires, des trembles, des ormeaux supportent les bras démesurément allongés de vignes sauvages boursouflées. Moineaux, merles, grives, sansonnets se disputent les derniers grappillons.

Dissimulés silencieusement dans les bois, les Hadjoutes sont là. Leurs forces grossies ne comprennent pas moins de 4 600 fantassins dont 1 600 réguliers d'Abd el-Khader, et 2 650 cavaliers dont 150 réguliers. Les goums sont venus en renfort des diverses régions situées entre Ténès et Bouïra. Sidi Embarek Ben Allal, le marabout guerrier de Koléa (où il sera inhumé plus tard, tué par le général Tempoure), est généralissime. Il dispose d'un vieux canon et d'un certain nombre de perrières, machines de guerre à bascule et à contrepoids pour lancer des projectiles. Elles sont servies par des hommes que commande un artilleur noir, un géant, connu sous le nom de Bomba le Soudanais. Ben Allal croit tenir les Français, son œil unique jette des éclairs. Il fait à El Berkani un signe. Celui-ci s'éloigne avec ses troupes du Camp Supérieur et descend vers l'oued El-Aâlleig. Ben Allal, lui, recule vers l'ouest, pour attirer le maréchal du côté du camp. Mais celui-ci, le casse-croûte des troupes achevé, prend la direction du Camp Supérieur. Il passe par les Beni Tamou et la Zaouyia de Sid Medjerbar, laisse le camp de l'oued El-Aâlleig sur sa droite. Quand la colonne atteint le bois qui couvre la zaouyia à l'est, elle aperçoit le gros des ennemis à l'ouest. Ceux-ci avancent vers elle. Les Français peuvent observer les hommes d'El Barkani au sud, ceux de Ben Allal, au nord. Entre les deux groupes, la masse des irréguliers, fanatisée par ses marabouts, marche sans ordre. Du côté français, on agite les bannières, on élève fièrement les drapeaux.

Bomba dispose son artillerie. Mais des irréguliers, impatients de se battre, débordent l'ensemble. En les voyant, les chasseurs d'Afrique bouent d'impatience de leur tomber dessus. Le peloton d'avant-garde dirigé par Lapeyrouse, charge la foule hurlante. Au même moment, le capitaine Le Flô, du 2e léger, qui commande les tirailleurs de l'avant-garde, distingue nettement les deux corps de réguliers en direction des Cinq Cyprès. Il les signale à son colonel, qui n'est autre que Changarnier. Celui-ci court aussitôt auprès du maréchal Valée, sollicite l'autorisation d'agir à sa guise et l'obtient. Alors le 2e léger, masqué par la fumée que produit la mousqueterie de ses artilleurs, s'avance au pas de charge, sans tambour ni trompette. Arrivé à portée de pistolet de l'ennemi, il l'aborde brusquement, sans tirer un coup de fusil, au cri répété à l'infini, de « A la baïonnette ! ». Effectivement, la baïonnette fait merveille.

Mais la bataille n'est pas gagnée encore. La cavalerie régulière et les goums de Ben Allal se regroupent. Le terrible borgne est à leur tête. Ils vont au-devant du 2e léger. Le maréchal craint que ses soldats ne soient surpris par l'attaque qu'il voit se préparer. Il s'élance au milieu d'eux l'épée à la main et crie : « De l'ordre, mes enfants, on va vous charger. » De son côté, le colonel des chasseurs, Le Pays de Bourjolly, a observé les mouvements de Ben Allal. Il rassemble des chasseurs et, le glaive haut, il fond impétueusement sur la cavalerie ennemie et rompt ainsi son élan. Il est trois heures et demie de l'après-midi. Ben Allal et ses cavaliers fuient à bride abattue en direction de l'oued Chiffa, semant le terrain de cadavres. Les chasseurs d'Afrique veulent venger leurs camarades, les mutilés de l'oued El-Aâlleig. Ils poursuivent les fuyards la rage au cœur, arrêtés seulement par les escarpements de la rivière. Le colonel Le Pays de Bourjolly, malgré ses blessures — deux coups de feu et un coup de baïonnette —, est resté continuellement à la tête de ses hommes. Les débris des réguliers et des contingents d'El Berkani regagnent la montagne du côté de l'oued K'bir.

Ainsi se termine, par la journée des Cinq Cyprès encore nommée combat de l'oued El-Aâlleig, cette année 1839. L'ennemi a abandonné quatre cents tués, trois drapeaux dont celui de Sidi Embarek Ben Allal, le canon, les perrières, et les tambours des réguliers de l'émir. Sur le sol, sont épars quatre cents fusils et quantité de sabres, de pistolets. Le gouverneur général se montre magnanime. Il écrit aux vaincus qu'ils ont toute liberté pour relever leurs blessés et enterrer leurs morts. Le soir vers cinq heures, la troupe rentre en triomphe, partie au Camp Supérieur, partie à Blida. Les fanfares jouent avec entrain *La victoire est à nous*.

En fait, la victoire n'est pas encore aux Français. Les Hadjoutes continuent en 1840 leur harcèlement. Les cavaliers de Ben Salem, le khalifa d'Abd el-Kader à Hamza, reprennent leurs chevauchées autour d'Alger, brûlent, détruisent, assassinent Maures et Français. Quand l'armée française prend une place — Cherchell, Médéa, Miliana —, elle trouve une ville morte, complètement évacuée par l'émir devenu insaisissable. Le 24 novembre 1840, on voit Brahim Ben Kouiled, à la tête de quelques coupeurs de têtes, venir défier la garnison du camp d'Erlon. En 1841, de nombreux colons sont encore enlevés. Parmi eux, Falga, Nambotin rendus la même année dans l'échange de prisonniers effectué par l'entremise de l'évêque Dupuch et du baron Maurice de Franclieu. En 1842, le général Changarnier parcourt les bois de Kherassa, les razzie. Car ce sont les chefs hadjoutes Brahim Ben Kouiled et Djilali Ben Drououad qui ont dirigé en avril 1840 l'affaire de Beni Méred où s'est illustré Blandan. Blandan, dont le père fera fortune en ouvrant à Lyon, dans le quartier de la Croix-Rousse un café. A son nom, l'enseigne représentera le fait d'armes de Beni Méred.

Bugeaud, nommé gouverneur général en février 1841 veut en finir. Il agit personnellement. Le 9 juin 1842, les Hadjoutes, ruinés et dominés, demandent l'amman. On le leur accorde si pleinement qu'on peut voir aussitôt Brahim Ben Kouiled, Djilali Ben Drououad et d'autres narrer leurs exploits dans les cafés maures de Boufarik. Le premier caïd qu'on donnera aux Hadjoutes est un des marabouts de Koléa resté fidèle à la France, Sidi Ali Ben El Kâhl. Nos choix ne sont pas toujours heureux. Sidi Ali Ben El Kâlh sera par chance un administrateur sage et pacifique. Et c'est ainsi qu'a pris fin l'épopée fameuse des Hadjoutes.

4/ *Les aventuriers du grand capital*

Le saint-simonien Arlès-Dufour

Armand Arlès-Dufour entreprend un voyage en Algérie en 1860. Il y est accueilli avec chaleur par les amis de son père. Celui-ci n'est-il pas, fidèlement depuis les années 30, le mécène à la bourse toujours ouverte, l'homme d'affaire qui conseille, l'ami sûr et le correspondant préféré du Père Enfantin, une belle figure de l'idéal saint-simonien ? L'opulent soyeux de Lyon a inlassablement mis son influence au service de ses idées et de ses frères. En 1840, il a été l'interprète d'Enfantin auprès du duc d'Orléans et a fait imprimer sa correspondance d'Égypte et d'Algérie pour attirer l'attention sur lui. Puis il a soutenu, avec Pereire et Talabot, son journal *L'Algérie* à la gestion difficile. En 1845, il a fait partie du conseil d'administration, avec Enfantin, d'une société créée par Jules Talabot pour exploiter les forêts en Algérie. Ils ont d'ailleurs essuyé, finalement, un refus cuisant du ministre de la Guerre. Quand Barrault et Warnier veulent être colons à L'Arba et « vivre en travaillant ou mourir en colonisant », il les aident à ne pas mourir. Ceux-ci ont d'ailleurs fini par laisser à d'autres le soin de coloniser et réussissent brillamment dans la politique.

On ne sait pas toujours bien ce qu'Arlès-Dufour doit au saint-simonisme, ou ce que le saint-simonisme lui doit, mais, dans les années 50, le grand commerçant donne la pleine mesure de lui-même. Il tient une place de premier plan dans le lancement des Expositions universelles, comprenant quel organe d'information et de propagande industrielle celles-ci peuvent représenter. Il voit s'affirmer le gigantesque consortium des frères Pereire, saint-simoniens aussi, avec le Crédit Mobilier qui finance la construction des chemins de fer, crée des filiales à l'étranger, fonde la Compagnie Générale Maritime et plusieurs compagnies d'assurances. Il s'empresse d'appuyer avec d'autres soyeux, pour contrebalancer leur pouvoir, la création par Henri Germain du Crédit Lyonnais. Une rivalité qui ne l'empêche pas de financer avec Isaac Pereire l'exploration du fils de leur ami Duveyrier en 1857 en attendant que celui-ci obtienne le soutien du gouvernement. Ils ont, avec les Talabot et les Pereire, l'oreille de l'empereur. Aussi laissent-ils se dérouler, dans la plus indifférente neutralité, la bataille du royaume arabe, se tenant prêts à profiter en leur temps des rancunes impériales.

A Alger, chez Warnier, Armand fait connaissance d'Henri Duveyrier qui se refait une santé auprès de l'ancien chirurgien militaire. Il y rencontre aussi sa jeune sœur, décide de l'épouser. Les jeunes gens partagent le même enthousiasme exalté pour cette belle Algérie. La colonisation reste à faire, mais ils ont foi en son avenir. C'est décidé. Armand Arlès-Dufour réalisera sa part d'héritage pour s'installer, créer un grand domaine et en faire « une école de civilisation ».

Il commence par faire un séjour à Téniet-el-Hâad. L'élevage du mouton l'intéresse. Il observe les grands élevages indigènes transhumant sur les hauts-plateaux. Leurs difficultés aussi, les étés secs qui amaigrissent les bêtes et les dévalorisent, les années de sécheresse où des troupeaux entiers sont décimés. Il préfère remonter dans la Mitidja. Il acquiert à Kandoury la concession de Warnier, et surtout les vastes propriétés de Jean Chalard à Oued-el-Alleug, qui totalisent plus de sept cents hectares. Dès son installation, il espère, avec la fougue de sa jeunesse, faire partager par les Oued-el-Alleugeois, « les aspirations généreuses qu'il tient de sa belle éducation saint-simonienne ». Grand, mince, le front large, un bon sourire qui met à l'aise, sa grande culture et son souci du contact humain sont servis par une voix expressive, souple, qui sait captiver. De la politique, il va en faire dans son nouveau village. Il sera régulièrement élu au conseil municipal sous l'étiquette de « républicain, libre-échangiste et libre-penseur ». Il organise des réunions « libérales et éducatives » qu'il anime avec ardeur, même si elles ne connaissent pas toujours le succès souhaité. Dès le premier jour, il fait la conquête du boulanger Balzan. Il n'aura pas de plus fidèle collaborateur dans « l'œuvre d'évolution et d'affranchissement entreprise ». Presque illettré, mais intuitif et en tout cas passionné, Balzan fait la lecture à ses clients dans sa boutique, une lecture un peu hésitante mais comprise par son esprit vif, du journal radical d'Alger, *La Solidarité*. Et il conclut généralement par un fracassant : « Parce que moi, j'aime la liberté jusqu'à la licence. »

Mais c'est dans le domaine agricole que l'influence d'Armand Arlès-Dufour est la plus importante. Un article paru à sa mort le 10 janvier 1905 et signé T. Desachy en témoigne. De même qu'une communication à la section coloniale de la Société de géographie d'Alger et de l'Afrique du Nord. Formé à l'Ecole centrale d'agriculture de Lyon, on peut dire qu'il apporte des innovations durables dans un pays où l'on a plus de bonne volonté que de réelles compétences. Où, aussi, manquent trop souvent les capitaux dont, lui, dispose. A son arrivée, ses terres sont loin d'être toutes défrichées et assainies. Il est le premier en Algérie à procéder par drainage en enterrant les canalisations au lieu de réaliser des canaux ouverts. Il n'hésite pas à se lancer dans des dépenses somptuaires. De larges routes bien empierrées sillonnent son vaste domaine. Il construit des logements spacieux et commodes pour ses ouvriers qu'il traite avec chaleur. Quand un homme se présente et sollicite du travail — ce travail qui est un droit et un devoir —, il est toujours bien accueilli. S'il est embauché, il reçoit aussitôt un matelas, des draps, une couverture. Et, pour aller aux marais, une bonne paire de bottes imperméables. Les choses se savent vite, et certains en abusent. Ils se font embaucher pour recevoir des objets, et disparaissent peu après pour les vendre. Trop confiant sans doute, il sera victime d'un certain nombre d'abus et de déprédations par des employés qui le trahiront et le pilleront. Un témoin raconte avoir entendu au café un de ses ouvriers se vanter d'avoir toute la journée planté des boutures de vigne la pointe en bas. Et un autre, de faire passer exprès, sur les gros cailloux d'une chaussée, une herse articulée, et se tordre de rire au spectacle des dents d'acier sautant en l'air en heurtant la pierre.

Pour les grands propriétaires, le problème de la main-d'œuvre est très épineux, au moins jusqu'en 1870. Les Arabes seront longs à venir travailler directement chez les colons, qui leur préfèrent d'ailleurs la main-d'œuvre étrangère. Collaborant très tôt comme khammès au cinquième, ils restent, vis-à-vis des Français, incrédules et méfiants, voire hostiles. Mais ils observent de loin leurs travaux et leur organisation. Et devant les résultats qui s'affirment, ils sont de plus en plus nombreux, au cours du Second Empire et surtout sous la IIIe République à venir auprès d'eux chercher travail et nourriture. D'abord comme moissonneurs, s'employant à la tâche ou pour la saison. Mais on considère leur travail comme peu habile, très irrégulier, et ils sont payés deux fois moins cher que les Européens. En 1896, la journée d'un Européen vaudra 3 francs, celle d'un indigène 1 franc 50, 2 francs quand il travaille dans les caves. Leur rémunération est différente suivant qu'ils sont capables d'utiliser la faux européenne, ou la serpe arabe. A titre de comparaison, il faut savoir que, la même année, dans le personnel européen, le domestique à gage touche 45 francs par mois s'il est nourri, 90 francs dans le cas contraire. Un contremaître, 120 francs et on dit que des gérants perçoivent jusqu'à 500 francs. Alors que le blé se vend 20 francs l'hectolitre, l'orge 10 francs, la pomme de terre 13 francs le quintal, les oranges 6 francs, le vin 15 francs l'hectolitre, le bétail entre 1 franc 40 et 2 francs le kilo vendu aux bouchers, et le litre de lait 0 franc 25.

Peu disciplinés, on soumet les indigènes à un encadrement strict, quasi militaire, avec appel, marche en groupes jusqu'au champ, et une distribution rigoureuse des tâches. Quand il y a faute grave, l'intéressé reçoit plus volontiers un châtiment corporel qui a ses règles et son protocole, qu'une amende ou un renvoi.

Jusqu'en 1870, il faut donc faire avec la main-d'œuvre européenne. C'est une époque où il manque constamment des bras. Dans certains coins, on voit se pratiquer une véritable chasse à l'ouvrier. Les salaires sont si élevés qu'au moment de la moisson, maçons et charpentiers se font faucheurs. D'autant qu'il faut aller vite. Le sirocco dessèche les blés, les égrène. Heureusement les moissonneurs kabyles ne sont pas rares dans l'Algérois, ni les moissonneurs marocains dans l'Oranie. Si la situation est alarmante, on obtient la participation de soldats volontaires. Les colons doivent alors leur fournir une blouse, un chapeau de paille et 50 centimes. Certains centres, qui ont un camp à proximité, bénéficient de la main-d'œuvre pénitentiaire non négligeable. Au point qu'il y aura plus tard des pétitions contre ceux « qui enlèvent le pain aux ouvriers libres » au lieu d'être utilisés seulement pour les travaux d'Etat.

Les gros colons font venir leurs ouvriers de France. Mais ceux-ci se font de plus en plus exigeants. Logés, nourris, engagés à l'année, très vite ils prendront des spécialités qui les rentabilisent : ébourgeonnage, taille de la vigne, vignification. Ils se font aussi palefreniers, jardiniers, contremaîtres, gérants. Rejoints par les étrangers quand la main-d'œuvre indigène grossira.

Les étrangers, les journaliers péninsulaires comme on dit, ont formé pendant longtemps le gros de la main-d'œuvre agricole. Les étourneaux, les appelera-t-on encore quand la vigne connaîtra son développement. Parce qu'ils arrivent en même temps que les oiseaux migrateurs, en automne et en hiver, pour la taille. Ils prennent à la tâche les travaux de la ferme, viennent tard, partent tôt. Car ils ont à cultiver quelque minuscule jardin loué ou acheté. Les années de disette dans leur pays, on voit débarquer en masse à Oran au mois de février, les Espagnols. Ils viennent pour la moisson ou la tonte. Ils laissent les vendanges aux femmes, parce que c'est moins payé. Ils travaillent en groupe, l'un d'eux, le chef, défend les intérêt de tous. La ferme fournit l'abri et les vivres crus qu'ils cuisinent à leur façon dans les grandes poêles qu'ils amènent

avec eux. Certains repartent chez eux, d'autre restent.
crus qu'ils cuisinent à leur façon dans les grandes poêles qu'ils amènent avec eux. Certains repartent chez eux, d'autre restent.

Le sort des précurseurs est d'enrichir les autres

On comprend que, devant ces aléas, les colons algériens aient toujours été à la pointe en matière de matériels agricoles. Bien équipés, ils ne se sentent plus à la merci d'une main-d'œuvre jugée médiocre ou insuffisante. Ils prennent une avance de dix ou quinze années sur la métropole. Dès 1856, Borély-La-Sapie, maire de Boufarik, organise un concours où la moissonneuse américaine Platt surclasse ses concurrentes françaises. En 1855, on a expérimenté, au domaine de la Trappe à Staouéli, des batteuses à vapeur. Certes, de gros domaines qui sont l'exception dans la colonie. Mais à partir de là, le machinisme se répand infailliblement, à commencer par le canal des entrepreneurs de battage qui travaillent au forfait de ferme en ferme. De même, les charrues du type Dombasle sont abandonnées aux indigènes, et cèdent la place à de puissantes et superbes charrues brabant double, tirées par huit ou dix bœufs, qui font des miracles pour le labourage des sols fortement argileux. Pour sa part, Arlès-Dufour est le premier dans la Mitidja à faire ses labours avec une charrue trisocs tirée par « une locomotive routière » à vapeur, le futur tracteur.

Il est un des rares agriculteurs, à cette époque, qui se soucie du risque de défertilisation des terres. Un sol défriché, et donc vierge, pendant plus de vingt ans fait effectivement de belles récoltes, sans le moindre apport de fumures et d'engrais. Mais après ? On s'en tient à la jachère pratiquée par les indigènes, c'est-à-dire au repos biennal, et l'on pense faire au mieux. Lui, pratique un assolement qui se vulgarisera plus tard. Il permet de reposer à demi les terres par des cultures espacées ou peu gourmandes. Il se souvient des Carthaginois qui, déjà, enfouissaient à la floraison les lupins dans les vignes, et a l'idée de ce que l'on appellera plus tard l'engrais vert.

Il est le premier à ensiler ses foins pour la nourriture des bêtes, et cultive dans ce but le maïs Karagoua. Il ne craint pas de se lancer en grand dans les nouveautés qui lui inspirent confiance. Il plante dès son arrivée dix hectares de vigne. Il invente un système ingénieux de serpentin réfrigérant quand, au moment de la vignification, la température de la cave monte dangereusement. Pasteur a achevé ses travaux sur la fermentation alcoolique qui permettent la vignification en pays chaud, en 1857. Alors qu'on se contente jusqu'ici d'arroser les raisins à l'eau glacée. Il aménage un système d'irrigation savant et crée de vastes orangeraies arrosées. A grands frais, il importe des animaux améliorés. Il obtient un type de cheval de trait croisé de percheron, il importe la vache laitière tarentaise, et celle de Jersey. Il commence à exporter — fait rarissime — du bétail vivant dès 1870. Il importe les moutons Shropshire, le porc Bershire.

Certes, ses expériences ont eu des fortunes diverses. L'année de son départ, il terminera un essai de culture du riz. Secondé par son métayer valencien, le señor Rodañez fort instruit des choses de la terre, il a transformé en rizières les basses parties facilement submersibles de son domaine. La récolte, faute de débouchés peut-être, qui figure à l'inventaire pour 3 000 francs, sera jetée aux cochons. Et on ne parlera plus guère de riz en Algérie.

Le sort des précurseurs est d'enrichir l'humanité, en s'appauvrissant parfois. Des hommes comme Arlès-Dufour se sont substitués à l'Etat sans pouvoir soumettre leurs recherches à la loi du prix de revient qui est le sort commun.

Par ailleurs, au moment du grand boom de la vigne entre 1880 et 1885, les banques ouvriront largement leurs caisses dans une concurrence effrénée qui ira jusqu'au démarchage dans les fermes. Défricher, planter, entretenir les vignes, attendre trois ans la première vendange, construire sa cave car les coopératives n'existent pas encore, cela demande des capitaux. Et plus encore quand souffle un véritable vent de folie, la folie de planter à tout prix. On en arrivera à se trouver avec des fonds de roulement qui dépassent largement ses possibilités personnelles. Quand surviendront des années de mévente pour le vin, une crise qui s'éternisera de 1885 à 1907, la Banque d'Algérie, mise en difficulté, sera dans l'obligation de stopper brutalement le crédit. Ce sera la faillite.

Une foule de petites faillites, et quelques autres plus retentissantes. Celle de Maltais Debonno. Celle d'Armand Arlès-Dufour. Le Crédit Foncier a fermé le robinet. Le domaine où le fils du soyeux lyonnais a mis toute sa fortune — et quelle fortune ! — appartient au Crédit Foncier.

A l'automne 1893, Armand Arlès-Dufour quitte Oued-el-Alleug. Ruiné, il se retire à la ferme de l'orphelinat protestant de Dely-Ibrahim. Une de ses filles, Claire, deviendra professeur dans un collège de jeunes filles de la région. Son fils Maurice, après être passé à l'école de Oued-el-Alleug, au collège de Blida, puis à Ben-Aknoun, au lycée et à l'Ecole de médecine d'Alger, obtiendra son doctorat en médecine à la Faculté de Montpellier en 1905. Il s'installera aussitôt comme médecin à Mascara où sa sœur Lucie s'est mariée. Il y mourra subitement quelques mois plus tard. Un frère d'Armand, Alphonse, venu lui aussi en Algérie, n'a pas mieux réussi. L'établissement thermal qu'il a créé à Hammam-Righa en 1876 sera repris pour les mêmes raisons par le Crédit Foncier. Sans doute avaient-ils hérité de leur père sa fortune, mais non son génie.

Quant au boulanger Balzan, l'admirateur fidèle du saint-simonien « républicain, libre-échangiste et libre-penseur », il vendra sa ferme et sa boulangerie, et se retirera à Mustapha, près d'Alger, au bord de la mer. Sa femme est morte. Le lecteur public, le harangueur des foules durant les campagnes électorales de son ami, est devenu aphasique après une attaque. L'instituteur Peytral raconte la dernière visite qu'il lui a faite en 1880. Balzan, dans un grand élan de tout son corps, tentera une dernière fois de s'exprimer. Puis tassé, les yeux mouillés de larmes, il montrera sa gorge avec désespoir. L'instituteur ne pourra que lui serrer les mains et s'en aller, bouleversé.

L'exotisme ne paie pas

Qui ne sait pas que l'Afrique a été le grenier de Rome ? Que les Carthaginois y ont cultivé la vigne ? Qu'Ulysse et ses compagnons ont découvert, en longeant les côtes, le jardin des Hespérides, ses pommes d'or, ses raisins croquants et juteux ?

Les maigres taches de blé entrevues par-ci par-là en 1830, et l'absence de champs de vigne — il est vrai que le Coran interdit les boissons fermentées — n'ont pas préservé la métropole d'une durable appréhension : voir la colonie se poser en concurrente sur le marché. Aussi Bugeaud déclare tout net que « l'agriculture de la colonie ne doit pas produire les mêmes choses que l'agriculture française ». On peut faire du blé, certes, mais en attendant de trouver autre chose.

L'Algérie a mis cinquante ans pour trouver. Ce n'est pas faute d'avoir cherché. Quant au blé, il a fallu la disette de 1847 en France, la guerre de Crimée et l'arrêt des arrivages de blé russe, pour que sa production connaisse un essor dans la colonie. En 1850, on compte moins d'un demi-million d'hectares de céréales dont 96 pour cent de blé dur. En 1861, plus de deux millions d'hectares. En 1880, trois millions d'hectares avec des rendements moyens, pour le blé dur, de 6 quintaux à l'hectare chez les Européens, et 4,5 quintaux chez les indigènes. Avec aussi des récoltes qui peuvent passer de 25 millions de quintaux en 1863 — une très bonne année — à 4,8 millions de quintaux en 1867, l'année de misère et de famine.

En matière de recherches, un distingué botaniste du nom de Hardy, qui dirige, à Alger, la Pépinière Centrale, ne ménage pas ses efforts. Croisant, greffant, sélectionnant tous les fruits de la terre. Les exotiques surtout. Clauzel d'abord, Randon, y croient dur comme fer. Puisque la France en a besoin, l'Algérie va être un nouveau Saint-Domingue. Hélas ! on ne réussit ni le bananier, ni le goyavier, le caféier, le pavot à opium, l'arbre à quinquina, l'arachide, la sésame, le ricin, la cochenille. Et j'en passe. De Hardy les Algérois ont hérité au moins du somptueux Jardin d'Essai.

Les colons se lancent volontiers dans les innovations. D'abord ceux qui ont les moyens, et les compétences. Arlès-Dufour avec son riz, Léautaud à Blida avec son thé, le capitaine Nivoy avec ses mûriers, les trappistes de Staouély, Du Pré de Saint-Maur, Borély-La-Sapie, d'autres. Ils sont venus pour ouvrir à l'Algérie des perspectives qui chantent. Et ils y croient.

Mais les petits concessionnaires de la colonisation officielle, avec deux, trois, quatre ou cinq hectares de friches et de marais, les suivent de près. Ils ont même leur part d'innovations. Si trois hectares de friches ne nourrissent pas leur homme, trois hectares de céréales non plus. Alors, on essaie autre chose. Bien souvent risquant le tout pour le tout. Il y aura toujours quelqu'un pour en tirer la leçon. Les plus réalistes sont ceux qui regardent autour d'eux. Les plus ingénieux sont ceux qui regardent dans l'histoire des temps, ces civilisations, carthaginoise ou romaine, qui laissent encore traîner derrière elles, un parfum de paradis.

En fait, il faut redécouvrir et non inventer. Le blé, certes, mais aussi le tabac, la vigne, l'olivier, l'oranger, le figuier, le palmier-dattier, et les chevaux, les moutons. Et l'alfa, et les palmiers-nains. Il n'y a que l'autruche pour apporter la contradiction, et c'est tout une histoire. Même le coton trouve ses sources dans la tradition la plus ancienne. Le vieux fellah oranais qui raconte qu'autrefois, du Sig à la mer, « un coq eût atteint le rivage en parcourant de tige en tige les cotonnières de cette contrée », ne ment ni n'invente.

Mais d'abord l'histoire des autruches. L'autruche a été un animal nord-africain. Pour ceux qui mettent en doute quelle ait habité les hauts plateaux algériens depuis un nombre immémorial de siècles, qu'ils lisent ce qu'ont écrit après bien d'autres, le général Marey, Saint-Arnaud, Daumas, Fromentin, et bien sûr Margueritte. On sait même qu'en 1855 encore, une bonne dépouille de mâle se vend 170 francs à Laghouat qui est le grand marché des plumes. La femelle est moins prisée. Et puis un jour, l'autruche a disparu d'Algérie. Disparition brusque, voire instantanée. En 1870, on en parle déjà comme d'une légende, par oui-dire. Mieux même, tous les efforts entrepris pour la faire revivre dans des élevages domestiques ont échoué. Dès 1857, la Société d'Acclimatation propose un prix de 2 000 francs à qui résout le problème de la domestication de l'autruche. Deux ans plus tard, Hardy reçoit le prix. Il a obtenu un produit excellent, vigoureux, acclimaté, domestiqué, propre à la reproduction. Mais maudit. Toutes les autrucheries échoueront. Même celle du brave commandant Créput qui lui a consacré sa vie. Il a créé un élevage à Misserghin, près d'Oran, qui ne lui a pas survécu. Les Oranais refusent de consommer la viande et les œufs, malgré le bel exemple donné par Napoléon III lui-même, qui a dû en avaler à plusieurs reprises durant ses voyages. Par contre, ils sont très fiers de montrer les autruches aux étrangers.

Hardy n'a pas travaillé pour rien. Les éleveurs d'Afrique du Sud en ont profité. Leurs élevages d'autruches donnent des résultats pratiques dès 1864. Ils les présentent avec fierté lors de l'Exposition universelle de 1880. Du coup, l'Algérie se souvient de ses autruches. « Nous en aurons 40 000 avant dix ans, nous exporterons les plumes pour vingt millions de francs chaque année. » En vain. Les autruches avaient dit non, une fois pour toutes, à l'Algérie. Alors, on a essayé d'expliquer.

Première thèse, les Français ont fait fuir l'autruche. A la barre des accusés, le capitaine Margueritte. Il commande alors le cercle de Laghouat. On peut dire qu'il est l'inventeur de la chasse à courre à l'autruche. Il les a repérés, ces oiseaux curieux, qui ne font qu'une bouchée de n'importe quel objet, les plus grands de terre, et les plus rapides de toutes leurs longues pattes. Les autruches sont concentrées sur un grand plateau situé entre Laghouat au nord, les Beni-Mzab au sud, le territoire des Ouled-Sidi-Cheikh à l'ouest, les Dzioua à l'est. Margueritte s'y est donné de tout son cœur, comme tout ce qu'il fait. Alors, il y en a pour dire qu'il les a chassées jusqu'à la destruction. D'autres pensent que, dérangées, désorganisées, ces nomades que sont les autruches ont tenté de s'exiler. Elles ont reculé ainsi en se raréfiant, jusqu'au Soudan, à quelque chose près 1 400 kilomètres de leurs steppes.

Les plus instruits ont une autre explication. L'autruche sauvage a obéi à une loi cruelle de la biologie. Quand les espèces d'un groupe ont acquis un maximum de puissance, de perfection, ces espèces sont à la veille de disparaître. C'est le cas de l'épiornis malgache, du mammouth, de bien d'autres êtres vivants aux noms piqués par nos savants d'une épingle latine pour leur conservation.

Entre le coton et l'Algérie, les retrouvailles sont plus fructueuses bien qu'éphémères. Les deux premiers hectares ont été plantés en 1850. A partir de semences venues de la Louisiane, Hardy a créé un hybride. Deux ans plus tard, il y en a 51 hectares, notamment en Oranie, dans le domaine d'Arbal de Du Pré de Saint-Maur. Le gouvernement assure le débouché, il sera acheteur, comme pour le tabac. L'empereur, enthousiaste, engage, en 1854, 100 000 francs sur sa liste civile pour fonder, durant cinq ans, un prix de 25 000 francs. Il est destiné à celui qui récoltera, sur la plus large échelle, les meilleurs produits en coton. Les plaines irrigables de la Mitidja, de Bône, du Sig, se couvrent de grandes fleurs jaunes à la base tachée de pourpre qui, en une matinée, cèdent la place à une multitude de petits flocons d'un blanc aveuglant sous le soleil. Ils sont, en 1854, 1 417 à planter 1 720 hectares. Deux ans plus tard, ils ne sont plus que 435 pour près de 2 000 hectares. Les petits s'en éloignent donc. C'est que le coton est une culture difficile, délicate, exigeant de la main-d'œuvre quand il y a justement pénurie. Il est pourtant, à ce moment-là, le point de départ de la prospérité de certains. Et notamment d'une petite ville oranaise, Relizane.

A la naissance de Relizane, en 1857, les fées qui se sont penchées sur son berceau, ont plutôt des airs de sorcières. Un certain capitaine Izambar est son directeur militaire. Elle a déjà un surnom, la Cayenne de l'Algérie. Quelques maisons perdues dans une plaine aride parsemée de marais pestilentiels et de jujubiers touffus. On doit aller chercher l'eau potable à vingt kilomètres, à Zemmorah. On trouvera pourtant celle qu'il faut pour la culture du coton. Deux propriétaires, d'Armagnac et le colonel Faure, obtiennent du gouvernement que soient réparés le barrage de la Mina et les anciens canaux, hérités des Turcs. En 1859, la Cayenne de l'Algérie connaît ses premières plantations de coton. La guerre de Sécession aux Etats-Unis va donner de 1860 à 1865 un coup de fouet à la culture du coton. On parle de l'Algérie comme d'une nouvelle Egypte. La France, qui a grand besoin du coton pour ses filatures, offre des primes aux planteurs. Mais la qualité du produit laisse à désirer. Quatre grandes compagnies se constituent pour l'exploiter. Aucune ne réussit. Pas plus que n'aboutissent les efforts d'un industriel alsacien, Antoine Herzog, qui aurait souhaité affranchir les usines du Haut-Rhin de la production étrangère. Celui qui construit en 1865 une superbe usine à lin et à coton à Boufarik n'est pas bien inspiré. Il n'aura eu, pour toute satisfaction, avant d'être ruiné, que la visite de l'empereur la même année. Le coton algérien n'a pas su s'imposer. Il ne peut lutter contre les Etats-Unis qui ont repris leurs exportations. De 850 tonnes en 1866, il tombe à 200 tonnes l'année suivante. Il a à peu près disparu après 1874. On tentera par la suite d'autres essais, en 1906, en 1920, sans plus de succès durable.

Le tabac a, lui aussi, à souffrir d'une qualité médiocre qui persistera jusqu'à la fin du siècle. D'autant plus médiocre qu'il est cultivé surtout par les indigènes restés à leurs procédés rudimentaires, et par de petits colons qui ont longtemps manqué de fonds pour s'outiller convenablement, les uns et les autres se montrant par ailleurs peu disciplinés. Heureusement, le tabac sera sauvé par le commerce local qui en absorba de plus en plus.

La Kabylie a, de tout temps, cultivé le tabac. Et des colons, encouragés par la Régie française, en ont planté dès les premières années de la colonisation, dans toutes les régions faciles d'accès. Le village de Chébli, près de Boufarik, créé en 1854, a donné son nom à un tabac algérien bien connu. Trumelet trouve qu'il se rapproche du Maryland. Il exagère. Mais le Chébli est en tout cas le tabac le plus fumé dans la colonie. Le meilleur, sans doute, mais le moins abondant, vient de Montenotte et d'Aïn Temouchent.

Le développement du tabac est régulier. Il représente en 1866 une production de 30 000 quintaux sur 6 000 hectares, et 12 000 planteurs dont seulement 1 500 Européens. C'est la seule culture industrielle qui ait connu un essor sous le Second Empire.

Les plantes à parfum ont beaucoup moins de succès chez les cultivateurs indigènes. Pourtant leurs vainqueurs qui s'y lancent ont des arguments qui devraient les toucher. Ne dit-on pas que les Arabes et les Turcs sont de grands amateurs de parfums ? Que ceux-ci font partie des délices du paradis promis par Mahomet dans le Coran ? Mahomet qui n'hésitait pas à avouer : « Les choses de ce monde qui ont pour moi le plus d'attrait sont les femmes et les parfums. »

Ce sont des colons venus du Var qui ont introduit très tôt le géranium rosat de leur pays. Les premières plantations ont été faites à Chéragas et bientôt dans toute la Mitidja, puis dans le Constantinois. En 1878, on compte plus de 600 hectares plantés. De nombreuses distilleries à parfum sont construites, mais souvent disparaissent assez vite par manque de réserves, l'irrégularité des marchés et des débouchés. La culture en sera même tout à fait abandonnée, puis reprise vers 1900 et définitivement maintenue, malgré la concurrence de l'Espagne, des Philippines, de la Réunion.

En fait de plantations, il y en a, en Algérie, de toutes indiquées. Ce sont les plantations d'orangers et d'oliviers, que les Français n'ont pas toujours trouvées dans le meilleur état, il faut bien le dire. Les orangers étaient anciens, francs de pied, et quelques-uns du moins ne portaient que des fruits amers. Une maladie, la gommose, a tué ceux qui restaient. D'autre part, c'est un arbre exigeant, qui a besoin de sols profonds et riches, d'irrigations nombreuses en été. Il va connaître, avec le mandarinier, lui produit d'importation, un développement régulier qui résistera dans le siècle suivant à la concurrence, notamment espagnole.

Blida, dans l'Algérie des Turcs, était célèbre pour ses orangers. Les rues même en étaient embaumées. Mais on les compte longtemps à l'unité. 23 680 sujets en 1852 dans la région de Blida et de Koléa, devenus 130 411 en 1864. C'est effectivement dans la Mitidja que sont réalisées les plus belles plantations. Le recensement officiel des cultures en 1892, dans la commune de Oued-el-Alleug, donne 120 hectares d'orangers, 90 hectares de mandariniers et 2 hectares de citronniers pour 1 224 hectares de vigne. A titre de comparaison, on y sème encore 2 615 hectares de blé, 616 hectares d'orge, 430 hectares d'avoine, 68 hectares de maïs. Plus de 30 hectares sont réservés aux graines alimentaires (fèves, haricots, pois, lentilles), et 20 hectares aux pommes de terre. La luzerne pour le bétail couvre 218 hectares.

Il faut avoir une mention affectueuse pour le figuier, ce familier du paysage algérien. Mais les figues, qui se consomment sur place, ne joueront jamais un grand rôle dans l'économie du pays. Dans l'alimentation de ses habitants, oui. On compte qu'une famille indigène de six personnes consomme 700 kilos de figues sèches par an. Elle ne leur en est même pas reconnaissante. Un des proverbes très répandus chez les Arabes affirme que l'année où l'on récolte beaucoup de figues est abondante en maux.

La culture de l'olivier est chose plus sérieuse. Il a l'avantage de s'accommoder en Algérie de tous les climats, de la plaine et de la montagne, à l'exception du froid des hautes altitudes. Il tenait une grande place déjà du temps de Rome. Mais les Français l'ont trouvé revenu depuis longtemps à l'état sauvage, sauf en Kabylie. En 1849, la Kabylie donne 40 000 hectolitres d'huile. Une huile grossière, obtenue en foulant au pied les olives. Il est vrai que les Kabyles sont aussi de gros consommateurs, avec 15 litres par tête, quand il en faut 12 litres pour un Européen, et 2,5 litres pour un Arabe.

Dès 1851, le gouvernement encourage son développement. Des primes sont accordées aux constructeurs de moulins à huile. Des centaines de petits moulins indigènes apparaissent. Le greffage de l'olivier sauvage donne un arbre en plein rapport dix ans après. Le gouvernement favorise le greffage des oliviers à Guelma, Jemmapes, Philippeville. Les deux tiers appartiennent aux indigènes. C'est peu de chose, à côté des millions de pieds qui restent à greffer. En Oranie, les plantations sont réalisées autour de Saint-Denis-du-Sig et de Tlemcen. Une initiative privée. Dès la création de Saint-Denis-du-Sig, des pépiniéristes ont entrepris la culture de l'olivier sur des terres facilement irrigables grâce aux eaux de l'oued Sig. Encore en 1906, sur 8 000 hectares irrigables, cette région en consacrera 2 000 à l'olivier. Seulement, on préférera alors mettre les olives en conserve plutôt que leur extraire l'huile.

Mais la culture entre toutes les cultures, la panacée, n'est ni le coton, ni le tabac, ni les oliviers, ni même le blé et les orangers. C'est la vigne, et on ne le savait pas. En 1870, on aura planté 11 000 hectares de vigne. En 1880, 23 000 hectares. En 1890, 110 000 hectares. Vingt ans qui comptent. La colonisation sort de sa misère. L'Algérie prend un autre visage.

Pourquoi chercher quand il y a la vigne ?

On est en 1851. Saint-Cloud en Oranie. Un de ces petits villages de 48, né dans la douleur. Pas n'importe lequel, le premier, celui qui a eu les honneurs des discours de Lamoricière et des bénédictions de l'archevêque de Paris. Comme dans les 41 autres centres, on distribue à chaque colon des plants de vigne, venus de France. Ils sont à peu près secs. On a dû sans doute les oublier dans un entrepôt de quelque port. Qu'importe, c'est de la vigne de France. On rêve à de beaux grains dorés en faisant avec soin des labours profonds. On plante chaque pied avec amour. Pas un, à Saint-Cloud et ailleurs, ne se couvrira des petits bourgeons attendus, guettés. Les plants étaient bien morts. Les colons disent que les directeurs militaires, négligents, ont oublié de les distribuer à temps. Les directeurs militaires déclarent dans un rapport que, décidément, ces gens-là ne sauront jamais coloniser. L'essai s'arrête-là.

1861. Toujours à Saint-Cloud. Trois colons aiment se réunir, discuter de longues heures certains dimanches, devant un verre. On connaît leur nom : Marquet, Louisin, Desplez. Un marchand de matériel agricole, qui fait sa tournée, leur raconte que le gouvernement a fait planter une vigne à la ferme modèle de Birmandreis, que les agronomes officiels commencent à recommander chaudement les plantations. C'est sûr, il y a quelque chose à faire de ce côté-là, se disent les trois colons. Les bruits se précisent. Tout le vignoble français est atteint par le phylloxera. Belle saleté héritée des Américains en même temps que leurs plants hybrides. Une mode en métropole. Tout le monde a voulu ses plants américains, depuis que la vigne française est infestée d'oïdium. Le mal est bien plus grand aujourd'hui, avec le phylloxera. Il faut tout arracher.

Pour l'Algérie, c'est le moment. Du vin, on en a toujours fait un peu, pas très fameux. Blanqui fait le point sur la question quand il écrit après son voyage en Algérie en 1840 : « On a fait du vin à Alger et j'en ai bu. Cette première expérience me permet de rassurer complètement nos vignerons de la Bourgogne et de Bordeaux. » Bugeaud, la même année, demande à la Société des Agriculteurs d'Algérie, qui vient d'être fondée par Lacroutz, d'examiner l'opportunité de développer cette culture. Les conclusions sont favorables. Mais seuls quelques colons à la pointe le savent, et d'anciens jardiniers espagnols qui veulent faire ce qu'ils faisaient dans leur pays. Partant de plants turcs, le farana mascaréen ou le « grand noir » du Sahel, ils obtiennent près d'Alger des petits vins sans prétention mais appréciés, à Crescia, Saoula, Douera, Guyotville. Du Pré de Saint-Maur plante un petit vignole à Arbal. Des résultats encourageants le font aller plus loin. Bref, en 1846, la vigne couvre 379 hectares. En 1850, 792 hectares, et 2 025 hectares en 1860. Essais donc plutôt timides. C'est qu'on n'a aucun moyen de transport sérieux, ni débouchés, ni possibilité d'exporter. Et puis, il faut être riche pour planter de la vigne qui ne produit qu'au bout de trois ans, s'équiper pour la vignification. On sait ce qui en est du crédit à cette époque. Les trois colons de Saint-Cloud n'ignorent rien de cela. Ils ont lu dans les journaux que la vigne algérienne donne 5 à 10 hectolitres par hectare, quand les bons départements de France rendent 25 hectolitres. Mais que risquent-ils d'essayer ?

Leur première tentative, l'année suivante, est modeste. Quelques rangs de raisin de table. Mais ils cherchent, s'informent, finissent par sélectionner des boutures qu'ils ramènent de La Sénia, de Misserghin. En 1864, ils peuvent planter deux hectares. D'innovateurs, ils se font promoteurs. Ils encouragent leurs voisins, tous les colons de la région, à planter comme eux. Ils distribuent gratuitement des boutures, continuent leurs essais et leurs sélections. En 1868, Saint-Cloud compte 10 hectares de vigne. En 1894, 2 964 hectares. Dès 1873, un viticulteur de Saint-Cloud, Louis Laurent, obtient une première récompense à l'Exposition de Vienne, en Autriche, pour ses vins et ses eaux-de-vie de marc. Ce label de qualité n'est pas l'apanage de l'ensemble de la production algérienne. A l'Exposition d'Horticulture de 1868, les échantillons algériens sont déclarés « de qualité inférieure ».

C'est que, durant ces années, et jusqu'en 1880, le système D est de règle. Les plantations sont réalisées dans le plus franc désordre. Certains font venir leurs cépages de leur pays d'origine, parfois des plants mélangés, et l'on ne sait plus très bien ce que l'on plante. On inventoriéra vers la fin du siècle beaucoup d'aramon, de morestels, du cinsault, du carignan, de l'alicante, du mourvèdre, des clairettes, du balsac. Les bouschet, les cabernet et les sauvignon répandus après 1890. Mais la grande vague du phylloxera est passée par là, à partir de 1885, entraînant une réorganisation des vieilles vignes.

Pour produire davantage, on resserre les rangs. Les vendanges cuvent dans de vieilles futaies alignées sous les hangards ou dans les écuries. Ce n'est que vers 1880 que de jolies foudres viendront peu à peu remplacer les demi-muides incommodes. On croit bien faire en creusant les premières caves dans le roc. Elles conservent la chaleur des fermentations et aboutissent à des catastrophes. « Ces vins ont un goût étrange », indique un rapport après la participation de l'Algérie à l'Exposition universelle de Londres en 1862.

Bientôt, toute la vie à la campagne s'organise autour de cette nouvelle réalité, la vigne. Chaque colon se met à défricher et planter. On ne pense plus qu'à cela. Un propriétaire d'Arcole, Charles Durand, longtemps président de la Société d'Agriculture d'Oran, ancien géomètre, crée en sept ans, à partir de 1875, un vignoble de 58 hectares sur une terre qui en a 85. Et il n'est pas le seul.

Des équipes de défricheurs s'organisent, s'offrant dans tout le pays pour un prix forfaitaire à l'hectare. On les appelle les quadrillas, car ce sont surtout des Espagnols, autour d'un chef, le cabo. Le travail est pénible, même dans les terres déjà cultivées, c'est-à-dire travaillées souvent superficiellement pour les semis. Maintenant, il s'agit d'enlever toutes les racines des palmiers-nains séculaires, jusqu'au roc. On remonte des tonnes de pierres, qu'il faut retirer pour ne pas abîmer les charrues, et qui font autant de murettes le long des chemins et des limites. Le travail se fait en hiver, où la terre est plus meuble. Mais souvent l'ouvrage est terminé en été, quand le sol est devenu dur comme du caillou, et la chaleur insupportable. Les équipes de défricheurs vivent ainsi de longs mois, généralement dans un complet isolement. Leurs abris sont rudimentaires. Et il faut faire à dos d'âne le long chemin qui mène aux provisions, chaque semaine. Le pain, les pois chiches, le poisson salé, le café en constituent l'essentiel.

Le bois arraché leur est acquis. Mais la seule espèce utilisable en l'état est le thuya, qu'ils vendent, ainsi que le charbon de bois qu'ils ont fabriqué à partir des lentisques surtout.

Tout cela coûte cher pour le colon. Et il faut tenir jusqu'aux premières vendanges. Mieux, continuer à défricher, planter, un peu plus loin. On y parvient à partir de 1875 parce que le crédit s'est organisé. Et la France est là pour offrir un facile débouché, depuis que la loi du 17 juillet 1867 a instauré l'union douanière complète entre les deux pays. Tous les produits algériens pénètrent dorénavant en France sans avoir à acquitter de droits. C'est là une situation obtenue non sans luttes. Le régime douanier de l'Algérie, fixé par ordonnance en 1835, était sévère. Les transports entre la France et l'Algérie ne devaient se faire que sur bâtiments français. Les produits français entraient en franchise en Algérie, mais les produits algériens étaient traités comme des produits étrangers. Une ordonnance de 1843 apporte quelque adoucissement. Certains produits algériens voient leurs droits diminués de moitié. Mais la mesure capitale est de 1851. Elle a du reste causé quelques remous. Elle avait contre elle à la fois ceux qui prétendaient que l'Algérie ne produirait jamais rien, et ceux qui craignaient qu'elle ne produise trop et vienne concurrencer la métropole. En effet, les principaux produits algériens y sont alors admis en franchise. Et les produits étrangers paient les mêmes droits en Algérie qu'en France. La loi de 1867 ne fait qu'entériner cette disposition. Il n'est plus besoin d'une désignation particulière pour qu'un produit algérien ait la pleine franchise.

Certes, les viticulteurs algériens connaîtront des moments de crises et de difficultés. Le phylloxéra traversera la Méditerranée en 1885, ruinant des villes comme Philippeville et Mascara. Après la reconstitution du vignoble français en 1890, ils auront à souffrir de mévente dans les années d'abondance. Mais la vigne en sortira toujours vainqueur. Les vins deviendront de qualité, souvent à fort degré. Elle couvrira 170 000 hectares en 1923, 400 000 hectares en 1939.

Les plus aventureux vont dans les steppes

Le blé cède la place à la vigne. Il reculera vers la fin du siècle dans les hautes plaines du Sud où il fera merveille. C'est là que l'Algérie — mais on ne l'a pas su tout de suite — redeviendra le « grenier de Rome ». Dans les hautes plaines du Sersou et de Tiaret, celle de Sétif, dans la Medjana et autour de Borj-Bou-Arreridj, dans les régions de Mascara, de Sidi-Bel-Abbès, de Aïn-el-Hadjar et de Saïda, dans le bassin de la Tafna.

Pourtant, les steppes des hauts plateaux, dès le commencement de la colonisation, ne sont pas inconnues des colons européens. L'élevage en attire quelques-uns, hélas ! sans trop de succès. Puis c'est l'alfa, qui devient une sorte d'or vert grâce à un Anglais. Et, sans aller si loin, même ces palmiers-nains qui, en 1830, arrivent jusqu'à la mer et qu'il faut arracher péniblement un à un pour cultiver sa terre, vont être une source de profit. A ne pas confondre avec les palmiers-dattiers cultivés surtout par les indigènes au confin du désert et dans les oasis, et que les forages artésiens après 1856 ont ressuscités. L'exploitation du palmier-nain, on la doit à un Français de Chéragas, plus observateur que les autres. Ce Français se nomme Averseng. C'est un ancien tapissier. En se promenant aux environs du village un bel après-midi du printemps 1846, il cueille une feuille de palmier-nain qu'il déchiquète machinalement. Il observe aussitôt qu'elle est faite de nombreux fils qui lui rappellent le crin animal. Il étire ces filaments entre les doigts. Ils n'ont pas l'élasticité du crin animal, mais ils paraissent plus solides et plus résistants. Il se dit que peigné, cordé et teint, ce textile pourrait avantageusement remplacer le premier. Il est bien placé pour savoir que le crin animal coûte trop cher, au point d'avoir rendu la profession de tapissier difficile.

La découverte fait vite du chemin, d'un bout à l'autre du pays, notamment dans le Sahel algérois et oranais couvert de palmiers-nains. Le conditionnement se fait d'abord à la main. Une ressource arrivée au bon moment pour les petits colons lancés dans leur entreprise de défrichage sans réserves financières. De 1860 à 1880, beaucoup pourront tenir grâce au crin végétal. Pendant que les hommes préparent les terres de leurs vignes, femmes et enfants ramassent les feuilles de palmiers-nains, et les peignent. Tous les mois, des chariots chargés transportent le produit à Alger ou Oran, et ramènent en échange de la farine et des vêtements. L'industrie se développe très rapidement. C'est que la matière première est à portée de la main. Ce chiendent d'Afrique, comme on l'appelle, aux racines démesurées. Des hommes d'initiative se lancent, créent des ateliers de traitement, puis de véritables usines. On y fait méthodiquement le décorticage, la réduction en filasse, en cordes, le peignage. Les premières peigneuses mécaniques sont rudimentaires. Elles seront par la suite entraînées par des moteurs à vapeur. Tandis que les indigènes remplaceront les femmes de colons, et livrent les feuilles de palmiers-nains collectées, coupées et rangées en bottes. D'un prix de revient moins élevé et apte à toutes les utilisations du crin animal, le crin végétal est une véritable révolution dans des secteurs comme la sellerie, la bourellerie, l'ameublement, l'ébénisterie. De nombreux pays d'Europe se disputeront les stocks algériens.

Avec les palmiers-nains, l'aventure est au coin du premier champ à défricher. Pour cueillir l'alfa, l'aventure est plus sérieuse, elle conduit au-delà des hautes plaines du Sud, en pays de transhumance et de steppes. L'alfa recouvre quatre millions d'hectares en Afrique du Nord. Plus de la moitié de ces étendues sont en Algérie, particulièrement dans la province d'Oran.

A l'origine de l'alfa, deux hommes. L'un est anglais. C'est un manufacturier curieux qui fait en 1862 un voyage d'études en Algérie. On lui montre quelques feuilles d'alfa qu'il ramène dans son pays et fait étudier. Il a eu du flair. L'alfa a toutes les qualités pour entrer dans la fabrication de la meilleure pâte à papier. Dès l'année suivante, son exploitation est commencée. Le manufacturier anglais est entré en relation avec un important propriétaire à la tête des 25 000 hectares des domaines de l'Habra et de la Macta, Débrousse. Celui-ci a aussitôt demandé et obtenu une concession de plus de 300 000 hectares dans le Sud-Oranais, pour exploiter l'alfa. C'est un homme imaginatif et entreprenant qui voit vite le profit que peut tirer la colonie de cette manne à l'exportation. Mais l'Oranie doit être pourvue d'un grand port, qui reste à trouver. Oran n'a jamais été un port. Jusqu'à la conquête française, toutes les opérations maritimes s'effectuaient par Mers-el-Kébir. Il existait seulement une jetée de quarante mètres de long, construite un siècle auparavant. Peut-être dans un but stratégique, au cas où Oran se trouverait isolée de Mers-el-Kébir. Si bien que débarquant là, on doit gagner Oran par la route. Quant aux marchandises, dont le transport n'est pas ainsi facilité, elles sont amenées sur des barques ou des chalands. La plage d'Oran est toujours fort encombrée.

En fait, on a entrepris depuis 1854 d'importants travaux pour doter la ville d'un port. Ce qu'on appellera cent ans plus tard le vieux port. Il est même, assez malencontreusement, inauguré le 2 juillet 1864 par le paquebot-poste *La Tamise,* des Messageries Maritimes, venant de Marseille. Malencontreusement parce que, aussitôt entré dans le port, *La Tamise* a dû en repartir et rejoindre Mers-el-Kébir. On avait oublié les bouées d'amarrage. Et c'est vingt-deux jours plus tard, cette lacune ayant été comblée, que le *Seine* inaugurera l'escale définitive d'Oran.

Mais Débrousse veut son port à lui. Dans un site, il est vrai, privilégié, celui d'Arzew. Arzew est un petit bourg créé en 1845 et devenu commune de plein exercice en 1856. La garnison qui est sur son territoire depuis 1833, les nombreux centres de colonisation fondés aux environs en 1848, contribuent à sa prospérité. Et surtout, Arzew offre un merveilleux abri naturel placé au débouché des riches plaines de l'Habra, de la Mina, et du Sig. Sa rade est une des meilleures d'Algérie. Que la population d'Arzew se fasse son tremplain politique, et la voix de Débrousse portera loin et fort. Un grand avenir pour leur ville est assuré. Il a sans doute raison. Mais, dans un contexte d'histoires de clocher, les habitants d'Arzew ne soutiennent pas ses ambitions politiques. Ulcéré, à la tête d'un empire trop grand pour lui et auquel il n'a peut-être plus envie de croire, il cède tout. Les domaines de l'Habra et de la Macta, les concessions d'alfa. Droits et privilèges passent à la Compagnie Franco-Algérienne. Celle-ci sera plus tard rachetée à son tour par l'Etat.

Ces considérations politico-économiques n'ont pas arrêté les alfatiers, bien qu'ils connaissent certaines difficultés notamment à transporter la marchandise. En 1870, on mettra sur le marché 558 000 quintaux d'alfa, blanc ou vert, en tiges ou en paille. Ce qui correspond à un chiffre d'affaires de 18 à 20 millions de francs. En 1927, près de deux millions de quintaux. Et la source ne peut tarir. L'Angleterre, qui gardera longtemps le monopole du papier de luxe, restera — et de beaucoup — le premier client. Mais les exportations se feront dans le monde entier.

L'arrachage est effectué par les Espagnols. Ils y travaillent comme ils défrichent, en cuadrillas. Certains sont à leur compte, d'autres livrent à la Compagnie Franco-Algérienne, par charrettes qui vont jusqu'à Saïda ou Tlemcen. Des chantiers s'organisent ainsi, jusqu'à cent cinquante, éparpillés dans les hauts plateaux. De véritables aventuriers qui, trop souvent, malmènent les Arabes qu'ils méprisent. Ceux-ci se vengeront durement en 1881, à l'occasion du nouveau soulèvement des Ouled-Sidi-Cheikh. Le mouvement partira du Sud d'Aïn-Sefra. Un marabout de l'Atlas, Bou-Amama, a exploité la baisse de prestige français après le massacre de la mission Flatters par les Touaregs. La révolte gagnera les hauts plateaux oranais. Après avoir pris Frenda, les insurgés massacreront en 1881 les ouvriers espagnols des chantiers d'alfa de Khalfalla, près du Kreider, dans la région de Saïda. C'est à la suite de ces événements qu'on décidera la prolongation, jusqu'à Méchéria, de la voie ferrée Arzew-Saïda. Cette dernière, réalisée en 1879 apporte une solution satisfaisante au transport de la précieuse matière première. A ce moment-là, seul un petit nombre d'Espagnols se maintiendra dans les chantiers d'alfa. La main-d'œuvre deviendra essentiellement indigène. La cueillette sera réglementée. On apprendra à désarticuler la tige sans arracher la plante. Le gouvernement imposera à son exploitation des limites dans le temps et les périmètres. Mais au même moment, il la facilitera. La papeterie a des besoins sans cesse grandissants. Les alfatiers ont encore de beaux jours devant eux.

L'éleveur Romanette

L'élevage en Algérie, au XIXe siècle, tient en quelques équations.

Un. L'Algérie est un pays d'élevage. Les Français ont connu en 1830 de vastes contrées couvertes de steppes, parfois de marécages, qui constituaient autant de parcours pour les grands troupeaux. Non seulement de moutons, qu'on évalue très approximativement à 8 millions de têtes. Mais encore des bovins (1 millions de têtes), des chèvres (3 millions), des mulets (presque autant que de chevaux), des chameaux (on ne sait, mais bien plus qu'on en compte en 1930, bien plus que 200 000; ils ont été décimés par un usage abusif des colonnes expéditionnaires françaises dans les oasis touatiennes, qui ont exagéré leur sobriété et leur résistance à la soif), des ânes (200 000, s'il est vrai que les pauvres bourricots algériens peuvent se compter). Et, bien sûr, les chevaux, 200 000 ou davantage.

Deux. La vigne a fait reculer vers le Sud le blé. Qui lui-même a poussé au-delà dans les steppes, l'élevage. En même temps, les tribus-éleveurs se voyaient cantonnées dans des territoires resserrés. Double raison pour l'élevage indigène de régresser, et pour certaines fortunes indigènes de s'effondrer.

Trois. Les colons n'ont pas pris la relève, en utilisant éventuellement d'autres méthodes. Ils n'ont pas produit des cow-boys. Pas un seul Européen n'est propriétaire de grands troupeaux. Pas un seul n'est non plus berger. Pourquoi ? Parce que l'Algérie n'est pas un pays d'élevage. La sécheresse et les écarts de température tuent ou abâtardisent les bêtes. La viande est de qualité médiocre.

Il s'agit donc plutôt d'inéquation. La plupart des premiers colons ne s'intéressent guère, effectivement, à l'élevage comme source importante de profit. Les volailles et le porc servent à leur nourriture. Les chevaux, au transport des marchandises, et à leur propre transport. Les bœufs sont d'abord un outil de travail. On apprécie le bœuf de Guelma, de couleur fauve ou gris clair, de petite taille, bon travailleur. Et une race qui donne de belles laitières. On connaît le bœuf kabyle, à la robe clair, trapu et court sur pattes. On n'aime pas le bœuf d'Oran, rouge et noir, plus grand, mais paresseux et sensible aux intempéries.

L'élevage des chevaux, en dehors des indigènes, est l'apanage de l'armée. Elle a adopté pour ses régiments de cavalerie le cheval arabe et le barbe africain. Les puristes traitent avec un certain mépris le barbe. Il est vrai qu'il est petit, et sa croupe tombante nuit à son esthétique. Mais il est adapté au pays, vigoureux et résistant. Aussi tente-t-on de le croiser avec le syrien ou l'anglo-arabe. La jumenterie de Tiaret, plus tard, cultivera avec un soin jaloux la pure race syrienne, favorite à la fois de Salomon et du Prophète. Qui a donc ses références. On tentera d'augmenter le nombre et l'emploi des étalons dans les dépôts de remonte. Des smalas de spahis seront transformées en centres modèles d'élevage. Et des courses seront organisées.

En 1850 ou 1860, tous les colons ou presque ont des moutons. Un berger commun au village les mène paître sur les terrains municipaux. Le berger est très vite indigène. C'est dans ces années-là que les grands propriétaires font des expériences dans les plaines du Sahel ou de la Mitidja. Du Pré de Saint-Maur en Oranie, a constitué un gros cheptel : 293 bêtes à cornes, 280 truies et verrats. Il a un troupeau de moutons prospère grâce à des croisements qu'il a effectués, de brebis arabes avec les béliers mérinos de Perpignan. Mais en 1880, là où l'on plante de la vigne et des oranges, les troupeaux disparaissent.

Reprenons la statistique de 1892 à Oued-el-Alleug. Elle est instructive. La commune compte, pour 250 hectares de prairies naturelles, et 218 hectares de prairies artificielles, 473 chevaux,

125 mulets et mules, 275 ânes, 2 660 bovins, 571 porcs, et 225 chèvres. Le rapport souligne qu'il n'y a pas de chameaux. Et 6 375 moutons, concentrés dans la zone montagneuse de la commune. Ceux-ci apartiennent, pour leur presque totalité, aux indigènes. Et aux « opulents bouchers fournisseurs des troupes, de Blida, Koléa, Boufarik, les Chalard, les Bousquet, les Schulster. Rois des grands marchés de Boufarik et de Mouzaïaville », ils confient leurs troupeaux à des maîtres bergers indigènes, dans les pâturages qu'ils ont acquis ou loués.

Le gouvernement, de son côté, n'encourage pas l'élevage chez les colons. Car il exige de vastes concessions. L'administration tient à laisser aux tribus leurs terres de parcours dans les steppes. Sous Mac-Mahon, on fait toutefois, à Boghar, un essai d'élevage européen de moutons. On s'appuie sur les travaux d'un ancien vétérinaire de l'armée, Bernis, pour créer une Bergerie nationale. Elle n'aura guère de succès parmi les colons. On dit qu'elle imposait de trop grosses tracasseries paperassières.

Un Européen au moins tente l'expérience. Il s'appelle Romanette. C'est un candidat colon sérieux, qui a de l'argent. On lui accorde donc la concession importante qu'il demande, ce qui scandalise la presse algéroise qui le dit vertement. Elle oubliera de signaler ensuite les malheurs de Romanette. Le bétail volé, l'épizootie qui fait des ravages, et, pour finir, la banque Gugenheim à Alger qui sombre avec l'argent Romanette.

Il en restera un point sur la carte, dit « Ferme Romanette ». Une ruine, résidu de ce qui a été une grande entreprise d'élevage, près de l'oued Ouerk, dans la région de Boghari. Il en restera aussi, durant de très longues années, jusqu'après 1930, le dernier des Romanette, Henri. Il tiendra alors un café à Chellala. Chellala, ce gros marché de la laine et des moutons, qu'il ne quittera jamais. Il y racontera ses bonnes fortunes indigènes — fait rarissime de la part d'un Européen. Et aussi comment l'ancien directeur militaire de Chellala, du nom de Reybell, a ouvert des routes, construit des édifices publics ou des fontaines. Quand l'administration militaire répondait par la négative aux demandes d'argent de l'officier, celui-ci indiquait invariablement dans le premier rapport qui suivait : « Je lance tout de même les travaux, grâce à la générosité d'un bienfaiteur qui veut garder l'anonymat. » Le bienfaiteur, c'était lui, Reybell, qui avait des revenus supérieurs à ses besoins personnels.

Et, de temps en temps, Henri Romanette — toujours culotté et souvent guêtré, il possède d'ailleurs une fort belle jument — interrompra son récit pour lancer à un client qui s'approche du comptoir : « Qu'est-ce que vous prenez, là-dedans ? » Et il montrera, derrière son dos, les casiers pleins de bouteilles.

Le club des cinquante et un

L'Etat se montre parcimonieux pour les petits concessionnaires de la colonisation officielle. Il n'en distribue pas moins quelquefois par centaines, voire par milliers et dizaines de milliers d'hectares les terres d'Algérie. Deux, ou vingt mille, une loterie ? Certes non. On ne prête qu'aux riches, c'est bien connu. A des sociétés ou des hommes qui ont les moyens et, en principe, des compétences. Car on exige d'eux, en échange, qu'ils mettent leur domaine en valeur. Mise en valeur qui implique l'installation de familles d'Européens. Leur nombre est généralement précisé. Une façon pour l'Etat de laisser à l'initiative privée le soin de peupler et de coloniser.

Aux grosses sociétés qui naissent sous le Second Empire après 1860, on demande aussi cela. Mais bien davantage encore. Elle s'engagent à exécuter d'importants travaux publics, routes, chemins de fer, ports. On verra qu'elles réussissent mieux les grands équipements que le peuplement et la mise en valeur de leurs vastes territoires.

L'idée de privatiser dans certains cas la colonisation officielle n'est pas nouvelle. L'Etat donnant alors ce qui lui coûte le moins, la terre. Clauzel, avec sa Ferme Modèle, n'a pas fait autre chose en 1830. Il a créé une société anonyme par action de 500 francs. Mille hectares ont été loués par l'Etat à cette société pour 9, 18 ou 27 ans, au prix de un franc l'hectare, avec faculté de résilier. La société pouvait devenir propriétaire en payant le prix du fermage capitalisé au dernier vingt. Elle était tenue, en outre, de céder la moitié du domaine aux colons qui viendraient s'y installer.

Enfantin et les saint-simoniens font, quelques années plus tard, des sociétés anonymes le cheval de bataille de leur politique coloniale. Elles permettent, pensent-ils, d'augmenter indéfiniment le nombre des propriétaires et de rendre la richesse souple et mobile. Ce n'est pas le système des grands propriétaires, mais le système des grandes propriétés de petits propriétaires.

Lamoricière vers 1845 est influencé par ces théories quand il imagine un vaste plan de colonisation pour la région de Mostaganem, Oran, Mascara. Mais ce qui intéresse le général, c'est surtout d'attirer les « capitalistes » en leur offrant de grandes concessions. La domination de l'Afrique, dit-il, est une affaire d'argent plutôt qu'une question d'hommes. Le projet d'ensemble, envoyé en même temps à Bugeaud qui ne le favorise pas, et au ministre de la Guerre, n'aboutira pas. En 1848, il a, lui, Lamoricière, le portefeuille. Les sites étudiés seront tout indiqués pour devenir à la hâte des centres de colonisation. Mais sans les capitalistes.

De grandes concessions individuelles, Lamoricière à Oran n'hésite pas à en faire bénéficier, à l'occasion, des hommes prêts à investir. C'est le cas de Du Pré Saint-Maur. Il a reçu en 1844, 2 000 hectares à Arbal, à trente et un kilomètres au sud-ouest d'Oran. Un romantique qui choisit symboliquement une pierre romaine pour faire l'autel de la chapelle qu'il y construit. Mais aussi un capitaliste qui dépense 1 200 000 francs pour mettre le domaine en valeur et y installer une vingtaine de familles européennes. L'Arbal est une véritable ferme d'expérimentation et une pépinière de colons. Ses ouvriers essaimeront pour participer, comme les Mahonnais de Vialar, à la fondation de plusieurs villages. Suivant le même principe, le concessionnaire El Basso dépense 200 000 francs, bâtit trois fermes, construit des fontaines, établit des conduites d'eau, sur une concession de 200 hectares qu'il a complètement défrichés. Borély-La-Sapic à

Boufarik fait venir trente et un métayers et de nombreux ouvriers pour défricher, assainir, cultiver, planter 1 440 hectares. Ferdinand Barrot, un ami des saint-simoniens, avocat du Trésor et député centre gauche — le frère d'Odilon —, reçoit en 1845 une concession de 600 hectares dans la vallée de la Saf-Saf aux environs de Philippeville. Il y installe trente métayers européens et se fait élire député d'Algérie en 1848.

Lamoricière protège, à défaut de mener à bien son propre plan, une expérience originale à Saint-Denis-du-Sig, à partir de 1845. L'Etat concède, près d'un barrage qui vient d'être construit, 3 000 hectares à une société, l'Union Agricole. Celle-ci s'engage à installer trois cents familles européennes. C'est le plus grand essai de colonisation mené jusqu'ici. Son originalité réside dans l'organisation de la société. Créée par des disciplines de Fourier, elle a pour actionnaires surtout des petits bourgeois de Besançon, la ville natale du doctrinaire, et un certain nombre d'officiers de l'armée de terre et de la marine. D'inspiration phalanstérienne — les fouriéristes se distinguent des saint-simoniens par leur hostilité à toute ingérence de l'Etat —, l'Union Agricole du Sig est fondée sur le principe de l'association du capital et du travail. On espère échapper à la fois aux inconvénients des grandes concessions individuelles et de la petite colonisation. Les actionnaires sont divisés en trois catégories. Les colonisateurs, qui ont fondé la société. Ce sont les « administratifs ». Les colons travailleurs, et les commanditaires. Les travailleurs peuvent devenir, par leur travail, des actionnaires, et même entrer dans la catégorie des colonisateurs, s'ils remplissent les conditions réglementaires de capacité, de bonne conduite et de séjour dans la colonie. Tout le monde a droit à la gratuité des soins médicaux, de la retraite vieillesse ou d'invalidité, de l'instruction des enfants à l'âge de sept ans.

En fait, les choses ne marcheront pas très bien. L'économiste fouriériste Jules Duval, qui en est l'administrateur de 1847 à 1850, reconnaîtra lui-même qu'avec une population aussi mobile et peu préparée à une discipline régulière, le travail sociétaire devient plus coûteux et moins lucratif que le travail salarié. Peut-être aussi n'ont-ils pas été très aidés par l'administration de Bugeaud qui ne cache pas son hostilité. En tout cas, la société se transforme dès 1853 en société anonyme classique. Et les « colons travailleurs », en métayers et ouvriers agricoles. Ils ont toutefois à cette date défriché 400 hectares, créé une grande pépinière et d'importantes plantations, édifié des vastes bâtiments, un moulin à eau et une briqueterie. Moyennant la rétrocession aux domaines de 1 200 hectares, la nouvelle société anonyme reçoit le reste en pleine propriété.

Bugeaud, de son côté, s'est fait le protecteur d'une autre grande entreprise, celle-ci menée par des religieux. Des trappistes à qui l'on a accordé en 1843 à Staouéli, près d'Alger, 1 000 hectares sur les instances de la reine Marie-Amélie. Le projet du père Régis qui le dirige, est fortement soutenu par les députés catholiques de la métropole. Une subvention de 62 000 francs est en outre accordée aux religieux, pour construire et défricher. Ils devaient d'abord ne bénéficier que de l'usufruit des terres, et s'engager à installer des familles françaises, fonder un village. Mais après des tractations qui scandalisent le comte Guyot, directeur de la colonisation en désaccord déclaré avec le maréchal, ils se font relever par Paris de ces contreparties.

Le comte Guyot est scandalisé ? C'est une raison supplémentaire pour Bugeaud de couvrir les trappistes de ses bienfaits. En 1846, le couvent est construit, érigé en abbaye. Les pères ont édifié une belle et grande ferme, des ateliers. 200 hectares sont défrichés par soixante religieux et une quarantaine d'ouvriers qui vivent sur le domaine. Après la mort du fondateur François Régis en 1880, les trappistes vivront sur la mise en valeur acquise pour se consacrer à la vie contemplative. Ils vivront d'ailleurs de plus en plus mal et devront se résoudre à des emprunts sur hypothèque qui iront en s'alourdissant. Les lois de séparation de 1904 constitueront le coup de grâce. Le domaine sera vendu à une grande famille protestante, les Borgeaud. Lucien Borgeaud fera de La Trappe une des propriétés les plus modernes de l'Algérie.

La IIe République a suffisamment à faire avec ses quarante-deux centres de petits colons. Toutefois, un cas d'installation de gros concessionnaire en 1848 fait les beaux jours de la presse algérienne qui vitupère. Elle sait, et le dit, que des milliers de petits colons, au même moment « ahanent à arracher palmiers-nains et figuiers de Barbarie sur quelques arpents de maigres sols ». L'objet de ses blâmes ne se nomme pas moins que Thémistocle Lestiboudois. Publiciste et naturaliste, correspondant de l'Académie des sciences, bref tout ce qu'il faut pour faire un bon colon. Sauf des terres. On lui concède 600 hectares dans la basse vallée du Saf-Saf, moyennant une rente annuelle de 2 francs par hectare. Il a pour lui d'être un soutien adroit et zélé, homme de gauche ou réactionnaire rallié, à tous les régimes qu'a comptés la France depuis la Monarchie de Juillet jusqu'à l'Empire. Il voit pour la première fois ses domaines en 1849 à l'occasion d'une mission. Les voyages privés coûtent cher. Et il se lance dans une grande activité... procédurière, contestant les limites de ses lots et la qualité des terres. Il loue les deux tiers de sa propriété aux Arabes, et se fait relever en 1854 par Paris de toutes ses obligations, malgré les protestations des autorités locales. On parle de scandale administratif. L'Empire, qui récompense ses serviteurs, le nomme président du Conseil général de Constantine quand il est créé en 1858. Ce qui lui permet de se rendre chaque année en Algérie aux frais de l'Etat, et de faire une brève apparition sur ses terres.

Des grandes sociétés qui s'implantent en Algérie sous le Second Empire, la Compagnie Genevoise est la première en date. Le gouvernement français a déjà refusé une première proposition de financiers suisses. Ils demandaient 500 000 hectares et le remboursement par l'Etat des frais d'installation de familles suisses. La Compagnie Genevoise créée en 1853 par deux Suisses, Lullin et Sautter de Beauregard, reçoit 20 000 hectares autour de Sétif. Elle s'engage à construire 10 villages en 10 ans et d'y intaller 500 familles. Celles-ci doivent disposer d'au moins 3 000 francs. En contrepartie, la Compagnie aura la pleine propriété de 800 hectares, le reste devant être rétrocédé aux colons. Ceux-ci ont droit à une maison bâtie, cédée par la Compagnie au prix de revient, et un lot de 20 hectares. Ils ont à payer les deux cinquièmes de la maison comptant, la Compagnie se garantit le solde par une hypothèque à 5 % d'intérêt. Le Gouvernement prend à sa charge les travaux d'adduction d'eau, et la construction des édifices publics. Il ne reçoit aucune redevance de la Compagnie, ce qui est contraire à l'ordonnance de 1847. Randon protestera d'ailleurs en vain. Le comte Sautter de Beauregard est très protégé.

Les choses ne vont pas se passer comme prévu. Un premier village, Aïn-Arnat, est fondé dès 1854. La Compagnie y établit 50 familles originaires des cantons de Vaud, de Genève et d'Argovie. Mais elle a des difficultés à trouver d'autres candidats-colons. Elle a pourtant installé des agences de recrutement à Berne et à Turin. Finalement, elle fait venir 3 000 émigrants, suisses, allemands, italiens, qui n'ont pas en général le moindre sou en poche, et qui sont surtout engagés comme ouvriers agricoles. Quatre nouveaux villages sont construits, Bouhira, Messaoud, Mahounan et El-Ouricia, à peine peuplés. Ils accueillent en tout 222 colons. Aucune obligation de résidence n'a été imposée. La Compagnie se contente bientôt d'un simple simulacre. Chaque dossier de colon lui permet de toucher la prime, chaque village édifié de recevoir 800 hectares supplémentaires. Elle met dans son lot les meilleures terres, ce qui ne constitue pas un encouragement pour les dits colons. Beaucoup d'entre eux, mécontents et qui le disent, sont expulsés. La Compagnie renonce à en attirer d'autres, elle se borne à louer ses terres aux indigènes. Peupler coûte cher, donner ses terres en exploitation rapporte. Le choix est vite fait. La Compagnie parvient à se faire exonérer par l'empereur des obligations de peuplement qui lui étaient imposées. Elle reçoit en pleine propriété 12 340 hectares. Une excellente affaire pour elle, et des résultats presque nuls pour le peuplement de la colonie.

L'implantation de la Compagnie Genevoise a un autre résultat. Celui de renforcer la communauté, déjà non négligeable, des protestants en Algérie. Elle comptait, dès 1838, 5 000 membres, des colons, des négociants, des officiers surtout. Organisée, en 1839, en « Eglise consistoriale pour le culte protestant », elle comprend à la fois les réformés et les luthériens. Dans les années 40, il existe déjà plusieurs oratoires en Algérie, à Dely-Ibrahim, Oran et Philippeville, puis à Bône et Blida. Un Genevois naturalisé venu de Marseille, Jean-

François Sautter, préside au culte à partir de 1837. Il assure la construction du temple de la rue de Chartres, inauguré le jour de Noël 1845. La duchesse d'Orléans, fervente luthérienne, fait don d'une merveilleuse bible qui figure désormais sur l'autel. Le petit-fils du pasteur Sautter sera, en 1930, à la tête du conseil d'administration de la Compagnie Genevoise.

Les premiers essais de grande colonisation par le gouvernement impérial sont un échec. Toutes les tentatives ont abouti aux mêmes résultats. Celle d'un Demonchy entrepreneur à qui on a concédé 26 000 hectares à Tipaza en 1854. Celle de Joly de Bresillon, Héraud et Marill dans la région de Constantine avec une concession de 2 000 hectares à l'Oued-Dekri la même année. L'Algérie de Randon — Randon qui, personnellement, croit davantage aux hommes qu'aux capitaux — a attribué, de 1850 à 1860 50 000 hectares à 51 concessionnaires. Le sixième des terres consacrées à la colonisation durant cette période.

Le triomphe des saint-simoniens

Les maigres résultats de la colonisation par sociétés interposées ne découragent pas Napoléon III. Ils confortent plutôt dans son esprit la notion du royaume arabe. Le peuplement européen est illusoire. Mais, pour la France, la mission de mise en valeur de l'Algérie demeure. Elle pourra toujours exploiter les résultats à des fins économiques ou de politique étrangère.

L'attribution des grandes concessions aux financiers désireux d'investir dans la colonie, s'accélère. Les immigrants européens se font prier, et constituent d'ailleurs de piètres colons. Le plus urgent est donc d'investir, non en hommes, mais en travaux d'intérêt public.

Deux opérations démarrent dans cet optique en 1864. La première a pour théâtre l'Oranie. L'Etat possède, dans la plaine de l'Habra, 36 000 hectares de terres domaniales. On décide d'en attribuer 12 000 à des concessionnaires français par lots de 50 et de 100 hectares. 24 000 hectares sont réservés. Ils seront aliénés en adjudication publique, à Oran, le 24 juillet 1864 pour la somme de 25 500 francs au profit d'un certain Jules Cahen. Un an plus tard, le 27 mai 1865, Debrousse se substitue aux lieu et place de Cahen. Aux termes du cahier des charges de la vente, le concessionnaire doit construire un barrage sur l'oued Fergoug, dessécher la plaine de l'Habra et la Macta, construire des canaux pour l'irrigation des terres attribuées. Une société anonyme formée pour la circonstance prend bientôt la relève de Debrousse et assure la continuité des engagements pris. Ils ne comportent aucune obligation de peuplement. Le barrage de Perrégaux sera construit dans des conditions si défectueuses qu'il sera emporté en 1881. Les eaux de l'oued Fergoug en crue inonderont toute la plaine. De nombreuses maisons seront détruites, les voies ferrées coupées, les ponts enlevés. Il y aura 250 morts. Le barrage sera reconstruit en deux années. Une mésaventure parmi quelques autres. La Société Anonyme de l'Habra et de la Macta ne s'en relèvera pas. Elle sera rachetée par l'Etat. Le domaine sera alors divisé en lots. Le quart passera entre les mains de gros financiers, quelques colons pourront s'agrandir. « Aucun immigrant français, aucun élément nouveau ne viendra se fixer » sur le vaste territoire.

C'est à la Société Générale Algérienne que sera attribué en 1865 la concession la plus gigantesque de la colonisation : 100 000 hectares, contre une annuité d'un franc par hectare payable durant cinquante ans. Napoléon III annonce lui-même officiellement sa création dans la lettre qu'il adresse à Mac-Mahon après son voyage de 1865. Et il explique que la Société est constituée pour donner à l'Algérie l'outillage économique sans lequel elle ne pourrait se développer. La Société Générale Algérienne est la conception et l'œuvre d'Enfantin. Les statuts sont rédigés de sa main. Quand il meurt le 31 août 1864, les capitaux sont trouvés, l'équipe dirigeante de la Société est constituée. Le meilleur des disciples du chef saint-simonien en prend la tête, Paulin Talabot. Lui est adjoint Frémy, gouverneur du Crédit Foncier de France et d'Algérie. La convention avec l'Etat est signée le 3 juin 1865.

Les Talabot forment, avec les Pereire, une des grandes puissances financières du Second Empire. C'est le moment où la France connaît une révolution écconomique, le chemin de fer et le crédit, les trusts et les grands regroupements d'intérêts. Paulin Talabot, un cerveau puissant et énergique, est le véritable chef de la grande compagnie de chemin de fer P.L.M. — Paris, Lyon, Méditerranée. Il a construit les lignes du Sud-Est de la France, de l'Italie du Nord, et de l'Autriche du Sud. Il acquerra le monopole de celles d'Algérie jusqu'en 1872. C'est lui qui, avec Léon Talabot, a mis au point les méthodes de construction et d'exploitation en établissant la première ligne française Alès-Beaucaire, avec la collaboration de Didion, avant la ligne Paris-Saint-Germain, œuvre des Pereire. Les Talabot contrôlent aussi les puissantes Messageries Impériales Maritimes. Avec cet outil, ils rêvent d'une gigantesque voie de communication entre le monde blanc et le monde noir. Ils implantent les Messageries à Dakar dès 1857, obtiennent du gouvernement français l'exploitation d'un service entre la France et le Brésil, songent au Soudan. Ils s'intéressent à bien d'autres choses encore. Ils créent une Société d'études pour le percement de l'isthme de Suez, construisent et exploitent les bassins de La Joliette par le biais des Docks de Marseille, exploitent les mines de Provence et du bas Languedoc. C'est d'ailleurs par l'exploration minière que les Talabot sont d'abord intervenus en Algérie. Jules Talabot avait décroché dès 1845 le premier permis d'exportation du sol algérien.

L'Etat respecte strictement sa part du contrat qui la lie à la Société Générale Algérienne. En 1867, la Société reçoit 82 000 hectares, et deux ans plus tard les 18 000 hectares qui lui reviennent encore. Enfantin avait toujours eu une prédilection pour la province de Constantine qui dispose de la plus grande part des biens azels du beylik. La Société s'y fait donc donner 89 500 hectares complétés par 6 000 hectares dans l'Algérois et 4 500 hectares dans l'Oranie.

La Société Générale Algérienne s'est engagée de son côté à réaliser, dans un délai de six ans, un capital de 100 millions pour des travaux ou opérations agricoles, industriels et commerciaux qu'elle exécutera elle-même. D'autre part, elle met à la disposition de l'Etat une autre somme de 100 millions. Celle-ci doit être employée dans le même délai à l'exécution de grands travaux d'utilité publique. Le capital portera intérêt de 5,25 % et sera amorti par l'Etat en cinquante ans.

Mac-Mahon, alors gouverneur général, charge l'ingénieur en chef Dubos de fixer l'ordre d'intérêt des travaux. Les améliorations portuaires sont désignées en première urgence, puis les routes, les travaux de dessèchement et d'irrigation, enfin le reboisement. C'est en effet le gouvernement qui, chaque année, doit arrêter le programme des travaux à effectuer avec le capital disponible. Il n'a jamais eu autant d'argent à sa disposition pour le développement économique de la colonie. L'Etat, suivant le souhait d'Enfantin, a un droit de surveillance et de contrôle permanent vis-à-vis de la Société. C'est d'ailleurs l'empereur qui nomme le président du conseil d'administration.

En mars 1867, Frémy et Paulin Talabot font un voyage en Algérie. La population accueille avec un enthousiasme débordant les deux financiers qui n'en demandent pas tant. Ils confirment très fermement leurs engagements. Le gouverneur général leur fait promettre d'introduire en Algérie un certain nombre de colons européens. Ils acceptent de bâtir 12 villages, bien que la convention ne leur impose aucune obligation sur ce point. Et ils approuvent le plan Dubos, à l'exception des barrages. Les études dans ce domaine leur paraissent insuffisantes. Dans les années qui vont suivre, ils verseront effectivement 87 millions à l'Etat qui peut ainsi construire la route d'Oran à Alger et d'Alger à Constantine. Alors que, jusqu'à cette date, les communications entre les trois départements n'existent que par voie de mer. Les ports d'Alger, Oran, Philippeville bénéficient de grands travaux. L'essor rapide de la colonisation après 1870 en est partiellement la conséquence. Mais il est juste de se souvenir que Randon, déjà, avait fait un gros effort dans ce sens. En 1851, il avait hérité de 3 600 kilomètres de routes. Les principales étaient celles qui reliaient Alger à Médéa et à Miliana, Oran à Tlemcen et à Mascara, Stora à Constantine et Biskra. Il les entretint et les améliora, tout en en construisant 600 kilomètres de nouvelles.

La première partie de son contrat, la Société Générale Algérienne a plus de mal à la respecter. Des 100 millions promis, en travaux ou opérations dans tous les domaines d'activité, elle ne fait pas grand-chose. Il est vrai que l'Algérie connaît, de 1866 à 1869, une série inouïe de calamités agricoles. La Société ne peut installer que 150 familles, et se contente de louer aux indigènes, généralement ceux qui sont sur place comme fermiers de l'Etat. Elle dépense un peu plus d'un million et demi à construire une vingtaine de fermes et édifier six villages dans le Constantinois : Randon, Aïn Mokra, Res el Akba, Bou Nouara, Aïn Abid et Aïn Regada.

Par contre, la société remplit avec beaucoup de hardiesse le rôle d'organisme de crédit qu'avait imaginé Enfantin. Elle ouvre un établissement à Alger rue Bab-Azoun, se livre aux opérations courantes d'une banque, et crée un service de comptes-courants. Des guichets seront ouverts à Oran, Constantine, Bône.

Pourtant, la puissante Société finira mal, davantage d'ailleurs pour les finances de l'Etat que pour ses actionnaires, après avoir promené ses fonds, comme l'écrit le docteur Vital, en Espagne, en Italie, en Égypte. En Égypte surtout. Afin d'avoir quelque chance de distribuer des dividendes assez rapidement, Talabot a fait participer la Société Générale Algérienne à une émission de bons égyptiens. Elle se retrouve en 1873 avec 12 millions de valeurs égyptiennes, alors que le trop entreprenant khédive Ismaël n'est plus solvable. En 1878, la Société ne pourra plus faire face, une liquidation s'imposera. Le député de Constantine Thomson réclamera sa déchéance. Mais sa demande sera rejetée par le Conseil d'Etat. Les pouvoirs publics, qui n'ont exercé aucun contrôle, ont leur part de responsabilité. On craindra un effondrement qui ruinerait le crédit en Algérie. Le gouvernement décidera de renflouer la Société, en créant la Compagnie Algérienne qui l'absorbera. Celle-ci va devenir une des principales puissances financières de la colonie.

A ce moment-là, la chute de l'Empire a dispersé les saint-simoniens hors de l'Algérie, tandis qu'en France, le pouvoir des Pereire, des Talabot, subit de graves échecs et s'effrite. Le bilan est lourd du point de vue de la colonisation et du peuplement européens. On parle de liquidation du domaine, de gaspillage du sol. Des 900 000 fameux hectares avancés en 1863 pour l'installation des colons, 750 000 sont entre les mains des indigènes dont 25 000 hectares cédés à 340 d'entre eux. La petite colonisation officielle a absorbé, elle, 50 000 hectares. Avec les 100 000 hectares de la Société Générale Algérienne, on a le compte. Pour une immigration européenne qui n'a pas dépassé 50 000 personnes, et un abaissement de la population rurale.

La province de Constantine en sera définitivement marquée, et son peuplement européen restera beaucoup plus faible que dans les deux autres provinces. La répartition de ses terres par le mode d'acquisition est en 1867 la suivante : Concessions individuelles : 198 296 hectares. Ventes à prix fixe : 2 237 hectares. Ventes aux enchères et de gré à gré : 16 703 hectares. Achat direct aux indigènes : 30 000 hectares. Soit 247 236 hectares auxquels il faut ajouter les forêts et les 12 340 hectares de la Compagnie Genevoise, ainsi que les 89 500 hectares de la Société Générale Algérienne.

Quelques années plus tard, le prix des terres de la colonie aura augmenté, la natalité sensiblement baissé en France et en Europe, alors que la population indigène s'élèvera en s'accélérant. L'occasion est bien manquée. Quant aux deux grandes sociétés, elles se maintiendront. En 1954, à la veille de la guerre de l'Indépendance, la Compagnie Algérienne sera propriétaire en Algérie de 70 000 hectares, la Compagnie Genevoise de 20 000 hectares. Il sera plusieurs fois question d'expropriations, mais vainement.

On n'a pas de charbon, mais...

L'Algérie aura toujours des difficultés à devenir un pays industriel. Le manque de charbon sera son grand handicap. Ses produits sont surtout agricoles ou para-agricoles. Sans grandes transformations, ils sont utilisés sur place, ou exportés. Le volume du commerce extérieur de la colonie connaît une progression régulière, encouragée par la libéralisation du système douanier. En 1834, les exportations s'élevaient à 2,3 millions de francs et ses importations à 8,5 millions de francs. En 1851, les exportations passent à 48 millions, les importations à 109 millions. La France est et restera le principal fournisseur (42 millions de francs). En 1861, exportations : 72 millions, importations : 146 millions. En 1870, exportations : 99 millions, importations : 153 millions.

Les entreprises industrielles algériennes sont de petite taille. Elles répondent à des besoins locaux immédiats de la vie quotidienne, ou de l'agriculture et du bâtiment. Avant 1870, on trouve surtout des ateliers de salaison, des savonneries, des verreries, des fonderies. Des fabriques de tabac, de bouchons, de pâtes alimentaires, de chocolat. Des salines, des chantiers de construction maritime, des tanneries, des usines pour la préparation du lin et l'apprêt des tissus, des moulins à huile et à farine, des fabriques de crin végétal, des ateliers de tonnellerie, de foudrerie, d'ébénisterie.

On connaît les entreprises industrielles et commerciales de la province d'Oran, créées avant 1880, et qui subsistent au début du siècle suivant. Elles ne sont pas nombreuses. Les mentionner ne manque pas d'intérêt. Elles touchent tous les secteurs agricoles et de la construction. A l'exception de la carrosserie Esclapez, créée en 1876, de la miroiterie Gensoli, en 1873, du commerce de tissus Rouillé établi en 1871 à Oran par M. Gelhay. Et de deux imprimeries. L'une fondée par Désiré Heintz en 1878 à Oran, deviendra une des plus importante du pays. Mais l'imprimerie Roidot est plus ancienne. Elle a d'abord été un atelier de lithographie. Prosper Roidot venait de Blida, où il était déjà installé. Le grand imprimeur Mauguin a appris le métier chez lui.

C'est à Sidi-Bel-Abbès que Prosper Roidot a courageusement installé son nouvel atelier en 1853, rue Prudhon. Mais il devra abandonner en 1891 la litho pour l'impression. Son fils Edouard ajoutera une « Marioni » à la « Minerve » à pédale dont il a hérité, et agrandira l'affaire par l'achat en 1898 de l'imprimerie Maurel. Il éditera *Le Messager de l'Ouest*, et *Le Sud-Oranais* de l'imprimeur Maurel qu'il conservera. Puis les deux journaux fusionneront. Ils deviendront en 1900 *Le Républicain sud-oranais.*

C'est l'époque, après 1880 et jusqu'à la Grande Guerre, où apparaîtront une foule de feuilles. La plupart sont d'un intérêt très local, d'autres se veulent satirico-politiques. Leurs titres rappellent alors ceux des journaux métropolitains de la même époque. *La Lanterne*, où Robinet publiera ses chroniques savoureuses de Cagayous, *La Cravache, Le Cochon, Le Clou, Le Cocu algérien.* Quelquefois, ils prennent une note plus algérienne, *Le Tam-Tam, Le Zouave, Diocane.* Certains de ces journaux sont antijuifs, d'autres anticléricaux. Ils sont toujours anti quelque chose suivant les querelles du moment, avec une violence qui ne craint ni la caricature ni la grossièreté. Ils soutiennent ainsi, le temps d'une existence souvent éphémère, l'intérêt de lecteurs passionnés.

L'Algérie a toujours eu une presse active. Les tout premiers, au lendemain de la conquête, sont *Le Journal du Corps expéditionnaire*, et *Le Moniteur algérien.* Celui-ci, plus durable, a été le journal officiel de la colonie de 1832 à 1858. Il renaîtra sous le titre du *Moniteur de l'Algérie* de 1862 à 1871. A l'origine, il paraissait tous les cinq jours et donnait les nouvelles administratives ou des articles d'informations de caractère officieux. Avant 1848, huit journaux sont publiés en langue française. Outre *Le Moniteur algérien*, l'*Akhbar* a fait son apparition en 1839. Il survivra au siècle de huit années, non sans modifications. Sous Louis-Philippe, il a été concurrencé par *Le Brûlot*, sorti des presses de l'éphémère imprimerie Hachette. Puis par *Le Courrier d'Afrique*, autre journal d'informations. A partir de 1845, Alger connaît le duel entre *La France algérienne*, inspiré par Bugeaud, et le journal saint-simonien *L'Algérie*, publié à Paris depuis 1843. A Oran, *L'Echo d'Oran* paraît deux fois par semaine à partir de 1843 et connaît une large diffusion qui ne faiblira jamais en devenant quotidien. Depuis 1844, il existe à Bône *La Seybouse*, et à Philippeville *Le Saf-Saf.* Enfin, bimensuel, le *Mobacher* est un journal bilingue d'inspiration gouvernementale. Il s'adresse plus particulièrement aux indigènes.

Quatre d'entre eux survivent sous la IIe République, l'*Akhbar, L'Echo d'Oran, Le Saf-Saf* et *La Seybouse.* D'autres viennent s'ajouter, *Le Journal de Constantine* qui devient *Le Progrès* en 1850, *Le Démocrate de Blida* en 1849, *Le Courrier d'Oran* dont la création est suscitée par la préfecture en 1850, le *Zeramma* à Philippeville qui comptera durant quelque temps deux journaux rivaux, et *L'Atlas*. *L'Atlas* est un journal de gauche fondé par les saint-simoniens Warnier et Rey. Il sera suspendu sur ordre de Pélissier. Il a publié deux articles sur l'état d'esprit des officiers. Rey sera traduit en conseil de guerre. *Le Saf-Saf* et *Le Courrier d'Oran* seront supprimés aussi après le coup d'État. *Le Progrès* disparaîtra à son tour l'année suivante. En 1851, le clan des partisans du régime civil et celui des pro-militaires ont chacun leur journal. Avec *L'Algérie nouvelle* où signent Alexandre et Clément Duvernois, Wilfrid de Fonvielle, Warnier, Jules Duval. Et l'*Akhbar* du colonel Riboud et du général de Chabaud-Latour.

D'autres journaux naissent sous le Second Empire, comme *L'Africain* en 1859, ou *L'Indépendant de Constantine*. La plupart sont de petites feuilles aux ambitions très limitées. Elles se contentent des annonces légales, d'informations très locales, ou au contraire reproduisent les échos de la vie des théâtres parisiens, et les potins de la capitale. *Le Journal de Batna* n'est que le doublet d'une feuille parisienne. Seul le titre change.

La IIIe République sera encore plus prolixe. Les sous-préfectures et des localités de moindre importance auront leur journal, comme *La Voie du Zaccar* ou *L'Echo du Chéliff*. Sidi-Bel-Abbès, avec ses imprimeurs Roidot et Mauguin, n'est pas la seule à publier deux journaux. Aumale et ses 1 178 habitants en aura deux après 1900, et Orléansville trois.

Dans un domaine d'activités spécifiquement industriel, le bâtiment suscite de nombreuses initiatives. Pas toujours heureuses, il s'en faut. Oued-el-Alleug a eu dans les premiers temps de son existence deux briquetteries, qui se maintinrent plus de vingt ans, malgré une production de très mauvaise qualité. Les carrelages s'effritaient sous le balai des ménagères. Les briques partaient en poussière à l'air humide ou sous l'effet des contrastes de température. « Au grand dommage des poumons », ajoute l'instituteur Peytral.

En Oranie, subsistent après 1900, deux seulement des

nombreuses briquetteries qui ont vu le jour durant cinquante ans. Elles datent de 1875. Elles ont été créées l'une à Rio Salado par Henri Jacobin, l'autre à Sidi-Bel-Abbès par Edouard Léonis. Leur histoire est semblable. Ils ont eu la chance d'être tombés sur des argiles de bonne qualité et pratiquement inépuisables. Et ils ont su faire les efforts héroïques qu'il fallait pour se maintenir, sans capitaux, sans le moindre outillage mécanique, avec de simples moules en bois pour confectionner briques et tuiles. Jusque vers 1890 où interviendra la modernisation de leur entreprise, parce que, eux, ont gagné.

La fabrique de céramiques de Mers-el-Kébir, aïeule des Etablissements Bisch, est leur aînée de trois ans. Elle est créée en 1872 par Louis Basset. Il a l'idée d'utiliser des fours romains existant pour la cuisson des tuiles et des poteries qu'on moule à la main. Les fours romains ne seront remplacés, par un four continu de 450 mètres cubes, qu'en 1904.

Mais la plus ancienne des grandes entreprises fabriquant pour le bâtiment est de Mostaganem. C'est la ferronnerie Ben Dayan créée en 1855. Elle a été un petit atelier de plomberie, cuivrerie, avant de devenir, en ouvrant une succursale à Oran, une importante entreprise générale pénétrant à peu près tous les domaines à l'exception de la maçonnerie.

Les dix autres entreprises qui passeront le cap du siècle, sont directement liées à l'agriculture. Le tabac avec Juan Bastos au lendemain de la conquête, et Jobert à Mostaganem. Gustave Jobert était un modeste employé de la mairie de Mostaganem. Il achète un bureau de tabac en 1877. A force de travail et d'idée, il parviendra à faire accepter par les fumeurs quelques créations de son cru. Les futures cigarettes Job, justement. En 1925, son usine couvrira 6 000 mètres carrés.

La plus ancienne quincaillerie d'Oran a été créée en 1860 par Emile Pasteur, secondé par François Ardiot. Elle sera reprise en 1924 par Mme Veuve Gilly. Le succès de sa réussite réside dans une spécialisation très poussée, dès ses débuts, du matériel de pêche et de navigation. C'est aussi la spécialisation qui fera de Julien Billiard un commerçant prospère. A Alger qui est de tous temps la capitale économique incontestée de la colonie, il crée son premier établissement en 1861. Sa quincaillerie offre très vite tout l'outillage agricole de l'époque. L'expansion de son affaire ne cessera pas. Sa première succursale sera créée à Oran en 1880, suivie de Bône en 1891, de Constantine en 1922. Les sous-agences et les dépôts se multiplieront dans la plupart des centres agricoles du pays. Une autre spécialité, les fournitures pour moulins, fera la fortune, à Mascara, de la famille Sarfati en 1880. Activité qu'elle mènera parallèlement à la vente et la réparation de l'outillage agricole.

Une véritable usine est créée à Oran, rue de la Fonderie, par les frères Joseph et Charles Jolmer en 1867. Elle prendra le nom de Brustlein après 1900. Ils y construiser toutes sortes d'appareils, pompes, norias, moteurs à vapeur, peigneuses pour le crin végétal, cordeuses, presses. Ils ouvriront des succursales à Sidi-Bel-Abbès et Tiaret. L'expansion de la vigne leur facilitera bien les choses. De même qu'à Jacques Borsari à Oran et Jacques Ramon à Sidi-Bel-Abbès, qui sauront miser sur la vigne au bon moment. Le premier se spécialisera dès 1873 dans la construction d'amphores et de cuves en béton armé. Son affaire connaîtra une expansion telle qu'il ouvrira avec ses fils des succursales à Béziers, Alger, Bône, Milan, Madrid et Zurich. Quant à Jacques Ramon, il arrive en Algérie en 1879 comme ouvrier maçon. Travailleur acharné, intelligent, il économise pour se mettre à son compte. Il crée à la fois une entreprise de construction et un commerce de matériaux. Son successeur Antoine Ramon connaîtra une grande notoriété à partir de 1894 par son système d'amphores en briques et ciment. Celui-ci lui vaudra une médaille d'argent à la foire-exposition de Tours. De même, il obtiendra un diplôme d'honneur à la foire de Lyon pour ses plâtres. Car il a imaginé un traitement original très pratique du gypse provenant des belles carrières qu'il exploite à quelques kilomètres de Sidi-Bel-Abbès. Ses installations couvriront, en 1925, 20 000 mètres carrés.

Une charcuterie a les honneurs de ce peloton de choc. Elle a été créée à Sidi-Bel-Abbès en 1856 par un Dauphinois venu faire fortune. Il a eu plus de chance que d'autres, il y est parvenu. Le père Jacquet, comme on l'appelle familièrement, grâce à de substantiels bénéfices et un beau mariage avec la fille d'un des premiers concessionnaires de Tessalali, pourra ouvrir place Kléber à Oran, la meilleure charcuterie de la ville. Il en a quelque mérite, dans cette région chaude et humide où il faut beaucoup d'ingéniosité pour conserver viandes et graisses. Son fils Alexandre lui succédera, et le fils de son fils Maurice, assurant à l'affaire une expansion régulière.

Dans cette Algérie où l'on aime boire, de nombreuses distilleries pousseront. Elles auront souvent une existence éphémère, faute de moyens et de compétences. Ce n'est pas le cas de la distillerie Dupuy, créée en 1847, ni même de la distillerie Laulagnet venue trente ans plus tard. La distillerie Dupuy a été créée par Charles Dupuy. Ses successeurs seront les frères Vargas, qui eux-mêmes la céderont à Charles Bardin en 1924. Elle obtiendra de nombreuses médailles en France et à l'étranger pour son fameux Goudron Charles Dupuy, et le Mondial Anis à la saveur et l'opalescence très particulières, comme dira la publicité. La distillerie Laulagnet a été fondée par Henri Laulagnet, un très habile homme qui ne comptera plus les médailles, y compris celle qu'il remportera à l'Exposition universelle de Paris. Sa maison fusionnera vers 1920 avec une autre distillerie, la distillerie Amoros qui existe, elle, depuis 1894. Elles prendront le nom de Jean Gomez. L'anis Gomez, très fruitée, connaîtra une grande vogue dans toute l'Algérie.

Jules, Léon et Paulin Talabot dans les fers

Les Talabot ont vécu quarante ans trop tôt. Ils n'ont pas connu les phosphates d'Algérie, qui auraient bien facilité leur vocation de pionniers en matière d'exploitation minière. On reconnaîtra les premiers gisements de phosphate en 1873 dans la région de Boghari, mais on commencera à produire aux environs de Tébessa en 1897. Les Tunisiens entre-temps les auront devancés. Car toute l'Afrique du Nord en est truffée.

Ils ont été les premiers à croire en l'Algérie minière, et à exploiter son fer, autre corne d'abondance du pays. Il est vrai que c'est un savant de la grande famille saint-simonienne qui a fait connaître le sous-sol algérien et ses possibilités en richesses minérales.

Henri Fournel, chargé de mission, débarque à Alger le 13 mars 1843 avec sa famille. Il commence avec une incroyable opiniâtreté ses recherches et ses travaux. Le climat d'insécurité qui règne alors ne facilite pas sa tâche quand il s'agit de recueillir un morceau de roche ou de fossile dans des endroits impossibles. L'Algérie d'alors a la chance d'avoir eu un Fournel, à la fois géologue, géographe, ingénieur, historien, sportif et courageux. Il peut dresser au bout de quatre ans la première carte géologique du pays et publier un ouvrage en deux volumes, véritable catalogue dont les données vieilliront à peine. Ses travaux font naître de grands espoirs à Paris, et en Algérie une race nouvelle d'aventuriers. Celle de prospecteur nomadisant à travers le bled avec une paire de mulets, un marteau et une boîte d'acides.

Jules Talabot, très au courant des trouvailles de Fournel et spécialiste en la matière, reçoit dès 1845 du ministre de la Guerre un permis d'exploitation de six mois pour les mines existant ou pouvant exister au nord du lac Fetzara, à trente-trois kilomètres de Bône. Contre la volonté de Bugeaud qui trouve ces saint-simoniens bien envahissants. Il ne lui facilitera pas la tâche.

Le sous-sol est complètement vierge. Les indigènes avant 1830 connaissaient quelques gisements de plomb et d'antimoine. Avec la galène, ils fondaient des balles, et avec l'antimoine, obtenaient le khôl pour les beaux yeux de leurs femmes. C'était l'exploitation, au petit couffin, du minerai en surface, au fur et à mesure du besoin. C'est-à-dire pas d'exploitation du tout.

Outre la concession d'Aïn Morkha à Jules Talabot, le gouvernement en accorde trois autres. Elles concernent toutes des mines de fer oxydulé. Celle de La Meboudja, près de Bône, accordée au marquis de Bassano. Il la cédera à la Société des Hauts-Fourneaux de l'Aliélick qui travaillera à perte et l'abandonnera. Celle de Karéza à Charles Girard qui la donne aussitôt à Léon Talabot. Enfin celle de Bou Hamra à Louis-

Didier Peron. Elle se retrouve, elle aussi, entre les mains de Léon Talabot. On est, en 1848, devant un véritable monopole des Talabot. Seules les mines de cuivre de Mouzaïa, entre Médéa et Blida, qui ont connu leur « ruée », leur ont échappé. La société concessionnaire a créé la cité de Mouzaïa-les-Mines, cent chambées de cinq ouvriers, et une usine en Provence pour traiter le minerai. Elle rencontrera à plusieurs reprises des difficultés et devra faire appel à des capitaux anglais.

Pour les Talabot, les choses ne sont pas faciles non plus. L'autorité militaire empêche en 1846 Jules Talabot d'embarquer son minerai pour Marseille, les concessions sont mal délimitées, la crise économique gêne la production. Celle-ci est d'ailleurs insignifiante. Vers 1852, les Talabot stoppent à peu près tout, mais maintiennent leurs droits.

La grande aventure minière recommencera pour eux en 1857. On découvre l'importante mine de Mokta El Hadid, à trente-trois kilomètres de Bône. Talabot obtient la concession, l'exploitation commence en 1860. Le minerai est un fer oxydulé magnétique, un des plus riches qu'on connaisse, exploité à ciel ouvert. Il donne jusqu'à 70 pour 100 de métal.

On tente d'abord de traiter le minerai sur place. Mais on y renonce au bout de deux ans. Le charbon et le coke qu'il faut amener reviennent trop cher. Il sera donc traité ailleurs, à Saint-Louis près de Marseille, à Bessèges et au Creusot. Une société anonyme est créée, qui englobe les concessions de Karézas et de Bou Hamra toujours exploitées. Paulin Talabot en est le P.-D.G., le siège social est à Paris. Il s'agit maintenant de voir comment l'on va évacuer le minerai vers Bône. Non sans difficultés, la société parvient à construire à ses frais un chemin de fer long de trente-deux kilomètres, de Kareza à La Seybouse. C'est une ligne à voie étroite sur laquelle circulent les wagonnets de la mine. Quand les gisements s'épuiseront en 1907, la Société conservera son exploitation pour le transport des voyageurs.

Plus de quatre cents ouvriers travaillent à la mine. Paulin Talabot s'est engagé à livrer aux traitants de France et d'Angleterre, à partir de 1866, 150 000 tonnes de minerai par an. C'est pour le port de Bône un mouvement de plus de cinq cent navires, des navires qu'il faut construire. Ils portent de France à Philippeville le charbon nécessaire au chemin de fer, et arrivent à vide à Bône. Les pouvoirs publics ont prévu l'agrandissement du port. Talabot en accélère la réalisation. Il offre de se charger des travaux ou d'avancer les fonds nécessaires. En 1867, le port est à peu près terminé. Des bateaux à vapeur à quatre mâts partent deux par deux chaque semaine, chargés chacun de 1 200 tonnes de minerai. La ville de Bône est en pleine prospérité. Sa population connaît le chiffre fabuleux de 22 000 âmes. Une lettre du docteur Vital à Urbain fait état de la bonne santé de Bône en 1872. Son port est trop petit, le commerce y est intense. Les minerais, bien sûr, mais aussi les grains, le bétail, les huiles. Il est courant d'y voir mouiller douze bateaux à vapeur simultanément, et plusieurs sont anglais. Rien qu'au mois de février, 38 000 tonnes de minerais sont partis vers l'Europe. L'aisance est partout. La moindre charrue, à dix lieues à la ronde, se paie 300 francs de location. Le docteur Vital regrette seulement que les Bônois aient « la tocade républicaine à un degré avancé », et qu'ils aient une municipalité « rouge sang ». L'Église « coloniste » les met au tableau d'honneur de la religion avec le record des communions pascales. Ce qui prouve que l'un n'empêche pas l'autre.

Entre-temps, un autre ingénieur, Louis Ville, a poursuivi sous Randon l'œuvre de Fournel. On a tenté d'autres exploitations. Celle du plomb de Kef-Oum-Taboul, où on extrait jusqu'à 8 000 tonnes de minerai en 1858. Celle du plomb argentifère de Ghar Rouban, à trente kilomètres au sud de Marnia, où l'on retire 2 500 kilos de minerai par jour, au point d'envisager l'aménagement du port de Nemours.

C'est en Oranie que la Société des Minerais de Fer de Mokta El Hadid élargit le champ de ses activités en 1879. Elle prend la concession de gisements d'hématite non loin de Beni-Saf, d'où l'on extrait du minerai de fer. L'exploitation est à ciel ouvert, mais la Société devra faire des aménagements considérables sur 15 hectares pour que le port de Beni-Saf puisse recevoir des bateaux de 7 000 tonnes. L'Algérie paie cher de n'avoir pas de charbon. Elle le paie par une industrialisation lourde inexistante. Un jour, elle saura qu'elle a du pétrole. Mais elle ne sera plus bientôt l'Algérie française.

Les plaisirs du voyage

Il y a à peine trois ans que les Français ont débarqué à Sidi-Ferruch. L'avenir de l'Algérie tient encore dans la boucle d'un grand point d'interrogation. Et pourtant Emile Pereire écrit dans *Le National* qu'il est urgent de prévoir la construction d'un réseau ferré dans la colonie. Il préconise, pour commencer, la réalisation des lignes Bône-Constantine, et Alger-Oran. Il en évalue le coût, 20 à 25 millions de francs, si les travaux sont exécutés par l'armée sur des terrains expropriés. Il surprend beaucoup de monde. Mais, lui rétorque-t-on, la France n'a pas une seule ligne. La loi qui prévoit en métropole un programme national de chemins de fer et le facilite, vient à peine d'être promulguée. Précurseur de Bugeaud en matière de mobilité des troupes, le grand affairiste répond : « Le transport rapide des hommes permettra à l'armée de réaliser, avec la meilleure efficacité, une sérieuse économie d'effectifs ». Et il ajoute : « En Algérie, tout est à créer. Il est normal de choisir le système de communications le plus perfectionné. » Emile Pereire a du génie. Dans les steppes du continent américain, le rail précédera effectivement la route. Mais pas en Algérie.

L'administration a ses habitudes, et peu de moyens. Elle commence donc par le commencement, les routes. Le chemin de fer, on verra. Elle a quelque excuse quand on entend encore, en 1893, un Leroy-Beaulieu déplorer que l'on ne se contente pas en Algérie d'un réseau à voie étroite. Paul Leroy-Beaulieu est membre de l'Institut et professeur d'économie politique au Collège de France.

Les routes, l'armée se charge d'en faire dès les premiers temps. Si l'on peut appeler routes des tracés rapidement établis par le génie, des voies terrassées et rarement empierrées. La route de Blida à Médéa est réalisée en six jours. Elle est coupée tous les hivers durant plusieurs semaines. Et au printemps, elle exige une réfection complète. Il arrive que les ponts — quand ils existent — soient emportés par les oueds en crue. Encore en 1866, les condamnés politiques construisent la route Bône-La Calle pour l'été. Son empierrement reste à l'état de projet.

Aussi, jusqu'après le milieu du siècle, le transport par mer est-il le plus utilisé, pour les voyageurs comme pour les marchandises. Il reste un moyen privilégié même quand les routes auront été établies, parce que moins coûteux et plus sûr. Pourtant le service n'est pas irréprochable. L'État a organisé un certain nombre de départs réguliers entre Alger et Oran par Mostaganem, entre Alger et Bône par Bougie et Philippeville. Dans les vapeurs du gouvernement, la discipline, encore vers 1868, y est toute militaire. Chaque matin et chaque soir, un roulement de tambour donne le signal de la prière que les matelots récitent, alignés sur le pont. Les voyageurs officiels de première classe qui mangent à la table du commandant ou de ses officiers y trouvent un certain confort. Mais les passagers payants sont plus mal lotis en 2e ou 3e classe. Si l'on n'a pas prévu des provisions, on doit « s'arranger » avec le pourvoyeur du bord pour manger. A Bône ou à Alger, les bâteliers maltais assurent le va-et-vient à la rame, les voyageurs ne pouvant accoster. On a intérêt à débattre du prix avant de s'engager, encore qu'il puisse être remis en question en cours de trajet avec des arguments très persuasifs. Par gros temps, le commandant du navire n'hésite pas à continuer son mouvement au large, ou lever l'ancre sans attendre les passagers. Ceux-ci n'ont plus qu'à se morfondre deux ou trois jours dans quelque misérable auberge, en comptant sur le bateau suivant. Quant aux ports comme Nemours, Ténès, Cherchell, Dellys, Djidjelli, La Calle, leur desserte est aussi irrégulière qu'imprévisible. Elle dépend des chargements, du temps. Quand la cargaison est satisfaisante, le bateau apparaît, le port s'anime, les quais sont encombrés. Mais les calles presque vides doivent être lestées pour repartir.

L'apparition des chemins de fer ne bouleverse pas les habitudes. Ils sont faits et exploités à l'économie, parce que la population est clairsemée et les bénéfices espérés médiocres. Si bien que ladite population les boude. Heureusement, il y a les marchandises, notamment les denrées périssables.

La première ligne réalisée relie Alger à Blida, dans ce vieux fief colonial qu'est la Mitidja. Car on est déjà en 1862. Presque trente ans ont passé depuis les élucubrations prophétiques d'Emile Pereire. Non que les saint-simoniens n'aient pas eu de la suite dans les idées. Ils inspirent plusieurs projets dès 1844, et Enfantin croit pouvoir écrire : « Les saint-simoniens font en ce moment le chemin de fer de Blida. » C'est compter sans Bugeaud une fois de plus sur leur route, ni surtout la crise économique de 1847, qui les fait momentanément renoncer. Sous Randon, on parle à nouveau de la nécessité de réaliser de petites voies ferrées de pénétration. Warnier établit un projet complet en 1854 avec des ingénieurs, des hommes d'affaires, et le géographe Mac Carthy. On se pose la question de savoir si la traction sera animale ou mécanique. On opte quand même pour la seconde solution. On considère que « la vapeur serait pour les Arabes un symbole de plus de la puissance de la France ». Une société concessionnaire réaliserait le tout, et bénéficierait de terres et de mines dans les régions traversées par les voies ferrées. D'autre part, l'État lui donnerait une garantie d'intérêt de 5 %. C'est-à-dire que si l'exploitation n'apporte pas aux actionnaires 5 % du capital investi, l'État paie la différence. Bugeaud est mort, mais non l'autorité militaire, qui fait capoter le projet. Elle trouve peu souhaitable de voir s'édifier un monopole et veut éviter les exigences et l'influence excessive d'un puissant groupe financier. Elle est prête à encourager l'existence d'autant de compagnies que de tronçons, pour entretenir l'émulation. C'est du reste ce qui va se passer, par la force des choses.

Dans un premier temps, les saint-simoniens voient leurs thèses l'emporter. Ils ont le soutien du prince Napoléon qui crée une commission spéciale favorable à une seule compagnie. Les choses devraient maintenant aboutir. Le décret du 8 avril 1857, ramené à Alger par Randon accueilli en triomphateur, a bien dégagé la voie. Sur le papier, le réseau existe déjà. Chasseloup-Laubat a la volonté de le réaliser. En 1860, la Compagnie des Chemins de Fer Algériens est constituée. Lui est concédée la construction des lignes Alger-Blida, Oran-Saint-Denis-du-Sig, Constantine-Philippeville. L'État lui reconnaît une garantie d'intérêt de 5 % durant 75 ans. Mais la Compagnie en question s'est montrée trop ambitieuse. Son assise financière est insuffisante, malgré l'aide de banquiers anglais pour remplir ses engagements. Elle rétrocède ses concessions à la Compagnie Paris-Lyon-Méditerranée, la fameuse P.L.M. de Paulin Talabot. Le réseau algérien paraît à celui-ci le complément naturel des grandes lignes aboutissant à Marseille. Les concessions sont aliénées pour 99 ans. La Compagnie a pour mission d'autre part de construire la ligne Alger-Oran. Elle reçoit pour cela une subvention de 80 millions et une garantie d'intérêt de 5 % pour 80 autres millions. La P.L.M. aura le monopole de la construction des chemins de fer en Algérie jusqu'en 1872. A cette date, la colonie compte 513 kilomètres de voies, reliant Alger à Oran, Constantine à Philippeville.

C'est bien, mais c'est peu. Pour remédier aux hésitations et aux retards, les Conseils généraux accordent, dans un beau désordre, un certain nombre de concessions sous le régime des voies ferrées d'intérêt local, ou les rendent effectives en prenant à leur compte la garantie d'intérêt. C'est le cas de la Compagnie Bône-Guelma, avec la ligne du même nom exécutée pour 12 millions par la maison Gouin. La Compagnie Alfatière Franco-Algérienne se fera constructeur-exploiteur pour résoudre ses problèmes de transport. Elle signera une convention avec le général Chanzy alors gouverneur général en 1874 pour exécuter un chemin de fer d'Arzew à Saïda, avec prolongation sur Géryville. C'est la seule, des six compagnies qui se créeront, à ne bénéficier d'aucune garantie. Il est vrai qu'elle a en compensation, comme on l'a vu, le privilège exclusif de l'exploitation de l'alfa sur 300 000 hectares. Elle paie un droit fixe par tonne d'alfa sec exploité. Il est de 15 centimes jusqu'à 100 000 tonnes, et de 25 centimes pour chaque tonne excédante. La ligne Arzew-Saïda sera terminée en 1879. De portée plus modeste, ce sont les mêmes raisons qui ont conduit la Compagnie Minière de Mokta el Hadid à construire la petite ligne Karéza-La Seybouse. Une voie étroite qu'elle exploitera encore en 1900, obtenant son prolongement sur 66 kilomètres pour desservir la région de Jemmapes et se raccorder à Saint-Charles, sur la ligne Philippeville-Constantine.

La pluralité des compagnies concessionnaires n'est pas bénéfique pour le réseau. Ni, non plus, le système de l'intérêt garanti. Le rapport Burdeau en 1891 dénoncera le paradoxe. Plus la voie aura été établie à bas prix, et le trafic maintenu dans des limites restreintes, plus les compagnies réalisent des bénéfices substantiels. L'État, lui, s'essoufflera. Le complément d'intérêt qu'il est obligé de verser atteindra, en 1895, 450 milions qui grossiront chaque année de 20 ou 22 millions. Toutes les compagnies, sauf la P.L.M. durant une dizaine d'années, ont fait appel à la garantie. En 1890, alors que l'Algérie a 2 800 kilomètres de lignes, Paris suspend toute construction nouvelle. Jusqu'au jour, en 1904, où la colonie aura la personnalité civile et une autonomie financière qui lui permettront de prendre ses affaires en main. Elle rachètera les concessions les unes après les autres. Les deux dernières, l'Ouest Algérien et la P.L.M. en 1921. Elle instituera un nouveau régime pour cette dernière qui deviendra « fermière ». Cela, au bénéfice de l'Administration des Chemins de Fer Algériens émancipée en 1912, qui utilisera à son tour la passerelle en sens inverse. Elle sera amenée à exploiter elle-même en 1922 les houillères de Kenadsa, en construisant les 22 kilomètres de lignes qui relient les gisements à Colomb-Béchar.

L'Administration des Chemins de Fer Algériens sera surtout amenée à mettre de l'ordre dans ses réseaux. Les compagnies n'ont pas su adopter le même écartement, ni donner une continuité aux voies. La ligne Blida-Djelfa n'est pas reliée au réseau oranais, et entre Alger et Philippeville, il y a une coupure de 453 kilomètres jusqu'en 1870. Les tracés épousent les vallées pour diminuer les ouvrages d'art. Tant pis si les villages situés sur les hauteurs restent isolés, ou si les communications sont interrompues en terre basse quand les oueds sont en crue. Les horaires, qui sont conçus dans le seul souci de réduire les frais d'exploitation sont parfois aberrants. On part à 5 heures du matin d'Alger pour arriver à Sétif à 23 heures 30. Quand il ne faut pas se mettre à pousser le train. Cela s'est vu. Guy de

Maupassant en 1881 en témoigne. Il faudra attendre 1876 pour avoir des trains de nuit. Et encore, la Compagnie de l'Est Algérien refuse jusqu'en 1900 d'en établir un entre Alger et Constantine avançant pour prétexte l'insécurité. Sur les petites lignes, les voyageurs sont confinés dans une voiture unique au milieu des wagons de moutons. Le voyage dure facilement la journée. On doit s'organiser, prendre ses repas dans une chaleur insupportable à la belle saison, au milieu de la vermine et d'odeurs innommables.

Dans ces conditions, on comprend que la diligence garde ses adeptes. D'ailleurs les villageois n'ont souvent pas le choix. Le postillon au costume chamarré expédie les Arabes sur l'impériale au milieu des colis, accueille les Européens qui se rendent au marché voisin. Le colon n'est pas un grand voyageur. Le marché ou la sous-préfecture constituent l'unique objet de ses déplacements. Dans les années 50 ou 60, les alentours du grand marché de Boufarik ne manquent pas de pittoresque. On y voit entre autres une foule de corricolos désaffectés venus d'Alger. On les appelle des « voitures à volonté », baptisées en lettres de feu « Le Chemin de Faire » ou « La Douce Heure des Femmes ». La diligence assure un service régulier. Tirée par cinq ou sept chevaux, elle se lance à fond de train dans les descentes. Les montées se grimpent au pas. Il arrive que les voyageurs doivent descendre, et pousser, parfois se tremper les jambes pour passer à gué les oueds qui commencent à gonfler. La chaleur ou le froid comme la poussière s'engouffrent par les portières qui souvent n'ont plus de carreaux. Les haltes sont nombreuses, autour d'une auberge ou d'une fontaine. On casse la croûte, on boit, on constitue l'événement de ceux qui sont là, et qui regardent...

Quant au transport des marchandises, l'industrie et l'agriculture se rejoignent pour se heurter aux mêmes difficultés. Beaucoup de productions seront abandonnées parce que le coût du transport les rend peu compétitives sur le marché. Ne résistent que les marchandises de première nécessité. Qu'est-ce qui peut partir d'un village du bled, sinon des céréales, des fourrages, des pailles, du bois et parfois du vin ? Tandis que les matériaux de construction et les machines agricoles constituent l'essentiel de ses besoins pondéreux. Le roulage s'organise pour répondre tant bien que mal à ces nécessités. On a rapidement dépassé le stade des années 30 où il fallait quatre jours pour transporter en chariot des marchandises d'Alger à Blida. On devait décharger à chaque ravin et recharger de l'autre côté. Le stade est dépassé dans la Mitidja et autour des principales villes, mais c'est une situation que le bled connaîtra jusqu'au siècle suivant. Aussi, quand une ligne apparaît, n'utilise-t-on le chariot et son attelage que pour rejoindre la gare la plus proche. Ou le port le plus proche si l'on a la chance d'être en zone côtière.

Tous des romantiques

Poussés, pressés dans les diligences cahotantes, ils sont nombreux les voyageurs qui viennent prendre leur bol d'exotisme en Algérie, ou voir ce qui s'y passe. Ils ont tous quelque guide sous le bras. Dès 1830, trois éditeurs ont devancé la demande. Deux Parisiens qui publient, l'un le *Guide des Français d'Alger*, avec recueil de mots et de phrases français-arabes d'Alexandre Laborde, l'autre *Esquisses topographiques du Royaume et de la Ville d'Alger*, par A.M. Perrot. Et un éditeur toulonnais qui propose un *Itinéraire du Royaume d'Alger* comprenant « la description des villes, villages, bourgades, tribus sujettes et indépendantes, ruines, antiquités, rivières, ruisseaux, montagnes et curiosités naturelles ». En 1836, Armand Pignel donne un *Guide du Voyageur et du Colon de Paris à Alger et dans l'Algérie*, avec carte-itinéraire. L'ouvrage contient les renseignements utiles, comme la dépense à prévoir pour tel séjour, tel trajet, tel moyen de transport. Prix, distances, étapes, présentation des hôtels, des caravansérails sont développés dans un *Guide du Voyageur en Algérie*, « itinéraire scientifique, artistique et pittoresque » de Quétin en 1844. Un receveur de l'enregistrement présente en 1848 un *Indicateur général de l'Algérie* où les renseignements pratiques foisonnent, y compris le prix des terrains bâtis ou non bâtis. Deux ouvrages sont publiés en 1855 à l'intention des candidats voyageurs. Un *Itinéraire historique et descriptif de l'Algérie* de J. Barbier, renseignements, guide et souvenirs s'intercalant. Et un *Guide général de l'Algérie*, « historique, géographique, administratif, commercial et agricole », de A. Tombarel. Ce dernier contient en outre les noms de tous les fonctionnaires et des principaux habitants de l'Algérie. Bien d'autres encore apparaîtront au fil des années. Mais le plus populaire est sans conteste le *Guide Joanne* régulièrement publié entre 1862 et 1893.

On ne citera pas les souvenirs de voyages, les « journaux », comme celui d'Henri Duveyrier en 1857, les « carnets », les correspondances des voyageurs qui ont voulu faire partager leurs émotions et leurs découvertes. Charles Tailliart, le spécialiste en la matière, inventorie 215 publications entre 1830 et 1880. Parmi les auteurs, des militaires, des fonctionnaires appelés à séjourner en Algérie. Mais aussi beaucoup de chargés de mission plus ou moins authentiques, ou recommandés officiellement. Ils ont dans ce cas la chance d'être souvent logés, non dans les anciens caravansérails transformés en hôtelleries pour les rouliers et l'armée, mais dans les maisons de commandement. La chambre d'hôte accueille les voyageurs de marque, avec ses tapis et ses coussins en guise de literie. Car une excursion dans le désert est le complément indispensable de tout séjour, notamment vers Laghouat ou Biskra. « Quand le pays, sans ville ni douar, n'est plus qu'une grande route », la seule rencontre possible est celle de petites troupes de chameliers. Ils marchent souvent parallèlement à la piste. Il est bon, chez les Arabes, de faire état de ses titres, d'une recommandation signée par quelque ministre. On a droit alors à une excellente réception chez le cheikh ou autre caïd.

Sous diverses couvertures officielles, de grands écrivains, des peintres célèbres viennent en Algérie puiser leur inspiration. Feydeau qui déclame : « On voudrait mourir ici. Ce cri, je l'ai poussé vingt fois à Mustapha. » Fromentin dont on ne sait plus s'il est peintre ou écrivain tant ses mots sont éclatants pour décrire « les flots implacables de la lumière, la chaleur qui vient de partout, du vent, du ciel, peut-être du sol. Le pays céleste du bleu à travers les limpidités inconnues, ces bleus parfois ardents et stériles, parfois si tendres ». Théophile Gautier qui trouve « l'Algérie superbe, il n'y a que les Français de trop ». En accord avec Fromentin qui écrit : « Quelle ville, mon cher ! A vrai dire, elle est déshonorée puisqu'elle est française. » Alphonse Daudet raconte avec beaucoup de drôleries, parfois de cruauté, la vie quotidienne du colon, notamment les occupations d'un dimanche après-midi à Miliana... Jules et Edmond de Goncourt ramènent des poèmes, comme l'histoire d'Abdallah, le gentil Maure indolent qui aime la sieste et le narguileh. Ou des notes qui, si on les en croit, les ont enlevés à la peinture et ont fait d'eux des hommes de lettres. Quant à Alexandre Dumas, sa mission est l'objet d'un petit scandale à Paris après le désavœu du ministre de la Marine. Le romancier ne lui pardonnera jamais cette phrase : « J'ignorais complètement qu'une mission eût été donnée au Monsieur dont il est question. » Son *Veloce* en deux volumes donne des renseignements de première main sur l'affaire de Sidi-Brahim où la colonne Montagnac fut décimée par les forces d'Abd el-Kader.

Horace Vernet devenu colon dans la Mitidja, peint de son haouch de Ben Kouba, des batailles auxquelles il n'a jamais assisté. Il est un habitué à Boufarik du cabaret de la mère Gaspard, une vieille cantinière de l'armée d'Afrique, qu'il paie en tableaux. L'écrivain catholique Louis Veuillot est l'auteur en 1853 des *Français en Algérie*. Il y était venu comme secrétaire de Bugeaud. De Gustave Flaubert, on a des notes de voyage et une correspondance. Il débarque en effet en 1858 à Stora, va de Philippeville à Constantine en diligence (« Quelle odeur, quelle société ! »), de Philippeville à Tunis par mer, puis visite par la route Souk-Ahras, Guelma, Millesimo, Constantine, Bône... Delacroix ne passe que dix jours en Algérie en 1832. Cela suffit pour qu'elle lui inspire ses cèlébres *Femmes d'Alger dans leur appartement* et *Noces juives*. Théodore Chasseriau suit sa trace après avoir passé un mois à Constantine où il est l'invité du khalifa Ali Ben Ahmed. Les femmes juives l'éblouissent et ravivent en lui des souvenirs bibliques...

L'Algérie en inspire bien d'autres, qui ont moins de talent. On connaît le goût des gens de la colonie pour le théâtre. Il a suscité pas moins de quarante-trois pièces de 1830 à 1925, les deux tiers ayant été données avant 1880. Drames et mélodrames, comédies et vaudevilles, elles ont en commun leur qualité médiocre. Du Mersan et Fontaine mettent en scène Abd el-Kader à Paris « plus élégant que le lion, plus aimable que le chameau », au Théâtre des Variétés en 1842. Muguerot en 1830 fait pleurer sur le sort des esclaves d'Alger qui « songent, malheureuses, à leur chère patrie ». Et plus particulièrement sur Adeline et son père Osmain captifs du bey d'Alger. Devant les spectateurs frémissants d'horreur, Osmain est tué sous les yeux de sa fille, et celle-ci à son tour sur le cadavre de son père. Le grand Aroudj Barberousse est la vedette en 1849 d'un drame historique de Jubien, représenté au Grand Théâtre d'Alger. L'héroïne Zaphyra, la femme du dernier roi berbère d'Alger, le frappe de son poignard avant de s'empoisonner. Arrive alors son amoureux, le chevalier de Malte Raphaël Salvatierra. Trop tard. Il se perce de son poignard en s'écriant : « Sois maudit, Aroudj ».

La Juive de Constantine n'est pas non plus un chef-d'œuvre. La pièce, donnée au Théâtre de la Porte Saint-Martin en 1846 est pourtant signée Théophile Gautier et Noël Parfait. Elle n'échappe pas aux situations émouvantes, ténébreuses, sanglantes. Nathan, juif de Constantine et veuf, a la révélation des amours de sa fille unique Léa avec un chrétien Maurice. La loi est formelle, elle punit de mort une telle trahison. Mais Nathan adore son enfant...

La colonie n'est pas plus heureuse avec les poètes de cette époque-là. On en compte pourtant près d'une centaine. Il faut tout de même citer, parmi quelques autres, le sous-préfet Ausone de Chancel, moqueur et fantaisiste dans sa *Première Algérienne*. Voici comment il raconte son coup de foudre pour une belle Mauresque. Elle a des bracelets, de longues tresses de cheveux,

« J'avais trouvé d'un coup toute la poésie
Mon rêve oriental doré de fantaisie. »

Il s'approche, ému, retenant son haleine,

[...] *Alla Kerim, ma sainte,*
chantait Ma Normandie, *et buvait de l'absinthe ! »*

Si bien qu'il faut se méfier quand il déclame :

« C'est la Rome naissante [...]
Et, comme Rome, Alger accouchera d'un monde. »

Autran est sans doute plus sérieux. Il est d'ailleurs de l'Académie française. Voici comment il décrit le sirocco dans son poème *Milianah* :

« Il souffle ! Quand du Sud renaît, sombre et farouche,
Ce vent que le Ténare exhale de sa bouche,
Malheur et désespoir ! [...]
[...] *Les grands lions eux-mêmes,*
Les lions accroupis, vaincus, l'ardeur aux flancs,
S'indignent du fléau qui les tient pantelants. »

Edouard Aubas est médecin au 9e dragons. Il n'en est pas moins homme et poète. Il chante Blida dans ses *Mograbines*. Le poème est dédié à Alfred de Musset :

« Blida, folle et coquette
Au front porte une aigrette
De fleurs et d'orangers;
Son épaule est couverte
D'une pelisse verte
De souriants vergers. »

Mais il est aussi sensible au charme fatal du guerrier arabe :

« Brave guerrier, fais ta prière;
Ton fusil, que la lune éclaire,
Ton yatagan, viennent de Dieu... »

Les Goncourt ne dédaignent pas le parler « petit nègre » pour faire authentique. Le jeune biskri, qui s'est attaché à eux, leur murmure quand ils annoncent leur départ : « Moi triste si Français partir » (Alger, 1849). Le conseiller de préfecture Charles Marie-Lefebvre donne, lui, dans le pathétique. Il supplie :

« France, viens voir ta fille aînée,
Quand les jours d'été sont venus. »

Sa fille aînée est Alger qui

« [...] *voit ramper à genoux,*
Ainsi qu'une esclave enchaînée,
La noble Méditerranée
Aux horizons d'un bleu si doux. »

L'Algérie aurait pu être un morceau de choix pour les

romanciers et les nouvellistes de ce milieu de siècle. Ce n'est pas toujours le cas. Et on trouve dans cette littérature le meilleur comme le pire.

Dans le meilleur, l'étrange roman à clef d'Eusèbe de Salle, *Ali et le Renard ou la Conquête d'Alger*. Son auteur a été officier supérieur interprète au quartier général de l'armée d'Afrique. Il a pris part à l'expédition de 1830 et publie son ouvrage deux ans plus tard. Les manies, les tics des grands chefs se reconnaissent sous des noms transparents. Par contre, les péripéties romanesques y sont assez invraisemblables. C'est d'ailleurs le cas de la plupart des romans. Les auteurs les plus consciencieux parviennent à donner quelques descriptions de sites, de coutumes à peu près exactes, mais la psychologie orientale leur échappe presque totalement. Car leurs personnages de prédilection sont bien sûr les Arabes. Ainsi Pierre Cœur dans ses *Contes algériens*, publiés en 1869. Se cache sous ce pseudonyme l'épouse d'un haut fonctionnaire, Mme Voisin d'Ambre. Baïah ou Aïcha sont de sensuelles Mauresques amoureuses de quelque beau capitaine français. Ou Vilbort, auteur en 1879 de *Yasmina, récit de mœurs kabyles*. Yasmina a été mariée par son père à un vieil usurier qu'elle n'aime pas. Ali l'enlèvera et tout finira bien.

Dans d'autres ouvrages, l'aventure prend le pas sur les intrigues amoureuses. Ainsi Florian est l'auteur de *Récits algériens* fort bien menés, où il est question de renégat, d'arbre des trois pendus, de jugements, de balles et de colonels. Mais aussi d'un double mariage entre chrétiens et musulmans. Peu d'amourettes dans les *Historiettes à Pierre et Paul*, de Jules Jarry, qui fait revivre pour deux écoliers, en 1870, « le beau pays où il a passé cinq de ses meilleures années ». En leur parlant de soldat-laboureur, de yatagan, de panthère et de sorcière juive. C'est franchement l'aventure avec Eugène Razoua. Ancien commandant de l'École militaire, ses *Aventures de Guerre et de Chasse* sont presque toutes soldatesques. Armand de Solignac, dans sa *Ferme d'El Rarbi*, raconte l'histoire d'un chrétien venu créer un domaine dans le Sud-Oranais bien avant la conquête française, et les péripéties d'une vie mouvementée. Quant à Feydeau dans *Le Secret du Bonheur*, Daudet dans *Tartarin de Tarascon* et les *Contes du Lundi*, ce sont les colons qu'ils se sont surtout attachés à montrer. Un Daudet drôle et impitoyable qui écrit : « Cette cocasse Algérie française,... comme une page de l'Ancien Testament racontée par le sergent La Ramée ou le brigadier Pitou. » *Le Secret du Bonheur* est une sorte de roman psychologique bien campé dans le décor algérien. Malheureusement, Feydeau connaît mal le pays. Il n'y a passé que quelques mois en 1860, où il a eu l'occasion d'accompagner Yusuf dans une tournée d'inspection.

Il serait de toute façon téméraire d'affirmer que ces dramaturges, ces poètes, ces romanciers soient tous venus en Algérie. Même des peintres, et non des moindres, travaillent d'après des dessins. Les croquis de première main du capitaine Alexandre Genet ou du capitaine Théodore Leblanc inspirent des artistes comme Siméon Fort ou Théodore Jung, mais aussi Horace Vernet et Raffet. Lamartine et Gérard de Nerval, tous deux auteurs d'un *Voyage en Orient*, Victor Hugo et *Les Orientales*, Prosper Mérimée écrivant *Djoumane*, Balzac, Stendhal qui font plusieurs fois allusion à l'Algérie, on comprend mal qu'ils n'aient pas eu la curiosité de venir se rendre compte par eux-mêmes. Sans doute le pouvoir de leur imagination y a suppléé. Qu'importe ! L'Algérie leur donne l'occasion de rêver, de fixer une des facettes d'un romantisme diffus dans lequel le reste de l'Europe a baigné avant eux. Orientalisme, exotisme, des mots pour exprimer une même sensibilité, une même tentation.

1830, l'année d'une Révolution, et aussi l'année d'une conquête. C'est le moment où le romantisme en France prend une vigueur nouvelle. On n'a pas connu, depuis la Renaissance, un tel élan créateur, une telle exaltation. Le romantisme se manifeste dans tous les domaines de l'esprit. Et peut-être davantage encore dans la vie quand l'art s'en délivrera pour se faire, dès le milieu du siècle, parnassien ou réaliste. Le romantisme crée un monde imaginaire dans le monde trop positif de la monarchie de Juillet et du Second Empire. Il y a du romantisme dans la politique — et pas seulement chez Lamartine —, il y a du romantisme dans l'armée d'Afrique. Il y a du romantisme dans le monde de la finance et de la grande entreprise. Les saint-simoniens en sont le témoignage, même si leur rêve est toujours chiffré. Et Napoléon III est un romantique. L'homme du XIXe siècle est devenu romantique. Il peut vivre et mourir pour quelques cailloux en terre lointaine. Il l'est, parce que son monde connaît de grandes transformations sans de grands moyens pour faire face. Il n'a pour boussole, ni la science, ni la technique qui seront l'apanage du siècle suivant. Il conduit son aventure à vue.

5/ LES ANNÉES TERRIBLES

Des bêtes affamées

La récolte de 1865 n'a pas été bonne. Et celle de 1866 ne sera pas meilleure, car la sécheresse persiste. La vie est dure, dans le bled, et les gens sont amers. Cette politique impériale qui n'a ni queue ni tête. Des mots, tout cela. Certes, il faut du crédit, des routes, des chemins de fer, des barrages. Mais ces cent millions que l'empereur a annoncés l'année dernière pour financer les équipements de la colonie, on voudrait bien en voir les effets. En attendant, il faut tenir le coup avec ses problèmes quotidiens. Faute de disponibilités, beaucoup de colons ont vendu la presque totalité de leurs récoltes. Et voilà que les pâturages sont secs, l'orge manque. On doit racheter du fourrage pour la ration des bêtes, alors que tout a augmenté. On paie l'orge actuellement 21 ou 22 francs, et le blé 45 francs. Une sacrée hausse, maintenant que personne n'a plus rien à vendre.

C'est le moment que choisissent les sauterelles pour envahir le pays, amenées du Sud par le sirocco. Fléau renouvelé des âges bibliques, ces bestioles dévorantes — les acridiens migrateurs, les appelle l'instituteur Peytral — progressent sans que rien ne les arrête, d'abord sur les hauts plateaux, puis dans le Tell, et les plaines côtières. On n'en a jamais vu autant à la fois. Elles obscurcissent tout à coup le ciel, et mettent en émoi les hommes et les bêtes. Rien de vert ne demeure là où elles s'abattent, rien. Et quand ces voraces ne mangent plus, elles pondent. Elles creusent le sol de leur tarière ventrale pour placer leurs œufs à la profondeur convenable. Aux premières pluies, autour de chaque trou de ponte, apparaissent de petits êtres noirs qui grossissent vite parce qu'ils mangent beaucoup. Et les champs en sont bientôt tout couverts. Au bout de quelques heures, ayant fait place nette, ils avancent par colonnes épaisses de plusieurs centimètres, sur des kilomètres de longueur et de largeur. Ils franchissent à la queue leu leu, se supportant les uns les autres, les haies qu'ils dévorent, les fossés qu'ils comblent, les eaux sur lesquelles ils flottent. Car la nature a été bonne pour ces êtres nuisibles. Elle les a pourvus de nombreuses vésicules trachéennes qui les allègent et favorisent leurs déplacements. Un coup de vent peut les prendre sur le Tell et les transporter en Provence. C'est ainsi que la région d'Arles a été dévastée en 1613. Tout en vaquant à ses activités dévastatrices, l'insecte mue. Du noirâtre, il passe au brunâtre, et du brunâtre au jaune. Il est alors adulte et tout lui est bon, les acacias, les palmiers-nains si coriaces, les oliviers au feuillage amer. Quand il n'y a plus de feuilles, il s'attaque aux écorces et met le bois de l'arbre à nu.

Que faire contre cette calamité ? Alphonse Daudet a bien décrit l'agitation dérisoire des hommes. Ils tentent d'effrayer les sauterelles pour les éloigner. Ils s'élancent à leur devant, en faisant résonner avec des bâtons, des fourches, les ustensiles de métal qui leur tombent sous la main, des chaudrons, des bassines, des casseroles. Les bergers soufflent désespérément dans leurs trompes, d'autres font mugir de vieux cors de chasse, des conques marines. Les femmes arabes y vont de leurs you-you. Et le nuage cuivré, compact, descend tout de même, s'abat comme une grêle drue et bruyante. Alors, le massacre commence. Avec les herses, les pioches, les charrues, on écrase, on broie. Et plus on tue, plus il y en a. La troupe vient au secours des malheureux colons. Elle répand de longues traînées de poudre, et tout flambe dans une odeur infecte. Les sauterelles sont partout. Elles sont entrées dans les maisons, s'agrippent dans les rideaux. Les citernes, les bassins, les puits, les viviers sont infestés. Le lendemain, elles ont disparu, abandonnant dans le sol la promesse d'une nuée de criquets. Elles sont allées mourir en ordre dispersé, et leurs cadavres amoncelés deviendront des foyers d'infection et d'épidémies.

Les hommes creusent bien la terre pour tuer les œufs. Chaque motte est retournée et brisée rageusement, encore riche des mille racines pleines de sève, brisées. On n'aura pas empêché les criquets d'éclore en leur temps. A leur masse rampante, on opposera le long ruban de toile blanche des appareils cypriotes, de trente mètres en trente mètres, derrière les fosses creusées à la hâte. La poussière d'or tourbillonne au soleil et reflue au pied des appareils, les escalade et retombe. Les criquets meurent, arrosés d'huiles lourdes. Puis la terre, à grandes pelletées, est rejetée dans le trou.

Mais l'on n'est pas au bout de ses peines. La sécheresse persiste pour la troisième année, et anéanti ce que les criquets n'ont pas dévoré. Tandis que dans cette même année 1867 un violent tremblement de terre détruit plusieurs villages au pied de l'Atlas : La Chiffa, El-Affroun, Mouzaïaville, Bouroumi, Affreville. Blida, ravagée en 1825, est à nouveau très éprouvée. Une calamité qui fait 73 morts et plus de 200 blessés.

Céréales et pâturages sont ruinés dans tout le pays. Il n'y a plus d'eau dans les rivières et les sources ont tari. Le bétail amaigri meurt par troupeaux entiers, de faim comme de soif. Et puis soudain, le 4 juin, bien trop tardivement pour sauver les récoltes, l'eau arrive en orages d'une rare violence. Ils causent des inondations qui achèvent l'œuvre de destruction. Bergers et bêtes sont noyés par centaines. La mesure est comble. Ce même mois de juin 1867, fait rarissime, un Arabe se suicide. Car si la situation est éprouvante pour les Européens, elle est désespérée pour beaucoup d'indigènes peu armés, individuellement fatalistes et imprévoyants. Dans les trois provinces à la fois, le choléra apparaît, et le typhus. Les indigènes mal vêtus, mal nourris, succombent en grand nombre. Les débris des sauterelles et criquets corrompus infectent l'air et l'eau. Le thyphus vient là où il y a de la misère, de l'entassement, de la malpropreté.

Quant au choléra, l'Algérie l'a déjà connu en 1832 et en 1848.

la peur bleue, comme on l'appelle, est née aux Indes en 1817 où elle apparaît pour la première fois. Elle envahit Ceylan et Java en 1819, traverse la Chine et la Perse en 1820, gagne le Caucase en 1823, et la Sibérie. Elle se repose sept ans et reprend sa marche inexorable. En 1830, elle atteint la Pologne comme l'Égypte, et surtout la vieille Europe où elle fait, en un peu plus de trente ans, quatre apparitions, et 58 000 morts rien qu'à Paris. On sait comment elle s'est propagée en 1865, apportée à La Mecque par des pèlerins venant de l'Inde. Et de La Mecque à Alexandrie puis à Marseille, par des voyageurs. En Algérie en 1867, le choléra se montre soudainement à la fois à Msila, Bône, Philippeville, Biskra, Bou Saada. Les Arabes, épuisés par la famine, n'ont plus le courage d'enterrer leurs morts.

Car la famine, maintenant, tue hommes, femmes et enfants. Les Arabes plus que les Français, les tribus des steppes plus que les habitants des villes, les femmes plus que les hommes. L'hiver 1867-1868 est particulièrement rude. Des neiges abondantes achèvent de faire périr ce qui reste de bétail dans le Tell et les hauts plateaux. Elles subsistent à une telle hauteur que les troupeaux ne peuvent paître au moindre arbuste. Le ramadan et son jeûne sévère approchent. Les prix montent. Comment se procurer du blé qui se vend jusqu'à 100 francs, de l'orge qu'on ne trouve pas à moins de 45 francs alors qu'elle vaut normalement 10 francs ? Les habitants des steppes et du Sud, chassés par la faim, descendent vers le Tell où ils espèrent trouver de quoi manger. Mais le Tell aussi connaît la disette. Ils arrivent par bandes, presque nus. Ils sèment de leurs cadavres les routes et les abords des agglomérations, ils rôdent autour des villes et des villages, ils implorent la pitié des Européens. Un témoin se souvient de ces femmes montrant leurs enfants décharnés, elles-mêmes si faibles. Si faibles le cou ployé, les seins nus plissés et desséchés. Quand on leur donne un morceau de pain, elles prennent la mie dans leur bouche, la mâche, l'ensalivent, puis donnent cette pâte au plus jeune — un bébé souvent —, de leurs doigts maigres comme de longues pattes d'araignée.

Ils se disputent les détritus, paissent dans les champs comme des bêtes de somme, engloutissent les mauves, les pourpiers, l'herbe des talus et l'écorce des arbres. Hâves, les orbites creusées par la faim et l'angoisse, on les voit s'accroupir sur les routes autour des crottins de cheval, trier les grains d'orge et d'avoine pour les avaler aussitôt. Ils mangent les vers de terre et les grenouilles vivantes. Ils déterrent les animaux crevés et se jettent dessus. On cite un cas de cannibalisme à Tébessa. A Oued-el-Alleug, on parle avec effroi de la disparition du fils de la veuve Minois, un bel enfant. La famille l'a laissé à la ferme pour aller faire ses provisions à Blida. Elle ne le reverra jamais. Il a été enlevé par deux indigènes venus se restaurer à la ferme. La justice en est saisie. On suit les traces de l'enfant marchant entre ses ravisseurs jusqu'au bord de l'oued Chiffa, et c'est tout. A Tébessa, il s'agit d'un indigène et de son âne tués par les Arabes campant aux portes de la ville. Ils ont d'abord bu le sang, puis ils ont salé les chairs avec le sel acheté grâce à l'argent produit par la vente du burnous de la victime. On a retrouvé les horribles restes dans les peaux de boucs.

Les vols et les attaques à main armée ne se comptent plus. Pour se procurer des aliments, certes, ou, tout simplement, parce qu'en prison, on est nourri. Les colons sur les nerfs, inquiets, découragés, à peu près ruinés, doivent garder leur ferme, faire des tours de garde, fusil en main.

C'est la faute au gouvernement

La colère gronde dans la colonie. Le gouvernement n'a pas fait ce qu'il fallait. L'administration algéroise a bien d'autres soucis en tête, ironise-t-on à Constantine ou à Oran. Aucune mesure de sauvegarde n'a été prise. La crise exacerbe l'opposition entre partisans du régime civil et du régime du sabre. On dit que les préfets sont en relation avec les journaux qui se montrent les plus violents contre l'autorité militaire. Ils sont soutenus par les colons et les évêques. Les Bureaux arabes sont rendus responsables de toutes les calamités, et la politique du royaume arabe qu'ils soutiennent.

Le gouverneur général Mac-Mahon ne manque pas de faire

remarquer qu'il y a plus de trois siècles que l'Algérie n'a pas connu pareille suite de catastrophes. Son ampleur ne pouvait être prévisible. Il a d'ailleurs tenté d'abord de minimiser l'étendue du désastre. Sans doute ne veut-il pas effrayer les Talabot et consorts au moment où la Société Générale Algérienne se met en place. Mais la presse sonne le signal d'alarme. La France s'émeut du désastre. Des souscriptions s'organisent. Le Corps législatif vote une subvention de 2 400 000 francs. L'empereur achète une terre pour 200 000 francs. Les Conseils généraux votent des avances de blé et d'orge venus de divers ports d'Europe. Mac-Mahon concentre sur les points les plus atteints l'exécution de tous les travaux prévus au programme. Il accélère notamment dans la vallée du Chélif la construction de la ligne de chemin de fer Alger-Oran. Même les nomades demandent à être embauchés sur les chantiers, un peu maladroits au début parce qu'ils n'ont pas l'habitude. On tente de disperser toutes les concentrations d'hommes par crainte des épidémies. Les autorités militaires sont invitées à diriger les hommes valides sur des ateliers malheureusement en nombre insuffisant. Le reste des familles est regroupé dans des refuges loin des centres pour éviter la contagion. Les principaux sont créés à quelques kilomètres de Miliana, Orléansville, Relizane. C'est ainsi qu'à Miliana, 40 000 personnes sont secourues simultanément. Plus de 500 000 personnes vont défiler dans ces refuges. A Alger, la maréchale de Mac-Mahon et les sœurs des Filles de la Charité distribuent chaque jour des vivres et des vêtements. Les comités de bienfaisance ont précédé l'action officielle. Le président du Consistoire d'Oran, Messaoud Karouby, adresse un appel pressant aux juifs de la métropole. Le pays est ruiné, et les juifs avec. Le Consistoire a dû secourir mille misères, auxquelles se sont ajoutées celles des juifs marocains. Ceux-ci arrivent en masse, chassés aussi par la famine. Le Consistoire d'Oran est à bout de ressources. Son déficit est de 30 000 francs. Le Consistoire central fait un don étriqué de 1 000 francs. Lui aussi a ses pauvres. Heureusement, le grand rabbin de France, Isidore, envoie 2 000 francs, et les Rothschild 3 000 francs. On n'a même plus la facilité d'en rapatrier certains au Maroc. Depuis que le service côtier se fait par les Messageries Impériales, on ne dispose plus de passages gratuits. Et les pauvres restent à Oran.

Mgr Callot à Oran, Mgr de Las Cases à Constantine reçoivent de leur côté tous les malheureux dont on canalise l'exode en les envoyant vers les fondations épiscopales. Le bouillant archevêque d'Alger, Mgr Lavigerie, à peine nommé dans la colonie, fait un énorme travail pour secourir les affamés et accueillir les orphelins. Ce sera le point de départ de ses démêlés avec Mac-Mahon. L'administration a habitué l'Église d'Afrique à plus de discrétion.

Les chefs arabes n'ont pas été les derniers à participer à l'œuvre de sauvetage. Ils vident leur silos et perdent une partie de leur fortune. Ils font appel au gouverneur général. Doivent-ils maintenant finir de se ruiner en empruntant à des taux usuraires ? Mac-Mahon prend contact avec la Banque d'Algérie et le Crédit Foncier. Des prêts importants leur sont consentis pour parer aux premiers besoins et acheter des semences. On n'exige d'eux aucune des conditions rigoureuses prescrites ordinairement. Toutes les sommes empruntées seront d'ailleurs remboursées aux dates convenues.

Au début du printemps 1868, l'espoir renaît. La moisson est belle, et va sans doute suffire, malgré une réduction sensible des ensemencements. Le thyphus va fuir devant le soleil... Hélas ! on doit déchanter. Le thyphus continue de faire rage. Il faudrait vider les pénitenciers et les prisons pour qu'il disparaisse. Et le choléra fait de Biskra en quelques jours, durant le mois de juillet, une ville de malheur. Biskra l'opulente, dont les palmiers-dattiers rapportent 800 000 francs d'impôts à l'Etat. En trois jours, du 18 au 20, la terrible épidémie fait 247 morts. Elle en tuera plus d'un millier dans le mois. La police, le commissaire en tête, a été la première touchée. La surveillance est quasi nulle. Les vivants abandonnent cadavres et malades. Il n'est plus question de soigner qui ou quoi. Ni d'employer les remèdes les plus divers recommandés suivant les pays et les médecins, vomitifs, purgatifs, narcotiques, du haschich ou de l'opium, du tanin contre la diarrhée, ou des saignées, du café chaud ou du rhum, du bicarbonate de soude, de l'arsenic, du belladone. Encore moins, la prescription d'un médecin d'Oran qui recommandait, en 1832, la sobriété, la chasteté et le calme de l'âme. C'est le sauve-qui-peut. La moitié de la garnison est terrassée. Quelques-uns ont fui vers les caravansérails. Il ne reste que quarante hommes indemnes. Le commandant supérieur est mort, ainsi que quatre officiers, deux médecins, le curé, deux adjudants d'administration, treize infirmiers. Il règne dans l'oasis une odeur fétide de cadavre. La désinfection est impossible, la chaux manque. Personne ne s'aventure à Biskra et la ville n'est plus ravitaillée. L'eau est corrompue. La garnison est évacuée le 31 juillet. Dix-huit cholériques intransportables restent sous la garde d'un officier, d'un médecin, d'un prêtre. La maladie s'est arrêtée à Touggourt sans l'atteindre. Mais le 13 août, c'est Ouargla et Le Souf qui sont touchés. D'ailleurs, c'est dans toute l'Algérie qu'on meurt du choléra. On compte quinze à vingt cas mortels chaque jour à Constantine. Près de 10 pour 100 sont européens.

On entre ainsi dans l'hiver 1868-1869. Le choléra perd du terrain, mais le typhus persiste. La reprise est lente. On manque de bêtes, de bras. Tout est à un prix exorbitant. Du déséquilibre entre la consommation et la production est née l'inflation. Personne n'a plus d'argent. Les négociants souffrent de la mévente et les faillites sont nombreuses. C'est avec un fatalisme désespéré qu'on voit le printemps amener à nouveau ses vols de sauterelles venus de Batna. Toute la région de Sétif, notamment, se transforme en un vaste désert, dépouillée à la fois par les bestioles et le sirocco. Heureusement, la région de Bordj Bou Arréridj n'a pas souffert, et le littoral a des blés merveilleux. L'Algérie panse ses plaies et compte ses morts. Les sept dixièmes de son cheptel sont anéantis. Les documents officiels chiffrent à 300 000 le nombre des victimes humaines de la famine et des épidémies. Ils sont sans doute au-dessous de la vérité. Les journaux parlent, eux, de 5 à 600 000 morts. Surtout des Arabes. Certaines tribus ont fondu. On cite les Ouled Abd En Nour, ils sont passés de 6 000 à 2 500 personnes. La population indigène était de 2 652 000 en 1866, elle sera en 1872, après l'insurrection kabyle et sa répression, de 2 125 000.

L'organisation mise en place par la France est-elle donc moins adaptée que celle que connaissait traditionnellement le pays, pour défendre les fellahs contre les aléas économiques ? Avant la conquête, il existait des silos de réserves dans les tribus. Ces silos étaient remplis dans les bonnes années et répondaient aux besoins en temps de crise. D'autre part, l'administration turque empêchait les sorties de grains en cas de mauvaises récoltes. Les silos sont des trous creusés en forme d'énormes bouteilles dans les terrains calcaires. Ils contiennent jusqu'à 30 ou 40 quintaux de réserves. L'ouverture, un demi-mètre de diamètre à peine, est recouverte d'une large pierre dissimulée adroitement par une couche de terre pour la défendre des convoitises. Au temps de la conquête, la chasse aux silos qu'on razziait se faisait en général sous la conduite d'un prisonnier mené à coups de bâton par les soldats. Arrivés sur le terrain, il ne restait plus qu'à sonder le sol avec les baguettes des fusils et à s'introduire par l'étroit orifice. Il s'en échappait un gaz épais et asphyxiant. Un officier d'administration assistait au transfert du blé, de l'orge, des pains de figues, en comptabilisant approximativement.

Aujourd'hui, l'Algérie s'est intégrée dans les circuits économiques internationaux. Les indigènes ne gardent plus de réserves en silos. Tout comme les colons, ils vendent la récolte dès qu'elle est ramassée, parfois même sur pied. Et les négociants, sous l'impulsion des autorités, ont accru les exportations, notamment depuis la guerre de Crimée. Lapasset en 1847 a bien tenté de ressusciter les « silos de prévoyance ». Et, au lendemain de la crise, le général Liebert dans le cercle de Miliana met sur pied un système analogue que d'autres imiteront, et il y aura 77 S.I.P. Sociétés Indigènes de Prévoyance, lorsque la loi du 14 avril 1893 les rendra officielles. Elles végéterons souvent, mais se révéleront très utiles durant la guerre de 39-40.

En 1869, ce n'est généralement pas le système colonial qui est remis en cause. Mais plutôt la forme donnée au système, ce fameux régime militaire rendu responsable des échecs.

Ces Français n'ont pas de religion

Le 15 mai 1867, Mgr Lavigerie, ancien évêque de Nancy, débarque à Alger avec le titre d'archevêque. Une foule immense et la garnison sous les armes attendent le nouveau pasteur des antiques Icosium et Julia-Césarée, comme les Romains appelaient Alger et Cherchell. Vingt-six ans plus tard, par un bel automne comme l'Algérie est coutumière, un long cortège suit les funérailles de celui que l'on compare à Richelieu et à Colbert. « Cher et grand cardinal », lui dit pour la dernière, et d'ailleurs première fois, Jules Cambon alors gouverneur général. Le toast de Lavigerie (novembre 1890) qui invite les catholiques au ralliement à la République n'est certainement pas étranger à cet élan posthume. Cérémonies officielles et protocolaires qui ne doivent abuser personne. Tous les régimes successifs que la France a connus ont été d'accord au moins sur un point : la tolérance religieuse est dans nos lois et nos mœurs. A Alger, elle est aussi dans nos intérêts.

En 1830, il n'y a que Clermont-Tonnerre pour croire et argumenter auprès de Charles X que la conquête de l'Algérie va entraîner le retour du christianisme en Afrique. L'article V de la Capitulation d'Alger rend libre l'exercice de la religion mahométane. La tâche des nouveaux conquérants n'est déjà pas facile. On pense que toute tentative d'évangélisation aurait des conséquences fâcheuses sur la population. Elles sont donc formellement interdites aux prêtres. L'interdit est d'autant mieux respecté que les généraux sont souvent d'esprit républicain. Les fonctionnaires, les bourgeois commerçants ont subi des influences voltairiennes. Enfin, « on est venu en Algérie pour faire sa fortune et non son salut ». Les aumôniers ont disparu des champs de bataille et restent dans les hôpitaux après la chute de Charles X. Du moins ceux qu'on maintient en Algérie : trois à Alger, un à Oran, un à Constantine. Les quinze autres ont reçu l'ordre de rentrer en France. Jusqu'en 1845, aucun aumônier n'a été admis à suivre les armées en campagne. « Ces Français n'ont pas de religion », dira Abd el-Kader avec mépris.

Les premiers colons passent pour de parfaits mécréants. « Les mœurs sont déplorables », écrit Louis Veuillot dans les années 40. « C'est la France sans police et sans hypocrisie. A faire rougir, non pas la vertu musulmane — je n'y crois guère — mais la pudeur et la dignité des Arabes. » On ne compte pas les faux ménages, ce qu'on appelle les mariages d'Afrique. Il est vrai que les frais de chancellerie sont élevés pour les étrangers qui veulent régulariser. On trouve presque quotidiennement des enfants abandonnés sur le parvis des églises et des cathédrales.

Il ne faut toutefois pas généraliser. Ce n'est pas dans une cathédrale déserte qu'on donnera en quatre langues les sermons du carême à Alger, ni pour les enfants sans formation religieuse qu'on publiera un catéchisme bilingue. Et les colons aux gants jaunes ont été des gens à la piété exemplaire. Mais, longtemps privés de curés, les habitants des villages se sont habitués à réduire leurs dévotions aux baptêmes et aux enterrements, à la rigueur aux mariages et aux grandes fêtes liturgiques. Quand c'est possible.

Dans ce contexte, la situation des prêtres — cette Légion étrangère du clergé comme on les a appelés — n'est pas facile. Une structure ecclésiastique s'est établie, non sans hésitations et blocages. Jusqu'en 1827, la régence d'Alger avait été érigée en vicariat apostolique. Son titulaire était choisi parmi les prêtres de la Mission. On nomme en décembre 1831 un préfet apostolique qui ne parvient pas à remplir sa charge. Le titre et la fonction sont supprimés deux ans plus tard. La direction du culte est alors remise aux aumôniers militaires présents à Alger.

Des négociations entre le gouvernement de Louis-Philippe et le Vatican permettent en 1838 la désignation d'un évêque à Alger, Mgr Dupuch. Celui-ci arrête aussitôt la mission paroissiale des aumôniers militaires qui n'apprécient pas. La dignité épiscopale est pourtant assimilée au grade de maréchal de camp. Un factionnaire est placé à l'entrée du palais épiscopal, ou de la tente quand l'évêque est en déplacement. On lui présente les armes à chacun de ses passages. L'abbé Suchet, qui a créé en 1839 l'église de Constantine, arrive à cheval dans la ville, entouré d'officiers.

L'Algérie ne compte alors que sept prêtres. Quatre sont à Alger, deux à Bône et un à Oran. Mgr Dupuch recherche des volontaires dans les séminaires de la métropole. Plus de cent candidatures lui sont adressées, mais il ne recrute que douze nouveaux prêtres faute d'argent. Nommés dans les centres les plus importants, leur vie est toute de misère et d'embûches. Chacun dessert plusieurs villages. Il dit habituellement la messe dans l'école, si l'instituteur n'y met pas trop de mauvaise volonté, en plein air, ou dans n'importe quel lieu. L'évêque est lui aussi souvent en tournée, dormant sous la tente. Le clergé a décidé de porter la barbe pour assurer son prestige auprès des musulmans.

Savary a affecté au culte catholique une des plus belles mosquées d'Alger, celle des femmes, devenue l'église Saint-Philippe. Le mufti à qui il en a d'abord parlé, lui a répondu finement : « Vous nous demandez un temple que vous pouvez prendre. Consacrez-le au culte de votre Dieu qui est aussi le nôtre. » Il est vrai que les Français en ont transformé d'autres en magasins de fourrage. Les Arabes sont choqués de l'irreligion organisée des Français. En 1834, lors du premier conseil municipal d'Alger, chaque membre a eu à jurer fidélité au roi des Français et obéissance aux lois. Les musulmans avaient la main sur le Coran, les juifs sur le Pentateuque, les Français n'invoquèrent aucun symbole. La notion d'un Dieu le même pour tous est très ancrée chez les Arabes. Jaloux de leur religion, ils respectent volontiers les autres. L'abbé Suchet, qui a rencontré Abd el-Kader lors des échanges de prisonniers, raconte avec quelle attention passionnée celui-ci a observé un marabout des Français qu'il voyait pour la première fois. Les musulmans, dans les premières décennies de la colonisation, viendront en foule à l'église à l'occasion de cérémonies religieuses.

Le clergé s'organise comme il peut. A Oran, la paroisse Saint-Louis tient jusqu'en 1850 dans le chœur d'une ancienne chapelle espagnole à demi détruite en 1792 par un tremblement de terre. On lui a adjoint une petite mosquée devenue la chapelle Saint-André. La chapelle de Bône est aussi bien misérable. Dans le reste de l'Algérie, ni prêtre ni lieu de culte jusqu'en 1839. Et personne pour les réclamer, si ce n'est, d'ailleurs vainement, les habitants de Bougie.

Mgr Dupuch obtient en 1839 pour Alger de faire d'une autre petite mosquée, une seconde église, Sainte-Croix. L'évêque est logé dans l'ancien palais des beys de Constantine. Derrière une façade ingrate, la demeure cache une grande richesse de marbres et d'élégantes sculptures. Il faudra attendre de nombreuses années pour que les Français construisent leurs églises. La première est celle de Dely-Ibrahim près d'Alger en 1839, suivie par Draria, Birkadem, Douera. On édifie l'église Saint-Augustin dans le quartier de Bab-Azoun.

L'épiscopat de Mgr Dupuch se termine mal. Au temps du maréchal Valée, il était entré en contact avec Abd el-Kader pour négocier des échanges de prisonniers. N'étaient-ils pas l'un et l'autre des chefs spirituels ? Fort de l'accord de Bugeaud, les tractations qu'il mène à Boufarik avec Sidi Embarek Ben Allal, accompagné de Maurice de Franclieu et de l'abbé Suchet, lui permettent de récupérer cent vingt-quatre chrétiens contre cent cinquante-neuf prisonniers arabes. Beaucoup de militaires ne tolèrent pas cette immixtion dans leurs affaires, et la popularité qu'en retire Mgr Dupuch. L'abbé Suchet, à leur barbe, se rend seul, quelque temps plus tard, près d'Abd el-Kader qui accepte de lui rendre cinquante-six autres prisonniers. La mesure est comble. Sans l'intervention de Bugeaud, ils passaient tous les deux en conseil de guerre sous l'inculpation de trahison et de passage à l'ennemi.

De même, on ne pardonne pas à Mgr Dupuch le faste du retour des reliques de saint Augustin à Hippone en 1845. Revenu de Pavie avec les précieux ossements, vingt mille personnes l'attendent à Toulon, sept évêques de France l'accompagnent. Des arcs de triomphe ont été dressés sur tout le parcours entre Bône et Hippone. La messe est célébrée en plein air sur les ruines, devant militaires, cheikhs, caïds et une foule accourue nombreuse d'indigènes et de Français.

A son retour à Alger, une mauvaise affaire l'attend. Le directeur de l'hôpital civil a ordonné d'enlever les crucifix des salles, et il a fait un rapport au ministre de la Guerre contre les religieuses de la congrégation des Filles de la Charité. Mgr

Dupuch ne peut que prendre leur défense. Mais au même moment, il doit se débattre dans des difficultés financières inextricables. Il n'a pas les moyens de son bon cœur ni non plus, il faut bien le dire, de son autoritarisme. Son orphelinat de Ben Aknoun le ruine. C'est qu'il accueille tous les enfants abandonnés qu'on lui amène. Avec l'aide de femmes de toutes origines, il a acheté des berceaux, entretenu un troupeau de chèvres pour allaiter les nouveau-nés. L'ouverture de l'orphelinat lui a permis de répondre aux besoins. L'établissement a une renommée telle que plus d'un colon y vient chercher une compagne. Ne sachant comment se dégager de 400 000 francs de dettes, le prélat se lance dans une mauvaise affaire immobilière qui, au contraire, l'entraîne au bord de la faillite. Devant les bruits qui courent, le gouvernement suspend ses subventions, et la Propagation de la Foi ses dons. Il doit démissionner. Démuni de tout, traqué par ses créanciers, il s'exile en Italie puis en Espagne. En 1852, Louis-Napoléon acceptera enfin la liquidation de ses dettes, grâce à l'intervention de l'archevêque de Bordeaux.

Mgr Pavy lui succède. Il trouve en Algérie une soixantaine d'églises et de chapelles, 16 établissements religieux, 91 prêtres, 140 religieuses, des frères, un séminaire, un orphelinat. L'Église commence à s'implanter réellement. Le séminaire est installé d'abord à Kouba dans des baraquements infestés de vermine. Il est confié aux prêtres de la Mission reparus en 1842. On commence à édifier des églises et des presbytères. C'est en 1858 qu'est entreprise la construction de la basilique de Notre-Dame d'Afrique, à la pointe du massif de la Bouzaréah qui domine Alger. A l'origine, deux petites grottes consacrées à la Vierge, et devenues un lieu de pèlerinage pour les femmes de marins. Elles sont entretenues par deux tertiaires franciscaines de Notre-Dame de Fourvière. Le sanctuaire deviendra, comme celui de Santa Cruz à Oran, un haut lieu de dévotion des Français d'Algérie. L'archevêque chaque année viendra y bénir mer et marins du haut de l'esplanade. On appuiera ses vœux ou ses remerciements d'ex-voto, et on fera la longue montée pieds nus, à genoux, ou des pois chiches dans les chaussures, ce qui constitue, de toute façon, une performance. A moins qu'on ait pris soin de ne pas préciser à la Vierge si le trajet se ferait en une ou plusieurs fois.

Mgr Pavy ne désespère pas d'évangéliser les musulmans. Il est impossible, dit-il, d'enchaîner le Verbe de Dieu. Pour le gouvernement, la présence de l'Église en Algérie obéit aux règles d'un établissement sacerdotal régulier, comme dans n'importe quel département français. Aucune mission, catholique ou protestante, n'est autorisée en Afrique. Evêques concordataires oui, évêques missionnaires non. En 1850, le prélat tente une intervention auprès du gouvernement qui lui donne une fin de non-recevoir. Le député d'Alger Emile Barrault, qui fait part à l'Assemblée législative de cette démarche, trouve que « l'évêque est allé trop loin ». Les Bureaux arabes feront échouer les tentatives en Kabylie d'un jésuite, le père Creuzat, curé de Fort-Napoléon. De même que sera dissous, au bout d'un an de prêche à Laghouat, un cénacle de trois séminaristes formé en 1857 pour convertir les indigènes. Ou que sera fermé l'orphelinat de Kouba qui prenait trop des airs de catéchuménat. L'orphelinat du père Abram à Misserghin, près d'Oran, connaîtra un meilleur sort. L'établissement a été créé en 1849 sur un domaine acheté par les frères de l'Annonciation. Les enfants recueillis reçoivent un enseignement général et agricole. Le futur inventeur de la clémentine, le père Clément, a rejoint les frères de Misserghin en 1864.

A défaut d'œuvrer en missionnaire, Mgr Pavy s'attache au développement de la langue française. A Oran notamment, qui n'a pas encore son évêque, il crée une bibliothèque populaire, et ouvre en 1851 rue de Gênes la première école secondaire d'enseignement. Elle existe à Alger depuis 1833, transformée en collège deux années plus tard.

Arabisants contre latinistes

Dans beaucoup d'endroits, l'enseignement par diverses congrégations précède l'enseignement laïque. Il est public tant qu'il est à la charge de l'Etat qui, lentement, organise ses propres écoles. On compte à Alger en 1832 trois écoles, ouvertes à une centaine d'élèves. Elles sont privées.

Jusque sous la IIIe République, la première difficulté rencontrée est le recrutement d'instituteurs compétents. Sous le vocable pudique « d'enseignement mutuel » à la mode depuis 1830, les écoles sont de vastes garderies et les maîtres des sous-officiers, ou n'importe qui s'il a des relations. On aura en 1870 seulement quarante écoles primaires.

L'Ecole normale d'Alger commence à former ses instituteurs à partir de 1865. Elle aura du mal à recruter, tant le niveau général est bas. En 1868, sur trente-six élèves, dix dont trois Arabes sont des autochtones. Les autres ont été recrutés en France.

On est conscient que l'intention d'instruire, comme celle de soigner, doit être le signe de la pénétration française. Dès janvier 1831, un membre de l'Institut, Jomard, écrivait : « Le moment n'est-il pas venu dans ce pays sous la protection de la nation française, d'ouvrir une école ? » Une école de civilisation française, bien évidemment. Elle rencontrera chez les indigènes un refus intégralement maintenu jusqu'à la fin du siècle, et même après. Refus entretenu par les tolba et tous les hommes influents dans les tribus qui redoutent et repoussent l'enseignement français. Au moment de la défaite de Sedan et de la chute de l'Empire, on verra les classes se vider de beaucoup de leur élèves arabes. La France a perdu, la France va partir. Pourquoi apprendre le français ? Il est vrai que du côté français, on ne s'est pas gêné pour dire et écrire constamment depuis 1830 — non sans fierté d'ailleurs — qu'il faut instruire et guérir pour conquérir.

Dans le but d'en attirer quelques-uns, le préfet d'Alger, Latour-Mézeray, a institué une prime d'assiduité de 2 francs par élève. Le système paraît efficace. Le ministère se choque un jour de cette façon d'acheter aux parents le droit de donner l'enseignement à leurs enfants. La prime est supprimée en 1857. Et les écoles se vident. On doit vite remplacer la prime par divers crédits, il est vrai plus parcimonieux. Et il est difficile d'expliquer aux parents, à la fin des études, que leurs enfants ne peuvent tous devenir cheikhs, caïds ou bachaghas. On les envoie volontiers à Saint-Cyr, cinq en 1854. La promotion du lycée de Constantine en 1869 comprend treize élèves arabes. quatre se dirigent vers l'enseignement dans une médersa ou une école franco-arabe, trois dans l'école de cavalerie de Saumur, trois deviennent géomètres, un cavalier des douanes à El-Kantara, un autre vétérinaire. Bien peu de chose, tout cela, estiment les familles.

Un embryon d'université existe en 1857 avec la création d'une école de médecine. Dès 1832, le docteur Baudens et d'autres médecins militaires, s'étaient lancés dans l'organisation d'une école de médecine et de pharmacie. Située dans les jardins du bey, elle formait neuf baraques où l'on pouvait disposer de mille lits. Elle présente l'avantage, par nécessité, d'offrir un enseignement au moins aussi pratique que théorique, et de constituer un centre d'observation privilégié. L'école ne dura pourtant que quatre ans. C'est seulement en 1879 que seront accordées à la colonie des Ecoles de droit, de lettres et de sciences, et les licences devront longtemps être terminées en France. On craindra que, dotée d'une université, l'Algérie se referme sur elle-même.

On s'est beaucoup intéressé, au début de la colonisation, à la langue et aux mœurs des indigènes. Les premiers arabisants sont des officiers, des interprètes. Ceux-ci sont formés durant plus de trente ans par le professeur Bresnier qui organise les études d'arabe en Algérie. On donne des cours d'arabe vulgaire dès 1832, et le premier ouvrage publié à Alger est une grammaire arabe en 1833. Pourtant en 1841, on supprime l'obligation d'apprendre la langue dans l'enseignement secondaire, alors que six ans plus tard, de l'autre côté de la Méditerranée, la faculté de Montpellier crée une chaire d'arabe.

La République de 1848, en entraînant le régime civil en Algérie, fait d'Alger une académie rattachée au ministère de l'Instruction publique. Le camp militaire des arabophiles, assez mécontent, obtient du ministère de la Guerre la création d'un collège arabe-français à Alger qui dépende de celui-ci. L'égyptologue Perron, un saint-simonien, en prend la direction en 1857. Ni grec ni latin dans ce collège dont l'enseignement devait être adapté au pays et à ses besoins économiques. On y reçoit des élèves indigènes et quelques Européens, payants ou boursiers. En 1863, le collège compte cent cinquante-cinq élèves, dont cent quatre indigènes. Mais le rectorat voit d'un mauvais œil cet établissement lui échapper. Comme celui de Constantine créé en 1867 et qui aura une courte existence, il fusionne avec le lycée construit à Bab-el-Oued, en 1871.

C'est le moment où l'étude de l'arabe connaît un désintérêt qui ira en s'accentuant. L'école est faite pour accroître le rayonnement de la culture française, pas de déviation. L'arabe devient affaire de spécialistes. Les européens ne se préoccupent guère de culture arrabe, ni d'ailleurs de culture en général. Et ils sont plutôt hostiles à l'enseignement des indigènes. Ils seront d'autant plus écoutés que les bancs des écoles ne s'emplissent guère. On comptera, en 1870, trente-six écoles franco-arabes recevant trois cents écoliers musulmans. On y enseigne l'arabe le matin et le français le soir. Elles ne tarderont pas à se fondre avec les écoles classiques et leur dénomination disparaîtra. De nombreuses municipalités, comme Oued-el-Alleug en 1862, ont rejeté leur création. Elles argumentent que les Arabes disposent de deux mille écoles coraniques, et trouvent généralement que c'est suffisant. Il faut ajouter qu'elles ont déjà des difficultés à attirer les enfants dans leurs écoles communales qui pèsent lourd sur leurs budgets.

Malgré des hommes comme Bresnier, comme Hanoteau qui publie une *Grammaire kabyle* en 1858 et qui particippe à la création de l'Ecole des Arts et Métiers à Fort-Napoléon, le courant des latinistes est le plus fort. L'Église, d'abord, qui tente de perpétuer la tradition de l'Afrique latine et chrétienne : Mgr Dupuch ramène en grande pompe les cendres de saint Augustin à Hippone, et Mgr Lavigerie viendra symboliquement dire la messe dans la basilique de Timgad. La personnalité du recteur d'Alger Gustave Boissières sous le Second Empire accentue le mouvement. Dans son *Afrique romaine*, il met en parallèle l'œuvre de Rome et celle de la France. Les saint-simoniens avaient rêvé d'un enseignement original en Afrique. La France égalitaire en décide autrement. A partir de la IIIe

République, les enfants sur les bancs de l'école, qu'ils soient français d'origine ou non, étudieront comme les enfants de la métropole, l'histoire de nos ancêtres les Gaulois. En 1875, ils seront 57 000 dans les écoles primaires. Au lycée et dans les collèges, 1 460 seront français, certains naturalisés, 150 étrangers, 212 juifs, et 226 musulmans.

Allez, enseignez toutes les nations

Quand le nouvel archevêque débarque à Alger en mai 1867, la situation économique de l'Algérie n'est pas brillante. Pour les indigènes, elle atteint le sommet de la désespérance. Mgr Lavigerie est animé de hautes ambitions pour son Église et Dieu. Il proclame dès son arrivée qu'il veut faire de la terre algérienne le berceau d'une nation grande, généreuse, chrétienne, une porte ouverte sur un continent de 200 millions d'âmes. Cet immense continent noir encore plongé dans la barbarie, et où il faut répandre les vraies lumières. « Tel est l'avenir de la nouvelle Église d'Afrique. » Tel sera effectivement son avenir à la fin du siècle où les Pères Blancs feront jusqu'à 125 000 conversions par an, notamment en Afrique équatoriale.

Mais, plongé dans la misère immédiate du quotidien, Mgr Lavigerie dit aussi à l'adresse des musulmans : « Je réclame le privilège de vous aimer comme mes fils, alors même que vous ne me reconnaîtriez pas pour votre père. » Un amour actif qui va conduire le fougueux prélat, pour qui rien n'est impossible, à la tentative d'assimilation la plus poussée qui ait jamais été entreprise.

Mac-Mahon ne brûle pas d'enthousiasme devant ce cyclone de générosité qui l'encombre. Il a tenté, après sa première entrevue avec l'archevêque à Paris, de revenir sur sa nomination, déclarant tout net qu'il ne veut plus de lui pour évêque en Afrique. C'est pourtant lui qui l'a désigné à Napoléon III. L'empereur a d'ailleurs hésité. « Je ne comprends pas pourquoi vous tenez tant à l'avoir. Il manque de mesure, vous ne ferez pas bon ménage avec lui. » Lavigerie ne voudra rien entendre quand l'année suivante l'empereur tentera de le faire renoncer. On lui promet pourtant un des plus grands sièges archiépiscopaux de France. A quoi le prélat répond que seule la force lui fera quitter Alger puisque sa charge est inamovible. « Je n'accepterai aucun siège de France. Un petit me ferait passer pour un vaincu, un grand, pour un vendu. Tenez-vous-le pour dit. »

La première idée de Lavigerie est d'établir à son arrivée quatre ou cinq maisons hospitalières en Kabylie. Dès le mois d'octobre, il précise par ordonnance que désormais, seuls les séminaristes pouvant faire preuve d'une sérieuse connaissance de la langue arabe, seront ordonnés prêtres dans le diocèse d'Alger. Initiative peu prisée de l'administration et des Bureaux arabes. Une réalité plus pressante lui fait remettre son projet kabyle. La famine et la maladie font des veuves et des orphelins parmi les indigènes. Les premières trouvent un abri chez les sœurs du Bon-Pasteur d'El Biar. L'archevêque va s'occuper plus particulièrement des autres, comme Mgr de Las Cases à Constantine, et Mgr Callot à Oran, mais à une plus grande échelle. Les enfants sont d'abord recueillis dans la résidence épiscopale même, à Saint-Eugène, le temps de mettre en état la maison de campagne du petit séminaire à La Bouzaréah. Mais on sait vite que le marabout des Français accueille tous les enfants, les soigne et les nourrit. En peu de temps, leur nombre augmente considérablement. Les curés du diocèse, les dépôts de mendicité, des colons charitables, les officiers des Bureaux arabes dirigent les petits abandonnés vers l'orphelinat par troupes de trente, quarante, de cent à la fois. Il faut de l'argent, l'archevêque va en chercher à Paris. Il reçoit un accueil mitigé des amis qu'il a à la Sorbonne, au ministère des Cultes. Ils craignent qu'un geste de solidarité ne soit interprété comme une critique de l'administration algérienne soutenue par l'empereur. Lavigerie trouve tout de même des secours immédiats aux œuvres de la Sainte-Enfance, et auprès du directeur de l'œuvre des Ecoles d'Orient. Grâce à ce dernier, il peut déclencher une véritable campagne dans la presse catholique. Prudemment, il ne profère aucune critique ouverte de la politique officielle en Algérie. Des comités s'organisent dans toutes les grandes villes de France. Il adresse une lettre aux évêques pour qu'elle soit lue dans les églises. Y compris au clergé de Belgique, d'Espagne, d'Angleterre. Pie IX lui envoie 5 000 francs. Rentré à Alger, ce sont ses prêtres qui vont prendre la relève, quêtant de ville en ville. Les sommes réunies sont importantes. Une commission est constituée pour les gérer. En 1868, 800 000 francs sont dépensés, sans aucune subvention. L'œuvre de Lavigerie ne sera soutenue par les pouvoirs publics qu'après la chute de l'Empire. Il bénéficiera alors d'une subvention annuelle. Elle sera de 9 000 francs en 1870, de 37 000 francs en 1871, de 58 700 francs en 1875. Mais, sauf durant la guerre, les questions d'argent ne seront jamais un problème pour Lavigerie. « Quand il en faut, je le mendie et je le trouve. »

Ses orphelins déménageront encore. Lavigerie loue pour eux aux jésuites une propriété de cent hectares à Ben Aknoun. Les religieuses de la Doctrine Chrétienne succèdent aux sœurs du Bon-Secours. Les enfants, 1 753 venus de partout, ont en majorité entre huit et dix ans. Cinquante personnes sont là en permanence pour les soigner. Mais le typhus, la variole, la dysenterie ravagent le pauvre orphelinat. Chaque jour, dix ou quinze enfants meurent. Le général de Wimpffen, commandant la province d'Alger, lui envoie une trentaine de tentes, et des soldats pour aider au nettoiement et à la désinfection des lieux. L'établissement est divisé en trois camps, où sont séparés « les typhiques, les varioleux, les teigneux. » En août 1858, douze frères des Ecoles Chrétiennes viennent occuper Ben Aknoun où restent les garçons de plus de huit ans. Les autres vont à la Villa Rostan, à deux kilomètres de là, puis, quelques mois plus tard, à Kouba. Lavigerie a fait venir pour s'occuper d'eux des sœurs de Saint-Charles de Nancy et divers autres religieuses. Les femmes d'Alger confectionnent avec un bel enthousiasme blouses et sarouels. On apprend aux filles la cuisine, le ménage et la couture. Et aux garçons, quand ils sont à leur tour transférés à Maison-Carrée — une propriété que Lavigerie achète en 1869 —, à défricher et labourer.

En octobre 1868, on ne signale plus de cas d'épidémies dans l'orphelinat. Un millier d'enfants ont survécu. Les directives de l'archevêque ont été de laisser les portes des établissements ouvertes de nuit comme de jour. Mais les désertions sont rares. De ces enfants, que va-t-on maintenant faire ?

Question épineuse, point de départ d'un violent conflit entre Lavigerie et Mac-Mahon. Il alimente les conversations de toute la colonie. Le gouverneur général n'a pas admis que l'archevêque fasse état si crûment, par voie de presse, de la situation catastrophique de la colonie. Les adversaires, tout à la fois du régime et des Bureaux arabes, voient dans l'action de Lavigerie comme une brèche dans la cloison étanche du royaume arabe. C'est le système entier dont, indirectement, il peut entraîner le renversement. Il est partisan de la colonisation et le dit. Il ne nie pas le désir du lucre de ses auteurs, mais, coloniser est d'abord un service d'humanité. L'humanité entière a droit à la mise en valeur des richesses naturelles du globe. Cela suffit pour qu'on fasse de lui l'étendard de l'élément civil, le porte-drapeau des colons.

Dans ce contexte, Mac-Mahon est bien résolu à contrer l'action envahissante de l'archevêque à l'occasion de l'affaire des orphelins. Puisque la famine est enrayée, il faut renvoyer les enfants dans les tribus. Ceux que les familles réclameront, identité prouvée, leur seront effectivement rendus. Environ trois cents. Pour les autres, Lavigerie refuse catégoriquement : « Ils m'appartiennent parce que la vie qui les anime encore, c'est moi qui la leur ai conservée. » « Renoncez à leur faire acheter par le sacrifice de leur religion le pain que vous leur donnez », sermonne Mac-Mahon. « Pour les livrer aux passions bestiales de leurs coreligionnaires ? » rétorque l'archevêque. Et il va illico défendre sa cause aux Tuileries auprès de l'empereur. Napoléon III considère que le prélat a assez à faire avec 200 000 colons catholiques, qui n'ont, de surcroît, pas bonne réputation. Mais Lavigerie parvient à peu près à le convaincre. Il dit avoir conscience de la nécessité d'agir avec prudence, et qu'il s'y emploiera. Mais il est de l'intérêt de la France de montrer aux populations musulmanes le visage de la charité. Napoléon III sait que l'opinion publique est du côté de cet « endiablé d'archevêque » qui a l'art, tour à tour, d'utiliser la diplomatie quand c'est possible, la force de l'opinion et de presse quand c'est nécessaire. En Algérie, tous les journaux qui se lisent sont déchaînés pour défendre sa cause. En métropole, il a le concours inconditionnel de la presse catholique et de sa tête de file, Louis Veuillot, un ancien collaborateur de Bugeaud. Il dispose du soutien de la presse libérale et républicaine prête à attaquer le gouvernement pour d'autres raisons. Et, curieusement, celui de certains hommes politiques influents, Baroche, le marquis de la Valette, Rouher, partisans de l'Empire autoritaire au moment où la politique officielle se fait libérale. Non seulement Lavigerie ne sera pas déféré au Conseil d'Etat comme ses détracteurs, Ismaël Urbain, le colonel Gresley, chef du Bureau politique et des Affaires arabes, l'auraient souhaité. Mais l'empereur lui donne satisfaction pour l'affaire des orphelins. Il peut les garder, et même améliorer et étendre ses asiles.

Quelques semaines plus tard, Lavigerie est reçu en triomphe à Rome. Le Saint-Siège lui accorde la délégation apostolique du Sahara et du Soudan. Plus tard, à l'occasion du concile œcuménique où sera discuté le dogme de l'infaillibilité du pape, son attitude sera prédominante dans les positions de l'Eglise de France. Il deviendra une sorte de médiateur entre Paris et Rome.

Reste le problème de la conversion des orphelins, puisqu'on les a tous baptisés, au cœur du conflit qui l'oppose au gouverneur général. Dans l'esprit de ce dernier, il constitue un précédent dont la France ne retirera que des ennuis. Il en est d'ailleurs pour penser que la religion musulmane est la seule base solide qui convienne aux Arabes. La mission de la France est de la protéger ostensiblement, si elle veut guider ses sujets musulmans dans la voie du progrès. D'autres se disent que beaucoup de Français aujourd'hui vivent en bons chrétiens en s'appuyant non sur la religion, mais sur une philosophie positiviste. Les Arabes y viendront peut-être d'eux-mêmes en s'engageant dans la civilisation occidentale. Lavigerie n'est d'accord ni avec les uns, ni avec les autres. Certes, à la capitulation d'Alger, on s'est engagé à respecter la liberté de religion. Mais cela ne signifie pas qu'on s'est engagé à immobiliser la société indigène dans l'état où elle se trouvait en 1830. On fait fausse route en parquant les musulmans dans leur Coran, en fortifiant cet obstacle que constitue l'Islam. Après tout, beaucoup de Maures d'Espagne sont devenus chrétiens après la Reconquista. Sans oublier les saints qu'a donnés l'Afrique, Tertullien, Cyprien, Augustin, Victor Ier. La meilleure façon de les franciser, c'est en les convertissant au christianisme. Et, puisque les circonstances font qu'il a charge d'âmes, Lavigerie va tenter de prouver qu'il a raison.

Les mtournis de Lavigerie

Les orphelinats s'arrêteront de fonctionner quand « les enfants de la famine » auront été élevés. Seul l'établissement Saint-Charles dirigé par les Sœurs Blanches restera ouvert. Trois cents garçons parmi les plus jeunes seront envoyés en 1871 à l'institution de Saint-Pierre-es-Liens à Marseille qui se chargera de leur formation jusqu'en 1876.

Lavigerie n'a pas attendu cette date pour se préoccuper de l'avenir de ses protégés. Dès 1868, il est résolu à créer des villages arabes où seront regroupés les jeunes Arabes chrétiens. La ville et ses tentations ne leur valent rien. La terre est la seule vraie richesse du pays. C'est la vie des champs qu'il leur faut.

Il acquiert donc dans ce but plusieurs grandes propriétés dans la vallée du Chélif, entre Miliana et Orléansville. Achats qui lui vaudront les pires ennuis et lui feront regretter le procédé d'expropriation pour cause d'utilité publique dont dispose l'Etat pour fonder ses villages. Il vérifiera l'adage déjà bien établi : qui achète une terre indigène, achète un procès. Indivisions, inaliénabilités, droits spéciaux l'amèneront à payer deux fois des terres, et à être privé de certaines autres. Pour mettre de l'ordre dans cet imbroglio et gérer l'ensemble de ces acquisitions, il crée la Société Civile des Orphelinats Agricoles d'Algérie. Elle a pour vocation de créer et gérer des institutions charitables. Dans le but d'encadrer les futurs colons, il fonde une double congrégation de sœurs et de frères, agricoles et hospitaliers. Les noviciats sont installés Villa Rostand et au palais épiscopal de Saint-Eugène. Une maison de recrutement est fondée à Chassaigne dans l'Ardèche. Une douzaine de postulants s'y présentent. Lavigerie, qui connaît les mœurs indigènes, songe à marier ceux de ses protégés qui ont maintenant quinze ou seize ans, et qui y ont sans doute pensé avant lui. Mais la guerre éclate et tous ses projets momentanément avortent. La plupart des terres sont prêtées gratuitement aux indigènes sur la demande d'un caïd qui entretient les meilleures relations avec l'archevêque.

On construit la première maison du futur village en janvier 1872, grâce au don de l'œuvre de la Propagation de la Foi qui choisit pour le nouveau centre le nom de Saint-Cyprien. Ce sera le presbytère. Quant à la nouvelle congrégation, le recrutement interrompu par la guerre ne se fait pas comme on l'a espéré. Elle est dissoute, et la maison de Chassaigne fermée. Les six frères qui la composent sont incorporés en qualité de coadjuteurs à la Société des Missionnaires. Parmi eux, le frère Léon Géronymo, un ancien orphelin arabe de la famine, et deux Bavarois, Jérôme et Max. Ils iront à Saint-Cyprien. La Société des Missionnaires d'Afrique a été fondée par Lavigerie en 1868. Les Pères Blancs, comme on les appelle, doivent vivre à la manière des indigènes, parler leur langue, gagner leur amitié. Leur mission, en Algérie : soigner les malades, ouvrir des écoles. Ce qu'ils feront, avant la fin du siècle, en Kabylie, à Ouargla, au Mzab, à El Goléa. La congrégation des Sœurs Blanches est née au même moment pour s'occuper plus spécialement des femmes.

C'est à l'occasion de la consécration de la basilique de Notre-Dame d'Afrique, le 2 juillet 1872, qu'à lieu la cérémonie des premiers mariages. Le Kabyle François Ben Aïssa épouse Benjamine Halyma, de Tenès, et Jean Chérif, Caroline Zora. Trois cents invités et plusieurs milliers de curieux les entourent. Les jeunes gens portent la chéchia et le burnous blanc sur leurs vêtements européens. Les jeunes filles sont de blanc vêtues, et blanche est leur couronne. Saint-Cyprien qui les accueille est inauguré l'année suivante. Mgr Lavigerie y bénit cinq nouveaux mariages. Chaque couple tire sa maison au sort, 10 mètres sur 5 divisés en deux pièces. La première avec sa grande cheminée, dite mahonnaise, sert de cuisine. La seconde, plafonnée et carrelée, est la chambre. Les maisons sont aspergées d'eau bénite à l'aide d'une branche de jujubier. Chaque ménage reçoit solennellement la clef de sa demeure. Des mariages, il y en aura ainsi près de cinquante. Certains foyers iront rejoindre un autre village créé par la Société Civile, Sainte-Monique. En 1876, c'est l'hôpital Sainte-Elisabeth qui est inauguré à quelques centaines de mètres de Saint-Cyprien.

Deux cent cinquante foyers auraient pu ainsi être fondés. Pourtant, à partir de 1876, c'est l'arrêt brutal. D'abord parce que ces installations coûtent cher. La Société Civile n'a jamais bénéficié de concessions. Elle dépense près de 10 000 francs par foyer installé. Alors que les Alsaciens-Lorrains accueillis après la défaite coûtent à l'Etat 6 500 francs par famille. Il est vrai que celui-ci a les terres du séquestre pour rien.

Surtout, déferle à ce moment-là sur l'Algérie une vague de radicalisme anticlérical dont Lavigerie et ses œuvres font les frais. Les députés algériens Jacques, Lambert et Warnier combattent à l'Assemblée un projet d'allocation de 75 000 francs pour les villages arabes chrétiens, au nom de la tolérance et de la sécurité de la colonie. Lavigerie menace de ne plus remettre les pieds en Algérie. Pas pour les 75 000 francs, précise-t-il, mais parce qu'un refus serait la négation de la liberté de l'Église vis-à-vis des indigènes. Liberté d'apostolat, c'est-à-dire de charité et de dévouement. La subvention est votée, elle permet de continuer Sainte-Monique.

Lavigerie est maintenant décidé à réduire ses colonies agricoles à leur plus simple expression. Il est calomnié par les journaux radicaux, les seuls lus en Algérie. Il envoie d'ailleurs sa démission le 1er janvier 1877, qui est refusée. Peut-être faudrait-il aller chez les Turcs, en Tripoli ou en Tunisie ? C'est à ce moment-là qu'il fonde Saint-Louis de Carthage. Il crée encore quelques stations de missionnaires en Kabylie mais refuse toute subvention. Et comme il n'a pas un vocabulaire de curé de salon, il donne pour directive à ses prêtres de « carguer les voiles, et faire les morts en Algérie ».

La situation de ses villages n'est pas pire qu'ailleurs. Ils sont propres, bien tenus avec leurs plantations d'eucalyptus. La Société Civile a d'abord attribué des titres d'occupation provisoire des terres — 20 hectares généralement — de cinq ans, puis un bail de location avec promesse de donation ultérieure. Les bénéficiaires ne lui doivent ni rente ni redevance d'aucune sorte. On ne leur demande que des « habitudes sérieuses de travail et de moralité ». Le prix de la location est d'un franc par an. Le contrat est résilié en cas de paresse et d'incurie, de vol, d'ivresse, de meurtre et d'infidélité conjugale. Définition de l'infidélité conjugale, l'adultère du mari, ou le fait pour lui d'avoir toléré l'adultère de sa femme. Autre cause de rupture, transformer sa maison en salle de bal ou en lieu de débauche.

En quarante ans, trois familles seront renvoyées pour inconduite notoire de l'épouse, et quatre pour meurtre. Des querelles parties de futilités, et qui se sont mal terminées. Au total, cinquante-huit familles deviendront propriétaires définitivement. Orphelins de la famine, ils n'ont pas à souffrir de l'hostilité des musulmans. D'ailleurs, ils se mêleront rapidement aux Européens dont ils adoptent les mœurs. Plusieurs veuves épouseront ces derniers, de même que la presque totalité des enfants. La condition des orphelins de Lavigerie sera généralement modeste. Deux d'entre eux deviendront prêtres, et cinq conquerront le grade de docteur en médecine à la faculté de Lille. Quelques autres seront instituteurs.

Mais le but principal de l'expérience aura été manqué : propager les principes chrétiens parmi la population indigène. L'exemple n'est pas suivi. « Nous aurions tiré un tout autre parti de nos orphelins, analysera Lavigerie, au point de vue de la diffusion de nos idées dans le pays, si nous les avions laissés complètement arabes. » Il voudra en tirer la leçon pour son expérience kabyle.

Les premiers missionnaires Père Blancs ont prononcé leurs vœux devant l'archevêque en octobre 1872. Ils sont envoyés quelques mois plus tard en Kabylie, à Tagmount-Azouz. Il leur est interdit de parler de religion, si ce n'est des dogmes admis par les musulmans. « Gardez-vous de tout prosélytisme et de toute propagande religieuse », leur recommande Lavigerie. Ils doivent viser à une action d'ensemble sur la masse de la population, l'éduquer progressivement et détruire le fanatisme. Ils organisent avec les Sœurs Blanches des écoles, des dispensaires, des ouvroirs, et multiplient les postes de mission dans la région. Mais il leur faudra attendre 1886 pour être autorisés à parler de la religion chrétienne, et seulement sous la forme historique, et 1888 pour donner le baptême à quelques rares jeunes gens. Lavigerie interdit à ses prêtres de baptiser les enfants sans le consentement des parents, les adultes sans sa propre autorisation. Les convertis, isolés, se retrouvent dans des conditions de vie impossibles. Le terme, l'injure plutôt, de « mtournis », les tournés, prendra tout son sens. Le commentaire du Coran à leur égard est sans ambiguïté. « Tout les actes de l'apostat son nuls et sans effets dans cette vie et dans l'autre. Il doit être tué. Sa femme doit lui être enlevée, et il perd ses droits à tout héritage. » Certains n'y résisteront pas. Ils abandonnent quelquefois leur foyer chrétien, pour se remarier à la mode musulmane et apostasier formellement le christianisme. La plupart devront quitter la Kabylie, et parfois l'Algérie.

Pourtant les missionnaires se sont efforcés de les laisser conserver autant que possible leurs coutumes. Ils s'habillent peu à l'européenne, les femmes surtout. On a cru ainsi éviter d'en faire des déracinés. On a espéré aussi que ce noyau d'un millier de personnes conserverait son influence dans son milieu naturel. Les missionnaires de Lavigerie, ce « serviteur d'un maître qu'on n'a pu enfermer dans un tombeau », selon ses propres paroles, ont dû apprendre à se taire devant l'Islam.

La fin du régime

La crise et la famine entraînent, une fois de plus, une remise en question des institutions. Tout le monde convient qu'il y a lieu de changer de politique. Une grande enquête agricole est lancée en 1868 en France. On décide de l'étendre à l'Algérie. Dans l'atmosphère passionnelle que connaît alors la colonie, elle va prendre une importance toute particulière. La commission parlementaire qui en est chargée est présidée par le comte Le Hon, un député qui a la confiance de l'empereur. Elle parcourra les trois provinces en s'informant avec beaucoup de soin. Partout et à tous les niveaux, les Européens tiennent le même langage. La commission n'en rencontre qu'un seul, un dénommé Cély, d'Oran, pour se déclarer adversaire de l'assimilation et partisan de l'autonomie. Un seul, Ricard, de Jemmapes, pour défendre le régime militaire. La vie économique du pays est en crise parce que la colonisation est insuffisante. Pour hâter son développement, il faut augmenter le nombre des colons, agrandir les lots trop petits, leur donner l'eau, faciliter le crédit. Nous ne voulons pas un régime d'exception, mais, au contraire, l'assimilation à la mère-patrie, des députés et des conseillers généraux élus. Nous demandons seulement de bonnes lois, et nous n'en savons pas de meilleures que celles à l'ombre desquelles nous naquîmes en France. Qu'on nous les donne, qu'on nous les rende. Nous voulons l'affranchissement des Arabes par la constitution immédiate de la propriété individuelle, l'érection des communes. Mais nous savons bien que tout cela n'est possible qu'avec un régime civil, libéral. Les Arabes ont davantage souffert de la famine en territoire militaire, sans ressources parce que sans colons.

Devant cette belle unanimité des gens de la colonie, le comte Le Hon repart convaincu. « Vous devez devenir notre député. » Oui, il défendra leur cause. Effectivement, il va entraîner l'empereur vers un nouveau virage. Après avoir pris connaissance de ses conclusions, le maréchal Niel, ministre de la Guerre, nomme une commission chargée d'étudier une Constitution pour l'Algérie, se souvenant qu'elle était prévue par l'article 27 de la Constitution de l'Empire. Randon la préside, le sénateur Armand Béhic en est le rapporteur. Le projet qui en sort, très complet, répond à certaines aspirations de la colonie. Celle-ci pourra élire ses députés, ses conseillers généraux et municipaux. Les indigènes et les étrangers seront représentés dans toutes les assemblées. L'administration militaire n'est pas supprimée, mais le territoire civil est doublé et ses limites pourront être revues tous les cinq ans. A leurs revendications essentielles, l'assimilation totale, on fait la sourde oreille. Pas question d'appliquer automatiquement les lois de la métropole. La décentralisation est renforcée par les pouvoirs accrus du gouverneur général résidant à Alger, et par une certaine autonomie budgétaire.

La presse algérienne critique violemment le projet et redouble ses attaques contre le régime militaire. *L'Indépendant de Constantine,* entre les mains de Lucet, monte en épingle une affaire dont tout le monde va parler. Sériziat, chef du Bureau arabe de Tébessa, est accusé d'avoir couvert de son autorité une razzia dont a été victime une caravane de marchands. On en connaît les auteurs, une tribu de la frontière algéro-tunisienne avec qui l'officier est en relation. Voilà une bonne occasion de réclamer une fois de plus la disparition des Bureaux arabes. Le procès aura lieu en avril 1870, et Sériziat sera acquitté, faute de preuves. Entre-temps, le 9 mars, le comte Le Hon a prononcé un grand discours devant le Corps législatif. Pourquoi une Constitution quand l'Algérie ne réclame que l'assimilation et le droit commun ? Elle n'en veut pas, de votre Constitution.

Pour clore la discussion, la déclaration suivante proposée par la gauche, est adoptée à l'unanimité : « La Chambre, après avoir entendu les déclarations du gouvernement sur les modifications qu'il se propose d'apporter au régime législatif auquel l'Algérie est actuellement soumise, et considérant que dans l'état actuel des choses, l'avènement du régime civil paraît concilier les intérêts des Européens et des indigènes, passe à l'ordre du jour. » Son retentissement est énorme. Mac-Mahon, qui vient de donner un coup de fouet à la colonisation en projetant deux nouveaux villages, prend cela pour un désavœu. Il offre sa démission.

Mais d'autres événements vont faire passer la question de l'Algérie au second plan. Napoléon III, qui a vu peu à peu son autorité grignotée, souhaite la renforcer par un plébiscite. La campagne est aussi acharnée des deux côtés de la Méditerranée. On traite publiquement l'empereur de brigand, de vampire, de vieille botte éculée. Mais les résultats sont bien différents. Les paysans de France donnent une victoire massive à Napoléon III qui obtient 7 358 000 oui contre 1 572 000 non. Les français d'Algérie, qui craignent que le gouvernement ne donne pas suite aux décisions de l'Assemblée, votent majoritairement non par 13 852 voix contre 11 156 oui. 35 pour 100 s'abstiennent. Seule la province d'Alger assure à l'Empire une légère majorité. Par contre, Constantine se prononce avec deux fois plus de non que de oui. L'hostilité au régime atteint son paroxysme.

Les décrets du 31 mai et du 11 juin se veulent rassurants, le commencement des engagements pris le 9 mars. Ils ne modifient en rien l'atmosphère. Les préfets deviennent indépendants des généraux de division. Le gouverneur récupère la police de la presse. Des titres individuels doivent être établis en terre arch après partage en lots tirés au sort. Aux Conseils généraux élus sont représentés séparément Français, indigènes musulmans et israélites, étrangers. Les mesures sont jugées nettement insuffisantes, elles ne remettent pas en question l'idée de royaume arabe. Et la représentation des indigènes et des étrangers est controversée.

Mais les événements se précipitent. Le 19 juillet, la France déclare la guerre à la Prusse. Elle compte sur 350 000 hommes et n'en peut réunir que 265 000. Les Prussiens sont un demi-million. L'Algérie fournit des contingents importants et paie son tribut dans les combats. Zouaves et légionnaires se conduisent magnifiquement. Armée régulière, rappelés, et aussi ces turcos indigènes, dont trois régiments sont anéantis. Les chefs arabes multiplient les marques de loyalisme. Le bachagha Mokrani, le futur insurgé, s'est offert de partir à la tête de ses 1 500 goums. Mac-Mahon a rejoint l'armée d'Alsace dont il a pris le commandement. Le général Durrieu a été nommé provisoirement gouverneur général pour le remplacer. Mais Bazaine à la tête de l'armée de Lorraine se laisse enfermer dans Metz. Et voici Sedan, le 1er septembre, 124 000 Français sont encerclés par 240 000 Allemands. Mac-Mahon blessé a laissé le commandement à Ducrot. Napoléon III cherche vainement la mort sur le champ de bataille. La capitulation est signée le 2 septembre et, le 4 septembre, la République est proclamée au Corps législaif envahi. L'impératrice s'enfuit des Tuileries. Un scénario déjà connu.

Le gouvernement provisoire de la nouvelle République est formé le même jour. A sa tête, Jules Favre et le général Trochu, bien décidés à poursuivre la guerre. Mais le 19 septembre, Paris est investi par les Prussiens sans qu'on puisse leur opposer la moindre résistance. Trois membres du gouvernement, dont Gambetta, quittent la capitale en ballon. Ils veulent galvaniser la résistance en province, et constituent la fraction agissante du gouvernement connue sous le nom de Délégation de Tours. Parmi eux, le ministre de la Justice Adolphe Crémieux qui va assumer officiellement la direction des Affaires algériennes.

L'épuration

Ces événements dramatiques ont mis l'Algérie dans un état de surexcitation qui peut inquiéter. Le pays sort d'une période de crises et de catastrophes qui l'ont rendu l'épiderme sensible. La guerre est venue là-dessus. On a arrêté tous les travaux publics, et les ouvriers des chantiers ont afflué dans les villes, plus particulièrement Alger. Ce sont autant de chômeurs qui doivent vivre en oisifs de la charité. On n'a pas étendu à la colonie les mesures prises en métropole tendant à proroger les échéances. La Banque d'Algérie supprime aux emprunteurs les crédits quand ils n'ont pas remboursé leurs prêts. Beaucoup de gens sont en difficulté.

La République a été accueillie avec enthousiasme. La foule a envahi la rue dans un élan bruyant et indiscipliné. On a chanté partout *La Marseillaise* jusqu'ici interdite. On a détruit les effigies, les statues de Napoléon III, arraché les emblèmes du régime déchu. On a envahi les édifices publics, le plaisir de voir quelque autorité s'incliner devant des sommations parfois plus spontanées que réalisées. On a même tiré la barbe d'un préfet. Mais on est allé rarement jusqu'à la violence, les incendies ou les exécutions. Les plus activistes se sont organisés en clubs, sociétés et assemblées divers où ils peuvent s'en donner à cœur joie de discours et de motions. La presse, toujours égale à elle-même, trouve les mots qu'il faut pour orchestrer ce beau concert où l'armée vaincue en prend pour son grade.

L'Algérie a grand besoin d'une structure administrative rapidement établie qui garantisse la permanence des institutions civiles. Or les fonctionnaires de l'Empire restent en place, inertes et paralysés par la peur ou les incertitudes du lendemain. Paris est occupée par l'ennemi. Un régime a disparu. Et la France ne sait pas bien encore ce que sera celui qui lui succédera L'armée en Algérie comble le vide. Elle tient en fait l'administration de la presque totalité du pays. Et les promesses du 9 mars, alors ? Les gens exaspérés disent n'importe quoi. Par exemple qu'il est regrettable que les généraux n'aient pas été tous tués à Metz, ou bien qu'il faut se séparer de la France, se donner à l'Angleterre. Les leaders sont bien décidés à faire pression sur le gouvernement pour recevoir de la République ce qu'ils en attendent, le régime civil et l'assimilation.

Et recevoir vite ou ils crient à la trahison. Ils ne veulent pas compter avec les difficultés dans lesquelles se débat la Délégation de Tours pour organiser la résistance à l'ennemi. Non que les Français d'Algérie soient indifférents aux malheurs de la France. Leur patriotisme est aussi violent que leur antimilitarisme. Ils réclament la guerre à outrance, avec une passion qui dépasse tout calcul. Mais enfin, exiger l'armée sur le front est une façon de s'en débarrasser. Ils ne comprennent vraiment pas comment on peut voir des uniformes en Algérie quand la mère-patrie a les Prussiens sur le dos.

Dès sa constitution le 4 septembre, le gouvernement a confirmé dans ses fonctions de gouverneur général, le général Durrieu, et il a nommé trois nouveaux préfets, des personnalités de longue date en Algérie et connues pour leur hostilité à l'Empire. Le docteur Warnier à Alger, Charles du Bouzet à Oran et Lucet à Constantine. Du Bouzet avait été obligé autrefois de démissionner de son poste de professeur de philosophie au lycée d'Alger pour avoir attaqué l'administration Randon. Ancien journaliste du *Temps,* c'est un ami de Lucet dont il a dirigé le journal, *L'Indépendant de Constantine.*

Les Européens sont très mécontents de voir qu'on maintient un général à la tête de l'Algérie. Décidément, il n'y a rien de changé. Ils s'organisent donc pour se faire entendre. Dès le lendemain de la proclamation de la République, les Algérois avait créé un Comité Républicain. Le gouvernement, demandant aux autorités militaires de se concerter avec lui, lui a donné une existence officielle. Il est composé de divers démocrates et notamment du journaliste Charles Jourdan qui le préside, et de l'avocat Romuald Vuillermoz. Vuillermoz, originaire du Jura, a eu une jeunesse dissipée de Don Juan. Il a pu montrer des qualités de sang-froid, d'audace et d'éloquence durant la Révolution de 1848 qui lui ont valu une condamnation à dix ans de Cayenne. Mais il a des relations, et c'est en Algérie qu'on l'envoie. Il passe un temps au camp de Chéragas, puis obtient de s'installer à Alger, promettant de ne s'occuper en aucune façon de politique. Il est amnistié en 1859, reste à Alger où il professe son métier d'avocat et devient bâtonnier de l'Ordre. Depuis, les occasions ne lui ont pas manqué de se lancer à nouveau dans la politique.

Charles Jourdan appartient à l'Association Républicaine d'Alger. Un club qui a des ramifications dans toute l'Algérie. Il réunit, comme le Comité Central de Propagande Républicaine et d'autres groupes, des hommes de gauche. Plus particulièrement des déportés, des petits-bourgeois, des ouvriers, imprimeurs ou maçons, d'esprit très jacobin. L'Association tient des séances publiques qui attirent des éléments plus conservateurs « venus voir ». Elle montre une grande activité surtout au moment des campagnes électorales. On y trouve d'autres grandes signatures de la presse locale, comme Emile Thuillier ou Alexandre Lambert. Alexis Lambert, ancien sous-préfet de Bône devenu préfet d'Oran, originaire de Besançon, fils d'imprimeur, neveu de Proudhon, est venu en Algérie en 1858 comme employé à la Trésorerie générale. Il a fondé l'année suivante *L'Indépendant de Contantine* tout en devenant secrétaire de mairie de la ville. Dès son arrivée à Alger, il se ralliera à la Commune de Paris et mourra mystérieusement, tué sur une barricade ou fusillé sans jugement, on ne sait trop.

Répondant à l'appel de Gambetta, le Comité républicain d'Alger provoque l'élection de comités de défense, non seulement dans les grands centres, mais dans les communes rurales.

Les initiatives locales sont spontanées et dénotent une grande unanimité de sentiment. Pris d'une belle ardeur, ils mettront le nez dans toutes les affaires, notamment celles de l'armée et de la défense. Ils organisent des corps-francs, recrutent des étrangers pour les troupes de Garibaldi, recueillent des fonds, créent des ambulances, contrôlent les services de l'intendance, se font les censeurs des préfets, refusent d'obéir au gouverneur général, et envoient régulièrement des délégations à Tours pour informer le gouvernement. Warnier a bien tenté de contrôler le Comité de défense d'Alger. Malgré l'échec de certaines de ses manifestations, et sa dissolution, il ne peut en venir à bout. Il le rétablit en tentant de le présider. Durant trois jours. Suivant une simplification dont l'opinion publique est coutumière, les Comités de défense apparaissent aux Français d'Algérie comme le seul pouvoir de sauvegarde au moment où tout fout le camp.

Les démocrates exigent des élections municipales dans la colonie, pour en éliminer les éléments favorables à l'Empire. Elles leur sont d'autant mieux accordées qu'il règne à ce niveau un franc désordre. Les municipalités nommées par décret impérial ont démissionné ou professent pour la nouvelle République un loyalisme jugé volontiers suspect. Le gouvernement n'arrive pas à constituer partout des commissions municipales pour y suppléer. Les Comités de défense ont pris quelquefois la place vide, ou d'autres.

Les préfets érigent en commune de plein exercice de nombreuses annexes et des communes-mixtes. C'est ainsi que le département d'Alger qui compte trente-cinq communes bénéficie de vingt-cinq nouvelles créations. Les élections ont lieu au mois d'octobre. Elles voient la victoire des Comités de défense et notamment de celui d'Alger. Vuillermoz est élu maire. Les nouvelles assemblées, élues pour la première fois, sont emparées d'une frénésie réformiste qui leur fait prendre position sur des problèmes qui dépassent leur compétence. Presque toutes réclament l'envoi sur le front de l'ensemble des tropes régulières. Certaines demandent l'exclusion des étrangers ou des adjoints indigènes des conseils municipaux. D'autres se prononcent contre l'Église ou les écoles libres.

Pour Vuillermoz, c'est la consécration. Comité de défense

d'Alger et conseil municipal fusionnent et ne font qu'un. Toutes les forces de pression sont entre les mains du maire d'Alger. Seul le souci de rester dans la légalité, exprimée par le gouvernement de Tours, peut l'écarter d'une tentation communaliste.

Une seconde terre sainte pour le judaïsme régénéré

Dans ce même mois d'octobre 1870, le 24, un ensemble de décrets vient radicalement modifier les institutions de la colonie. L'un d'eux fera couler beaucoup d'encre. Il accorde collectivement la citoyenneté française aux israélites indigènes. Leur auteur, Adolphe Crémieux qui, à la Délégation de Tours, a pris en main les destinées de l'Algérie est lui-même juif. C'est un avocat brillant, un israélite pieux. Mais aussi un démocrate gagné à l'idéal de 48, qui est resté dans l'opposition sous la monarchie de Juillet et l'Empire. Il a animé le Consistoire central des israélites de France, et sa grande ambition a toujours été l'émancipation des misérables communautés juives d'Orient. Dans ce but, il a fondé l'Alliance Israélite Universelle. Pour ses coreligionnaires d'Algérie, il croit fermement comme tout le Consistoire central de France, à une régénération qui passe par l'assimilation totale. Elle serait le couronnement de quarante ans d'évolution dans le sens de la civilisation moderne, c'est-à-dire européenne. Il ne fait pas moins de dix-sept voyages en Algérie en douze ans pour persuader et faire avancer cette idée.

Une idée qui n'est pas neuve. Le gouvernement de Louis-Philippe d'abord, celui de Napoléon III ensuite, s'en étaient préoccupés. L'ordonnance royale de Saint-Cloud en 1845 a mis le judaïsme algérien à la mode française. Elle a créé, suivant l'organisation métropolitaine, un Consistoire central à Alger, et un Consistoire provincial à Oran et à Constantine. Le ministre des Cultes nomme et paye le grand rabbin. Puis le sénatus-consulte de 1865 a fait des juifs d'Algérie des Français. Par la nationalité, non la citoyenneté. Pour devenir citoyen, il fallait en faire individuellement la demande. La mesure s'applique aux musulmans. Comme eux, les juifs n'ont pas réagi. En quatre ans, 144 ont formulé une demande, sur 37 000. 25 sur 12 000 dans la province d'Alger, 77 sur 15 000 dans la province d'Oran, 42 sur 10 000 dans la province de Constantine. Soit une demande sur 1 000 chaque année. C'est que l'inquiétude est grande, dans la communauté, de se lancer dans une aventure où les prescriptions mosaïques pourraient être sacrifiées. Ils se sont donc abstenus. Un peu avant la chute de l'Empire, la question juive a été à nouveau discutée par le gouvernement. Le ministère Ollivier était partisan d'une naturalisation collective, mais avec le droit pendant un an de la refuser pour le bénéficiaire. Mac-Mahon craignait la honte d'un rejet de ce qui ne pouvait être considéré que comme un privilège et un honneur. Il préférait que la citoyenneté soit accordée individuellement, mais après une démarche simplifiée de l'intéressé, une déclaration devant une autorité compétente. Les choses en sont restées là. Crémieux ne s'embarrasse pas de nuances. Il connaît son monde. Et c'est le propre de celui qui détient la responsabilité, de vouloir parfois le bien des gens malgré eux. Pour vaincre les préjugés religieux, il opte pour la contrainte légale. L'opinion israélite bien préparée accueille favorablement la mesure. On lui a affirmé que la naturalisation associe le maintien absolu des droits religieux à l'octroi sans conditions des droits civils et politiques. 33 000 juifs algériens deviennent français israélites. Seule la communauté de Tlemcen émet des protestations. Elles ne trouvent aucun écho.

Les Européens de leur côté paraissent favorables. Le nombre des Français de la colonie grossit d'un coup, on applaudit. Et puis, aux premières élections, les choses se gâtent. Les juifs obéissent aux consignes de vote des personnages influents de leur communauté. Ils participent en masse et font les élections. Ainsi le grand rabbin de Constantine, l'Alsacien Kahn, devient le personnage le plus important du pays. Avec ses 660 électeurs, il assure ou découd les candidatures lors des élections municipales de novembre 1871. A Alger, les juifs représentent 8,65 pour 100 des électeurs. Cela suffit pour arbitrer une élection, et créer les premières frictions qui entraîneront une vague d'antisémitisme violent les dix dernières années du siècle. Elles sont la cause, dès 1871 sous De Gueydon, d'une tentative d'abrogation du décret de naturalisation. Contre le projet de décret Lambrecht, Crémieux doit mobiliser la presse libérale de la métropole, et les banquiers juifs comme Alphonse de Rothschild, membre du Consistoire central. Le gouvernement a, en effet, bien besoin de ces derniers pour opérer les emprunts qui amèneront, en septembre 1873, le retrait des troupes d'occupation allemandes. Le décret Lambrecht se contente finalement, le 7 octobre 1871, de définir les conditions de l'indigénat algérien. Il permet d'éliminer les juifs tunisiens et surtout marocains qui tentent d'obtenir la nationalité française et grossissent les communautés constantinoise et oranaise. Ils doivent être nés en Algérie avant 1830, ou de parents installés dans le pays avant cette date.

Indigènes algériens, certes, ils le sont. Ils l'ont même été bien avant les Arabes. Peut-être depuis toujours, disent-ils. On relève l'arrivée d'Hébreux au Maghreb 800 ans avant Jésus-Christ, venant de Carthage. Titus en aurait déporté des dizaines de milliers, à la fin de la guerre des Juifs. D'autres arrivèrent de Libye après la grande révolte juive de Cyrène contre les Grecs. Au moment de l'invasion arabe, au VIIe siècle, les Berbères, chrétiens ou fétichistes, adoptèrent l'Islam. Toute la chrétienté d'Afrique, pourtant forte, disparut. Seuls les juifs, et des tribus berbères qu'ils avaient judaïsés, se maintinrent. Vivant tant bien que mal, et même plutôt mal du temps des Turcs.

On distingue aussi les juifs francs, presque tous des Livournais venus commercer dès les XVIIe et XVIIIe siècles. Sous le régime turc, ils sont considérés comme des étrangers, et placés traditionnellement sous la protection du consul de France. C'est le cas des Bacri, des Busnach, des Zermati, des Sarphaty, des Kanoui. Les premiers, banquiers du dey, tenaient toute l'économie et dirigeaient les affaires de la régence. Il y en eut un, Naphtali Busnach, qui fut si puissant, qu'il en oublia cette discrétion qu'on attend de gens qu'on tolère parce qu'ils sont indispensables. Il y gagna le surnom de roi d'Alger, et il y perdit la tête. D'autres venaient d'Espagne où sévirent comme ailleurs des vagues d'antisémitisme. C'est le cas des Duran, des Aboulker. Et aussi des « saints d'Alger », les rabbins Ribach et Rachbatz arrivés à la fin du XIVe siècle. Leurs restes seront transportés au cimetière de Saint-Eugène.

C'est aux riches hommes d'affaires juifs d'Alger qu'on doit, en quelque sorte, l'initiative de la conquête. Au point de départ, une dette du gouvernement français envers Bacri et Busnach. Maîtres du commerce d'exportation, ils avaient ravitaillé les départements méditerranéens puis les armées d'Italie et d'Égypte de 1793 à 1798. Une dette de 7 942 902 francs qui, toujours impayée, se transformait, grâce à des intérêts bien compris, en 24 millions de francs au fil des années. Ils persuadèrent le dey qu'ils ne pourraient lui rembourser l'argent qu'eux-mêmes lui devaient s'ils ne rentraient pas dans leur fond. Bref, ils eurent l'adresse de transformer la créance Bacri en une affaire d'État, qui, comme l'on sait, s'est envenimée après un coup d'éventail.

Ces juifs francs, comme on les appelle, n'ont pas besoin de leçon de civilisation. Ils ont coutume d'envoyer leurs fils faire leurs études en Europe, y apprendre les langues, et établir des contacts propres à élargir ou renforcer leurs activités commerciales. Ils avaient peu de rapport avec la masse des juifs indigènes. Ils les représentaient pourtant auprès du dey. L'un d'eux portait traditionnellement le titre de chef de la nation juive. Titre confirmé à Bacri par les Français dès la prise d'Alger.

Pour le petit peuple juif, la situation était moins brillante. Les Arabes ne les avaient pas trop maltraités. Les Turcs, eux, se montrèrent particulièrement ségrégationnistes et cruels. On les parquait dans des quartiers spéciaux, les mellahs. Beaucoup d'artisans parmi eux, bijoutiers, boutiquiers, brodeurs, courtiers, commissionnaires, saleurs, ravitailleurs. Ils avaient leurs chefs, leur Conseil, leur ordre, leurs lois, leurs cultes, leurs droits. Mais, plus encore, des charges et des devoirs envers les maîtres. Ils subissaient des vexations sans nombre; étaient bâtonnés, voire pendus, pour des riens. Ils vivaient dans l'angoisse des interdits et de l'arbitraire. Par exemple, ils pouvaient utiliser des bougies pour s'éclairer, mais non des lanternes. Les quartiers de leurs babouches devaient être rabattus, leur donnant une démarche particulière, reconnaissable de loin. C'est déchaussés et en rampant qu'ils devaient passer devant une mosquée. Ils payaient au beylik une contribution hebdomadaire et ne sortaient pas d'Algérie sans un fort cautionnement.

Pour eux, l'arrivée des Français est une bénédiction du ciel. Le 29 juin 1830, Bacri et Duran se portent au-devant du général de Bourmont, montés sur des mules richement harnachées. Ils sont suivis d'une longue file de femmes, d'enfants, de chameaux, de mulets. Ils sont venus souhaiter la bienvenue aux Français et les assurer, avec des transports de joie, de leur bonne disposition. Qu'ils prouvent aussitôt en battant et pillant Turcs et Maures aux cris de *Viva les franchais*. Ils en font fuir plus d'un hors de la ville. Et leur réaction est la même partout. A Oran que les musulmans ont déserté, les Français sont accueillis par trois mille juifs. A Blida, ils fêtent les troupes françaises et injurient le bey du Titteri, Bou Mezrag, fait prisonnier. Attitude qu'ils vont largement payer les premières années de la conquête. Quand la France abandonne à Abd el-Kader une partie du territoire, ils sont accablés d'impôts ou massacrés. Aussi prennent-ils l'habitude prudente d'accompagner l'armée quand elle est contrainte de quitter une ville occupée, mules chargées, femmes et enfants en croupe. Beaucoup affluent vers les villes du littoral et surtout Alger. Les succès de la France, ils les célèbrent comme leurs victoires, auxquelles ils participent d'ailleurs à leur façon, en ravitaillant la troupe. Et ils se font leurs intermédiaires indispensables, parfois aussi tortueux, dans leurs relations avec les Arabes. C'est ainsi que Busnach et Mardochée Amar jouent un rôle important dans les négociations entre Abd el-Kader et le général Desmichels. Ou Duran dans celles de l'émir avec Drouet d'Erlon et Bugeaud.

Peu à peu, le contact avec les Européens et l'influence du Consistoire central de France les entraînent à abandonner certaines coutumes indigènes. Les femmes s'émancipent, on marie de moins en moins les filles impubères. Mais cette évolution est ralentie par une résistance sourde de certaines communautés. La plupart conservent leurs habitudes et participent à l'image globale si disparate que l'on peut avoir du petit peuple de la colonie encore à la fin du siècle. Dans des communautés importantes comme celle de Constantine, la plupart des femmes restent telles que les a peintes Delacroix. Elles abandonnent le voile, mais gardent les costumes traditionnels. En famille, on parle arabe malgré la scolarisation. Et, bien sûr, on mange kasher et on respecte scrupuleusement les prescriptions de la religion. Aussi se mêleront-ils peu aux Européens par des mariages. On en compte à peine une trentaine en quarante ans. Entre 1884 et 1896, 63 juifs seulement épouseront des Européennes, et 61 juives des Européens. Alors qu'on compte 40 000 israélites pour 340 000 Européens.

Il n'empêche qu'ils ont conscience de l'intérêt que présente pour eux la francisation, pour l'amélioration de leur condition. L'assimilation chez les hommes est d'ailleurs rapide. Dès 1840, les israélites bénéficient d'écoles françaises organisées par leurs chefs religieux. Elles sont fréquentées par soixante-dix enfants à Alger, une vingtaine à Oran. Quand l'enseignement primaire et secondaire s'organise, ils envoient leurs enfants à l'école, et ceux-ci font généralement des élèves appliqués. Le lycée impérial d'Alger compte soixante-trois élèves juifs en 1863. A partir du Second Empire, ils commencent à être nombreux à achever leurs études dans les universités de la métropole pour embrasser le plus souvent des professions libérales. Ils se souviennent avec fierté de leurs premiers bacheliers, Aïnouz à Alger en 1854, Isaac Bénichou à Oran en 1861.

Parallèlement, on les voit participer rapidement, à tous les degrés, à la vie économique et politique de la colonie. Ils sont largement présents dans les Chambres de commerce, dès leur création en 1830. Les tribunaux rabbiniques ont disparu en 1842 et ils se montrent chatouilleux sur le respect de leurs droits individuels. En 1847, ils accèdent, en même temps que les musulmans et les étrangers, aux conseils municipaux. A Alger, l'adjoint au maire de la première municipalité, en 1834, est israélite. Il a hérité des pouvoirs de l'ancien chef de la nation juive. En 1848, certains juifs ont pu voter. Ils avaient le droit de rédiger leur bulletin en lettres hébraïques. En 1860, ils sont enrôlés dans la milice. Bref, à l'exception de leur statut personnel, avant même le décret Crémieux, ils étaient déjà assimilés aux Français d'origine.

La Commune d'Alger

Les Français d'Algérie, démocrates en tête, veulent tout de suite l'assimilation et le régime civil ? Rien de plus facile, puisqu'ils ont Adolphe Crémieux au gouvernement, un convaincu qui connaît bien l'Algérie. Les décrets institutionnels du 24 octobre 1870 sont promulgués pour répondre à cette attente, sans que les autres membres du gouvernement, Gambetta compris, lui opposent la moindre objection. Ils ont d'ailleurs d'autres chats à fouetter, et notamment les Prussiens qui occupent Paris depuis plus d'un mois. Par ces décrets, l'Algérie doit être gouvernée et administrée par un gouverneur général civil. Celui-ci ne dépend d'aucun ministère en particulier, mais a des rapports avec tous, suivant les affaires à traiter. Est institué un commandant des forces de terre et de mer qui administre le territoire militaire. Les Bureaux arabes sont placés sous ses ordres. Un Comité consultatif donne son avis, un Conseil supérieur délibère sur le budget général. L'Algérie forme trois départements français. A leur tête, un préfet qui a préséance sur l'autorité militaire correspondante. Deux députés élus par département représentent l'Algérie à l'Assemblée. Dans un autre domaine, les jurys d'Assises sont institués.

Crémieux, qui a l'impression d'avoir bien travaillé, est stupéfait. Dès qu'ils ont connaissance du contenu des décrets, les Français d'Algérie font savoir leur consternation. Les territoires militaires sont maintenus, et avec eux, les Bureaux arabes. La représentation de l'Algérie à l'Assemblée nationale est insuffisante, on n'a pas tenu compte du volume global de la population. Où est l'assimilation à la métropole, dans ces conditions ?

Crémieux maintient l'application de ses décrets, mais il

confie au conseiller général de Constantine, Viguier, la direction des Affaires d'Algérie. Et il lui donne pour mission de compléter les textes par un projet plus conforme aux vœux des populations. Ce sera l'objet des décrets du 24 décembre qu'on n'aura guère le temps d'appliquer.

Car les événements se précipitent. Le général Durrieu, dans cette même journée du 24 octobre riche en décisions, est rappelé. Il est attaqué dans la colonie avec violence. Et d'ailleurs, la loi prévoit maintenant un gouverneur civil. C'est donc un gouverneur civil qu'il faut. On nomme Henri Didier, ancien représentant de l'Algérie sous la IIe République et procureur de la République près le tribunal de la Seine. Mais celui-ci ne peut ou ne veut sortir de Paris. Pour le remplacer provisoirement, le gouvernement désigne Walsin-Estherazy. Un général. On se moque de nous. C'est une mystification, gronde la colonie aussitôt en ébullition. Un défi du ministère de la Guerre, sûrement, qui met le feu aux poudres. Walsin-Estherazy n'a pas bonne réputation chez les démocrates. Commandant la province d'Oran, il a fait arrêter, au lendemain du 4 septembre, quatre activistes sympathisants du nouveau régime, dont Joseph Andrieu, le futur maire d'Oran. Il a failli les traduire en conseil de guerre parce que l'hôtel de ville était occupé. Il les a finalement relâchés.

Quand le nouveau gouverneur débarque à Alger, le 28 octobre, il doit rejoindre le Palais sous les huées et les sifflets. Le lendemain, on ne sait comment, il a l'idée de se rendre au café de la Bourse, place du Gouvernement, en compagnie de son officier d'ordonnance, le capitaine Urich. Il est aussitôt entouré. Les gens veulent discuter. Ils s'énervent en voyant le gouverneur bousculer un jeune homme qui l'invective de trop près. Le capitaine Urich a ses épaulettes arrachées. Il gifle à tout hasard et joue de la cravache. La scène tourne à l'émeute au milieu d'une foule qui grossit. Walsin-Estherazy doit se retirer en toute hâte, tandis que le capitaine Urich, traîné au pied d'un arbre de la Liberté planté là quelques jours plus tôt, est malmené. Vuillermoz appelle les Algérois à manifester. Le Palais est envahi. Les troupes, d'ailleurs réduites en nombre, n'opposent aucune résistance. Les milices, que le maire a très légalement le droit de convoquer, sont réunies en armes place du Gouvernement. On réclame du gouverneur sa démission immédiate. Le préfet Warnier lui conseille de céder. Il pense qu'une bataille de rue peut déclencher la révolte arabe. Le général s'exécute. Deux heures plus tard, il gagne en voiture le port d'embarquement de l'Amirauté, accompagné de chants et d'insultes. On tente même de jeter sa voiture à la mer.

Dans la soirée, les milices défilent devant Vuillermoz ceint de l'écharpe municipale, et son conseil. Le maire d'Alger vient d'envoyer un télégramme à Gambetta : « Aujourd'hui à 1 heure, population Alger et garde nationale, par mouvement spontané et irrésistible, ont mis fin au gouvernement militaire. Nouvelle organisation et gouverneur civil impatiemment attendus. » Oran, quelques jours plus tard, forcera le général Saurin, chargé de l'intérim de la division, de se retirer. Ce dernier s'exécutera pour éviter l'effusion de sang.

Vuillermoz fait arrêter le commissaire de police, le premier président. Le colonel de gendarmerie prend les devants et se constitue prisonnier. Quelques hauts fonctionnaires sont destitués. Warnier menacé, et, effrayé par la tournure que prennent les événements, préfère démissionner.

Henri Didier est toujours bloqué à Paris. Le gouvernement en hâte nomme un nouveau gouverneur général intérimaire, l'officier supérieur le plus ancien, le général Lichtlin. Mais celui-ci ne peut même pas prendre possession de son poste et doit se réfugier à l'Amirauté. Il est accueilli par le contre-amiral Fabre La Maurelle, la seule autorité légale qui tienne encore debout. Et le seul à montrer quelque fermeté dans cette situation. Il fait descendre à terre cent matelots et deux obusiers de montagne pour tenir en respect les émeutiers. On parlemente. Le contre-amiral reconnaît volontiers la République. La municipalité d'Alger s'engage à le respecter. C'est le modus vivendi.

Vuillermoz n'a toujours pas de réponse du gouvernement de Tours. Il réclame d'urgence à Crémieux un commissaire civil extraordinaire. Mais la nomination tarde. Pendant ce temps, toutes sortes de bruits circulent. L'opinion surexcitée leur donne aisément du crédit. L'Algérie serait cédée à l'Espagne si les Prussiens gagnent la guerre. C'est le moment de prendre ses destinées en main.

Les démocrates décident d'organiser des élections et d'établir une Constitution coloniale de type fédéral. Elle fera en Algérie un dominion français. Le projet du journaliste Thuillier est approuvé. Un commissaire civil extraordinaire gouvernera avec l'aide d'un Conseil de neuf membres élus. Un conclave général composé d'élus des conseils provinciaux sera chargé de rédiger la Constitution algérienne.

« Envoyez-nous-le enfin, ce commissaire civil, ou consacrez nos pouvoirs », télégraphie Vuillermoz à Tours. Sinon, l'Algérie *« se fara da se »*. Le 8 novembre, le conseil municipal d'Alger, à l'exception de ses deux membres musulmans, élit son maire commissaire civil extraordinaire par intérim. On demande aux Comités de défense des autres villes d'Algérie de ratifier les décisions. Mais Constantine et Bône, adroitement manipulées par le préfet Lucet et Alex Lambert alors sous-préfet, se désolidarisent d'Alger. La Délégation de Tours prend enfin de son côté une position ferme. Elle la fait connaître au maire d'Alger par une dépêche : « Nous apprenons que vous faites le dictateur et que vous constituez une commission pour préparer le conseil communal. Le gouvernement annule cet acte d'usurpation. Il vous engage, et au besoin vous ordonne de cesser toutes violations de la loi, qu'il ne peut tolérer plus longtemps. » Autant de réactions qui refroidissent Vuillermoz. L'aventure lui donne soudain le vertige. Contre l'avis de ceux qui l'engagent à poursuivre, il décide de se soumettre. Le préfet d'Oran Charles du Bouzet, nommé commissaire extraordinaire du gouvernement de la République, et le général Lallemand devenu chef des forces armées de terre et de mer, prennent possession de leurs postes sans rencontrer de difficultés. Ce qu'on a appelé la Commune d'Alger a cessé sans faire une seule victime. On est en novembre 1870. Quatre mois avant la proclamation de la Commune de Paris et la guerre civile.

Pour l'armée, la coupe jusqu'à la lie

La capitulation de Metz en ce même mois de novembre 1870, aggrave la situation inconfortable de l'armée en Algérie, et la rend plus douloureuse. Bazaine, ancien officier des Bureaux arabes, est un traître. On n'est pas loin de penser que, d'ailleurs, tous les généraux sont des traîtres. Même Mac-Mahon, un maréchal lui aussi, pourtant. Il a tout perdu à Sedan, comme le dernier de ses soldats. Ses cartes, ses instructions les plus secrètes. Son cheval a été tué sous lui, ses officiers sont tombés. La colère se porte en particulier sur « les officiers capitulés ». L'armée française prisonnière à Sedan et à Metz, la Prusse a proposé aux officiers leur libération avec armes et bagages. A une condition, qu'ils s'engagent à ne plus servir contre eux durant la guerre. Un choix que certains chefs ont fait, et qui sera blâmé par le Conseil d'enquête sur les capitulations. Le gouvernement cherche à envoyer les capitulés en Algérie. Ils rendront ainsi disponibles les officiers dont ils prennent la place. Mais la mesure rencontre une vive opposition des Conseils de défense algériens. Pour protester, ceux-ci manifestent, et de nombreux fonctionnaires se montrent dans le même état d'esprit. Tous les officiers capitulés ne parviennent pas à prendre possession de leur poste, en particulier à Constantine et Philippeville. Le général Lichtlin était, suprême maladresse, un capitulé de Sedan.

Les officiers ont bien d'autres raisons d'être profondément démoralisés. Vaincus devant les Prussiens, ils connaissent en Algérie toutes les humiliations. Les Comités de défense nés avec un bel ensemble partout dans toute la colonie, pour apporter leur contribution à la délivrance de la mère-patrie, s'arrogent tous les droits. Ils contrôlent les effectifs, les approvisionnements. Ils font libérer des soldats, emprisonnés par leurs chefs parce qu'ils les ont dénoncés auprès des autorités civiles, ou qu'ils les critiquent ouvertement. Les officiers sont parfois victimes d'une psychose de la part des civils qui voient des agents prussiens partout. On les accuse d'avoir rejeté les engagements d'indigènes qui s'étaient portés volontaires pour le temps de la guerre.

Un des décrets du 24 octobre stipule que les officiers dans le commandement desquels éclaterait une insurrection, seraient traduits devant un conseil de guerre. C'est officiellement porter un crédit aux accusations des européens et de leur presse. Ceux-ci sont persuadés que, pour conserver son autorité, l'armée, et notamment les Bureaux arabes, n'hésite pas à associer les chefs indigènes à sa résistance. A les encourager à ne pas céder aux prescriptions de l'administration républicaine, et donc à les pousser à la rebellion. Un jeu bien dangereux. Dans la lutte sans merci que se livrent civils et militaires, on n'est plus très difficile sur le choix des moyens. C'est l'escalade dans les deux camps.

Découragés d'être les éternels mal aimés, flétris, la masse des officiers parle de démission. Ils sont en train de perdre la partie contre le régime civil, et ils pensent que ce n'est pas une bonne chose pour la sécurité de l'Algérie ni non plus pour sa prospérité. Les décrets Crémieux, particulièrement ceux du 24 décembre, leur paraissent pour le moins prématurés. On ôte aux Bureaux arabes leur autorité, on restreint leur champ d'action, ces territoires militaires. On va, par le décret de Bordeaux du 6 février 1871, leur enlever ce qui leur reste de prestige auprès des indigènes, en les rattachant à l'autorité civile. Ils seront en effet désormais nommés par le ministre de l'Intérieur sur présentation du général commandant, et après avis du préfet.

Le général Lallemand a débarqué à Alger le 10 novembre. On le dit républicain, il est assez bien accueilli. Dès son arrivée, il proteste auprès de Crémieux. N'avez-vous pas été vous-même officier des Bureaux arabes ? Vous devriez comprendre. Il a du mal à faire revenir certains officiers sur leur démission. « Nous nous effacerons quand il sera possible de nous remplacer par une administration civile. Mais en attendant, nous devons rester sur la brèche, exposés aux reproches immérités. Se retirer en ce moment, ce serait commettre une mauvaise action, et compromettre la chose publique. »

Du Bouzet, le nouveau commissaire extraordinaire du gouvernement, n'est pas l'homme de la situation. Arrivé à Alger avec des intentions conciliantes, il est effrayé par les violences de langage de l'équipe Vuillermoz. Il craint un coup de force. Il craint aussi pour sa personne. Il arme des biskris de bâtons pour le défendre, se cache la nuit de peur d'être enlevé, destitue le secrétaire général suspect de complicité avec le maire d'Alger, et laisse faire le préfet intérimaire chargé de le seconder, Hélot, un légitimiste aussi énergique qu'impopulaire. A sa demande, la Délégation de Tours a placé la milice sous son commandement direct. Or le conseil municipal d'Alger la considère comme sa chose. Le maire en a savamment ventilé les effectifs pour disposer d'une force sur laquelle il puisse compter. Aussi n'a-t-il pas l'intention d'y renoncer. Il organise une réunion publique au théâtre de Malakoff et y affirme tout net son droit de convoquer, lui, la milice. Du Bouzet en réfère à la Délégation qui, le 18 janvier, lui accorde, non sans hésitations, un décret de dissolution du conseil municipal d'Alger. Crémieux lui recommande de ne faire connaître le décret que s'il est obligé d'en user. Mais une indiscrétion le rend public. Les Algérois, appelés par leur maire, manifestent dans les rues. Hélot, chargé de constituer une commission municipale, s'adresse aux démocrates dont le refus est certain. Il peut alors investir des fonctions de maire un conseiller de préfecture. Vuillermoz, décidé à rester dans la légalité, ne réagit pas. La bataille doit se jouer sur le terrain électoral. Hélot prend la précaution d'ériger en commune autonome le faubourg de Mustapha, fief des démocrates.

Mais le 28 janvier, la colonie apprend les résultats des négociations entre Jules Favre et Bismarck. Paris ne pouvant être délivré, c'est la capitulation. On se résigne à signer un armistice. Bismarck exige un gouvernement représentatif désigné après des élections générales. La date du 8 février est arrêtée. La nouvelle de la capitulation de Paris provoque en Algérie ce que Du Bouzet appelle « un moment de douleur et de folie universelle ». Les démocrates envahissent le palais du gouverneur. Des indigènes descendent de la casbah pour le défendre. C'est la première fois qu'ils manifestent à l'occasion de dissensions entre Français.

Le commissaire prêche l'union, et donne l'exemple en autorisant le conseil municipal à reprendre ses fonctions jusqu'aux élections prévues le 5 février. Mais, peu après, il fait connaître sa décision de créer un Conseil de gouvernement.

Vuillermoz en contese la légalité. Puis il exige de le former provisoirement avec quinze de ses conseillers municipaux. Du Bouzet leur répond en décrétant l'état de siège dans l'arrondissement d'Alger. On est le 1er février. Conscient de son impuissance, c'est une façon de se décharger de ses responsabilités sur l'autorité militaire, qui n'est pas mieux armée. Le général Lallemand se retrouve donc avec les pleins pouvoirs.

Vuillermoz remporte avec une forte majorité les élections contre Warnier qui est le candidat de Du Bouzet. Les nouveaux électeurs israélites lui ont apporté massivement leur soutien. Ce nouvel échec constitue pour le commissaire un désavœu. Le gouvernement provisoire, qui s'est transporté à Bordeaux, le rappelle.

Alexis Lambert succède à Du Bouzet. Il prend des initiatives propres à calmer les esprits. L'état de siège est levé, le préfet intérimaire Hélot bientôt destitué. Mais c'est au prix d'incessantes concessions qu'il parvient à éviter des frictions avec le Conseil d'Alger. Un goût d'émeute est encore aux lèvres. Y compris entre juifs et musulmans. Ces derniers, surtout dans les villes, voient avec agacement la place que sont en train de prendre les israélites dans la société française, notamment par leur bulletin de vote. Ils vont le montrer incidemment. Les juifs, dès les premiers troubles, ont participé à l'effort général en constituant un corps de francs-tireurs. Ils sont pris un jour à partie par quelques mozabites alors qu'ils rentrent en ville par la porte d'Isly, un peu bruyants dans leurs uniformes étincelants. Les mozabites sont poursuivis, jugés quelques jours plus tard en police correctionnelle et acquittés. Un seul est condamné à quelques jours de prison. L'incident a été monté en épingle chez les Arabes. Le soir du procès, en pleine fête de l'Aïd-el-Kébir, ils sont deux cents à descendre armés de bâtons vers la place Malakoff. Par malchance, ce sont des tirailleurs israélites qui tiennent le poste de garde du Palais du gouverneur. Une mêlée ne tarde pas à s'engager, qui gagne les rues adjacentes. Les juifs, qui se trouvent là, sont malmenés et leurs boutiques pillées. La police doit intervenir, et un passant arabe est tué devant le théâtre. Alex Lambert demande un rapport, juge l'attitude des juifs provocante. Le corps des francs-tireurs israélites d'Alger est dissous.

La campagne qui précède les élections législatives s'ouvre pour les démocrates, dans une atmosphère euphorique de victoire. Ils se livrent avec volupté à l'intransigeance. Derrière Gambetta, les journaux prêchent la guerre à outrance.

En métropole, les radicaux ont la partie difficile face à Thiers. Celui-ci représente le courant conservateur, le parti de la paix. Son succès pourrait déboucher sur une restauration monarchique si les monarchistes n'étaient pas si divisés. D'où les grand mouvements épistolaires de Vuillermoz à Gambetta et Garibaldi. « Nous comptons sur vous le cas échéant, pour vous replier sur l'Algérie avec les braves gens qui voudront vous suivre. Pour garder envers et contre tous l'Algérie, la France et la République au monde. Si la France accepte la paix, venez en Algérie garder la République. » Et *L'Indépendant de Constantine* écrit très sérieusement : « Si la France retourne à la monarchie ou l'empire, l'Algérie pourrait réclamer son indépendance ou se donner à l'Angleterre. »

Le 8 février voit la défaite des radicaux. Thiers, grand vainqueur, enregistre un succès personnel. Il est l'élu de vingt-six départements, puisque les candidatures multiples sont admises. C'est la victoire de la province qui veut la paix et sa tranquillité, contre Paris. Et Paris tourmentée par les épreuves, exaspérée depuis sa capitulation, Paris le prend ainsi.

L'Algérie française, elle, est unanime. Elle participe pour la première fois depuis 1848 à des élections législatives. Gambetta et Garibaldi sont élus à des majorités écrasantes dans l'Algérois. L'Oranie élit Gambetta et le radical Andrieu. Le Constantinois se montre plus modéré et porte son choix sur l'ancien préfet Lucet, et le radical Colas. Garibaldi est inéligible, Gambetta opte pour le Bas-Rhin, Andrieu renoncera à son siège pour marquer son désaccord avec la politique de Thiers. Finalement, à l'occasion d'élections partielles, les deux anciens adversaires Vuillermoz et Warnier seront élus dans le département d'Alger en juillet 1871. L'avocat radical Jacques et Alex Lambert dans l'Oranie en janvier 1872.

Le règne d'Alex Lambert comme commissaire extraordinaire

a été éphémère. Thiers veut représenter ce que ses électeurs attendent, un pouvoir fort. Il nomme, le 29 mars 1871, le vice-amiral de Gueydon à la tête de l'Algérie. La charge de gouverneur général est rétablie. Le général Lallemand est maintenu. Il prend le titre de commandant militaire en chef de l'état-major général.

C'est qu'entre-temps des événements graves ont éclaté en France et en Algérie. Paris connaît la guerre civile depuis la nuit du 17 au 18 mars, où deux généraux ont été fusillés. Thiers a évacué la capitale et s'est replié à Versailles. Paris s'est donné un pouvoir légal révolutionnaire, une Commune, élue le 26 mars. 200 000 Parisiens se battent contre 100 000 « Versaillais » mieux armés. La Commune écrasée, la répression sera cruelle : 20 000 morts, 38 000 arrestations.

La colonie a accueilli avec exaltation la nouvelle de la proclamation de la Commune de Paris. A Alger, on songe à se rendre maître de la ville avec l'aide d'agitateurs garibaldiens envoyés de Marseille. Et on compte bien sur les chômeurs, malheureusement de plus en plus nombreux. Mais quelques jours plus tôt, le 14 mars, le bachagha Mokrani a déclaré la guerre à la France. Il continue d'arriver à Alger des nouvelles inquiétantes. Tout le monde a conscience, très rapidement, de la gravité du soulèvement kabyle. Il coupe court aux velléités révolutionnaires.

L'amiral de Gueydon — un amiral ! il est vrai habillé en civil — peut débarquer tranquillement. La colonie s'est offert un moment le luxe de la politique et des grands combats d'idées. Stupéfaite et grave, elle apprend que sa survie même peut être encore remise en question.

La Commune à Paris, l'insurrection en Algérie

« On peut maintenir la paix avec quatre hommes et un caporal », écrivait Vuillermoz quelques semaines plus tôt. Du Bouzet, en février 1871 encore, donne des rapports rassurants à

Crémieux. On comprend qu'avec de telles certitudes, on puisse réclamer l'envoi de toute l'armée d'Afrique sur le front prussien. Réclamations en grande partie satisfaites. L'Algérie, en mars 1871, a ses garnisons bien dégarnies.

Et voici un autre témoignage. Celui du cardinal Lavigerie, longtemps après les événements. « Je les vois encore sur les marches du haut escalier de la cathédrale, sur la place, dans les rues qui l'entourent, debout, muets, immobiles, tenant chacun un bâton à la main, leurs yeux seuls brillant d'un étrange éclat, dans ce silence. Et en effet, c'était depuis près d'un demi-siècle, la première fois qu'ils voyaient un général français (il s'agit de Walsin-Estherazy) pris de force dans le Palais de son gouvernement, entraîné sans défense au milieu des projectiles et des huées, et conduit ainsi jusqu'au port. Il ne leur en fallait pas tant pour croire que Dieu nous avait livrés enfin, et que le moment, toujours promis par les prophètes de leur koubas et de leurs souks, était venu de nous jeter à la mer. »

La France, décidément, est bien bas. Aussi bas qu'eux. Son empereur est prisonnier, ses officiers insultés. Les Français se battent entre eux. Il n'y a plus d'autorité. C'est le signe de Dieu. Le reste, ce sont les bonnes raisons, et il n'en manque pas. L'appréhension du régime civil, qu'ils considèrent comme une sorte de déshonneur. Et de l'assimilation à la manière des juifs, alors qu'ils veulent garder leurs lois. La fin de leurs garanties, comme le leur soufflent les Bureaux arabes, c'est-à-dire le poids écrasant des impôts, la persécution religieuse, la suppression pour les chefs des grands commandements.

D'autres motivations sont plus terre à terre. La crise a ruiné les chefs arabes. Ils se sont endettés pour faire des distributions de grains, c'est-à-dire pour que la vie continue dans les tribus. Leur charge est d'ailleurs officielle, ce sont des fonctionnaires. A ce titre, Mac-Mahon a promis de les rembourser. Certains, notamment en Kabylie et dans le Constantinois, ont dû s'adresser à des prêteurs privés. Ils sont maintenant inondés de papier timbré. Dès la fin du mois de novembre, à la lumière des événements en France et à

Alger, acculés, ils entendent bien profiter le plus possible des circonstances pour ne pas payer. L'insurrection leur apparaît comme le moyen le plus sûr d'éteindre leur passif.

C'est le cas du bachagha Mokrani, un des plus gros débiteurs. Il doit deux millions. En 1870, malgré ses promesses, le gouvernement français ne lui a pas encore remboursé ses avances. Pressé par les banques, il a dû hypothéquer ses biens. Les Arabes admettent volontiers la tyrannie du fort, beaucoup moins l'injustice. Mokrani a d'autres raisons d'être amer. Sa famille est solidement implantée dans la région depuis plusieurs siècles. Elle y possède d'immenses territoires. Son père se prétendait descendant du Prophète. Il s'était rallié à la France en 1838 et s'était vu attribuer, lors de l'organisation de la province de Constantine par Valée, le khalifa de la Medjana. Il avait d'ailleurs fallu l'expédition des Bibans pour y imposer son autorité au nom de la France. Par la suite, selon une politique générale vis-à-vis des grands chefs, l'administration a rogné ses titres, ses compétences et ses privilèges. Son fils Mohamed n'a conservé que le titre de bachagha. Or un récent rapprochement des Bureaux arabes avec ses rivaux d'influence, les Abd el-Salem, lui fait entrevoir à ce dernier sa possible élimination. Autant de conditions propres à le rendre aussi inquiet qu'aigri. Le docteur Vital a bien connu Mohamed Mokrani qui siège au Conseil général de Constantine. Il le décrit comme « un fourbe de la pire espèce, au sourire faux, au regard haineux, qui s'est tu tant qu'il y trouvait son compte ». Quoi qu'il en soit, son influence est restée très grande non seulement chez lui, mais dans toute la région de Sétif et jusque vers Bou Saada et Msila. Déjà en 1864, il avait été blessé en prenant fait et cause pour le révolté Bou Akkas. Il le considérait, peut-être sincèrement, comme la victime d'inimitiés injustes. A la déclaration de guerre contre la Prusse, il se montre fidèle à la France et à son armée. Cependant la défaite lui donne à réfléchir. Mac-Mahon, à qui il a offert de partir au front avec ses goums, aurait sans doute été bien inspiré de l'emmener avec lui. Mais on ne récrit pas l'histoire.

Le 21 janvier 1871, Mokrani envoie une lettre de démission au gouvernement. Le général Lallemand la refuse. Le 27 février, le bachagha insiste : « qu'on lui permette de s'éloigner d'un pays où tout le monde tient contre lui des propos malveillants et calomnieux, et d'aller se retirer dans le Hodna puis en Tunisie ». Le 9 mars, il renvoie son traitement de février et confirme sa démission.

Or, depuis le 20 janvier précisément, des soulèvements éclatent dans la région de Boghari, de Souk-Ahras, puis de Sétif. Successivement, les spahis de Moudjebeur, Lamy, du Tarf, de Gambetta, d'El Milia se révoltent. Ils ont reçu l'ordre de partir pour la France et refusent d'embarquer. Ce ne sont pas des troupes régulières, mais des corps de police employés pour des expéditions en territoire algérien. Ils considèrent que l'ordre est contraire à leur contrat. La directive vient du ministère de la Guerre. Elle a été envoyée par le général Haca sans que ni Gambetta ni Crémieux soient prévenus. Haca, un ancien des Bureaux arabes, doit connaître le danger de cette mesure. Ainsi que le général Lallemand, qui se contente d'obéir. Comme l'établira par la suite l'enquête de la Commission sur les actes du gouvernement de la Défense nationale.

A Moudjebeur, un sous-officier est assassiné. Mais les troupes viennent facilement à bout des spahis. Faits prisonniers et envoyés à Alger, ils sont reconduits dans leur smala. On a pris soin de leur dire qu'on n'enrôle pour la France que des volontaires. Lamy et le Tarf sont réduits sans trop de difficultés. A Aïn Guettar, le mouvement tourne à l'insurrection. Les spahis ont l'appui des Resgui, une puissante famille brimée par les Bureaux arabes et qui s'emploie depuis des semaines à exciter les esprits. Pour elle, la lutte pour l'indépendance a commencé. « Contre une France vaincue, épuisée, qui n'a plus d'argent, plus de gouvernement, plus de territoires, il n'y a que des chiens fils de chiens qui puissent hésiter »... Souk-Ahras assiégée trois jours sera dégagée après un court combat. Les spahis rebelles fuiront vers la Tunisie avec familles et troupeaux. Ils refuseront de rentrer par peur des représailles.

La presse réclame une répression exemplaire. La Cour d'Assises de Bône prononcera 5 condamnations à mort, 20 condamnations aux travaux forcés à perpétuité, 40 déportations. Les tribus devront payer une contribution de 376 000 francs. Les deux tiers serviront à indemniser les familles des 14 colons tués, et les fermes pillées et incendiées. Les journaux trouveront la Cour trop indulgente. Les colons de Souk-Ahras poursuivis pour avoir fusillé, en représailles, plusieurs indigènes au hasard, seront acquittés.

A El Milia, les Européens des alentours doivent se réfugier dans le bordj encerclé par 10 000 Kables. Il ne faut pas moins de 4 000 hommes pour les dégager.

Les militaires signalent l'effondrement général de l'autorité française et la perspective d'un soulèvement général. Des lignes télégraphiques sont coupées à plusieurs endroits. Il est des signes qui ne trompent pas. Les tribus ont reconstitué leurs ligues, les çoff. Elles se sont organisées, à l'exemple des Européens des villes, en djema'a insurrectionnelles élues. Ces conseils surveillent les caïds, infligent des amendes, achètent des chevaux, des armes, des munitions. On met le bétail à l'abri dans les montagnes. Les enfants ne vont plus à l'école.

L'insurrection des spahis n'inquiète pas outre mesure les civils. Ils entendent d'autres bruits de soulèvements imminents en divers points d'Oranie. Ils sont persuadés qu'il s'agit de manifestations créées artificiellement par l'armée pour maintenir son autorité. Une sorte de campagne d'intoxication pour amener le gouvernement à annuler les décrets Crémieux et à rétablir le régime militaire.

Le 16 mars 1871, 7 000 indigènes viennent assiéger Bordj Bou Arreridj, un poste créé en 1841 au cœur de la Medjana, et devenu un centre de colonisation implanté sur 5 000 hectares confisqués à la famille Mokrani. Le village est pillé et incendié. Seul le fort occupé par une petite garnison résiste. Il est débloqué par une colonne de secours seulement dix jours plus tard.

Pendant ce temps, Mokrani tente de soulever l'aristocratie indigène dont il se croit le champion. Et il compte sur des secours extérieurs, de la Turquie et de la Tunisie, qui ne viennent pas. Les grands chefs restent sourds à son appel. Ils gardent une tranquille neutralité, quand ils ne rivalisent pas de loyalisme à la France. Le bachagha sait qu'il ne peut plus reculer. Il voulait, en même temps qu'une démonstration de sa force qui rétablisse son prestige, une guerre contre l'administration civile et les décrets Crémieux.

Mais le gouvernement français, qui n'a pas perdu de temps, publie, dès le 25 mars, un décret annonçant la confiscation des biens des insurgés au profit des Alsaciens-Lorrains. Mokrani se résout à faire une démarche auprès du cheikh El Haddad, chef de la puissante confrérie des Khouan Rahmanyia. Les confréries religieuses et les zaouias, foyers d'islamisme, d'instruction et d'éducation islamiques, ont une influence prépondérante sur la masse des musulmans, en particulier dans le Constantinois. Le vieil El Haddad, sage et prudent, préférerait s'abstenir. Mais il cède aux instances de son fils Si Aziz, un homme encore jeune, fougueux et séduisant, habile, et qui parle notre langue parfaitement. Le combat change de sens et Mokrani le sait. Le 8 avril, El Haddad proclame la guerre sainte sur le marché de Seddouk. Son appel est entendu par 100 000 paysans kabyles.

Les Français sont alors attaqués de tous les côtés à la fois, pillés et massacrés quand ils sont isolés. Simultanément Bougie, Fort National, Dellys, Tizi-Ouzou, Dra-el-Mizan, Sétif sont touchés. La révolte s'étend dans le Sud-Constantinois, Ouargla, Touggourt, et de l'Alma dans les environs d'Alger jusqu'à Collo. Elle touche 800 000 habitants. Mais ni l'Oranie, ni la presque totalité de l'Algérois ne bougent. Si bien que toutes les troupes disponibles peuvent se concentrer vers l'est.

Ce même 8 avril, le général Saussier s'est emparé du château de la Medjana, résidence de Mokrani, et des villages environnants. Le 10, l'amiral de Gueydon débarque à Alger. Le 14 a lieu l'épisode sanglant de Palestro. Les Kabyles prennent le village, massacrent trente et un colons qui tentent de résister dans la gendarmerie, en font prisonniers quarante-deux. Le colonel Fourchault, qui campe à Maison-Carrée près d'Alger, constitue à la hâte une colonne de secours. Les quelques soldats dont il dispose encadrent le bataillon des francs-tireurs algériens et des miliciens qu'il entraîne avec lui. La colonne arrive en marches forcées à Palestro, hélas ! trop tard. Elle ne trouve que ruines et cadavres. Du moins réussit-elle à fermer aux insurgés la Mitidja et la route d'Alger.

De Gueydon qui ne peut répondre à toutes les demandes de secours faute d'effectifs suffisants, ordonne le 20 avril la mobilisation de la milice algéroise, y compris « francs-tireurs, artilleurs et cavaliers ». Ils forment trois compagnies qui s'éloignent de la capitale « avec le plus grand entrain » jusqu'à l'écrasement de l'insurrection. Leur mission, couvrir les villages du pied de l'Atlas entre Mouzaïaville et Marengo. La milice est également mobilisée dans diverses villes du Constantinois. Elle donne lieu parfois à des excès qui seront reprochés au gouverneur. L'affaire la plus grave concerne les miliciens du colonel de réserve Joly de Brésillon. Ils découvrent au village de Aïn-Yagout, à trente-cinq kilomètres de Batna, des Arabes qui portent sur eux des objets de provenance européenne. Persuadés que ceux-ci ont tué et pillé des colons, ils les arrêtent et prennent le chemin de Constantine en les emmenant. Sans doute s'excitent-ils les uns les autres en marchand. Car, soudain, ils se mettent à canarder les prisonniers qui avancent devant eux, mains liées dans le dos. C'est le massacre. Six sur quarante-deux parviennent à s'échapper. Une enquête est déclenchée dès le mois de mai, elle n'aura aucune suite administrative. Les faits se déroulent en pleine insurrection, dans un climat de peur et de représailles. Et ils en rejoignent d'autres, dont les auteurs ne sont pas nécessairement les milices, mais la troupe régulière, et même des chefs arabes restés fidèles à la France.

Joly de Brésillon, qui est intervenu en faveur des miliciens, est un homme influent, un radical qui anime avec ferveur le Comité de défense de Constantine. Négociant et minotier, il deviendra vice-président de la Chambre de commerce. Conseiller général en novembre 1871, il entrera dans les Délégations financières quand celles-ci seront créées. Une rue de Constantine portera son nom.

La situation reste critique en cette fin du mois d'avril. Aussi le gouverneur général décide de déclarer l'état de siège dans certaines circonscriptions des trois départements, ainsi que dans la ville et l'arrondissement d'Alger.

Le chant de la dispersion

La mort de Mokrani le 5 mai ne modifie en rien la situation. Elle arrive trop tôt. Les insurgés se sentent encore très forts. Mais son retentissement est énorme dans la population. Quelques jours avant, le bachagha a tenté d'obtenir des conditions honorables pour déposer les armes, par l'intermédiaire de son ami Bou Akkas, interné à Constantine. Mais de Gueydon a exigé qu'il se livre sans conditions, ne lui cachant pas qu'il passerait en cour d'assises. Il n'avait plus qu'à continuer cette guerre dont il n'est plus maître, qu'il n'a pas voulu ainsi. Et voilà que les guerriers des steppes qu'il a tenté d'entraîner dans la rebellion, ne l'ont pas suivi.

Ce 5 mai, les troupes du général Cérez le poursuivent jusqu'au mamelon du Koudrat el Mezdour, au bord de l'oued Soufflat, près d'Aïn Bessem. Avec ses huit mille hommes, le bachagha est pratiquement encerclé depuis le lever du jour. Vers une heure de l'après-midi, les zouaves ouvrent le feu. Mais tout à coup, les Kabyles paraissent abandonner toute résistance. En approchant, on ne reconnaît pas tout de suite Mokrani en cet homme à genoux et plié en deux, une balle entre les deux yeux. Il a échangé ses vêtements pour ne pas être distingué par la blancheur des siens. Ni drapeaux ni signes distinctifs. Autour de lui, une centaine d'hommes a trouvé la mort. Son frère Bou Mezrag a pu s'enfuir. Le corps du bachagha est emporté à Kalah des Beni Abbès, dans sa famille.

Bou Mezrag, moins intelligent mais plus passionné, lui succède. La partie va devenir difficile pour les insurgés, car d'importants renforts arrivent de la métropole. En effet le 10 mai, la France trouve la paix à Francfort au prix de 5 milliards-or, 14 000 mètres carrés de territoire national, et 1 600 000 Alsaciens-Lorrains, moins 150 740 qui vont opter pour la France avant le 1er octobre 1872. Et le 21 mai à Paris, une autre paix : la Commune est écrasée. Thiers gonfle les effectifs de l'armée d'Afrique. Ils atteignent 86 000 hommes, comme au temps d'Abd el-Kader.

La résistance est encore solide. Une dizaine de villes ou de places fortes sont entre les mains des Khouan. Lallemand parti de l'Alma, délivre Tizi-Ouzou, Dellys. Avec la colonne Cérez qui l'a rejoint, il débloque Fort National habilement assiégé depuis deux mois. Le 24 juin, les Français remportent une victoire décisive à Icheriden, jour pour jour, à l'endroit où ils avaient vaincu en 1857. Lallemand doit rendre hommage aux Kabyles pour leur acharnement et leur ingéniosité. « Rien ne pour donner une idée de la force et du nombre d'ouvrages qu'ils ont édifiés. » Cette fois, le vent est à la défaite. Les fellah commencent à regagner leurs villages. Les notables viennent dans les camps militaires faire leur soumission. Des chefs comme Ben Ali Cherif, bachagha de Chellata, jouent la carte de la fidélité à la France après avoir conservé une attitude qui paraît ambiguë. Le 30 juin, Si Aziz et l'un de ses frères se rendent au général Lallemand dans le Djudjura. Le 13 juillet, leur père El Haddad les rejoint porté par son petit-fils sur une civière. Une longue file de Khouan suivent leur vieux cheikh. « Je suis comme un mort entre vos mains. » La guerre sainte est terminée.

Mais Bou Mezrag continue la lutte, désespérément. L'armée connaît peu de pertes, 2 686 morts en dix mois. Et encore tués plus par la maladie qu'au combat. Sûre d'elle, elle achève la pacification. Les Beni Menasser qui tiennent Cherchell, les Beni Abbès dans la région de Bougie, les Zouara qui avaient quelques jours plus tôt refusé les dures conditions imposées par le général Delacroix, déposent les armes successivement. Lallemand délivre Msila et Bou Saada, Saussier pacifie la Kabylie des Babors. Autour de Bou Mezrag, dont la smala est capturée le 8 octobre, le dernier carré, cent cinquante hommes, tentera de gagner la Tunisie. Bou Mezrag traîne encore trois mois avec un chef de bande Bouchacha qu'il a rejoint, dans la région de Touggourt, puis de Ouargla. Le 20 janvier 1872, une patrouille le découvre, inanimé près d'une flaque d'eau du Ksar de Rouissat, avec son compagnon. Ils n'ont pas mangé ni bu depuis six jours.

L'autorité française n'a pas attendu sa capture pour faire payer le prix de la révolte. La répression est terrible. Les Barach et les Jérémie de l'Islam, comme les appelle le docteur Vital, chantent et chanteront longtemps, dans les rues des petits villages kabyles, les douleurs de la dispersion :

1871 fut l'année de notre ruine
Elle nous brisa les reins.
[...] Quand les bornes furent franchies
On tint chaque jour des réunions dans les tribus :
Venez à la guerre sainte... marchez...
Il y eut des hommes sages
Habitués à déchirer la cartouche
Dans l'ancien temps,
Ceux-là dirent : c'est un projet insensé
Qui réduira les hommes au rang de femmes.
[...] Nous fûmes brisés comme une assiette
Et le pays tomba dans la désolation.
[...] Quand l'impôt de guerre nous affola
[...] Chacun renia son frère germain
[...] Les nœuds les plus solides se délièrent
Et tout le monde connut la honte.
L'impôt s'abattit sur nous à coups répétés
Soixante écus par tête à chaque fois
Apporte-les ou débrouille-toi.
Les gens ont vendu leurs arbres à fruits
Et même leurs vêtements.
[...] Malheur nous vient des anciens spahis
Ils sont la cause de notre misère.
[...] Le caïd est de plus un homme néfaste
Il s'est enrichi par la trahison.
La terre la plus fertile
A été vendue à vil prix
Son propriétaire ne la verra plus.
Il ne possède même plus une brebis
Il est indigent et souffre de la faim.
C'est la volonté de Dieu, résignons-nous.
[...] Le gouvernement a supprimé les cours dans la zaouia
La lumière de la science s'y est éteinte
Il n'y a plus de lecteurs ni d'étudiants.
C'est la volonté de Dieu résignons-nous.

On ne craint pas de créer un climat de terreur pour dompter définitivement toute velléité de révolte. La tendance, après les mois de désordre et d'épreuves que connaissent la France et sa colonie, est à la rigueur impitoyable. Il faut se souvenir qu'au même moment, on tue 20 000 communards à Paris. Beaucoup d'indigènes trouvent la mort dans le processus de pacification et de répression. Et on en fait fuir encore plus. La Tunisie a longtemps considéré les Arabes algériens comme indésirables. Soudain accueillante, elle prend diverses mesures sur les frontières pour bien traiter les exilés et mettre à leur disposition des pacages pour les bêtes.

La contribution de guerre est lourde. Le Trésor va percevoir en deux ans 36 millions de francs-or, une somme qui correspond environ à dix fois l'impôt. Elle servira à indemniser les victimes de l'insurrection pour lesquelles 10 000 dossiers seront instruits. 3 millions et demi seront prévus pour les travaux publics stoppés depuis la guerre. Et le reliquat, une douzaine de millions, permettra de construire de nouveaux villages de colonisation.

Le séquestre des terres est non moins sévèrement appliqué. Ils porteront finalement sur 446 000 hectares. Séquestre de biens individuels (250 000 hectares), prévus par une loi toujours en vigueur du 31 octobre 1845. Et surtout séquestres de biens collectifs, ils impliquent la reconnaissance du principe de la responsabilité collective des tribus insurgées, peu conforme à notre code, mais défini par un décret du 15 juillet 1871. Les choses sont simples pour ceux qui ont abandonné leurs terres. Celles-ci se trouvent automatiquement réunies au domaine. Les autres ont deux ans pour régler leur cas. Mais ils peuvent se libérer tout de suite, en argent ou en terre. Les tribus pénalisées à titre collectif ont la faculté de se racheter des effets du séquestre suivant une transaction sur la base du cinquième de la valeur des biens séquestrés collectivement, payables soit en terre, soit en argent. L'amiral de Gueydon ne cache pas que c'est l'occasion « de réparer les effets du sénatus-consulte de 1863 qui avait concédé trop libéralement des terres aux indigènes ».

La dette Mokrani est l'objet d'un litige. Les principaux créanciers (800 000 francs) sont la famille Lavie-Mérine, à laquelle appartient l'ancien préfet Lucet, actuellement conseiller général et député. Il a épousé une Lavie. De Gueydon oppose un refus catégorique à leur demande. Ils voulaient que le gouvernement se substitue à leurs créanciers. Cela vaudra au gouverneur général les attaques vindicatives de l'*Indépendant de Constantine* dont Lucet détient la majorité des parts. « Ils tirent sur moi à boulets rouges. » Entré dans la commission des Séquestres de son département, le député parviendra à obtenir que toutes les terres de la famille Mokrani ne soient pas séquestrées. Vendues, souvent à vil prix, elles permettront le remboursement de la créance.

C'est que de Gueydon, conservateur et chrétien pratiquant, est un fervent partisan du peuplement français de la colonie. Il garde jalousement les millions qui entrent pour accueillir les Alsaciens-Lorrains et recaser la seconde génération de colons, ces jeunes qui vivent petitement sur la maigre concession familiale. La loi Belcastel, votée par le Parlement le 21 juin 1871, concède 100 000 hectares en Algérie aux Alsaciens-Lorrains qui « habitaient les territoires cédés à l'Allemagne, et qui veulent, en gardant la nationalité française, demeurer sur le sol français ». La loi prévoit pour eux « les meilleures terres dont l'État dispose ».

« Ces 100 000 hectares n'existent pas, précise de Gueydon. Ou du moins, ils n'existent pas à l'état de disponibilité, puisque les terres domaniales sont louées. Il faudrait au moins attendre l'enlèvement des récoltes. D'un autre côté, les grandes surfaces sont loin des voies d'accès, au cœur des pays insurgés, enveloppées de populations frémissantes. Il serait imprudent de placer de petits groupes de colons sans pourvoir à leur sécurité. » Ces bonnes terres que souhaite la France pour ses déracinés, seront celles des insurgés.

Le procès des grands chefs

L'insurrection à peine domptée, les colons ont l'occasion de retrouver leur rogne contre le régime militaire et les Bureaux arabes. Cette occasion, le procès des principaux chefs du soulèvement la leur fournit. Il se déroule du 10 mars au 21 avril 1873 à Constantine. Procès de l'irrationnel, où l'on va entendre de curieuses révélations.

Les prévenus ne sont pas moins de deux cent cinq. On les a divisés en quatre groupes pour faciliter l'action de la justice. Parmi les avocats, des ténors bien connus, Jules Favre et Gambetta défenseurs de la famille Mokrani, Albert Grévy le futur gouverneur d'Algérie, ceui de Bou Mezrag. Maître Laurier, l'avocat et secrétaire de Crémieux, défend Ben Ali Chérif.

Dès le premier jour, il est évident qu'on ne fait pas le procès des hommes qui sont sur les bancs des accusés, mais celui des témoins militaires, comme titrent les journaux. Une tactique qui est d'ailleurs payante. On compte dans la première fournée douze acquittements et six circonstances atténuantes. La peine la plus forte est de vingt ans de travaux forcés. Payante parce qu'elle s'appuie sur des dépositions qui concordent trop bien. En résumé, l'armée et les Bureaux arabes sont les vrais responsables de l'insurrection.

Un. Parce que les officiers ont monté les indigènes contre le régime civil. Ainsi le capitaine Ollivier, chef du Bureau arabe de Bordj Bou Arréridj, a dit au bachagha Ben Ali Chérif que les civils allaient commander, que les khammès seraient à la hauteur des caïds, que les Arabes supporteraient toutes les pertes éprouvées par les Français.

Deux. L'autorité militaire a été maintes fois avertie de ce qui se tramait et n'a pas voulu en tenir compte. Ben Ali Chérif a prévenu le commandant supérieur de Bougie Ritter, le commandant de subdivision Bonvalet, le commandant de division Augereau, le commandant supérieur des forces Lallemand. Il leur a indiqué que Si Aziz, fils d'El Haddad, attendait le moment propice pour se mettre à la tête de l'insurrection. Il a fait connaître régulièrement les détails des réunions des grands chefs à Akbou et Seddouk, auxquelles il a assisté. Si Aziz de son côté, a informé le colonel, qui s'est contenté de le remercier.

Trois. Les divisions chroniques des grands chefs pouvaient

retarder indéfiniment la rébellion. Les militaires ont organisé leur réconciliation, contrairement à ce qui est d'habitude leur règle d'or, diviser pour régner. Pour lutter et maintenir le régime militaire, il fallait s'unir, se réconcilier leur a-t-on dit. En janvier 1871, le général Augereau est venu à Bordj Bou Arréridj pour opérer la réconciliation — fait admis — entre les deux çofs des Oulad-Mokran, celui du bachagha Mokrani et celui du caïd Abd-es-Salem, en présence du capitaine Ollivier. A la même époque, le colonel Bonvalet a organisé la réconciliation de Si Aziz avec son vieil ennemi le bachagha Ben Ali Chérif.

Des témoignages, beaucoup, des preuves matérielles, point. Un seul, peut-être, possède ces preuves matérielles si elles existent : le bachagha de Chellala, Ben Ali Chérif, officier de la Légion d'honneur et conseiller général. Peut-être. On ne le saura jamais. Le bachagha, avant même le procès, a la promesse du gouvernement d'être gracié quelle que soit la peine. De Gueydon a écrit à Thiers : « Ben Ali Chérif m'a promis d'être prudent, il ne dira que ce qui est nécessaire pour sa défense. Mais il faudra bien qu'il le dise. Il est impossible de prévoir le résultat, mais il sera toujours temps de faire grâce. » Et le président de la République lui télégraphie à son tour : « Ayez pour Ben Ali Chérif des égards convenables et rassurez-le sur les suites de ce procès, car il a été un sincère ami de la France. »

Ce déballage durant le procès ne plaît qu'à moitié. Le docteur Vital qui y assiste, note que la population et les journaux se sont récriés contre cette tactique de la défense. Comme si on sent confusément le danger d'étaler ses faiblesses si faiblesses il y a. « Seuls les imbéciles croient y trouver la preuve des trahisons de tels ou tels généraux. » Jules Fabre terminera sa plaidoirie par le panégyrique de l'autorité militaire. Alors qu'il l'avait accablée au procès Doineau en attaquant les Bureaux arabes, attaques reprises à Tébessa. Il provoque les réactions les plus excitées. « L'autorité militaire a droit à votre respect. Le moment n'est pas venu où vous puissiez vous passer d'elle. Toutes les affaires actuelles le démontrent. On ne peut changer brusquement l'ancien système. L'éternel honneur des Bureaux arabes est d'avoir su devenir et rester les amis des indigènes. »

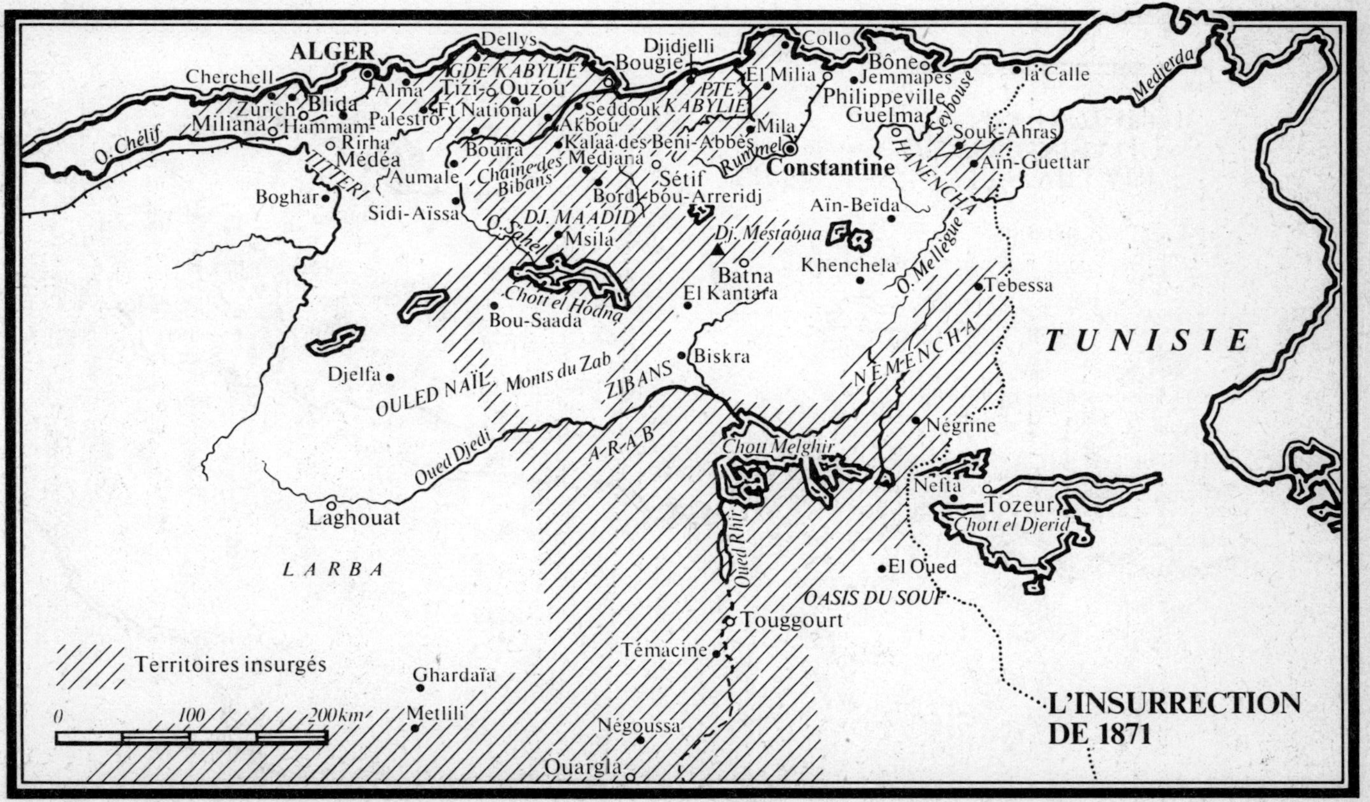
L'INSURRECTION
DE 1871
ALGER
Cherchell
Zurich
Blida
Miliana
Hammam-Rirha
Médéa
O. Chélif
TITTERI
Boghar
Alma
Palestro
Dellys
GDE KABYLIE
Tizi-Ouzou
Ft National
Bouïra
Aumale
Sidi-Aïssa
Chaîne des Bibans
Seddouk
Akbou
Kalaâ des Beni-Abbès
Medjana
Bordj-bou-Arreridj
DJ. MAADID
O. Sahel
Msila
Chott el Hodna
Bou-Saada
Djelfa
OULED NAÏL
Monts du Zab
ZIBANS
Laghouat
Oued Djedi
LARBA
A-R-A-B
Djidjelli
Bougie
PTE KABYLIE
Collo
El Milia
Mila
Rummel
Constantine
Sétif
Dj. Mestaoua
Batna
El Kantara
Biskra
Aïn-Beïda
Khenchela
Bône
Jemmapes
Philippeville
Guelma
Seybouse
HANENCHA
La Calle
Souk-Ahras
Aïn-Guettar
Medjerda
O. Mellègue
Tebessa
NEMENCHA
TUNISIE
Chott Melghir
Négrine
Nefta
Tozeur
Chott el Djerid
El Oued
OASIS DU SOUF
Oued Rhir
Touggourt
Témacine
Ghardaïa
Metlili
Négoussa
Ouargla
Territoires insurgés
0
100
200 km

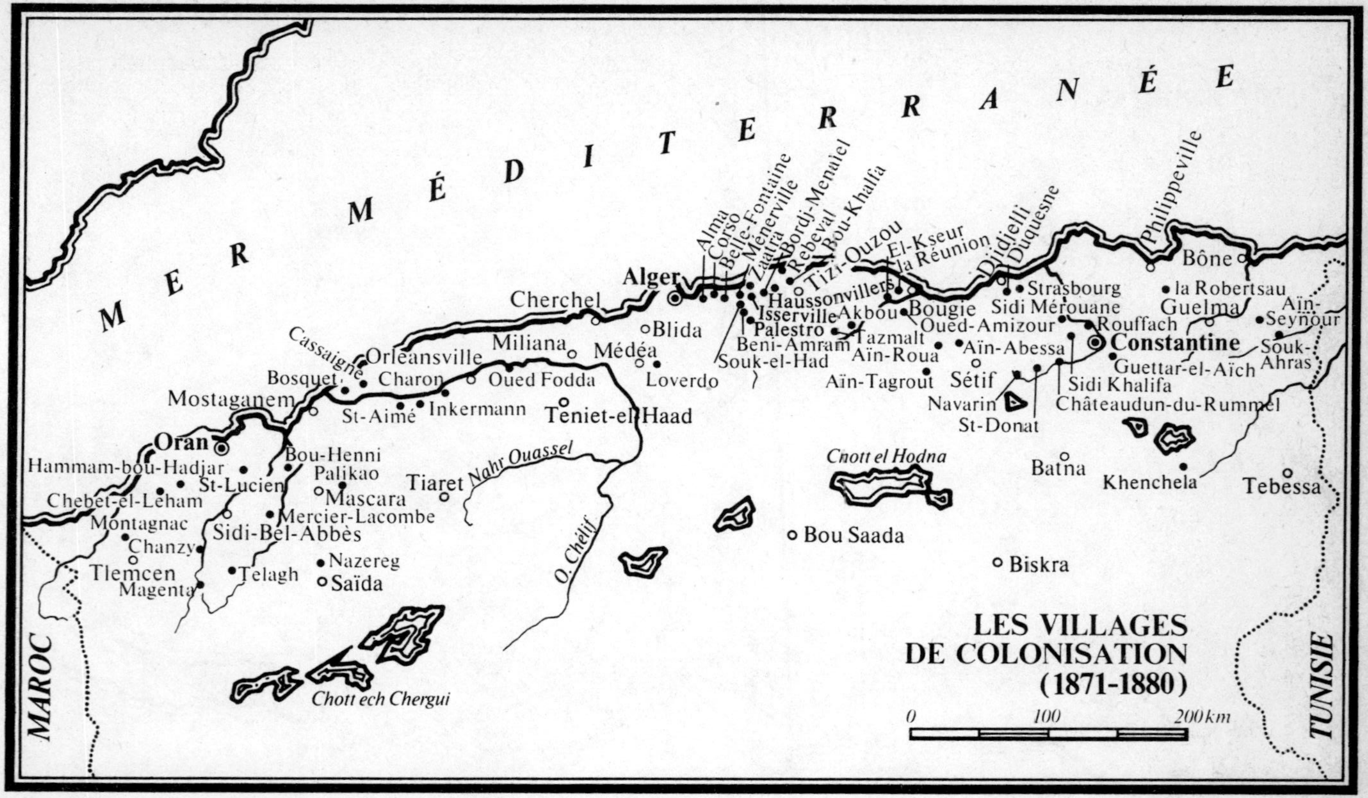
LES VILLAGES
DE COLONISATION
(1871-1880)
MER MÉDITERRANÉE
MAROC
TUNISIE
0
100
200 km
Alger
Oran
Constantine
Cherchel
Blida
Médéa
Loverdo
Miliana
Orléansville
Cassaigne
Bosquet
Charon
Oued Fodda
Mostaganem
St-Aimé
Inkermann
Teniet-el-Haad
Hammam-bou-Hadjar
St-Lucien
Bou-Henni
Palikao
Mascara
Tiaret
Nahr Ouassel
Chebet-el-Leham
Montagnac
Mercier-Lacombe
Sidi-Bel-Abbès
Chanzy
Tlemcen
Magenta
Telagh
Nazereg
Saïda
O. Chélif
Chott ech Chergui
Alma
Corso
Belle-Fontaine
Ménerville
Zaatra
Bordj-Menaiel
Rebeval
Bou-Khalfa
Tizi-Ouzou
Haussonvillers
Isserville
Palestro
Beni-Amram
Souk-el-Had
Akbou
Tazmalt
El-Kseur
la Réunion
Bougie
Oued-Amizour
Aïn-Roua
Aïn-Tagrout
Djidjelli
Duquesne
Strasbourg
Sidi Mérouane
Aïn-Abessa
Sétif
Navarin
St-Donat
Rouffach
Sidi Khalifa
Châteaudun-du-Rummel
Guettar-el-Aïch
Philippeville
Bône
la Robertsau
Guelma
Aïn-Seynour
Souk-Ahras
Cnott el Hodna
Bou Saada
Biskra
Batna
Khenchela
Tebessa

Ben Ali Chérif, qui sera donc gracié et maintenu dans ses fonctions, est condamné à cinq ans de réclusion. Si Aziz qui bénéficie des circonstances atténuantes, à la déportation simple. En 1881, il s'évadera de Nouméa et gagnera le Hedjaz. Bou Mezrag est condamné à mort. Il accueille la sentence avec le sourire. Le président de la République commue sa peine en une déportation en Nouvelle-Calédonie où il se fera le défenseur des Français contre les canaques insurgés en 1878. Il sera ramené en 1905 en Algérie, n'y retrouvera pas grand-chose de ses souvenirs, et mourra, seul, un an après. Le cheikh El Haddad est frappé de la même peine qu'Ali Chérif. Il a quatre-vingt quatre ans, et s'éteindra quelques mois plus tard dans une infirmerie de Constantine.

Une nouvelle France pour les Alsaciens-Lorrains

Ils arrivent par bateaux entiers. La France a sur la conscience l'humiliante paix de Francfort. Elle se fait généreuse pour ses enfants d'Alsace et de Lorraine qui se refusent à devenir des Allemands.

Pendant la traversée, chacun raconte son histoire. « Je n'avais pu me faire à l'idée de quitter mon village, mes copains », raconte un jeune qui a l'âge de conscription. « Et puis à la maison, quand je me suis retrouvé nu comme un ver au milieu des Prussiens, je n'ai pas pu. J'ai été pris de panique. Brusquement j'ai attrapé mes vêtements et j'ai filé comme un fou. J'ai bien fait un kilomètre dans Strasbourg en tenue d'Adam, sans me résoudre à m'arrêter. Je craignais d'être poursuivi. Un ami qui a un bistrot, m'a conseillé de venir m'inscrir pour l'Algérie. Il m'a dit que le gouvernement est prêt à faire de ceux qui le veulent, des propriétaires, que c'était dans tous les journaux. »

Dès les premiers pourparlers après la signature de l'armistice en janvier, l'idée germe de faire de l'Algérie cette France nouvelle chantée par Prévost-Paradol en 1868 dans un ouvrage resté fameux. C'est sûrement Warnier qui en a parlé le premier. Le député présidait un Comité de Patronage des Immigrants. Le

Comité n'était pas débordant d'activités, mais il existait. Il a publié une brochure en février 1871 qu'il a intitulée L'Algérie et les victimes de la guerre. A la suite de quoi, Alex Lambert, encore commissaire extraordinaire du gouvernement, a institué dans chacun des trois départements une commission spéciale chargée d'étudier et de proposer au gouvernement les moyens d'appeler, dans la colonie, les victimes de la guerre. Le 11 mars, la commission d'Alger lui a remis un intéressant rapport. Elle prévoyait l'arrivée de 27 000 familles, environ 135 000 personnes. Le coût était évalué à 69 700 000 francs. La Société d'Agriculture d'Alger appuie le projet, et la presse, locale et métropolitaine, s'en fait largement l'écho. Le journal *La Patrie* propose que « notre colonie devienne l'Alsace et la Lorraine » et que « les Alsaciens changent de sol sans changer de patrie ». Entre-temps, le 4 mars, une proposition de loi a été déposée à l'Assemblée nationale, connue sous le nom de ses auteurs, Belcastel et Buisson. Votée le 21 juin, elle promet aux Alsaciens-Lorrains l'attribution à titre gratuit de 100 000 hectares des meilleures terres dont l'État dispose en Algérie. Elle est complétée par une autre loi, votée le 15 septembre et d'un décret du 16 octobre. Les engagements de l'État sont définis, des commissions d'immigration instituées et un crédit de 400 000 francs ouvert, renouvelé au budget de l'année suivante. Tout Alsacien-Lorrain possesseur d'un capital d'au moins 5 000 francs peut bénéficier d'une concession en Algérie. Il en est immédiatement propriétaire.

Mais on se rend très vite compte que ce ne sont pas les agriculteurs et les propriétaires terriens qui répondent aux offres du gouvernement. Le décret du 16 octobre élargit les conditions d'attribution. Tous les Français peuvent être concernés, quelle que soit leur origine, avec ou sans argent. Dans ce dernier cas, l'État exige d'eux, pour obtenir des titres de propriété définitifs, outre une mise en culture effective, qu'ils résident sur leur concession au moins pendant 9 ans, ramenés à 5 ans en juillet 1874, et même à 3 ans s'ils justifient d'une dépense moyenne de 100 francs par hectare. Et ils doivent une location annuelle symbolique d'un franc par hectare. C'est revenir au système de la concession gratuite stigmatisé sous le Second Empire, et à la politique de colonisation par le peuplement. Avec une nouveauté toutefois, les étrangers sont catégoriquement écartés des nouvelles dispositions : « Nous avons à fonder une colonie française, non européenne. »

La réinstallation des Alsaciens-Lorrains devient l'affaire de tous les Français. La commission Woloski met à la disposition du gouverneur général des sommes provenant d'une souscription qu'elle a organisée pour la libération du territoire. Elle provoque des quêtes, réunit un fonds de plus de 6 millions de francs. La presse fait de larges échos de ces actions, entraîne une véritable mobilisation des esprits. Des comités se créent dans les principales villes. Marseille envoie 30 000 francs et 60 charrues, Nîmes 10 000 francs, Nancy, Le Havre 25 000 francs et 100 charrues. Deux comités parisiens ramassent près de 100 000 francs chacun et annoncent l'envoi de 100 à 150 lits. On expédie des vêtements pour les femmes et les enfants, l'armée se chargeant de vêtir les hommes.

C'est que la situation des pauvres transplantés n'est pas brillante. Ceux qui ont accepté de venir sont les plus misérables, souvent des ouvriers de fabriques atteints par le chômage. Quelques magistrats et avocats les ont précédés ou les accompagnent, mais ils sont l'exception. Ils ne demandent d'ailleurs pas de concessions et s'installent dans les villes. C'est le cas de l'ancien bâtonnier de Strasbourg. Son fils, André Mallarmé, sera député d'Alger et ministre sous la IIIe République. Dans la masse des candidats-colons, à peine 10 pour 100 sont agriculteurs. Malgré la sélection faite dans deux centres organisés à cet effet à Nancy et Belfort, on trouve de tout parmi eux. Même des marchands ambulants et des valets de chambre. Des célibataires dénués à la fois de ressources et de formation professionnelle, quand il manque justement à la colonie, des femmes, de l'argent et des hommes qualifiés. On signale au gouverneurı général des enfants de quinze ou seize ans venus sans leurs parents. Ils ont obtenu la traversée à titre de colon. Ils tombent, dès qu'ils sont repérés, à la charge de l'Assistance publique de la colonie qui s'en passerait.

Des associations se forment spontanément à Alger, Oran, Constantine, pour accueillir les arrivants. Les choses vont trop vite, et rien n'est prêt pour les recevoir. Les terres sont entre les mains des cultivateurs arabes, il faut bien leur laisser le temps, au moins, de ramasser leurs récoltes. L'État a la charge, outre le transport, de la construction des routes, des bâtiments publics, et surtout des maisons. Mais les Ponts-et-Chaussées manquent autant d'argent que de personnel, l'administration continuant son train-train. Les ingénieurs civils doivent faire appel à l'armée. C'est elle qui souvent prend en charge les futurs colons. Elle leur distribue des baraquements en bois ou des tentes, et des rations de campagne à titre régulier pendant un ou deux ans.

Les maisons sont rarement édifiées quand les colons arrivent. A La Réunion, près de Bougie, ils sont logés dans des gourbis construits et abandonnés par les Arabes. Quarante mourront en moins de deux ans. Ici comme ailleurs, les épidémies font des ravages. Le climat y est pour quelque chose, certes, mais l'état sanitaire aussi. En corrélation avec la commission Woloski, les associations locales les logent temporairement, leur fournissent le pain et le sel, la paillasse et les sabots, une petite somme d'argent. Les hommes sont envoyés sur des chantiers, et les femmes sont placées, en attendant la concession. Quand ils veulent bien. Certains, sur des promesses fallacieuses, se voyaient déjà avec des ventres de propriétaires, et n'apprécient guère ce genre de péripéties. Certes, il en est qui sont bien comme on les imagine tandis qu'on les attend la larme à l'œil. Visages épanouis, pleins de force, de santé et d'illusion, ils parcourent les rues de la ville où on les a débarqués, avec une curiosité enthousiaste. Il n'y a plus alors qu'à leur offrir le vin d'honneur, et saluer en eux « l'image vivante de la traditionnelle prospérité de notre vieille Lorraine, de notre Alsace regrettée ». Et puis, il y a les autres, la majorité, semble-t-il. Ils découragent les bénévoles les plus inspirés. Les nuits habituellement calmes des Constantinois « retentissent de leurs chants tudesques et avinés ». Certains, les planteurs de queues de billard comme on les appelle, persisteront dans leur village à attendre au cabaret les secours en argent et en nature qu'on va s'efforcer de continuer à leur donner. Simplement parce que des villages qui portent le nom de Strasbourg, Metz (Akbou), Rouffach, La Robertsau, ne peuvent pas mourir. Tandis que-

gens du pays en hochant la tête disent : « Eh ben, la Prusse doit être bien satisfaite d'être débarrassée de tant de gens malingres, sans force, sans courage, sans sou ni maille. »

Il faut dire que les choses ne sont pas simples pour eux. Ils sont installés, sans qu'on leur demande leur avis, dans des lieux et sur des terrains désignés d'avance, et où, trop souvent, rien n'existe ni n'a été préparé. Généralement, ils reçoivent, en même temps que leur concession, une charrue, une paire de bœufs, une charrette de moitié avec le voisin, 10 quintaux de fourrage, 8 quintaux de semences, des vivres de réserve et une indemnité en argent pour attendre la première récolte. Elle est de 50 centimes par jour et par personne. Leurs maisons, qui finissent toujours par être construites en dur, sont bien décrites vers la fin du siècle par un colon de Renault : « Au pied du fortin, une rangée de maisons basses, les quinze logements destinés aux Alsaciens-Lorrains. Certaines de ces maisonnettes existent encore, avec leurs murs épais et leur toit, bas et modeste, couvert de tuiles creuses. Elles comprenaient deux petites pièces sur cave, un four. Hélas ! les maisonnettes ne retentissent plus depuis longtemps des cris joyeux des enfants d'Alsace et de Lorraine. Mal préparés à une lutte sévère, trop favorisés peut-être par les mesures prises en leur faveur, mesures que des souvenirs douloureux et une affection profonde dictaient à la France, les Alsaciens-Lorrains n'ont pas réussi. Certains dorment leur dernier sommeil, près de leurs frères de lutte, dans le petit cimetière du village. Les autres sont partis vers les villes et ne sont pas revenus. »

Ce qui leur est promis, ne leur est pas toujours donné, ou ils le reçoivent avec retard. La question est alors, simplement, de survivre. Ainsi, en novembre 1972, à Sidi Khalifa (Altkirch), on embauche les colons pour réaliser les équipements collectifs, mais ils ne sont pas payés depuis le 23 septembre. A Ribeauvillé, les travaux sont suspendus depuis dix jours, sous prétexte que le piquetage, qui délimite les emplacements, n'est pas fait. Les colons, sans argent, vivent sur le crédit des cantiniers qui leur imposent des taux usuraires. Dans d'autres endroits, les travaux ne sont même pas commencés.

La hâte qui a présidé à la venue des Alsaciens-Lorrains est

certainement à l'origine de beaucoup de déboires. Les premiers arrivés sont souvent ceux qui ont souffert des plus mauvaises conditions. Une association, parmi les diverses œuvres et comités privés patronnés par de riches familles d'Alsace et de Lorraine pour faciliter l'émigration de leurs concitoyens, va obtenir en Kabylie des résultats parfois meilleurs. La Société de Protection est animée par un Lorrain, le comte d'Haussonville. Elle a sollicité et obtenu du gouvernement une concession de 7 000 hectares dans les environs de Tizi-Ouzou. Elle s'est engagée à créer trois villages et à y installer des colons. On tente de procéder à un choix raisonné des candidats, en acceptant surtout les cultivateurs mariés, ou les fils de paysans qui ont fait leur service dans l'armée d'Afrique. Ils sont fermiers pendant neuf ans, et deviennent alors propriétaires s'ils ont remboursé les avances consenties par la Société. Ils ont dû en s'installant, autre sélection, verser comme garantie la somme de 2 000 francs. Le premier village réalisé est Haussonviller. Il reçoit en décembre 1873, sous la pluie et dans la boue, trente-trois familles, c'est-à-dire cent trente-cinq personnes, consternées ou désespérées. Il n'y a pas d'école pour les enfants, ni d'église pour fêter Noël. Mais le travail guérit bien des états d'âme. Certains abandonneront, que d'autres remplaceront. En 1880, cinquante-sept familles se seront libérées de leurs dettes et seront devenues propriétaires. Mais, dans la plupart des cas, les enfants revendront les concessions dont ils ont hérité aux Arabes.

Bou Khalfa, à quatre kilomètres de Tizi-Ouzou, est créé sur une concession de 1 178 hectares obtenue par un industriel de Mulhouse, Jean Dollfus. Sa première intention est d'installer neuf familles parmi le personnel de ses fabriques. Y parvenant mal, il sollicite le patronage de la Société de Protection. Celle-ci prend en charge le village. Bou Khalfa d'Alsace comme on l'a longtemps appelé, connaîtra le paludisme qui décime, les abandons. Ses maisons à véranda, les plus confortables de tout le pays, se videront les unes après les autres.

Camp-du-Maréchal n'a été réalisé qu'en 1879. Il constitue la meilleure réussite de colonisation par les Alsaciens-Lorrains. Sans doute parce qu'il bénéficie des expériences déjà réalisées, et de lots nettement plus importants, qui peuvent atteindre 100 hectares. Mais surtout parce qu'un important vignoble y est réalisé dès les premières années. Il sera la cause de sa prospérité.

Tu enfanteras dans la douleur

Les Alsaciens-Lorrains ne sont pas les seuls à bénéficier des lois de 1871, tant s'en faut. Dans la période où ils arrivent en plus grand nombre, de 1871 à 1874, ils représentent 50 pour 100 des concessionnaires, et 25 pour 100 seulement, sur toute la décennie. Les autres métropolitains viennent de partout, et plus particulièrement des régions méditerranéennes. Mais une grande partie des concessionnaires est issue de familles déjà implantées en Algérie. Leurs fermes, trop petites, ne leur permettent pas d'envisager d'installer leurs enfants. Ceux-ci constituent des colons adaptés et expérimentés, mais ils ne renforcent pas le peuplement du pays. Entre 1871 et 1878, sur 8 005 concessions octroyées, 4 474 vont aux familles de colons, 3 531 aux métropolitains.

Les uns et les autres participent également aux développements des centres. De 1871 à 1880, 264 villages ont été créés ou agrandis, 400 000 hectares livrés à la culture européenne.

Rien que dans les années 1872 et 1873, 84 centres naissent ou, à peu près abandonnés, reprennent vie. Le paysage de certaines régions en est transformé. Les vallées de la Soumam et de la Petite-Kabylie, les plateaux de Sétif et de Constantine, la vallée du Chélif, les régions de Mascara, de Sidi-Bel-Abbès, les plateaux de Médéa et d'Aumale. L'effort poursuivi durant ces années est assez comparable par son ampleur à celui de 48. La même rapidité d'exécution sans véritable plan d'ensemble pour des raisons en premier lieu, étrangères à la colonie. Et les mêmes échecs aussi, dus aux mêmes causes. Les maladies et la mort parce qu'il fait chaud, qu'on vit dans des conditions sanitaires déplorables, qu'on est contraint à des efforts physiques inhabituels. Le manque de capitaux et le crédit trop cher, les lots trop petits. Sur ce dernier point, on a fait des progrès depuis 48, mais ils sont insuffisants. Le décret de 1871 prévoit 10 hectares par tête, enfants et domestiques compris. Celui de 1874 précisera : pas moins de 20 hectares par famille, et pas plus de 50. A la fin du siècle, on comptera que sur 1 183 familles établies, 387 possèdent encore leur concession, 277 ont quitté l'Algérie. Les autres ont cédé leurs lots, mais ils sont restés dans le pays. Si bien qu'on peut considérer que les trois quarts des nouveaux venus ont fait souche en Algérie.

Environ 5 000 Alsaciens-Lorrains sont devenus durant cette période, des Français d'Algérie. C'est peu si l'on considère que 150 740 ont quitté leur province annexée. Mais le patriotisme exemplaire qui les inspire, donne à leur épopée embellie une célébrité définitive. Grâce à elle, se développent de grands rêves d'équilibre nouveau pour l'Europe, autour de ce « lac français » que va devenir la Méditerranée. Rêves affirmés par l'établissement du protectorat tunisien en 1881.

Les Alsaciens-Lorrains ont donné à l'Algérie une nouvelle image de marque. Elle devient une terre d'asile, généreuse pour les plus courageux, la terre des héroïques Alsaciens-Lorrains. La colonisation libre des gens qui arrivent avec des capitaux trouve son second souffle. 35 000 personnes acquièrent 260 000 hectares entre 1870 et 1880.

C'est le commencement de l'ère de la colonisation triomphante comme on l'a appelée inaugurée par le gouverneur général de Gueydon. Arrivé en Algérie en avril 1871, celui-ci a résolument balayé jusqu'à l'idée même de royaume arabe. Il a installé les Alsaciens-Lorrains, et s'en est allé sans achever son œuvre, la démission de Thiers ayant entraîné son propre départ. Mac-Mahon, devenu président de la République, nomme le général Chanzy à la tête de la colonie. Pour l'Algérie qu'il connaît bien, il veut un pouvoir fort. Chanzy est promu à la fois gouverneur général et commandant des forces de terre et de mer.

L'Algérie a eu pour gouverneurs des maréchaux, des généraux, un amiral et même un fils de roi. Elle a connu les fougues d'un Bonaparte et s'est offerte un futur président de la République. Un certain jour de mars 1879, elle aura Albert Grévy. Ironie du sort, Albert Grévy premier gouverneur civil de l'Algérie. Celui qui dira en débarquant : « Je veux donner à l'Algérie un régime civil où les Français puissent se retrouver chez eux », et qui le fera. Il leur donnera le régime le plus jacobin, le plus parisien qu'il se peut, ce fameux système des rattachements pratiqué jusqu'à l'absurde par son successeur, l'honnête Louis Tirman. Bref, Albert Grévy, l'incarnation, la victoire de tous les combats des Français d'Algérie durant près de quarante ans, le gouverneur Albert Grévy — et c'est bien le seul — n'est même pas dans le Larousse en dix volumes.

Rendons cette justice aux Algériens, ils déchanteront vite. Qu'importe, les hommes passent et les institutions restent. Après l'amiral de Gueydon, après le valeureux général Chanzy, tous deux honnis fort injustement des populations, le pâlot Albert Grévy représentera le dernier soubresaut, la dernière fausse piste d'une Algérie française qui s'est cherchée. Avec Jules Cambon, sereine, elle trouvera enfin son visage.

L'Algérie française durant cinquante années s'est cherchée, laborieusement — tu enfanteras dans la douleur — et sans doute dans les limites de la folie. Du passionnel sûrement. Pour se constituer, comme un puzzle magique, il lui a fallu trouver, ajuster, manier dans tous les sens, les éléments divers de bribes de civilisations éparses et rognées par la misère et l'ignorance. La paix et le droit d'exister, des règles relationnelles, une agriculture, des infrastructures, des hôpitaux et des écoles. Une âme. Nous disons aujourd'hui une culture.

Une culture, nous y voilà. L'élément qui englobe tous les éléments, la clef du puzzle.

Si l'on veut, à cette Histoire de la France en Algérie, mettre un peu de tendresse, ou simplement cette humanité qu'on accorde même aux condamnés à mort, il faut fermer un instant les yeux. Oublier le XXe siècle des lumières, des techniques, des certitudes. Et tenter de sentir, de penser, de rire, d'aimer, de travailler, de souffrir, d'entreprendre, de se battre, de mourir comme on pouvait le faire en 1830 dans quelque quartier de Paris, dans quelque coin de l'Alsace, de l'Aveyron ou de l'Isère, de l'Espagne ou de l'Italie.

Et en gardant les yeux fermés un peu plus longtemps, on peut même essayer de traverser la Méditerranée de 1830, la Méditerranée des corsaires et des esclaves, et arriver à l'Algérie des Turcs et des grandes tribus nomades. Sur les pas de ces aventuriers, nos ancêtres à tous, venus bâtir un morceau de France comme ils pouvaient, comme ils savaient. Plutôt fiers dans leurs gros sabots, personne à cette époque ni pour longtemps, ne pensant sérieusement à les remettre en place.

Nous voici dans le puzzle magique. Magie d'un autre temps, où évoluent des hommes qui nous ressemblent comme des frères. Maintenant, et maintenant seulement, nous pouvons saisir leur histoire.

CHRONOLOGIE

1830

31 janvier : Le cabinet ultra de Polignac décide l'expédition d'Alger.

25 mai : La flotte française quitte Toulon.

14 juin : Débarquement à Sidi-Ferruch.

5 juillet : Prise d'Alger.

28, 29, 30 juillet : Les Trois Glorieuses.

9 août : Le duc d'Orléans accepte la couronne.

12 août : Clauzel succède à Bourmont comme commandant en chef de l'armée d'Afrique.

Septembre : Paris proclame qu'Alger demeurera française.

1er octobre : Clauzel crée le corps des zouaves.

1831

4 janvier : Prise d'Oran.

31 janvier : Berthezène succède à Clauzel.

10 mars : Ministère Casimir Périer.

17 octobre : Emeutes à Paris. Delacroix peint *La Liberté sur les barricades.*

6 décembre : Savary duc de Rovigo succède à Berthezène.

Décembre : Nomination éphémère d'un préfet apostolique.

1832

27 mars : Prise de Bône par Yusuf.

7 avril : Le premier mariage, célébré à Alger, d'un musicien de l'armée et d'une couturière.

16 mai : Casimir Périer meurt du choléra.

5-6 juin : Emeutes à Paris à l'occasion des funérailles du général Lamarque.

18-28 juin : Voyage d'Eugène Delacroix en Algérie.

Septembre : Des cours d'arabe vulgaire sont organisés. Genty de Bussy crée les premières écoles publiques de garçons.

22 novembre : Abd el-Kader est présenté par son père aux tribus Hachem Beni Amer. Il a vingt-quatre ans.

1833

29 avril : Voirol succède à Savary.

7 juillet : La commission d'enquête Bonnet nommée par Soult.

8 août : A Oran, le général Boyer est remplacé par le général Desmichels. Il dépend directement du ministre de la Guerre.

Septembre : Ouverture d'une école secondaire libre à Alger.

29 septembre : Prise de Bougie par le général Trézel.

Novembre : Le premier ouvrage imprimé à Alger est une grammaire arabe.

1834

26 février : Signature des deux traités entre Abd el-Kader et Desmichels.

14 avril : Massacre de la rue Transnonain.

22 juillet : Première charte de l'Algérie française.

27 juillet : Drouet d'Erlon succède à Voirol, comme gouverneur général des possessions françaises dans le Nord de l'Afrique.

19 août : Création d'une Justice française en Algérie.

18 novembre : Marey-Monge nommé Agha des Arabes.

1835

7 février : Trézel remplace Desmichels à Oran.

Février : Vialar et Tonnac acquièrent l'haouch Khadra près de Rivet.

16 juin : Par le traité du Figuier (Valmy), Trézel accorde sa protection aux Douairs et aux Smélas.

22 juin : Abd el-Kader marche sur les tribus soumises.

28 juin : Echec de La Macta. Les Hadjoutes reprennent l'offensive. Sanctions pour Drouet d'Erlon et Trézel rappelés.

7 juillet : Clauzel nommé gouverneur général.

9 juillet : Loi autorisant la construction des chemins de fer Paris-Saint-Germain par les Pereire.

11 novembre : Une ordonnance règle le régime douanier de l'Algérie.

Décembre : Prise de Mascara par Clauzel et le duc d'Orléans. Gérand de Nerval publie *Voyage en Orient.*

1836

13 janvier : Prise de Tlmecen.

21 janvier : Clauzel substitue à Constantine Yusuf au bey Ahmed.

22 février : Ministère Thiers.

6 juillet : Victoire par Bugeaud de La Sikkak sur Abd el-Kader.

Septembre : Clauzel loue des lots de colonisation dans la Mitidja.

6 septembre : Ministère Molé-Guizot.

28 octobre : Création à Pau d'un bataillon de tirailleurs d'Afrique.

30 octobre : Tentative d'insurrection de Louis-Napoléon à Strasbourg. Embarquement en Amérique.

1er décembre : Echec de Constantine. Clauzel et Yusuf sont rappelés à Paris. Fin de la tentative de conquête intérieure.

1837

Janvier : Le professeur Bresnier ouvre à Alger un cours public d'arabe.

12 février : Damrémont remplace Clauzel comme gouverneur général.

15 avril : Pélissier de Reynaud est nommé directeur des Affaires arabes.
20 mai : Le traité de La Tafna est signé entre Bugeaud et Abd el-Kader.
13 octobre : Prise de Constantine.
13 octobre : Avènement de la reine Victoria.
1er décembre : Valée succède à Damrémont.

1838
8 octobre : Prise de Philippeville.

1839
31 mars : Démission du ministère Molé.
12 mai : Ministère Soult.
13 mai : Occupation de Djidjelli.
Septembre : Voyage officiel du duc d'Orléans à Alger.
28 octobre : Expédition des Portes de Fer par le duc d'Orléans.
18 novembre : Abd el-Kader déclare la guerre. L'ordre est donné d'évacuer la Mitidja. Fin de la première colonisation.
31 décembre : Bataille de Oued-el-Alleug.

1840
3 février : Episode de l'héroïque capitaine Lelièvre à Mazagran.
1er mars : Ministère Thiers.
6 août : Tentative d'insurrection de Louis-Napoléon à Boulogne.
29 octobre : Chute de Thiers, Soult Premier ministre.
15 décembre : Translation des cendres de Napoléon aux Invalides.
Proudhon publie : *Qu'est-ce que la propriété ?*

1841
10 janvier : Valée relevé de ses fonctions. Fin de l'occupation restreinte.
22 février : Bugeaud est nommé gouverneur général de l'Algérie.

16 avril : Daumas devient directeur des Affaires arabes rétablies.

18 avril : Bugeaud fixe la réglementation des concessions.

3 août : Départ de Mgr Dupuy. Mgr Pavy lui succède.

1842

11 avril : L'épisode de Béni-Méred avec Blandan.

9 juin : Reddition des Hadjoutes.

13 juillet : Mort accidentelle du duc d'Orléans.

1843

13 mars : Henri Fournel entreprend ses recherches géologiques en Algérie.

24 mars : Les biens habous sont réunis au Domaine.

14 mai : Prise de la smala d'Abd el-Kader par le duc d'Aumale.

16 mai : Orléansville est créée par Bugeaud.

31 juillet : Bugeaud fait maréchal de France.

11 novembre : Si Embarek Ben Attal battu et tué par le général Tempoure à Sidi-Yahia.

Novembre : Abd el-Kader se réfugie au Maroc.

1844

1er février : La charte des Bureaux arabes.

14 août : Bataille d'Isly près d'Oudja.

10 septembre : Signature du traité de Tanger.

1er octobre : Les terres incultes déclarées vacantes. Les biens habous ne sont plus inaliénables pour les Européens. *Journal de l'expédition des Portes de Fer*, par Nodier.

1845

17 janvier : Organisation du budget de l'Algérie.

18 mars : Convention de Lalla Marnia avec le Maroc.

15 avril : Un compromis entre l'administration civile et militaire.

Avril : Création d'Aïn Bénian par Tardis.

31 octobre : Réglementation des séquestres de biens individuels pour cause de rébellion.

9 novembre : Création d'un Consistoire central à Alger et de deux consistoires provinciaux.

25 décembre : Inauguration du temple d'Alger rue de Chartres.

1846

26-27 avril : Les prisonniers français égorgés à Sidi-Brahim.

11 mai-12 juin : Voyage en Algérie de Théodore Chasseriau.

25 mai : Evasion de Louis-Napoléon du fort de Ham.

1er juin : Mort du pape Grégoire XVI. Pie IX va lui succéder.

12 novembre : La Juive de Constantine, de Théophile Gautier et Noël Parfait, représentée à la Porte-Saint-Martin.

1847

10 avril : Circulaire de Bugeaud sur le cantonnement.

13 avril : Bou Maza se rend à Saint-Arnaud.

Mai : Campagne victorieuse de Bugeaud en Kabylie.

5 juin : Départ de Bugeaud; Bedeau assure l'intérim.

1er septembre : Ordonnances qui restreignent les pouvoirs du gouverneur général.

11 septembre : Le duc d'Aumale nommé gouverneur général.

28 septembre : Six localités érigées en communes.

5 novembre : Ordonnance définissant les modes d'acquisition des biens domaniaux.

23 décembre : Reddition d'Abd el-Kader à Sidi-Brahim.

1848

22-24 février : Révolution à Paris.

Février : Publication du *Manifeste communiste* de Marx.

24 février : Création d'un gouvernement provisoire. Départ du duc d'Aumale d'Algérie. Cavaignac nommé gouverneur général.

25 février : Proclamation de la IIe République.

26 février : Création des Ateliers nationaux.

14 mars : Révolution de Vienne et fuite de Metternich.

18 mars : Soulèvement à Milan. Insurrection à Berlin.

26 mars : Insurrection à Madrid.

25 avril : Premières élections législatives en Algérie.
27 avril : Abolition de l'esclavage dans les colonies.
29 avril : Départ de Cavaignac élu député en métropole. Changarnier puis Marey-Monge assurent l'intérim.
4 mai : Ouverture à Paris de la Constituante.
23-26 juin : L'insurrection ouvrière dans Paris réprimée.
25 juillet : Les Italiens sont vaincus par les Autrichiens à Custozza.
9 septembre : Lamoricière nomme Charon gouverneur général.
19 septembre : 50 millions votés pour la création de 42 colonies agricoles.
Octobre : Création d'Affreville.
12 novembre : L'Algérie proclamée dans la Constitution partie intégrante de la France.
25 novembre : Le pape doit s'enfuir de Rome.
28 novembre : Prise de Zaatcha.
9 et 16 décembre : Nouvelle organisation administrative de l'Algérie divisée en trois départements français.
10 décembre : Louis-Napoléon Bonaparte est élu Président de la République.

1849
8 février : La République est proclamée à Rome.
28 mars : Frédéric-Guillaume IV est élu empereur d'Allemagne.
29 mai : Première réunion à l'Assemblée législative. Le Parti de l'ordre a la majorité.
10 juin : Mort de Bugeaud atteint par le choléra.
13 juin : Echec de la manifestation démocrate dirigée par Ledru-Rollin. Le parti démocrate est décapité.
19 juin : Funérailles de Bugeaud aux Invalides.
3 juillet : Prise de Rome par les Français.
1er octobre : Ouverture du Comptoir d'Escompte à Alger.
16 novembre : Rapport Reybaud sur la colonisation.

1850

24 janvier : Les insurgés détenus à Belle-Ile doivent être transférés en Algérie.

20 juillet : Nouvelles réglementations sur les concessions.

26 août : Mort en Angleterre de Louis-Philippe.

25 octobre : Départ de Charon. Le général d'Hautpoul lui succède.

1851

11 janvier : Suppression presque totale des barrières douanières avec la métropole.

26 avril : Concessions : on en revient au système libéral de la monarchie de Juillet.

16 juin : L'inviolabilité de la propriété individuelle est reconnue.

4 août : Institution de la Banque d'Algérie.

2 décembre : Coup d'État du prince Napoléon avec l'aide de Saint-Arnaud. Arrestation de Thiers, Cavaignac, Changarnier, Lamoricière, Bedeau.

8 décembre : Les adversaires du coup d'État seront déportés en Algérie.

10 décembre : Randon nommé gouverneur général.

15 décembre : Création de Oued-el-Alleug.

20 décembre : Plébiscite ratifiant le coup d'État.

1852

4 janvier : La France a une nouvelle Constitution.

2 février : L'Algérie n'a plus de représentants à l'Assemblée législative.

13 février : Formation de deux nouveaux régiments de zouaves.

22 septembre : Réglementation de la pêche dans les eaux algériennes.

Novembre : Victor Hugo publie « l'Orientale » des *Châtiments*.

21 novembre : Plébiscite sur la restauration de l'Empire.

2 décembre : Rétablissement de l'Empire.

4 décembre : Prise de Laghouat.

1853
1er janvier : Les colonies agricoles de 1848 passent en territoire civil.
24 janvier : Capitulation du Mzab.
29 janvier : Mariage de Napoléon III avec Eugénie de Montijo.
29 septembre : Le Théâtre d'Alger est achevé.
Louis Veuillot publie *Les Fançais en Algérie.*

1854
11 mars : Le maréchal Vaillant succède au maréchal de Saint-Arnaud au ministère de la Guerre.
27 mars : Début de la guerre de Crimée.
20 septembre : Bataille de l'Alma.
5 novembre : Bataille d'Inkermann.
29 novembre : Prise de Touggourt.
Faidherbe nommé gouverneur du Sénégal.

1855
10 septembre : Prise de Sébastopol.

1856
30 mars : Le traité de Paris met fin à la guerre de Crimée.
7 juin : Le premier puits artésien foré par l'ingénieur Jus à Tamerma.
12 septembre : L'assassinat de l'agha Ben Abdallah, près de Tlemcen, déclenche l'affaire Doineau.

1857
8 avril : Décret sur les chemins de fer algériens.
25 mai : Randon décide la création de Fort-Napoléon.
11 juillet : La prophétesse Lella Fatma est faite prisonnière par les zouaves de Mac-Mahon.
12 juillet : Toute la Kabylie est soumise. La conquête de l'Algérie est terminée.

1858
2 juin : Napoléon III crée le ministère de l'Algérie et des

Colonies. Le prince Jérôme désigné. Suppression du régime militaire.

9 août : Démission du maréchal Randon.

31 août : Création d'un commandement supérieur des forces de terre et de mer confié à Mac-Mahon.

27 octobre : Réformes administratives dans le sens de l'assimilation.

Voyage de Gustave Flaubert en Algérie.

1859

7 mars : Démission du prince Jérôme; Chasseloup-Laubat lui succède.

4 juin : Bataille de Magenta. La Lombardie livrée à Mac-Mahon.

24 juin : Bataille de Solférino.

12 juillet : Armistice de Villafranca.

5 août : Les bannis sont autorisés à rentrer en France.

29 octobre : Soumission des Beni-Snassen au général de Martimprey sur les confins algéro-marocains.

10 novembre : Traité de Zurich.

1860

11 janvier : Le privilège du Crédit Foncier de France étendu à l'Algérie.

Avril : Nice et la Savoie reviennent à la France.

Juin : Campagne de Syrie.

25 juillet : Décret sur le régime de l'aliénation des terres domaniales. Les concessions gratuites sont en principe interdites.

17-19 septembre : Voyage de Napoléon III et de l'impératrice à Alger.

18 septembre : La construction de lignes de chemins de fer concédée à la Compagnie des Chemins de Fer Algériens.

26 novembre : Suppression du ministère de l'Algérie. Rétablissement du gouvernement général confié au maréchal Pélissier.

1861

Avril : Début de la guerre de Sécession. Va amener l'Algérie à la culture du coton.

27 mai : Projet de cantonnement par une commission créée à Alger, qui n'aboutit pas.

27 juillet : Entretien à Vichy de Napoléon III avec le colonel Lapasset.

Août : La pétition des quatre pêcheurs italiens est rejetée.

Octobre : L'expédition française au Mexique est décidée.

Novembre : L'empereur a invité six grands chefs arabes aux fêtes de Compiègne.

1862

5 mai : Echec de Puebla au Mexique.

Feydeau publie *Alger.*

1863

12 janvier : Discours du trône : Napoléon III prend position contre le cantonnement.

6 février : Lettre à Pélissier : le vrai paysan de l'Algérie c'est l'indigène.

7 avril : La concession du réseau de chemins de fer algérien rétrocédé à la Compagnie P.L.M.

Avril : Annexion de la basse Cochinchine. Le Cambodge sous protectorat français.

22 avril : Sénatus-consulte protégeant la propriété collective des tribus.

28 avril : Création des communes-mixtes. Emancipation des communes.

17 mai : Prise de Puebla.

1864

11 mars : Insurrection des Flittas dans la région de Relizane.

7 avril : Massacre de la colonne Beauprêtre près de Géryville.

22 mai : Le maréchal Pélissier meurt d'une pneumonie.

7 juillet : Rétablissement du régime militaire.

24 juillet : La Société Anonyme de l'Habra et de la Macta

acquiert 24 100 hectares dans la plaine du Sig. Inauguration du port d'Oran.

31 août : Mort d'Enfantin.

1er septembre : Mac-Mahon devient gouverneur général.

15 septembre : Convention sur l'évacuation de Rome par les Français.

31 décembre : Les concessions gratuites sont interdites et remplacées par les ventes aux enchères.

Feydeau publie *Le Secret du Bonheur.*

1865

3 mai-7 juin : Second voyage de Napoléon III en Algérie.

9 mai : Capitulation du général sudiste Lee.

3 juin : 100 000 hectares à la Société Générale Algérienne dirigée par Paulin Talabot.

20 juin : Lettre de Napoléon III à Mac-Mahon.

14 juillet : Le droit à la naturalisation sur demande est accordé aux indigènes juifs et musulmans.

1866

11 mai : L'empereur définit la partition.

27 décembre : Quatre collèges pour les élections des conseils municipaux.

1867

Février : Evacuation du Mexique.

15 mai : Mgr Lavigerie nommé archevêque d'Alger.

Juin : Graves inondations en Algérie.

17 juillet : Union douanière complète entre l'Algérie et la métropole.

Novembre : Famines épouvantables jusqu'en juin 1868.

1868

29 avril : Mission d'enquête du comte Le Hon.

1869

5 mai : Désignation de la commission d'études Randon-Béhic.

17 novembre : Inauguration du canal de Suez.
Mérimée écrit *Djouane.*

1870

Janvier : Campagne contre les Bureaux arabes à l'occasion de l'affaire Sériziat.

9 mars : Condamnation du régime militaire par le Corps législatif.

20 avril : Etablissement de l'Empire libéral.

8 mai : L'Algérie vote non au plébiscite.

31 mai et 11 juin : Premières mesures visant à l'instauration du régime civil.

19 juillet : Déclaration de guerre à la Prusse.

2 septembre : Capitulation de Sedan.

4 septembre : Chute de l'Empire. La IIIe République est proclamée.

5 septembre : Création à Alger d'un Comité Républicain. Le général Durrieu confirmé dans ses fonctions de gouverneur général. Nominations de préfets républicains.

19 septembre : Paris investi par les Prussiens.

Octobre : Elections municipales en Algérie. Vuillermoz élu maire d'Alger.

24 octobre : Décrets Crémieux.

27 octobre : Capitulation de Metz.

28 octobre : Les Algérois refusent le nouveau gouverneur, le général Walsin-Esterhazy. Le Palais est envahi.

7 novembre : Vuillermoz à Gambetta : l'Algérie *fara da se.*

8 novembre : Vuillermoz s'investit des fonctions de commissaire civil extraordinaire par intérim.

10 novembre : Le général Lallemand, chef des forces armées de terre et de mer, arrive à Alger.

17 novembre : Du Bouzet nommé commissaire extraordinaire de la République.

17 décembre : Le général Augereau réconcilie les deux chefs arabes Mokrani et Abd-es-Salem.

1871

18 janvier : Création à Versailles de l'Empire allemand. Décret de dissolution du conseil municipal d'Alger.

20 et 23 janvier : Les Spahis refusent de s'embarquer pour la France.

5 février : Triomphe, à l'élection partielle, de l'équipe municipale Vuillermoz.

6 février : Les Bureaux arabes rattachés à l'autorité civile.

8 février : Elections générales à l'Assemblée nationale. Victoire des radicaux en Algérie. Du Bouzet est remplacé par Alexandre Lambert.

17 février : Thiers est élu chef du pouvoir exécutif.

1er mars : Rixes entre Arabes et miliciens juifs.

14 mars : Mokrani déclare la guerre à la France.

16 mars : Incendie de Bordj Bou Arreridj.

18 mars : La Commune de Paris.

25 mars : Un décret prévoit la mise sous séquestre des biens des insurgés au profit des Alsaciens-Lorrains.

29 mars : Nomination de l'amiral de Gueydon comme gouverneur général.

8 avril : La guerre sainte est proclamée par El Haddad, cheikh des Khouan Rahmaniya.

9 avril : Arrivée à Alger de De Gueydon en civil.

14 avril : Episode sanglant de Palestro.

20 avril : De Gueydon mobilise les milices.

5 mai : Mokrani est tué par les troupes françaises.

10 mai : Signature du traité de Francfort.

Juin : Enquête sur l'affaire Joly-Bresillon.

21 juin : La loi Belcastel concède 100 000 hectares aux Alsaciens-Lorrains.

24 juin : Victoire décisive sur les insurgés à Icheriden.

30 juin : Les chefs des Rahmaniya déposent les armes.

13 juillet : Reddition du vieil Haddad.

15 juillet : Décret instituant le séquestre sur les biens collectifs en cas de rébellion.

13 septembre : Reddition des Zouara. La Kabylie est soumise.

7 octobre : Décret Lambrecht sur l'indigénat.

16 octobre : La loi Belcastel, définissant les conditions d'attribution des concessions, est élargie.

Décembre : Une commission de séquestre est instituée.

1872

Janvier : Création du village arabe-chrétien de Saint-Cyprien.

20 janvier : Bou Mezrag, frère de Mokrani, est capturé.

1er juillet : Des zouaves alsaciens optent pour l'Allemagne.

2 juillet : Consécration de la basilique de Notre-Dame d'Afrique.

Octobre : Les premiers missionnaires Pères Blancs prononcent leurs vœux devant Mgr Lavigerie.

1873

9 janvier : Mort de Napoléon III.

10 mars : Ouverture du procès des grands chefs arabes.

23 mai : Chute de Thiers. Mac-Mahon devient président de la République.

12 juin : Le général Chanzy succède à l'amiral de Gueydon.

26 juillet : Loi Warnier sur les terres indivis.

Septembre : Evacuation du territoire français par les Allemands.

Décembre : Création d'Haussonviller.

1875

6 novembre : Les Français d'Algérie sont astreints au service militaire national suivant la loi en vigueur dans la métropole depuis trois ans.

24 décembre : Création des communes-mixtes. Une conception modifiée de celle de 1868.

1878

30 septembre : Décret sur la colonisation, inspiré de certaines idées de Bugeaud.

1879

30 janvier : Démission de Mac-Mahon. Jules Grévy est élu président de la République.

15 mars : Albert Grévy, frère du président de la République, premier gouverneur général civil, succède au général Chanzy.

Petit glossaire des termes berbères, arabes et turcs utilisés

Abd : serviteur, esclave.
Achour : dîme coranique.
Agha : chef de plusieurs tribus.
Aïd : fête.
Aïn : source.
Aït : fils de.
Allah : dieu.
Alfa : attache, lien.
Aman : pardon.
Ana : contrat de rente annuelle.
Arch : terres collectives, tribales.
Azel : terres domaniales.

Bab : porte.
Bachagha : il a plusieurs aghas sous ses ordres.
Baghla : mule.
Baraka : influence bénéfique de Dieu ou d'un saint.
Ben : fils.
Bey : dignitaire turc à Oran, à Constantine et dans le Titteri.
Bled : la grande campagne.
Bordj : bastion, citadelle.
Bou : lieu.

Cadi : juge musulman.
Caïd : chef de circonscription ou de tribu.
Chaouch : huissier, planton.
Cheikh : chef d'une fraction de tribu ou d'une confrérie.
Chérif : descendant de Mahomet.
Çoff : parti, clan.

Dey : le chef de la régence d'Alger.
Dif : hôte.
Diffa : repas offert aux hôtes.
Djebel : montagne.
Djema'a : assemblée de village ou de tribu.
Douar : sous-division d'une fraction de tribu.

Embarek : béni.
Émir : chef militaire de haute naissance.

Fellah : paysan.
Fondouk : caravansérail.
Foul : fève.

Gandoura : tunique sans manche qui se porte sous le burnous.
Gharb : l'ouest.
Goum : troupe.
Gourbi : hutte.
Guitoun : tente.

Habous : biens religieux.
Haïk : le voile des femmes indigènes.
Hakem : le représentant du bey dans les villes.
Haouch : ferme.

Ibn : fils de.
Imam : officiant musulman.

Kasbah : forteresse, et les maisons qu'elle enferme.
Khalifa : lieutenant.
Khammès : métayer au cinquième.
Kharadj : impôt foncier sur les terres tribales.
Khodja : secrétaire indigène.
Khouan : frères, membres d'une confrérie.
Kouloughli : métis de turc et de femme algérienne.

Lalla : madame.
Lezma : impôt sur les palmiers.

Marabout : saint, moine.
Maza : chèvre.
Médersa : établissement d'enseignement supérieur musulman.
Medjlès : tribunal chargé de dire le droit.
Mektoub : c'était écrit.
Melk : propriété privée.
Mokhazni : troupe de cavaliers.
Mellah : quartier juif.
Moqaddem : à la tête d'une zaouïa.
Mers : port.
Mufti : juge religieux.

Odjak : la milice des janissaires.
Oued : cours d'eau.
Oukil : procureur.
Ould : enfant de.
Ouléma : docteur de la loi.
Oum : mère.

Ramadan : carême musulman.
Roumi : chrétien.

Sahel : littoral.
Salam : salut.
Sebkha : lac salé.
Sebt : samedi.
Sloughi : lévrier.
Smala : campement militaire.
Souk : marché.

Taleb : enseignant dans les écoles coraniques.
Tell : terres fertiles.

Yaouled : petit garçon.

Zaouïa : siège d'une confrérie.
Zekkat : impôt sur le bétail.

Index des noms de personnes et de localités

Bibliographie sommaire

AGERON (C.R.) : *Histoire de l'Algérie contemporaine. De l'insurrection de 1871 au déclenchement de la guerre de libération.* Paris, 1979.

ANDRIEUX (M.) : *Le Père Bugeaud*, Paris, 1951.

AZAN (P.) : *L'Armée d'Afrique de 1830 à 1852.* Paris, 1936.

BARAIL (général du) : *Mes souvenirs.* Paris, 1897.

BAROLI (M.) : *La vie quotidienne des Français en Algérie (1830-1914).* Paris, 1967.

BAUDE (baron) : *L'Algérie.* Paris, 1841.

BERNARD (A.) : *Histoire des colonies françaises. L'Algérie.* Paris, 1930.

BILLIARD (L.), VERGNIEAUD et BALENSI : *Les ports et la navigation de l'Algérie.* Paris, 1930.

BOYER (P.), EMERIT, GENET, KLINGER, MENEZ : *La Révolution de 1848 en Algérie.* Paris, 1949.

BUGEAUD (maréchal) : *L'Algérie, des moyens de conserver et d'utiliser cette conquête.* Paris, 1842; *Lettres inédites.* Paris, 1923.

BURNAND (R.) : *Napoléon III et les siens.* Paris, 1948.

CHANGARNIER (général) : *Mémoires.* Paris, 1930.

CHEMOUILLI (H.) : *Une Diaspora méconnue, les juifs d'Algérie.* Paris, 1976.

CLAUZEL (maréchal) : *Correspondance.* Paris, 1948.

CORDIER (E.H.) : *Napoléon III et l'Algérie.* Alger, 1937.

DEMONTES (V.) : *La Colonisation militaire sous Bugeaud.* Paris, 1917; *L'Algérie agricole.* Paris, 1930; *L'Algérie industrielle et commerçante.* Paris, 1930.

DOMINIQUE (L.C.) : *Un Gouverneur général de l'Algérie, l'Amiral de Gueydon.* Alger, 1908.

DUSSERT (D) et BÉTIER : *Les Mines et les carrières en Algérie.* Alger, 1932.

DUVEYRIER (H.) : *Journal d'un voyage dans la province d'Alger en 1857.* Paris, 1900.

EISENBETH (M.) : *Les Juifs de l'Afrique du Nord.* Alger, 1936.

EMERIT (M.) : *Les Saints-Simoniens en Algérie.* Paris, 1941; *L'Algérie à l'époque d'Abd el-Kader.* Paris, 1951.

ERNEST-PICARD (P.) : *La Monnaie et le crédit en Algérie.* Alger, 1930.

ESQUER (G.) : *Les Débuts de l'administration civile à Alger*, Alger, 1912; *Histoire de l'Algérie.* Paris, 1950.

ESTRE (H.) : *Les Conquérants de l'Algérie (1830-1857).* Paris, 1930.

FLORENCHIE (M.) : *Vieilles figures.* Alger, 1930.

FRANC (J.) : *La Colonisation de la Mitidja.* Paris, 1928.

GAUTIER (E.F.) : *Un Siècle de colonisation.* Paris, 1930.

GÉRARD (J.) : *La Chasse aux lions.* Paris, 1854.

GSELL, MARCAIS, YVER : *Histoire de l'Algérie des origines à 1927.* Paris, 1929.

GUY (D.) : *L'Algérie, agriculture, industrie, commerce.* Alger, 1876.

HÉRISSON (comte d') : *La Chasse à l'homme.* Paris, 1891.

ISNARD (H.) : *La Vigne en Algérie.* Gap, 1951-1954; *La Réorganisation de la propriété rurale dans la Mitidja.* Alger, 1930.

JOUHAUD (général) : *Yousouf.* Paris, 1980.

JULIEN (C.A.) : *Histoire de l'Algérie contemporaine. La conquête et les débuts de la colonisation.* Paris, 1964.

LACOSTE (L.) : *La Colonisation maritime en Algérie.* Alger, 1931.

LALLEMAND (P.) : *Excursions sur le réseau de la Compagnie des chemins de fer de l'Est algérien,* 1889.

LE HON (comte) : *Enquête agricole. Algérie.* Paris, 1970.

LESPES (R.) : *Alger.* Paris, 1830.

MAC-MAHON (maréchal de) : *Mémoires.* Paris, 1932.

MAISSIAT (E.) : *L'Usure en Algérie.* Algérie, 1937.

MALEK (Iman) : *Code musulman par Khalil.* Constantine, 1878.

MARGUERITTE (P.) : *Souvenirs d'enfance.* Paris, 1906.

MARTIN (C.) : *La Commune d'Alger (1870-1871).* Paris, 1936; *Les Israélites algériens de 1830 à 1902.* Paris, 1936; *Histoire de l'Algérie française (1830-1962).* Paris, 1963.

MONTCLOS (X. de) : *Lavigerie, le Saint-Siège et l'Église de l'avènement de Pie X à celui de Léon XIII (1846-1878).* Paris, 1965; *Le toast d'Alger* Paris, 1966.

NOUSCHI (A.) : *Notes sur la médecine et la démographie en Algérie de 1840 à 1880*. Paris, 1973.

PÉLISSIER (maréchal) : *Aspects de la vie politique et militaire en France à travers la correspondance reçue (1828-1864)*. Paris, 1968.

PÉLISSIER DE REYNAUD (E.) : *Annales algériennes*. Paris, 1854.

PEYRONNET (F.) : *Le Vignoble nord-africain*. Alger, 1950.

PIESSE (L.) : *Itinéraire historique et descriptif de l'Algérie, de Tunisie et de Tanger*. Paris, 1874.

PIQUET (P.) : *L'Algérie française, un siècle de colonisation*. Paris, 1930.

QUILLERY (G.) : *Jusqu'à 20 ans*. Casablanca, 1930.

RANDON (maréchal) : *Mémoires*. Paris, 1875.

RASTEIL (M.) : *A l'aube de l'Algérie française, le calvaire des colons de 1848*. Paris, 1930.

RASTOUL (A.) : *Le Maréchal Randon*. Paris, 1890.

ROCHES (L.) : *Trente-deux ans à travers l'Islam (1852-1854)*. Paris, 1884.

SAINT-ARNAUD (maréchal Leroy de) : *Lettres (1852-1854)*. Paris, 1958.

SELNET (F.) : *Colonisation officielle et crédit agricole en Algérie*. Alger, 1930.

SOULIÉ (H.) : *Hygiène et pathologie nord-africaine*. Paris, 1932.

SPILLMAN (général) : *Napoléon III et le royaume arabe d'Algérie*. Paris, 1975.

SUCCOÏA (F.) : *Adieu Mers-el-Kébir*. Lyon, 1974.

TAILLIART (C.) : *L'Algérie dans la littérature française*. Paris, 1925.

THOLIN (G.) : *Un mois en Algérie*. Agen, 1881.

THURIN : *Rôle agricole des Espagnols en Oranie*. Lyon, 1937.

TINTHOIN (R.) : *Colonisation et évolution des genres de vie dans la région ouest d'Oran*. Oran, 1947.

TIQUET (J.) : *Une expérience de petite colonisation indigène en Algérie*. Maison-Carrée, 1936.

TOURNIER (J.) : *La Conquête religieuse de l'Algérie (1830-1845)*. Paris, 1930.

TURIN (Y.) : *Affrontements culturels dans l'Algérie coloniale (1830-1880)*. Paris, 1971.

VALÉE (maréchal) : *Correspondance*. Paris, 1949-1954.

VEUILLOT (L.) : *Les Français en Algérie*. Tours, 1853.

VILLOT (capitaine) : *Mœurs, coutumes et institutions des indigènes d'Algérie*. Constantine, 1971.

VILLOT (R.) : *Jules Du Pré de Saint-Maur (1813-1877)*.Oran, 1951.

VITAL (A.) : *Correspondance avec Ismaël Urbain (1845-1874)*. Alger, 1958.

YACONO (X.) : *Les Bureaux arabes et l'évolution des genres de vie algérienne à l'ouest du Tell*. Alger, 1953; *La Colonisation des plaines du Chélif*. Alger, 1955-1958; *Vingt-cinq ans d'histoire algérienne depuis 1830*. Alger, 1956.

Table des matières

RACINES

1. LES CONQUÉRANTS

2. UN FAR-WEST POUR L'EUROPE

3. *TÉMOIGNAGES*

4. LES AVENTURIERS DU GRAND CAPITAL

5. LES ANNÉES TERRIBLES

L'impression de ce livre
a été réalisée sur les presses
des Imprimeries Aubin
à Poitiers/Ligugé

pour le compte de la librairie Arthème Fayard
75, rue des Saint-Pères à Paris VIe

Achevé d'imprimer le 17 mars 1981
N° d'édition, 6179. — N° d'impression, L 13405
Dépôt légal, 1er trimestre 1981

ISBN : 2.213.00984.8

ISSN : 0182.0702

Imprimé en France

H/35-6754-2